入門

事業性評価と課題解決型営業のスキル

Business Feasibility Evaluation

事業性評価と本業支援で中小企業の未来を変える

青木 剛

本書に掲載している参考様式は、
商工総合研究所のホームページからダウンロードいただけます。

収録場所：刊行物／発行図書／新刊情報
https://www.shokosoken.or.jp/publications/2023/202307.html

改訂版の発行に際して

　本書が初めて世に出た 2018 年 12 月から 4 年余りの歳月が流れました。当時は、事業性評価の黎明期であり、各金融機関が手探りで事業性評価の取り組み方や評価手法を模索している状況でした。そうしたなかで「中小企業のより良い未来を作りたい、金融機関も新たな道を拓いてほしい」との想いで本書を執筆しました。

　現在の状況はどうでしょうか。世界的なコロナ禍での混乱、ロシアのウクライナ侵攻、米中の覇権争い、インドをはじめとするグローバルサウスの台頭など様々な変化が起こっています。これらの環境変化は中小企業に変革を促しているように見えます。アフターコロナを踏まえた事業再構築、サスティナブル経営への移行、デジタルトランスフォーメーションへの挑戦、イノベーションによる成長機会の創出など、中小企業を取り巻く課題はますます大きくなっていると感じます。

　中小企業の課題が増えるということは、金融機関の支援余地が拡大していることを意味します。金融支援はもちろんのこと、経営課題解決のための本業支援の重要性が高まっています。金融機関は、事業性評価を基礎とした金融支援・本業支援を強化し、さらに展開する必要に迫られています。

　こうした状況を踏まえ、事業性評価と本業支援の「入門書」である本書の位置づけをさらに明確にするとともに、内容のアップデートを行うことと致しました。また、姉妹書である「事業性評価を起点とする企業価値向上マニュアル」（同友館）との連携も意識して、新たな加筆修正を行いました。

　あらためて本書を読み直すと、第 1 部の「基本となる 7 つのスキル」の位置づけが、ますます重要になっていると感じます。事業性評価や本業支援の質を高めるためにも、基礎となるスキルが欠かせません。多くの金融機関の職員が、この 7 つのスキルの習得に励み、それをベースに、質の高い事業性評価と本業支援に取り組み、中小企業の未来を明るく強いものに変えていただきたいと願っています。それこそが「課題解決型営業」という金融機関の新しいビジネスモデルを実現することにもつながるのです。

　末尾となりますが、本書改訂に助力を賜った同友館編集部の武苅夏美氏、

3

当財団の小林順一氏に深甚なる感謝を申し上げます。

　2023 年 4 月

一般財団法人商工総合研究所

専務理事　青 木　　剛

4

まえがき

　多くの金融機関において事業性評価がスタートし、確実に拡がりをみせています。その一方で、金融機関や職員の戸惑いや悩みは日々深まっているようにもみえます。

　現場の営業担当者からすれば、非財務分析を具体的にどう進めればよいのか、何か良い着眼点やノウハウはないものか。あるいは、事業性評価を行ううえでお客様の情報開示をどのように進めればよいのか、対話や作業の時間をどうやって確保すればよいのか。

　経営サイドにとっても、品質と効率性をバランスさせながら、事業性評価を日常のものとするにはどのような体制を作り、どのような教育を行えばよいのか。事業性評価の適用範囲を拡大するためにどの程度の深度で評価を行い、また、ビジネスモデルとして確立していけばよいか。悩みは尽きません。

　本書は、事業性評価に関する現場の営業担当者の悩みを解決する一助となることを願って、必要なスキルや非財務分析の体系的な手法について解説した「現場のためのテキスト」です。また、幅広い中小企業の経営課題を解決するための課題解決型営業の本質や手法についても説明しています。

　筆者は金融機関に30年余り在籍しましたが、一度も審査部門や調査部門に在籍したことがありません。金融機関を卒業する直前は、5店舗連続で10年以上支店長を経験した「現場の人間」です。したがって、堅苦しい論理性よりは、現場の営業担当者が実際に使えるようなノウハウや知識を重視して、まさに現場の担当者がこの本を片手に持って、調査や資料の作成ができるような意図で本書を書いたつもりです。

　また、本書は「初心者」だけのものではありません。筆者は現場で初心者から上級者まで様々な部下を持ち、ともに営業をして参りました。したがって、上級者だからと言って万能であるとは思っていません。上級者といっても得手不得手はあり、体系的に業務知識やノウハウを理解しているとは限らないのです。本書は「上級者」が読んでも必ず気付きがあるものと信じています。そういった意味では、営業の初心者から上級者まで活用が可能な内容だと思います。

また、「コラム」には営業担当者にとってヒントとなるような小話をたくさん用意しました。ひと昔前であれば、居酒屋で酒を介して先輩から後輩に伝承されたような話や、営業魂を喚起するような話などを盛り込んでいますので、コラムを通して何かを感じていただき、読者の気づきや行動が変わることがあればありがたいことだと思います。

　なお、本書は「金融機関の営業担当者」をメインの読者と想定していますが、中小企業の財務担当者や、中小企業の支援機関のみなさんにとっても参考になる部分が多いと思います。また、審査部門の皆さんにとっても、多少の気付きや参考になる部分もあると思います。金融機関に入社が決まった学生や、金融機関を志望する学生にも参考になると思います。多くのみなさまに活用していただけることを心から期待しております。

　本書の利用に際しては、「体系的に勉強したい」という読者であれば「序」から通読することをお奨めします。また、上級者で「特定の領域だけ活用したい」ということであれば、目次を参考にピンポイントで読んでいただいても理解できる形にしています。

　可能であれば、第１部の「基本となる７つのスキル」は、初心者・上級者を問わず読んでいただければ幸いです。事業性評価や課題解決型営業を行ううえで「土台となるスキル」の内容や習得方法について記載しています。筆者の現場の経験からしても、この土台がしっかり作られていない職員が多く、事業性評価や課題解決型営業の知識やノウハウを載せきれない印象があるのです。第１部は、営業を行ううえで広く活用可能なスキルですので、ぜひ習得していただきたいと思います。

　最後に、本書を活用してくださった営業担当者の意識やスキルが向上し、充実した職業人生を歩むことができることを願っています。そして、金融機関全体が融資業務中心のビジネスモデルから課題解決型のビジネスモデルに転換する一助となることを願っています。何より事業性評価が金融機関のメインツールとなって、より多くの企業に適用され、彼らの経営課題が解消することでさらに中小企業が発展することを願って冒頭のご挨拶と致します。

2018 年 12 月

一般財団法人商工総合研究所
専務理事　青　木　　剛

◉ 目　次 ◉

序

事業性評価と
課題解決型営業の課題

第1章

事業性評価が生まれた背景

1. リレーションシップバンキングへの道

「バブル崩壊」という言葉を聞いたことがあるでしょう。

バブル崩壊とは、金融の不均衡に対する"巻き戻しリスク"が一気に顕在化した状態をいいます。土地や株など資産価格の暴落が起こり、企業のバランスシートが一気に悪化します。こうした不良資産の増大が"信用収縮"を加速度的に進行させ、いわゆる「金融危機」に陥るのです。具体的には、「貸し渋り」といった現象が生まれ、金融システムが機能しなくなることをいいます。

こうしたなかで、政府は金融機関の不良債権処理を急がせ、経営の膿を出すことで金融システムの安定を図ろうとしました。金融機関の経営が安定しなければ、金融システムも安定せず、中小企業の資金調達に大きな不安を残すことになります。このため、金融三法といわれる法律が制定され、早期是正措置や公的資金導入など、経営健全化に向けた様々な施策が実施されることになりました。

こうした流れの中で、2002年10月に策定されたのが「金融再生プログラム」です。ここでは「資産査定の厳格化」「自己資本の充実」「ガバナンスの強化」などの取り組みにより、主要行の不良債権比率を半減させ、金融システム安定の基礎を作ることにしました。一方、いわゆる地銀など中小・地域金融機関については、地域や個別の事情を十分検討し、実態に沿った再生を目指すこととし、主要行とは別に「リレーションシップバンキング」という考え方が示されました。

リレーションシップバンキングは、俗に「リレバン」などと略称で呼ばれていますが、平たく表現すれば「**お取引先である中小企業の事業内容や取り巻く環境を、対話を通じて深く知り、課題や特長を適切に評価することで、必要以上に担保に依存することなく融資を行い、課題解決に向けた助言を行**

うことで、企業の健全な事業発展を支援していくビジネスモデル」ということになります。

　政府は、こうしたリレーションシップバンキングの機能を強化し、中小企業の再生と地域経済の活性化を図るため、各種の取り組みを進めつつ、同時に不良債権処理も進める方針としました。そして、各金融機関にリレバンの機能強化計画を策定させることにしたのです。

2.　地域密着型金融へのビジネスモデル転換

　こうした流れの中で、2005 年 3 月に「地域密着型金融の機能強化の推進に関するアクションプログラム」が金融庁から示されました。これはリレバンの考え方を承継し、さらに重点強化したもので、「質の高いコミュニケーションを通じて融資先企業の経営状況等を的確に把握し、これにより中小企業等への金融仲介機能を強化するとともに、金融機関自身の収益向上を図ることにある」（「地域密着型金融の機能強化に関するアクションプログラム（平成 17 〜 18 年度）」から抜粋）が基本的な考え方となっています。

　こうした考え方を実現するためには、融資先である中小企業に「事業内容や経営課題に関する情報開示」をしてもらう必要があり、安心して開示できる信頼関係の構築を進めなければなりません。こうした信頼関係の下、中小企業の実態や課題を正しく把握した金融機関は、成長や経営改善に直結する「高付加価値のサービス（融資や助言等）」を提供することで、正々堂々と高いリターンを得ることができるのです。これが、地域密着型金融の本質であり、地域金融機関が生き残るためのビジネスモデルなのです。

　ここまでの説明でお気づきだと思いますが、「事業性評価」という用語は明確に示されていないものの、事業性評価の萌芽を示す幾つかのキーワードが含まれています。「対面交渉を含む質の高いコミュニケーション」「企業の将来性や技術力を的確に評価」「事業からのキャッシュフローを重視し、不動産担保・保証に過度に依存しない」といった表現は、事業性評価の構成要素を示すものです。

3.　事業性評価のスタート

　2013 年 9 月に金融モニタリング基本方針のなかで、事業性評価的な着眼

点に基づく監督方針が示され、翌年の同方針において「事業性評価」という言葉が登場しました。事業性評価が、金融監督の重点施策として明確に示されたもので、地域金融機関にとってエポックメイキングな出来事といえるでしょう。

さらに2014年10月に「地域金融機関による事業性評価について」が金融庁から発表され、閣議決定された『日本再興戦略』における地域活性化や地域の構造改革を実現するために、中小企業等の革新が不可欠であり、その経営改善や事業再生を促進する観点から事業性評価をベースとした融資を促進することが、地域金融機関の重要課題であると説明されています。そのなかで、事業性評価とは「財務データや担保・保証に必要以上に依存することなく、借り手企業の事業の内容や成長可能性などを適切に評価する」と定義されています。

2016年9月には、金融庁が「金融仲介機能のベンチマーク」（金融機関が金融仲介機能を自己評価・点検・開示・対話するためのツール）を公表しました。このなかに「事業性評価に基づく融資等、担保・保証に過度に依存しない融資」「本業（企業価値の向上）支援・企業のライフステージに応じたソリューションの提供」といった項目が設定されたこともあり、各金融機関の取り組みが情報開示されるようになりました（自主的開示）。こうした金融行政の後押しも受けて、金融機関は、事業性評価に関する環境整備を進めていきました。同時に、いわゆる本業支援や伴走支援といった中小企業のビジネスを強化するための支援体制も作られることになりました。

（コラム①）**銀行員になって良かった！** ·······················

あなたは「銀行員になって良かった！」と心から思ったことがありますか。

YESと言える人は、慶賀の至りです。これからも、そうした経験を積み上げられるよう営業活動に精進すれば、さらに満足のいく銀行員生活を送ることができるでしょう。

一方で、NOと答えた人は、困りました。毎日があまり楽しくないでしょう。何を理由に勤務を続けているのでしょうか。

最近、ある人から「最近の若い営業担当者には、知識・ノウハウ・スキルが不足している。理由を考えてみたら"働く意識の問題"だと気づいた。"仕事のやりがいや喜び"を知らないから、そこに向かって努力をしようとしないの

ではないか」というご意見をいただきました。確かに一理あるかもしれません。

　ある有名な大リーガーが、「グランドで活躍したい。グランドで活躍する喜び、観客の歓喜の声を知っている。だから、毎日の苦しい練習を積み重ねている」という話をしていました。グランドで活躍するためには「レギュラー級の実力」がいる、しかし、ライバルは多く、実力は一朝一夕に身に付くものではない。だからこそ、日々の努力を怠らず、速い球に対応する技術、変化球を打つ技術を黙々と磨いているのです。

　金融機関の営業担当者もまったく同じです。

　営業の現場で大活躍したい。顧客にも満足の声をいただき、チームメートからも賞賛の声を聞きたい。そんな想いがあるのならば、大リーガーのように努力を続けることしかない。努力して、事業性評価の技術、課題発見や解決策の作成技術を磨き上げる。そして磨き上げたスキルを持って、「営業の現場」というグランドに飛び出していくのです。

　技術を身につけて、さまざまな経験を重ねた時、必ず「お客様の満足の声、同僚の賞賛の声」を聞く日が来るでしょう。銀行員になって良かったと思える日が来るはずです。

　いま「モヤモヤとした気持ち」を抱えながら営業し、日々の仕事に喜びを感じられないとしたら、まずは自分を変えてみませんか。グランドで活躍できるだけのスキルを習得しましょう。スキルを身につければ、様々なお客様の問題解決に力を発揮することができるようになります。あれこれ悩む前にグランドで活躍する自分を想像しながら、ひたむきに仕事に取り組んでみましょう。

　そうすれば「石の上にも３年」かからずに、早晩「銀行員になって良かった」と思える日が来るはずです。未来を変えることができるのは自分自身であり、金融の現場はそれを実現できる大きなフィールドであることを思い出してほしいと思います。

第**2**章

事業性評価の運用実態と課題

---

1. 事業性評価の運用実態

それでは、事業性評価の運用実態はどうなっているのでしょうか。

前述の通り、金融庁では金融仲介機能の発揮状況を客観的に評価できる様々な指標（ベンチマーク）を策定・公表しています。このベンチマークのなかに「担保・保証依存の融資姿勢からの転換」「事業性評価に基づく融資等、担保・保証に過度に依存しない融資」という項目があり、前者は「金融機関が事業性評価に基づく融資を行っている与信先数及び融資額、及び、全与信先数及び融資額に占める割合（先数単体ベース）」、後者は「事業性評価の結果やローカルベンチマークを提示して対話を行っている取引先数、及び、左記のうち、労働生産性の向上のための対話を行っている取引先数」「事業性評価に基づく融資を行っている与信先の融資金利と全融資金利の差」となっています。

これらのベンチマークについての情報開示は、各行の自主性に任されているので、必ずしも全容が把握できるわけではありませんが、第一地銀64行のディスクロージャー誌（2017版）を見ると、その一端を伺うことができます。

まず事業性評価に基づく融資件数を公表している地銀は約半数で、事業性評価に基づく融資を行っている先数の割合は、数％から数十％とバラつきがあります。また、1先あたりの平均融資額は2～3億円前後が多いようです。事業性評価がスタートしてまだ5年弱と短いことや、上記の状況から判断すると、地域金融機関における事業性評価は、概ね体制作りや人作りなど道半ばの状況にあると考えて良いでしょう。

2. 現場から聞こえてくる声

　限られた範囲ですが、筆者なりの取材による金融機関や中小企業の声を拾ってみると、事業性評価を浸透させるうえでの課題が見えてきました。

（金融機関サイド）

● 取引先へ調査に行くと「他行では訊かれたことがない」と言われる。好意的な意見は少数で他行ではそこまで調べられていないのに、何故おたくは訊くのかという不満が多く、協力を得るのに苦労している。

● 事業性評価に興味を示すのは、資金調達に苦労している業績不振先が多く、経営改善計画の策定と同じ目線になってしまう。また、先行きも見通せない場合、ある程度担保依存になることは（金融機関の体力を踏まえて）致し方ないのではないか。

● 事業性評価のメリットが見えない。調査のため何度も顧客企業を往復し、調書作成をする負担を考えたときに、費用に対して最終的な果実が見合うものなのか。銀行内で解決できないテーマも多いので、担当者のインセンティブは弱い。

● 事業性評価として作業してはいるが、できあがったものが事業性評価といえるのか自信がない。また、ヒアリングを行うにしても知識が不足して突っ込んだ調査ができていない。

● 本部から事業性評価導入を指導されているが、プレゼンテーションの資料を作ることが目的になっており、本質から離れている気がする。

（中小企業サイド）

● 現在「金融緩和状態」にあり、金融機関の貸出姿勢も積極的で、調達に不便を感じていない。したがって、事業性評価で一歩深くといわれてもピンとこない。

● ビジネスマッチングが一番ありがたいが、販路のマッチングにさほど深い調査がいると思えないし、いままでも口頭で依頼して対応してもらえている。

● 事業承継等を考えると、経営者保証を外してもらえることは助かるし、良い制度だと思う。保証を外す際にも、いくつかのチェックを受けた記憶はあるが、多大な調査は受けていない。

●ひと昔前は、様々な資料を提出しないと貸してもらえなかった記憶があるが、金融競争が激しい現在、金融機関の対応も変わり資料も軽減されている。そんな中で、あれこれヒアリングや資料提出を求められる意味がみえない。

　これらの声が、すべての金融機関の現場や中小企業の声を代表していると言うつもりはありませんが、長く現場に身を置いた筆者には「然もありなん」と感じます。読者のみなさんはどのようにお考えでしょうか。

　金融の現場では中小企業数も減少し、自己資本比率などの財務改善が進む中で、中小企業の運転資金ニーズも弱くなっています。設備資金は各行の奪い合いです。担保・保証条件の緩和を融資の売りにしているケースもあると聞きます。こうした中で、金融機関や職員自身が「事業性評価」を行う意味やメリットをしっかり理解しなければ、この仕組みが拡がることはないように思います。あわせて、事業性は理解してもらいたいが、資料やヒアリングは面倒だという中小企業の姿勢では金融機関の調査も限界があり、事業性評価の浸透など夢物語となるでしょう。

（コラム②）ハピネスがエネルギーになる ・・・・・・・・・・・・・・・・・・・・・

　最近仕事がつまらなくなった、そんな声を聴くことがあります。営業の現場が躍動した時代は遥か昔のことなのでしょうか。

　金融の現場がつまらない、面白くないと感じる職員が多いのであれば、そこに良い仕事は生まれないでしょう。仕事をする人のハピネスが、成果を生むエネルギーになるからです。がんじがらめに拘束され、自由を持たない人が創造性を発揮できるでしょうか。ハピネスを感じられるでしょうか。

　ハピネスは人の心にエネルギーを与えます。人はパンのみに生きるのではありません。お客様の喜びや感動、仲間との気持ちの良いコラボレーション、自らの達成感、こういったひとつひとつが、ハピネスを生み、営業に力を与えるのです。

　それでは、どうすれば営業の現場にハピネスを呼ぶことができるのでしょうか。

　1つは「つまらなくなった原因」を無くすことです。意味の感じられない仕事を無くすこと、現場がキャパシティオーバーになるような要求過多を廃する

こと、現場を信じて現場に権限を与えること、岩盤のような長時間労働をやめること、責める文化を褒める文化に変えること、現場を心から応援し支援すること、お客様に真に役立つ仕事を大事にすること、‥‥数えれば限りがありません。そして、本気でやれば変わることがたくさんあるということです。

2つ目は、リスクテイクを楽しむこと、前例踏襲や固定観念の束縛から離れて自由に思考すること、です。リスクを取ることは怖いことではありません。リスクを避けるために、お客様を知る努力をしないことが怖いことなのです。これだけ変化が大きい時代に、前例が全て通じるのでしょうか。恐ろしいことは、過去と変わらぬ論理で仕事をすることではないでしょうか。変化の大きい時代は、やってみなければわからないことが多いのです。トライ＆チャレンジの精神が必要です。昔の優等生が今の優等生とは限りません。

3つ目は、「幸せは向こうから来ない、だから歩いて行く」ということです。ハピネスを人から与えてもらうのではなく、自らがハピネスを呼び起こす努力をすることです。環境が悪いから、本部が悪いから、上司が悪いから、こんなネガティブな言葉からハピネスは生まれません。自分のちょっとした気持ちの持ち方で、世界は変わります。自分が挑戦する心を持てば、世界は拓けるのです。他人を変えることができなくても、自分を変えることはできます。

誰もがハピネスを求めています。誰もが幸せになりたいのです。この誰もが幸せになりたい、という想いを共有し、みんなが歩みを一歩前へ進めれば、ハピネスが現場に来る日も遠くないはずです。

3. 金融庁アンケート調査等にみる課題

2016年に、金融庁による「企業ヒアリング・アンケート調査」が行われ、結果が公表されました。この調査には、金融機関が事業性評価を進めるうえで大きな課題やヒントが示されています。

事業性評価の前提である「信頼関係」については、経営上の課題や悩みについて約3割の企業が、メインバンクに対しても「まったく相談したことがない」と回答しています。その理由として「あまり良いアドバイスや情報が期待できないから」をあげています。その一方で、メインバンクに求めるものとして「事業に対する理解」が圧倒的トップとなっており、「融資の金利」の3倍の期待が寄せられています。また、金融機関による「経営支援サービ

ス」について、約8割の企業が「何らかの効果があった」と回答しており、その有効性が評価されています。

　2016年版の中小企業白書においても「事業性評価の必要性」が示されています。文中に『中小企業の資金調達に関する調査』が掲載されていますが、金融機関に対して中小企業が評価してほしい項目に「事業の安定性・成長性」がトップであがっています。そのほかに「営業力・既存顧客との関係」「代表者の経営能力や人間性」「技術力、開発力、その他知的財産」など、事業性評価（非財務分析）に関連する項目が多く示されています。

　一方で、2017年10月に公表された金融庁「企業アンケート調査の結果」によると「担保・保証がないと貸してくれない」と感じる中小企業が4割、正常先上位でも2割を超えています。また、融資を断られた理由の中で「担保・保証が不足していたから」は正常先下位で4割弱、要注意先で3割弱ありました。コミュニケーションに関しては「経営上の課題の分析結果を教えてもらえるか」という問いに対して、メインバンクであっても4割以上（要注意先では5割弱）が教えてくれないと回答しています。金融庁が期待する「担保・保証への過度の依存」「質の高いコミュニケーション」については、まだまだ改善余地があるようにみえます。

　これらの調査結果からすると、中小企業の多くが自社の事業性に対する「金融機関の理解」を期待しており、本業支援についても一定の効果があるとの認識をもっています。しかし、「担保や保証への依存体質」や「十分なコミュニケーション」という点では課題が残るというのが、事業性評価をスタートして5年目の実態であると思われます。

　さらに2020年3月に金融庁から発表された「金融機関の取組みの評価に関する企業アンケート調査」からは、金融機関の取組みが確実に前進している印象を受けます。例えば、「メインバンクに関する質問」のなかで「融資以外の課題への相談」がありますが、5割超の企業がYESと回答しており、また悩みや課題についても「よく聞いてくれる」が4割超となっています。また、自社の「経営に関する課題や評価」についても、6割超が何らかのレベルで「伝えてくれる」と回答しており、事業性評価が顧客と共有される状況が増えていることを示しています。

　一方で、融資以外の課題を「相談しない」とした企業は、「訪問してくれない」「銀行には融資以外求めていない」といった理由をあげており、事業性評価の啓蒙や効率的な実施方法について検討する必要があると感じます。

コミュニケーション不足や、銀行の本業支援に対する不信を抱えている中小企業がまだまだ多いことを反省する必要があります。

　最後になりますが、近時のディスクロ誌において「事業性評価」に関するベンチマークの開示が減っているようにみえます。もちろん自主的開示であり、ステークホルダーの訴求ポイントが「サスティナビリティ」「DX」といった点に移りつつあることも影響しているとは思いますが、事業性評価は中小企業との取引において基礎となるものであり、重要な KPI として開示されることを期待します。今後、サスティナブル経営への移行など様々な本業支援を行ううえでも事業性評価が必要不可欠になります。そして、その質と量を高めることが金融機関の地力を強くすることにつながり、中小企業の未来をより良いものに変える原動力となることを改めて認識してほしいと思います。

4.　金融の原点回帰

　ここまで、ディスクロージャー誌・各種調査や現場の声を踏まえた事業性評価の運用実態を見て参りましたが、あらためて「事業性評価」について考察してみたいと思います。

　事業性評価というと、何か新しい取り組みが始まったかのように聞こえます。しかし、筆者自身は "金融機関の原点に立ち返っただけ" だと考えています。

　もともと金融機関の「金融仲介機能」の原点は、「融資先を健全に育成・発展させ、それが日本経済全体の成長に寄与し、一方で資金を提供してくれた預金者には相応の利子が返され、その資産形成に役立つという Win-Win の関係作りに金融機関が介在する」ということにあったはずです。このなかで金融機関に期待される役割は、運用者としての「プロの視点」をもって仲介機能を発揮することにあります。社会の公器として、経済成長につながるような企業の育成・成長支援、そして再生支援を行う「プロのスキル」が求められているのです。そういった意味で、融資対象となる企業の「事業性」を評価することは金融機関の "基本中の基本" といえましょう。

　預金者からお預かりした資金を安全に運用することは大事ですが、それだけで金融仲介の本分を果たしたことにはなりません。上記の通り、**プロの視点で企業を評価し、育成・成長・再生の支援を通じて、中小企業の健全な発**

展、ひいては日本経済の発展に寄与することが求められているのです。したがって、**融資対象となる企業を見る眼、そして事業を評価する眼の重要性は極めて大きく、金融仲介の根幹をなすスキルと言ってよいでしょう。**

　中小企業の事業は、マクロ経済や地域経済、そして所属する業界の特性・規制や動向が大いに関係します。そして、事業主体である企業を動かす経営者の手腕、プレイヤーである労働者との関係なども重要な項目です。経営方針・経営計画は事業の設計図です。事業の目標を達成するための組織や拠点、生産設備、研究開発の状況などは航海する船の配置図や動力を調べることと同じです。収益性・安全性・成長性といった財務分析も、過去を通じて今を知り、未来を予測するための道具となります。

　こうしてみると、事業性評価はもともと金融機関が大事な基本業務として受け継いできたことではないでしょうか。いつ頃からか、こうした基本を忘れ、統計関数で作られた「信用格付け」の表面だけを見て融資を判断するようになったのです。審査結果に自信があれば、本来は「信用補完」に過ぎない担保や保証に過度に依存する体制はできなかったでしょう。事業性評価という基本を忘れた、つまり "歌を忘れたカナリア" のような存在になっていたのです。

　まずは事業性を正しく理解したうえで、当該企業にとってどんな支援をすることがよいのかを真摯に検討することです。中小企業はマクロ環境の影響を受けやすい体質をもっており、事業のボラティリティが高い特徴があります。中小企業にとって「調達の安定性（＝晴れの日も雨の日も資金調達できる）」が最重要事項であり、事業性を理解したうえで金融機関が担保・保証を信用補完として活用することを否定することはないはずです。大事なことは、表面だけを見て、担保・保証に過度に依存するという、「本来の姿」からかけ離れた状態にならないように、自らを律していくことではないでしょうか。

5. 事業性評価推進上の課題

　ここまで見てきた通り、事業性評価を浸透させるためには様々な課題を解決する必要があります。

　金融行政からすれば、日本経済の活性化や健全な発展を期するために、金融機関が本来の姿に立ち返り、自らのプロの眼で深い洞察や実態把握を行

い、担保・保証に過度に依存しない融資や様々な本業支援を行っていってほしい、という想いがあります。

　中小企業サイドからは、事業性をしっかりと評価してほしい、経営課題等について十分なコミュニケーションを確保し、課題に対する支援ツールを提供してほしい、という期待が感じられます。その一方で、事業性評価に係る時間的な負担や資料作成負担を敬遠する気持ちも強いようです。

　金融機関の現場サイドには、いまなお戸惑いが感じられます。本部から事業性評価を推進すべく指示を受けているものの、職員のスキル不足、調査や作成に係る負担、顧客の理解、どこまで深く突き詰めればよいのか等々悩みは尽きません。

　金融機関の経営サイドも同様に悩んでいると推察します。将来を展望した時に、地場マーケットは確実に縮小し、融資対象の中小企業数も減少する。貸出利鞘も減少傾向で、融資量を増やす努力はしているものの、競争激化で展望が開けない。やはり、事業性評価に基づき、各取引先企業の課題を把握し、その問題を解決することで"非貸出収益"を増やす必要がある。しかし、職員のスキルや事業性評価に要する手間を解決する早道はない。事業性評価をやったからといって、簡単に無担保融資を拡大することはできない。

　このように、事業性評価に関わる多くの関係者が、それぞれの立場で期待と不安に揺れているのです。

　事業性評価を今後推進していくための課題は下記の3つです。

---

① 事業性評価のメリットと負担について、中小企業に正しく理解してもらうことで、情報開示への協力を拡げる
② 金融機関は、事業性評価プロセスの効率性と品質をバランス良く高めるための仕組み作りや環境整備に努める
③ 金融機関の職員自身が、事業性評価について正しく理解し、必要なスキルと意識を高める

---

① 中小企業への理解促進

　中小企業の情報開示なしに、事業性評価が進展することはありません。一方で、中小企業は、上場企業と異なり情報開示に慣れていないこと、オーナーの考え方も千差万別であること等から、情報開示の姿勢に幅があります。

　情報開示の推進は、「他行には訊かれていない」といった、先行機関が「損

をする」構造にあり、金融業界全体で解決していくべき問題だと思います。どこかの金融機関が「当行は、この情報だけで融資します」といった"良い子"になってしまえば、情報開示は進みません。

　事業性評価が中小企業にとってどういうメリットをもたらすか、これを業界が一枚岩になって説明していくことが求められます。一方で、それを待っていては事業性評価が進まないという考え方も消極的です。事業性評価を積極的に進めようとする金融機関は、役員が現場の先頭に立って中小企業への啓蒙を図る取り組みをしてほしいと思います。現場任せでは従来と何も変わらないでしょう。

② 事業性評価の仕組みと環境整備

　過当競争の中で、かつ、融資対象となる企業数が漸減する状況にあって、金融機関は「体裁だけ整える」では、もう生き残れません。事業性評価に真摯に取り組み、企業の実態・課題・成長性を的確に把握し、何を支援すればその企業の付加価値向上に役立つかを考え、適切な解決策を提案する必要があります。しかしながら、事業性評価は相応の手間とスキルを必要とします。

　この問題を組織として解決しない限り、事業性評価に要する負担をすべて現場が負うこととなり、浸透は難しくなります。金融機関の本部は、事業性評価の「質」と「効率性」を両立させるための、仕組み作りや環境整備を急ぐ必要があります。

　「質」については、職員のスキル向上が不可欠の要素であり、コミュニケーションや分析力などの様々なスキルを対象とした「自己啓発」や「研修体制」を充実させる必要があります。また、事業性評価の水準設定も重要な課題です。深さを追求するほど現場の負担は増えます。浅ければ、従来と何か変わったのかという話になります。導入期⇒本格期⇒成熟期という段階設定をしながら、自行の取引先への適用率と評価水準のバランスをとることが、現場の混乱を避けるうえでも重要です。

　「効率性」については、現場が事業性評価の質を保ちながら、効率的に数をこなすための環境整備を進めなくてはなりません。当面は、本部のサポートをどう行うか、連携をどう高めるかが課題です。マクロ環境、産業調査、業界特性・規制などの情報提供を、現場に行う必要があります。そして、非財務分析を効率的に行うためのテキストやフォーマット作りなど、経験の浅い担当者でも事業性評価が一定水準で作成できる、アプローチや手法を作る

必要があります。

　一方で、“簡易な事業性評価”についても検討する余地があります。経済産業省の「ローカルベンチマーク」に、課題抽出や対応策立案の流れを表す様式が示されています。こうした様式も参考にして、事業性評価を日常のものとできる形を作り上げることが、効率性の推進とともに、事業性評価を幅広い中小企業に適用するカギとなるはずです。

③ 職員の意識改革とスキル向上

　おそらく一番大変なことが「職員の意識改革」です。人間の習い性は容易に変わりません。まして、メリットが明確に見えないと動かないのが現場です。金融機関だけでなく、職員個人としても有意義な活動を行うために事業性評価に取り組み、スキルを高めることの必要性を理解させる必要があります。

　「スキル向上」も簡単ではありません。評価という点でいえば、書類審査だけで企業実態が解明できるはずもなく、経営者との面談、場合によっては業務部門の各責任者へのヒアリング、工場実査・店舗実査などを通じて、さらにはバリューチェーンのステークホルダーへの調査を行うことで、総合的に事業を評価する必要があります。決算書の提出を受け、それを本部に送付して「ハイできあがり」と言わんばかりに、「格付け結果」だけを見るような職員を変えなくてはなりません。財務という企業の一面だけをみているから、実態把握に自信を持つことができず、担保や保証を求めようとする。そうした壁を乗り越えるために、職員のスキル向上に取り組むことが急務です。

第3章

課題解決型営業による本業支援の必要性と課題

1. 課題解決型営業および本業支援が必要な理由

　金融機関の法人営業部門において「課題解決型営業」や「本業支援」が必要とされる第一の理由は「お客様が求めている」からです。図表1は、金融庁「2022事務年度金融行政方針　直面する課題を克服し、持続的な成長を支える金融システムの構築へ」（2022年8月）のコラム2から抜粋したものです。これによると、金融機関から受けたいサービスには「経営人材の紹介」「取引先・販売先の紹介」「業務効率化（IT化・デジタル化）に関する支援」「各種支援制度の紹介や申請の支援」「事業転換」「事業承継」「気候変動」といった項目が並びます。同様に、手数料を支払っても良いと考えるサービスには「経営人材の紹介」「業務効率化（IT化・デジタル化）」「取引先・販売先の紹介」等があります。それだけ経営課題に対する「支援ニーズ」が強いということです。

　中小企業にとって「金融支援」が基本的かつ最大のニーズであることは間違いないでしょう。直接金融の手段を持たない中小企業にとって、金融機関からの借入が不可欠です。しかし、経営環境が変化するなかで上記の項目に示されるような「経営課題の解決」も大きなニーズになっているのです。つまり「そこに金融機関にとって大きな市場がある」ことを意味します。加えて、経営課題に対する解決ニーズは「アズユージャル（日常）」なものであり、十分ビジネスとして成り立つ可能性が高いと考えられます。

　従来行って来た金融支援（融資業務）は、過当競争構造や長引く低金利環境のなかで厳しい状況にあります。また、金融支援で差別化を図ろうとすれば、危機時の踏み込んだセーフティネット対応や、社運をかけたリスクの大きなプロジェクトに対する融資など、機会も条件も相当限られるはずです。金利競争は限界にあり、いまさら金利引き下げ競争をして量の拡大を図っても何の意味があるのでしょうか。

一方で、経営課題の解決に係る本業支援は可能性を秘めています。自行の
ソリューション提供能力や専門機関との連携を強化することで、市場拡大の
余地が大きい業務です。金融界では未開拓の領域であることから、各行の創
意工夫や努力次第で新たな成長分野になりうるのです。以上のように、顧客
ニーズの視点、金融サイドの成長の視点、両方の視点から「課題解決型営業」
「本業支援」に取り組むメリットが大きいのです。

　取り組むべき第二の理由が、金融機関を取り巻く環境変化です。図表2は
「地域銀行の純利益の推移とコア業務純益の増減要因」（金融庁）で、図表3
は「金融業界の世界観（5フォース分析）」（筆者作成）です。この2つの資
料を見れば、金融機関の経営が従来の延長線上では成り立たないことがわか
ります。収益構造をみると、基礎的な収益であるコア業務純益は概ね減少ト
レンドにあります。その要因は利鞘のマイナス影響が大きいことがわかりま
す。足元はコロナ危機対応等の要因による貸出残高の増加で補完できていま
すが、利鞘のマイナスは10年以上続いており、構造問題といっていいでしょ
う。つまり、長引く低金利環境や人口減少等による市場縮小、企業数の減少
といった環境変化によって「貸出」のみでは銀行経営を成り立たすことがで
きなくなりつつあるのです。

　また、金融機関に勤務する職員の意識や価値観の変化も第三の理由として
あげられるでしょう。ノルマ営業の精神的負担や空しさ、お客様のためにな
りたい、自分の成長や遣り甲斐につながる仕事をしたいと考える職員が確実
に増えています。課題解決型営業をベースとする本業支援は、こうした希求
に応える仕事です。中小企業の真の役に立ちながら自分自身の遣り甲斐につ
なげる、それが組織のプレゼンスや事業成長につながる。時代が「課題解決
型営業」「本業支援」を求めているといって過言ではないでしょう。

図表1　金融機関から受けたいサービスと手数料を支払ってもよいと考えるサービス

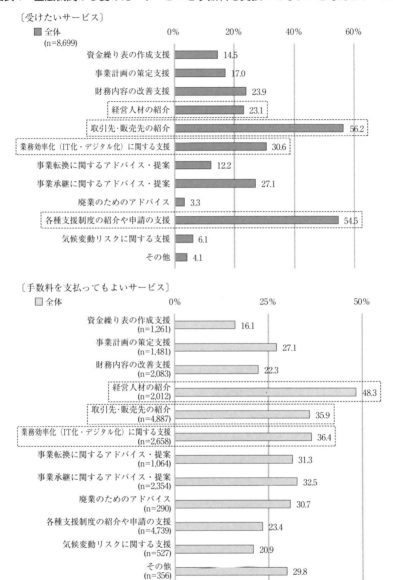

〔受けたいサービス〕
全体
(n=8,699)

サービス	%
資金繰り表の作成支援	14.5
事業計画の策定支援	17.0
財務内容の改善支援	23.9
経営人材の紹介	23.1
取引先・販売先の紹介	56.2
業務効率化（IT化・デジタル化）に関する支援	30.6
事業転換に関するアドバイス・提案	12.2
事業承継に関するアドバイス・提案	27.1
廃業のためのアドバイス	3.3
各種支援制度の紹介や申請の支援	54.5
気候変動リスクに関する支援	6.1
その他	4.1

〔手数料を支払ってもよいサービス〕
全体

サービス	%
資金繰り表の作成支援（n=1,261）	16.1
事業計画の策定支援（n=1,481）	27.1
財務内容の改善支援（n=2,083）	22.3
経営人材の紹介（n=2,012）	48.3
取引先・販売先の紹介（n=4,887）	35.9
業務効率化（IT化・デジタル化）に関する支援（n=2,658）	36.4
事業転換に関するアドバイス・提案（n=1,064）	31.3
事業承継に関するアドバイス・提案（n=2,354）	32.5
廃業のためのアドバイス（n=290）	30.7
各種支援制度の紹介や申請の支援（n=4,739）	23.4
気候変動リスクに関する支援（n=527）	20.9
その他（n=356）	29.8

出典：「2022 事務年度　金融行政方針　直面する課題を克服し、持続的な成長を支える金融システムの構築へ」（金融庁）

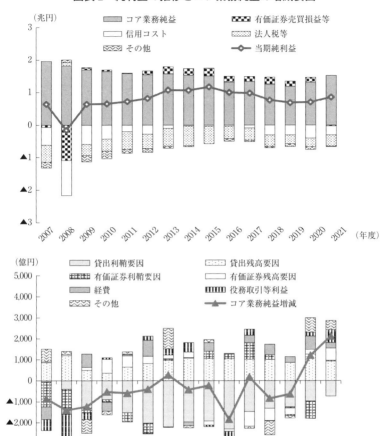

図表2　純利益の推移とコア業務純益の増減要因

（注1）集計対象は地方銀行、第二地方銀行及び埼玉りそな銀行。期中合併における非存続金融機関の計数は含まれない。

（注2）コア業務純益＝業務粗利益－経費－債券5勘定尻

（注3）有価証券売買損益等＝株式3勘定尻＋債券5勘定尻

（注4）信用コスト＝（一般貸倒引当金繰入額＋個別貸倒引当金繰入額＋特定海外債権引当勘定繰入額＋貸出金償却）－（貸倒引当金戻入益＋償却債権取立益）

出典：「2022事務年度　金融行政方針　直面する課題を克服し、持続的な成長を支える金融システムの構築へ」（金融庁）

図表3　金融業界の世界観（5 Forces 分析）

新規参入
- ●流通系など異業種からネット銀行参入
- ●フィンテックなどデジタルを活用した新規勢力参入

預金者（資金提供者）
- ●エシカル（倫理的）な使途を期待
- ●高齢化が進み取り崩しニーズも増加

既存金融業界
- ●低金利環境下での過当競争構造⇒低利鞘
- ●過度の担保・保証からの脱却の要請
- ●預金者の資産形成への寄与
- ●DX への対応
- ●サスティナブルファイナンスへの移行

中小企業（融資対象）
- ●低成長・停滞からの脱却
- ●労働生産性の向上
- ●物価高・賃金引上げ・人手不足対応
- ●IT 化への対応
- ●サスティナブル経営への移行

代替品
- ●マイクロファイナンス
- ●クラウドファンディング
- ●Web3.0 / DeFi
- ●仮想通貨、トークン

（筆者作成）

コラム③　可哀想だから買ってあげる ・・・・・・・・・・・・・・・・・・・・・

　これは被災地の女性経営者から聞いた話です。

　復興の一助とするため、被災地の皆さんが財布などの小物を作って、それをボランティアの皆さんが販売する企画があったそうです。

　ある場所で販売をしていたところ、小物を買ってくれた若い女性が、「可哀想だから買ってあげた」と友達に言ったそうです。その女性に悪気はありません。復興支援になればと購入してくれたのでしょう。しかし、作った側からすると「可哀想だから買ってあげる」という言葉はつらいものです。

　買う必要ないが、可哀想というお情けで買ってもらったのですから。支援はありがたいが、あらためて「お客さんが喜んで買ってくれるもの」を作ろう！という話をしたそうです。

　人は「施し」を受けると「ありがとうございます」と頭を下げます。ありがたいと思っても、頭を下げ続けることは苦痛でもあるのです。施しではなく、価値を認めてほしい、気に入ったから買ってほしい、と思う気持ちは理解できます。

　この話は、「労働」の本質を象徴しているように思います。人は「カネ」のためだけに働いている訳ではない。人の役に立ちたい、自分の価値を確認した

い、という気持ちも働く動機です。他人に自分の仕事を褒められると嬉しいのは、自分の価値が認められたという、自尊心を満たすからではないでしょうか。

　金融機関の営業担当者も「お願いセールス」だけでは自尊心を満足させることはできないでしょう。意味のない貸出をしても満足することはないでしょう。これからの時代は、自他共に満足できる「課題解決型営業」で価値のある仕事をして、確かな働きがいを見出してほしいと思います。

2. 課題解決型営業への転換、本業支援強化に向けた課題

　金融機関の未来を拓く「課題解決型営業」、そして「本業支援」。これらを日常のものとして、中小企業の未来をより良いものに変えるためには、いくつかの課題をクリアする必要があります。具体的には４つの課題です。

　第一が「事業性評価の質を高め、同時に実施対象企業を拡大する」ことです。事業性評価が始まって一定の年数が経過しましたが、まだまだ経営環境分析や非財務分析のレベルには課題があります。

　経営環境分析の重要性に気づき、産業調査部といった専門部署の強化を図ることができるか。また、非財務分析のレベルを上げ、企業のケイパビリティを的確に抽出できるか。そして、メリハリをつけた執行や生産性の向上を図りつつ、できるだけ多くの中小企業に対して事業性評価を実施することができるか。これらの課題をできるだけ早く解決する必要があります。

　第二が「金融機関全体の意識改革」です。本気で事業性評価や本業支援に取り組むためには、極論すれば「銀行」という名前さえ外すような決意が必要です。融資業務という岩盤をもつ金融機関が、いかに経営資源を事業性評価や本業支援に配分できるか、マネタイズしていくか。これも容易なことではありません。加えて、本業支援の世界には先行して業務を行っているコンサルタントや専門機関が存在します。彼らに伍してビジネスを展開するためには相当の専門性をもつ必要があるのです。それは生半可な気持ちで出来ることではありません。

　第三が「職員の意識変革とスキル向上」です。事業性評価を起点とする本業支援は、従来の貸出業務とはテイストが異なります。コンサルタントとして企業の成長や課題解決に、パートナーシップをもってあたる必要があります。健全性重視で審査や選別にあたる眼と専ら企業の成長・再生を願う眼は

異なるものです。ベテラン層ほど意識を変えることが難しいでしょう。長年染まった慣習や意識を変えるだけのインパクトが必要です。また、事業性評価力や本業支援のレベルアップを図る必要があります。これも領域が広いだけに容易ではありません。研修体系やOJTの再編が必要です。同時に、外部の専門機関との連携を強化し、本業支援のエコ体系を作る必要があります。

　第四が「中小企業の意識変革」です。情報開示をはじめとして、融資以外の期待をどう持ってもらえるか。信頼関係を構築できるか。これも従来とは異なるアプローチが必要になります。アンケートにあったように、金融機関の本業支援に期待していない中小企業も多いのです。

　いずれにしても課題解決型営業への転換、それを基礎とする本業支援による企業価値向上を金融機関が日常のものとできるかが試されています。そして、これらを浸透させることは新時代のサスティナブルファイナンスの推進にも多大な貢献をもたらすと思います。

第1部

基本となる7つのスキル

　事業性評価と課題解決型営業を学ぶにあたって、「7つの基本スキル」から説明します。7つの基本スキルは、事業性評価や課題解決型営業を行ううえで必要となるスキルです。事業性評価や課題解決型営業の何たるかを理解しても、これらのスキルがなければ実行できないことが多いと思います。

　事業性評価では、中小企業の経営情報を入手することが不可欠であり、情報の入手はペーパーのみならず、対話や実査を通じて行います。このためには、中小企業と良い関係を構築し、必要な質問ができるスキルが必要です。当然、分析を行うスキルも求められます。

　同様に、課題解決型営業では、企業の課題を抽出し、その解決に役立つ対策を提案する必要があります。分析力はもちろんのこと、お客様を説得するスキル、解決案を創造する構想力など様々なスキルが必要になります。

　基礎がなければ、良い家は建てられません。同じように、基本となる7つのスキルを習得せずに、いきなり事業性評価や課題解決型営業に取り組んでも、良い成果を得られることはありません。まずは、基本となる7つのスキルを理解し、習得に努めてほしいと思います。

第1章

あなたの営業は、
なぜうまく行かないのか

7つの基本スキルを学ぶ前に、まずは自分自身の営業姿勢やスキルについて振り返ることにします。質問や事例を通して、自分の仕事力・営業力を正確に測ってほしいと思います。

1. まずは自己採点してみましょう

次の項目に「◎（十分あてはまる、自信がある）」「○（あてはまる、できる）」「△（ほとんどあてはまらない、あまり自信がない）」「×（あてはまらない、自信がない）」のいずれか該当するものを選んでください。

最後に、得点を集計します。◎＝3点、○＝2点、△＝1点、×＝0点、で計算してください。

（　）お客様と向き合った時、常にお客様の気持ちを考えている
（　）お客様の要望を正確に理解できる
（　）お客様の期待する納期を常に守れている
（　）お客様と一歩踏み込んだ会話・交渉をすることができる
（　）お客様が聞いてほしくないという事柄も、聞き出すことができる
（　）お客様に対して、商品の説明・注意事項の説明を、正確かつ順序立て
　　　て行うことができる
（　）自分を好ましく思っていると明確に判断できるお客様が10人以上い
　　　る
（　）お客様企業に関して興味がある。聞きたい質問が5個以上すぐに思い
　　　浮かぶ
（　）企業を分析する場合、問題点を整理して因果関係や課題を抽出するこ
　　　とができる
（　）自分が獲得した案件や起案した稟議を店内で決裁してもらえる自信が

ある

（　　）仕事を受けた場合、できあがりイメージ、スケジュール感を想定して
　　　行っている

　いかがだったでしょう。22点以上は合格です。十分優秀な法人営業担当
といえるでしょう。

　しかし、合格ラインに至らなかった方、あるいは×の項目があった方については、本書を参考にスキルアップしていただきたいと思います。×の項目が多くて焦っている方も心配は要りません。むしろ伸びしろが大きいはずですから、本書をしっかり読んで実践を重ねてほしいと思います。

　大事なことは、自分の仕事や交渉がうまく行っていないと感じたとき、その問題点を自分なりに理解することです。自分で理解・納得しなければ、心から修正したい、改善したいという「心のエネルギー」が湧いてこないでしょう。成長や学習の原動力は、自分を成長させたいとする自分自身の心のエネルギーの存在です。これなしにはどんな良書も役立つことはありません。

　上記の質問項目は、第2章以降で解説する「事業性評価や課題解決型営業に必要なスキル」の一部を表しています。「何かうまく行かない」「ストレスの溜まる局面が多い」、そう感じている営業担当者には、足りないスキルがあります。足りないスキルは必ず改善することができます。あなたも「優秀な担当者」になれるのです。

　本来であれば、職場の上司や先輩が指導を行い、こうしたスキルを習得することが望ましい形です。しかし、金融の現場は忙しく、教えたくても時間がとれない場合が多いと思います。また、こうしたスキルを体系的に著したテキストもないため、指導する立場の上司も進め難い面があると思います。本書では、効果的にスキルが身に付くように、スキルの本質や習得方法を具体的に伝授しますので、独習だけでなく、職場で共同学習する材料としても活用することを期待しております。

2. 距離感を測れない営業担当者が増えている

【例題 1】

> 営業課のA君は、4月からB社を担当することになり、現在3ヶ月が経過しました。その間、B社を2回訪問し、経理課長さんとは2回、経理部長さんとは1回面談をしています。
>
> 今日は初めてC社長に会えることになりました。
>
> A君は、割当達成を進めるために、富裕である旨の引き継ぎを受けたC社長に対してセールスを行い、大口預金を得たいと考えていました。
>
> 実際に面談をしたところ、5分程度で話は終わりました。また、帰店すると上司宛てにB社の経理部長から苦情の電話が入りました。B社経理部長の苦情内容を想像してみてください。

苦情は"紙一重"です。A社では苦情になったが、B社においては問題にならなかった、こんなことがよくあります。

それでは、苦情の発生は運不運の問題でしょうか。それがまったくないとは言いませんが、運不運の問題と片付けている間は、営業担当者としての進歩は期待できないでしょう。

よく見聞きする苦情の原因に「**相手との距離感を測れず、その場に不適切な言動を行った結果、お客様の怒りを買う**」があります。実は、この「**相手との距離感を測る**」というスキルが、コミュニケーションにおける重要な要素となるのです。

初対面における相手との距離感を100と置いた場合に、この距離を限りなく0に近づけていくことが「距離感を縮める（親しくなる）」ことを意味します。これが関係構築に必要な感覚です。当たり前ですが、距離感100の相手と距離感50の相手では、接し方やお互いの理解度も相当違います。

通常のビジネスにおいて「初対面」は一番重要で緊張する場面といえましょう。これからのビジネスを進めるうえで、カウンターパートとなるお客様との出会いです。言葉遣いや姿勢・服装はもちろんのこと、相手の情報などを事前に集め、好印象を与える努力をするでしょう。一方、既に2年の担当歴があり、相手の事情・癖・やり方・考え方を熟知しているお客様であれば、初対面ほどの緊張感や警戒感をもって対応することはないと思います。

自分はもちろんのこと、お客様もあなたを理解しているという安心感があるからです。これらの違いは、まさに「距離感」のなせる技なのです。

　営業担当者は、常に相手との距離感を測りながら、コミュニケーションの手段や方法を選択しています。ビジネスの目的を達成するうえで、お客様との良好な関係を構築し、より良い状態でコミュニケーションをとることが、営業担当者の必須スキルだからです。

　ビジネス・コミュニケーションの第一歩は、「相手との距離感」を意識し、その距離感に合った適切な姿勢や方法を用いて接することです。そのうえで、現在の距離感を少しでも縮める努力をすることが求められます。逆に、相手との距離感を測れない担当者は、お客様に違和感や嫌悪感を抱かせる言動を行うリスクがあるのです。

　例題に戻りましょう。

　B社の経理部長の苦情を想像するに「おたくのA君は積極的で良いが、初対面でいきなりC社長に定期預金3000万円をお願いします、というのは行き過ぎじゃないか。うちの社長の性格を聞いていれば、まずは会社の方針や経営計画の実施状況を聞くとか、あるいは自己紹介をするとか、そういう話から入るべきじゃないかな。社長も途中から機嫌が悪くなって話を打ち切ってしまい、あとで大人気なかったとはおっしゃっていたが、A君にも少し考えてもらいたいと思って電話しました」といったところでしょうか。

　良心的に考えれば、A君は他社で初対面の社長からこうしたセールスで成功した経験があり、B社でも同じようにセールスをしたことが考えられます。しかし、残念ながらB社では成功できなかった。そればかりか、C社長に嫌悪感を抱かせる結果になりました。

　A君の過ちは「相手を理解することなく、同じ方法を選択した」ことであり、そうした選択をした背景には「同じ言動が通じると信じた成功体験」を持っていたことが考えられます。しかし、お客様は百人百様で、いろいろな考え方を持っています。誰に対しても同じ方法で通じる、という考え方は慎重さを欠いていたと言わざるを得ません。ましてやC社長とは初対面であり、最も遠い距離感にあることを理解すべきでした。

　相手との距離感を測るスキルは**「相手の性格や立場を理解したうえで、顔色や態度を見て気持ちを推し量る、あるいは、周りの雰囲気を察知して、どういう言動なら相手が受け入れてくれるか、を判断する技術」**です。

この技術は、いろいろな人と付き合い、議論し、「**摩擦を経験**」しながら学ぶことが必要です。残念ながら、現代の世相では子供の頃からケンカや議論を避け、当たり障りのないコミュニケーションをとってきた人が少なくありません。学生時代に経験していない摩擦を、社会人になって「ビジネスの場」で経験することは、本人にとっても辛いことだと思います。

　それでも「距離感を測る」というコミュニケーションの基本スキルを、何としても身に着ける必要があります。この人は、どこが怒りの発火点になるのか、何を喜ぶのか、感情の起伏や感じ方はどうなのか、あるいはどういう論理を好むのか、について常に考え、お客様との「距離感を測る」訓練を重ねることで、適切なコミュニケーション環境を構築し、失敗しない言動を選択できるようになるからです。

3. 質問できない担当者

【例題2】

> 　D君は、営業担当者として2年目を迎えました。
> 　世間話であれば、ある程度できるようになりましたが、ビジネスの本題に入るための話題作りや質問は苦手なままで、「最近の業績はどうですか？」「売上は増えていますか？」といった紋切型の質問から脱することができずに、あとは行き詰ってしまいます。
> 　D君が良い質問を思いつかない理由は何でしょうか。

　お客様に対する質問が思いつかない、お客様に聞くことがない。したがって、世間話をした後は型通りの「お願い営業」で終わってしまう。こうした悩みは、少なからず営業担当者が抱えている問題です。お客様に対して気の利いた質問をすることは意外と難しいものですが、優秀な営業担当者は上手な質問を足掛かりにして、円滑にビジネスの本題に入り、意図する成果をあげています。

　ビジネスにおいては、「いかにお客様に話していただくか」が重要です。おしゃべりの上手な人が営業上手だという俗説がありますが、お客様から多くの情報を入手できる人が、はるかに営業力は高いのです。お客様が話す内容には、ビジネスのヒントとなる情報が数多く含まれています。したがって、

様々な角度から光を当て、**お客様の話を引き出す「質問のスキル」**が重要なのです。**お客様がひとりでに語り出す「キラークエスチョン（killer question)」**をたくさん持っている営業担当者は、多くの重要情報を引き出すことができる人です。

例題のD君のように、営業がうまく行かない人には「質問力が低い」という特徴があります。それでは、なぜ「質問ができない」のでしょうか。

この問題を考えるために、逆説的ですが、自分にとって「すらすらと質問できる事項」を考えてください。それを考えれば、反射的に"質問できない理由"もわかると思います。

例えば、釣りの好きな方が、憧れのプロアングラーといっしょに釣行する機会を持てば、「仕掛けはどうすれば良いか」「餌は何が良いか」「ルアーの種類、色は」「誘いのタイミングは」などと次から次へと質問が出てくるはずです。あるいは、どうしても志望する大学に入りたい浪人生がいたとします。数学の偏差値を5上げなければならない。自分としては、ラストチャンスでどうしても入りたい。こんな時に、両親が数学専門の家庭教師をつけてくれれば、苦手な幾何や統計について、考え方や入試問題のパターンなど徹底的に質問して、偏差値をあげようとするのではないでしょうか。

そういった意味で、質問を行う源泉には「興味・好き」「絶対的達成志向」があるのです。逆に、興味やヤル気のないことに対しては**「質問する意欲が湧かない」**のです。この問題については、第3章「質問力」で解説します。

4. 表面的な分析で終わってしまう

【例題3】

E社は今期営業赤字になりました。E社担当であるF君は、上司から赤字要因の分析を求められています。損益計算書をみると、売上高が落ちています。F君は調書に「2期連続で売上が減少した結果、損益分岐点売上高を下回り、営業赤字に転落したもの」と記載して提出しました。

しかし、上司から「赤字要因の分析が甘い」との指摘を受け、再度分析を行うように命じられました。

コンピューターによる統計的な計算によって財務分析が進められる環境に

なり、営業担当者の財務分析力が低下しているという話をよく聞きます。

　分析は「事象を整理し、Why？を繰り返していく」ことです。財務データをコンピューターで計算し、統計関数によって格付けを行う仕組みになっているため、営業担当者には「最終的な格付けは示されているので、結果だけをみれば良い」といった心理が働いているのではないでしょうか。営業担当者のやることは山ほどあります。その中で、計算結果が出ているにも関わらず、時間をかけて財務分析する意味がどれだけあるのだろうか、あるいは、各財務指標の意味や計算式を正確に覚えていないため、財務指標から含意を導き出すことができない、といった事情があると思います。

　しかし、こうした傾向は、事業性評価や課題解決型営業を行ううえで、大きな足枷せとなります。なぜなら「**分析力**」は事業性評価の基本スキルであり、**課題発見の基礎**となるからです。深い分析により問題点やその真因が導き出され、それに対する課題解決の提案を行うことができます。分析力がないことは致命的なのです。

　上記の事例でも「売上減少」に着眼したことは良かったと思いますが、さらに「なぜ売上が減ったのか」「単価の引き下げか、量の減少か」「一時的なのか傾向的なのか」といった目線で、Why？を繰り返して行けば、より深い分析結果を得ることができるはずです。

5. 頷いてもらうには、何かが足りない

　次の例題は、専門用語を知らなくても結構です。何か難しい提案をするとお考えください。

【例題4】

　今日は、シンジケートローンの主幹事を得るべく、お客様にプレゼンテーションを実施します。

　あなたは、準備万端、提案用のパワーポイント資料も整え、説明の流れもしっかり頭に入れて、いよいよ本番を迎えました。説明のでき栄えも、自分なりに満足のいくものでした。

　ところが、お客様であるG社の社長は、なかなか首を縦に振ってくれません。しばしの沈黙のなかで、同行してくれた支店長が「あとは私を信じていただけませんか」とニッコリ笑うと、G社社長は「わかりました。

それではお願いします」と OK をくださいました。

　あなたのプレゼンテーションだけで納得せず、支店長の言葉が必要だった理由は何でしょうか。

　このようなケースでは、仮に案件を獲得できたとしても、営業担当者の心境は複雑です。自分の説明のでき栄えは良かった。しかし、最後は「支店長の一言」で決まってしまった。結局は肩書きで決まるのか。ちょっと不満に感じたり、社長を恨めしく思ったりするかもしれません。

　高名な落語家が、目指す境地を聞かれて「自分が舞台に上がっただけで笑いが起こる」という話をしていたことを思い出します。「説得の極致」といえるかもしれません。その落語家が舞台に登場しただけでお客様は笑ってしまう。お客様にとって、その落語家の話は“絶対に面白い”と決まっているので、舞台で姿を目にしただけで笑ってしまうのです。すごい信頼関係です。

　営業担当者の理想も、同じ境地にあるかもしれません。その営業担当者が行くと成約してしまう。社長と目があって、ニコッと笑うと「わかったよ」と言ってハンコが出てくる。そこまでの信頼関係ができれば、営業成績は保証されたようなものでしょう。ただ、その境地に行くまでには、担当者が「当社に貢献する提案」を数多く積み重ねていく必要があります。そうでなければ、社長からの大きな信頼は得られないでしょう。

　さて、例題では担当者の自己分析通り、プレゼンテーションそのものに問題はありませんでした。むしろ、上手にできていたと思います。それでも社長が首を縦に振らなかったのは、NO ではなく、「迷っていた」可能性があります。

　プレゼンテーションツールを用いるような複雑な提案であれば、社長もいろいろと考えることがあるでしょう。商品内容や仕組み全般について、自分は適切に理解できたのだろうか、導入することが本当に当社の利益になるのだろうか等々です。直感的には「OK」でも、最後の判断で逡巡することは十分ありえる話です。

　ここに「**説得の妙味**」があります。担当者は、正確かつ理屈立てて、相手が適切に理解できるように説明し、社長もメリットを感じた。でも、それだけで「OK」とはならなかった。支店長がニコッと笑って「信じてください」といったことで応諾となったのは、肩書だけでなく、社長と支店長の信頼関係の深さがあると思います。「心配しないでください、私がこの案件は責任

をもってやりますから」。そんな支店長の心の声が、社長を動かしたのです。

　担当者のプレゼンテーションは無駄ではなく、社長の理解や意欲を促すものではありました。しかし、**最後に「背中を押してくれる」ものが必要**だった。それが支店長の「寄り添う笑顔」だったということでしょう。担当者の説明なしに、支店長の笑顔だけでも成立しなかった話だと思います。

　課題解決型営業を行うためには、従来にも増して**「心からお客様に理解・納得していただく説得のスキル」**が不可欠です。例題のように、担当者は「正確かつ理屈立てた適切な説明ができる」ことが絶対に必要です。しかし、この「正確かつ理屈立てた説明」も簡単なスキルではありません。存外独りよがりの説明が多いのが実態です。

(コラム④) 担当者としての "差" のつけ方 ·············

　通常の中小企業であれば複数の金融機関と取引があり、経理部長さんのもとに多くの担当者が出入りしています。そして、経理部長さんの胸のなかでは、担当者の評価が自然とできあがっているのではないでしょうか。可能であればトップにランキングされたいものです。

　それでは、競合する金融機関の営業担当者間で「差」をつけるために、どんな要素が必要となるでしょうか。

　第一の要素は**「その会社を想う気持ちの強さ」**だと思います。人間は、好きな人と何とか恋仲になりたいと考えたとき、びっくりするほど**「熱心に」「こまめに」「創意工夫」**をするものです。相手を想う気持ちの強さが起点となって、人間の行動を変えるのです。

　中小企業とのお付き合いにおいても、この原理が活きていると思います。その会社のために何かをしたい、もっと良い会社になってほしい、という担当者の気持ちが、他の担当者とは一味違った行動やサービスを生み、結果として「差別化」につながるのです。

　差をつけるためのノウハウや技術を欲しがる気持ちはわかります。しかし、競合他行の担当者と差をつけるためには、技術以上に「どの担当者にも負けないくらい、この会社を想っている」が不可欠となるのです。想い無くして、行動なし。行動無くして、相手に伝わることもないのです。

---

6. 「つまらない」と言われた提案

　営業担当者である以上、日々お客様に提案するのが仕事です。

【例題5】

> 　H社は中堅商社で毎期業績は安定していますが、売上・利益ともに横ばい状態が続いています。
>
> 　H社担当のI君は、自行の貸出返済が5千万円程度進行するタイミングで、反復借入のセールスを行い、ここまでは何とかシェアを維持してきました。ある日、同じような提案をしたところ、H社の経理部長から「I君の提案は、毎回落ち込み反復してくれというものばかりで、正直つまらないな」と言われてしまいました。
>
> 　H社との関係は良好で、今回の5千万円も借りてもらえそうですが、部長の話にショックを受け、I君は今後の取引関係が急に心配になりました。

　芸人でなくても、お客様から「つまらない」と言われたらショックです。「つまらない」というのは「興味が持てない」「工夫がない」「陳腐だ」といったことを意味しており、評価としては最低です。仮にお客様からこうしたことを言われたとすれば、（もちろんお客様のキャラクターによりますが）危機感を持たなければなりません。

　それでは、I君はH社の経理部長から何故「つまらない」と言われたのでしょうか。営業担当者の立場からすると、H社も面白くない企業に見えます。業績は堅調ですが、売上・利益ともに横ばいが続いています。資金需要に変化がないので、攻め手は「運転資金の反復」程度でしょう。商社ですから"投資プロジェクト"でもなければ、設備投資需要もそうそうないでしょう。I君が行ったシェア相当分の運転資金の「反復セールス」が間違っているとはいえません。

　こうした事情があるにも関わらず、H社の経理部長にとって、I君の毎回の提案は面白くないと感じられていました。ここに「**構想力**」の問題があるのです。I君のセールスは間違ってはいないが、工夫のないものだった。言い方を変えると「仕掛けがない」、聞く方にとっては「つまらない」提案であった。かつ、こうしたセールス手法が一定期間続いている。こうした変化のなさ、工夫のなさに、経理部長が飽きてしまったのです。

それでは、当社に対するセールスメニューをどう構想したらよいのでしょうか。これは力量の要る仕事です。当社をよく観察し、分析し、当社の課題や方向性について考える必要があります。場合によっては、当社が気づいていないことを問題提起するなど、インパクトのある提案でなければ認めてもらえない可能性が高いと思います。

少しレベルの高いスキルですが、こうした構想力や創造性を抜きにして、付加価値の高い課題解決型営業などできるはずがないのです。逆に言うと、他行との「差別化」を図るうえで重要なスキルということが言えます。

7. 1つの案件をこなすにも時間がかかってしまう

【例題6】

> J君は、営業担当者になって3年目ですが、上司・先輩から「段取りを良くしないと、仕事を効率よく進めることができないので、これ以上の成績をあげられない」との指摘を受けています。
>
> よく耳にする「段取り」ですが、段取りが悪い人の特徴は何でしょうか。

段取りの良い人は、どの業界でも「仕事のできる人」といえるでしょう。**「段取りが良い」ということは、隘路がない、時間の無駄がないということ**ですから、流れを止めることなく最短の時間で、一連の仕事をすることができます。その結果、より多くの仕事をこなすことができるので、上司からの信任も厚くなり、「仕事のできる人」という評価になるわけです。

仕事をする以上、誰もが段取り良くやることを目指し、スキルを身に着けたいと考えているはずです。しかしながら、「段取りが良い人」はそれほど多くありません。ベテランと言われる経験豊富な社員でも、全て段取りが良いとは限りません。「仕事の経験・熟練度」だけが、段取りの要素を決めるのではない、それ以外にも段取りを決める要素があるのです。

例題にある**「段取りの悪い人の特徴」は、仕事の流れの中で「停滞」「躓き」が多い**ことです。せっかく融資の承諾を得られてもスムーズな処理ができず、作業が停滞または中途半端に時間を浪費して、お客様との契約・資金交付に至らないのです。1つの案件に時間を取られて、他の案件のセールスに時間を配分できず、成果も上がらない。こうした悪循環に入り込んでいます。

こうした**停滞や躓きをなくすためには**、「全体を見通す」「流れを検証する」「事前準備をする」等の方法を、地道に訓練する必要があります。「段取り力」を身につけないことには、手間暇のかかる事業性評価に対応できません。また、段取り力はすべての仕事に必要なスキルですから、長い職業人生を踏まえて、早めに習得するとメリットを享受できるはずです。

8. 稟議が一度で通らない?!

【例題7】

> 　新人のK君は、ある程度パターンが決まった稟議書については、概ね一回で決裁をもらえるスキルが身につきましたが、ひと捻りある案件では、必ず課長に修正を求められます。
> 　これが隘路になって精神的なストレスも増えて、なかなか良い仕事の流れが作れません。稟議や調書を一度で通せるようなスキルを習得したいと考えています。

　営業担当者にとって「案件を通す」ことは必須条件です。稟議書の決裁がもらえない担当者では、銃後が心配で営業がうまく行くわけがありません。例題のような悩みは、K君ならずとも誰もが経験することです。

　新人時代は、稟議書そのものがうまく書けない。しかし、徐々にポイントを理解し、定型類型化された稟議書については決裁がもらえるようになります。一方、少し案件が複雑になると、押さえるべきポイントも多く、まとめることが難しくなります。結果、上司との稟議書の往復が増えて、時間もストレスも積み重なる悪循環に陥るのです。

　稟議書や信用格付を行うための「**調書作成力**」は、**案件のポイントをどれだけ的確に理解しているか、そのポイントに対する答えを遺漏なく用意しているか、というスキル**です。言い換えれば、案件の本質を的確に把握して、解決の方向性やリスクに対する考え方を整理するスキルともいえます。このスキルは、決裁を得るために必要とされるだけでなく、事業性評価や課題解決の構造を描き出し、表現するスキルでもあります。案件を通すため、という表層的な目的に囚われず、大きな目的をもって「調書作成力」を磨き上げたいものです。

9. 苦情は苦手です

ここまで7つのスキルを見てきました。少し離れるようですが、営業担当者にとっては避けては通れない、苦情処理についても触れておきたいと思います。

【例題8】

> L君は業績不振で返済見通しに自信の持てない中小企業に対して、融資の拒絶を行いました。
>
> しかし、どう説明しても納得してもらえず、ついには苦情に至りました。上司が対応を代わって何とか無事におさまりましたが、L君は苦情対応ができない自分が情けなく思えました。
>
> あなたの周辺に苦情処理の上手な人はいますか。上手な人の特徴は何かありますか。

営業に携わっていれば、何らかの事情で苦情が発生することもあります。自分に落ち度がないと考える場合でも、お客様から苦情があれば対処しなければなりません。苦情を出さないことが一番ですが、完全には防げない以上、苦情対応を上手にできる営業担当者になりたいものです。また、最近では苦情の中に顧客満足度を高めるヒントがあるとして、苦情が重視されています。

金融機関の場合、まだまだ苦情に対する防衛意識が強いようにみえます。しかし、苦情を受け止め、それに対処し、それを糧とすることで、職員の成長につながる機会とすることができます。苦情を避けていては、こうした機会を逃すことにもなりますし、営業担当者として総合的な力も身につかないと思います。

金融機関にいると、苦情処理の上手な人をみかけます。特に"リテール部門"で多い印象があります。あえて誤解を恐れずに言えば、リテール部門では、理不尽な、理屈のない、感情的なクレームも少なからずあります。毎日のように、こうした場面を対応している人は、苦情処理のコツというか、極意を習得しているようです。法人営業の場合は、基本的には「理由のある苦情が多い」とは思いますが、理不尽なクレームがまったくないとは言い切れません。

苦情に適切に対応し、苦情を糧とできれば、営業担当者として総合的な力

を身につけることができるでしょう。それは、結果として課題解決型営業における力量アップにつながるのです。

10. あなたの営業がうまく行かない理由

　本節では、7つの基本的スキルの導入部分として「あなたの営業がうまくいかない」理由を、いろいろな角度から見てきました。結論としては、7つのスキルが十分備わっていないことが原因であることを、読者のみなさんも感じていただけたと思います。

　7つのスキル全般が足りない人もいれば、どれか1つのスキルが足りない場合など、事情は異なると思いますが、しっかりと自己分析をして、自分に足りないスキルの改善や習得に努めていくことが、営業のレベルをあげることにつながります。

　そして、「事業性評価と課題解決型営業」を実現するためにも、これらのスキルは必要です。職員にとって、新しいビジネスモデルの中で活躍するための「必須スキル」なのです。

　第2章以降で、これらのスキルについて、本質が何か、習得・向上の方法は何かについて説明します。しかし、留意してほしいことがあります。7つのスキルのさらに前提となるものがあるのです。

　それは「熱意」です。**スキルを習得したいという本人の強い意志、熱意が根底に必要です。**本書をお読みになっている人は、こうした熱意を持ちながら、自分に足りないスキルを習得したいと考える人ばかりだと思います。しかし、どんな仕事であっても熱意を持たずして成し遂げられることはないと知るべきです。

　加えて、「**目標の立て方・持ち方**」も重要です。長く営業に携わって感じることは、「営業ができない人」の共通項として、目標の立て方が曖昧で、目標への執着心が弱いということがあります。営業担当者は、具体的な目標を立て、1日の行動や達成目標を明確にすることが大事です。1年・半年の目標を達成するためにも、毎日の積み重ねが不可欠です。そうした意味で、1日の目標をしっかり持って行動する、1日を無駄にしない、1時間・1分を大事に行動する、こういった姿勢は「7つの基本スキル」同様に重要なことですから、ぜひ実践していただきたいと思います。

　セールスの神様といわれた人が、トップセールスマンとはどんな人を指すのかと訊かれ、「本当に並はずれた人はいません。並はずれた夢をみて、並はずれた業績に向けて、自分自身を律することのできる、普通の人がいるだけです」と答えたそうです。含蓄がありますね。長い間営業の場に身を置いた人間にとって、なるほどと頷ける話です。

　営業をやっていると「秘訣」とか、「特別のノウハウ」といったものを欲しがって、いろいろなビジネス書を読んだりします。しかし、幾つかのビジネス書を読んでわかることは「秘訣」があるわけではなく、誰にでもできる仕事を、誰にも負けない熱意で、日々積み上げることができた人がトップセールスマンになるということです。

　凡事徹底という言葉があるように、些細なこと、簡単なことを一生懸命やり続けることだけが、大きな目標を達成する道なのです。しかし、私たちは、上司先輩から受けた指導、研修等で学んだ教え、自らの学びを、いつの間にか忘れてしまって、3日坊主で終わらせていることが多いのです。

　一生懸命の1日を、日々積み上げることを忘れないでいたいと思います。

第2章

関係構築力

7つのスキルの第一番目が「関係構築力」です。

このスキルは「**営業担当者が顧客企業と良好な関係を築く**」ためのスキルです。具体的には「**①適切な情報収集を行うことができる、②提案を真摯に聞いてもらえる、③ビジネス上の課題を忌憚なく議論できる等の、ビジネス上の良好な関係を作る力**」のことです。

よくある話ですが、営業担当者の中には「あの部長とは何でも話せる関係です」と言っておきながら、込み入った話や、相手にとって耳の痛い話、苦情、といった局面になると「途端に話せなくなる」人が少なからずいます。世間話はできるが、本当の意味でビジネスができる関係を築いていない証左です。

ビジネスにおける関係構築は「**ビジネスをやり抜く信頼を得る**」関係作りですから、非常に難しいスキルです。しかし、このスキルを習得できれば、どこでも通用する大きな力になります。どんな営業担当者であっても、初対面からこうした関係を構築することは容易ではありません。お客様との対話の機会を活かすことで、バームクーヘンのように1枚1枚信頼の礎を重ねていくことが必要です。しかし、スキルの高い担当者であれば、通常より短い期間で「ビジネスをやり抜く信頼」を築くことができることになります。本節では、こうした礎を築くための「関係構築力」の本質、習得方法を説明します。

1. 組織の力学を知る

営業担当者のカウンターパートは、「経理部」「財務部」「総務部」といった部署の、部長・次長・課長といった役職者であることが一般的です。したがって、まずはカウンターパートの個性や考え方をしっかりと理解する必要があります。

しかし、厄介なことは、カウンターパート個人だけを理解しても通用しない場合があることです。個人に「組織の力学が加わる」のです。中小企業の場合、通常はオーナーである会長・社長に最終権限があります。こうしたトップからの信頼が厚く、融資に関しては経理部長が事実上の決定者であるという場合もありますが、逆に部長という肩書はあっても御用聞きに近い状態で、会長・社長に訊かないと何も決まらないといった場合もあるのです。こうした組織力学が、カウンターパートのキャラクターに影響を与える場合が少なからずあります。したがって、営業担当者は「顧客企業の組織力学」を早く把握することが必要です。

　注意していただきたいことは、組織の力学は"公式な組織図"の通りとは限らないことです。経理部長よりも古参の課長に決定権限がある場合もあるし、組織風土や社内文化が関係する場合もあります。営業担当者にとって、**組織力学を知ることが必要な理由は「意思決定の仕組み」を知るため**です。ビジネスを進めるうえで、最終的な結論がどう決定されるか、その決定過程でのカウンターパートの役割は何か、を知ることは「**仕事の効率性や成果」を高めるために欠かせない**ことです。組織力学を理解し、カウンターパートのキャラクターや役割を把握して対応すれば、成功の確率が高まると同時に、失敗を減らすことにもなります。

＊＊＊組織の力学の探究方法＊＊＊

---

① 金融機関内の引継ぎ事項（実質権限者、資金調達キーマン等）
② 財務責任者（部長）へのヒアリング
③ 財務部署の担当者等へのヒアリング
④ 組織図を用いて、担当役員へヒアリング

　内部の引き継ぎとして、顧客企業の組織力学や決定権限者（キーマン）、カウンターパートのキャラクターなどが記録されていることが多いので、その記載を確認することが第一歩です。ただし、こうした引き継ぎ内容が常に正しいとは限りません。事情が変わっている場合もありますので、鵜呑みにすると思わぬ失敗をすることになります。

　担当者間だけでなく、上司や営業の補助をしている職員に確認する方法もあります。それぞれの立場で、組織力学に関する情報をもっている場合があります。

次に、顧客企業に直接確認する方法です。ただし、この方法には注意が必要です。自分自身のことや社内事情を話すことは何となく憚れるものですし、一般的には職階が上がるほどガードが固くなります。財務や経理の責任者（部長）に訊く場合には、十分信頼関係が構築されていることが前提になります。そのうえで、責任者に確認すべきことは会社の「実権が誰にあるか」です。質問方法は、「最終決定は、会長がなさっているのでしょうか」「会長社長間で意見の食い違いがある場合は、どう調整しているのでしょうか」「取締役会は月何回開かれているのでしょうか」といった内容が考えられます。

　財務・経理部門の担当者には、部門のキーマンが誰なのか、関係に拗れがないか等の社内事情を話してもらえると有益です。担当者の「愚痴」を聞くような形で、自然体でヒアリングできれば、かなり社内力学が判明する場合があります。言うまでもなく、こうした話が気軽にできる関係を作ることが前提です。

　また、決算報告などの機会をとらえて、組織図をみながら「権限」や「有能な役員」についてオーナーからヒアリングする方法も正統的なやり方といえます。組織図を前に「組織に変更はございますか」「各部の配置人数は」等の質問をすると、**オーナーがどの部門を重視しているか等、社内組織に対する考え方**を聞くことができて有効な方法といえます。この場合は、担当者単独でなく、支店長など上司に同席してもらう等の配慮が必要です。

　組織の力学、意思決定の流れ、カウンターパートの役割を知る意味は、カウンターパートの置かれた立場をしっかりと理解して、有効な関係構築を行うことにあります。例えば、カウンターパートが、ある金融機関に対して好意的で上手に活用したいと思っていたとしても、組織力学が邪魔して提案を承諾できない場合があるということです。この場合、カウンターパートに頼るだけでなく、職階を上げて当方は支店長、先方はオーナーという組み合せにすることで話が前に進むことがよくあるのです。

2.　先入観に囚われない

　あなたのカウンターパートは、これから仕事をするうえで一番長く向き合う人です。できることであれば、快く情報開示に応じ、当方の提案に素直に耳を傾けてもらえる関係でありたいものです。

　カウンターパートとの良好な関係を作るためには、相手の性格・考え方・

価値観を知ることが不可欠です。そのためには、**本人からいろいろな話をしてもらうことが必要です**。一方、初対面の相手に対して詮索するような質問も憚れますし、口の重い方もいるでしょう。

そういう意味で、事前に前任の担当者や上司などから「カウンターパートの情報」を入手しておくことが大事です。記録を読めば、性格や過去の交渉状況がわかる場合も多いと思います。ただ、注意すべきは、こうした事前情報を鵜呑みにして「先入観」が形成されると、その情報が「マイナス情報」の場合に、相手との壁を作ってしまう原因になることです。

関係構築にあたって「心の壁」ができると、相手も何となく距離を感じてしまい、その壁を乗り越えることが難しくなる場合があります。あくまで、参考情報として、自らの耳や心で、カウンターパートの性格や考え方を把握するように努めることが重要です。

例えば「気難しい」という引き継ぎがあり、実際に会ってみると、そんな感じがしない。よくよく訊いてみると、前の担当者がいろいろな失敗や機嫌を損ねるようなことをしていた。そうしたトラブルを表沙汰にしたくない前任担当者が「気難しい」といった記載をしている可能性もあるのです。当然ですが、相性もあります。

人の見え方は、「共通して見えること」と「人によって微妙に異なること」があります。引き継ぎでは、前者後者どちらの見方もあることを念頭に入れ、**先入観に囚われることなく話をきくことが大事です**。

しかし、何といってもカウンターパート本人との会話の中で、確認することが大切です。性格もさることながら、「**ビジネスの進め方**」「**ビジネスで重視すること**」をしっかりと押さえることが必要です。これに関しては、直接本人に訊いて良いと思います。「**部長としっかりとしたビジネスをしたいので、部長のお考えになる仕事のルールや進め方の要諦について教えてください**」といった質問の仕方です。

冒頭申し上げた通り、世間話は誰でもできます。大事なことは「ビジネスをやり抜く信頼」を得ることですから、先入観を持つことなく、相手のビジネスに対する考え方や信念を知ることを肝に銘じてほしいと思います。

---

3. 関係作りの第一歩はマナー重視で

例題1（P.42）のように、「お客様との距離感を測れないまま、距離感を

無視した言動でトラブルを招く」ケースがあります。**初対面では「一定の距離がある」ということを前提に、マナー重視の対応をとることが基本です。**

　もちろん永年のお客様で、「A銀行の担当者は自分の子供みたいなものだ」と非常に親和的な視点で見てくれるカウンターパートもいます。それでも、スタートはマナー重視で良いと思います。その理由は、マナーとは長い歴史の中で「失礼にあたらない言動の在り方」として集約されたものだからです。初対面という「距離感が遠い状況」にあって、「さらに距離を遠くしない、入口に蓋をしない」対応が優先されるのは当たり前のことです。

　ベテランの営業担当者で、こうした永年の顧客に対して、初対面でも気軽な対応をとる方がいますが、例外と位置づけるべきです。付言すれば、そうしたベテラン担当者と話をしているお客様が、必ずしも好感を抱いているとは限らないのです。ニコニコ対応していても、実は「ずいぶん馴れ馴れしい」とか「礼儀知らず」と、内心思っているかもしれません。

　取引の入口においては、「マナー重視」を徹底することです。初対面でホームランを狙うよりも、まずは「礼儀正しさ」を基本に、入口を塞がないようにする、次回につなげることが大事だと思います。初対面だからこそ、カウンターパートであるお客様も、新しい担当者であるあなたのことをよく見ているはずです。「今度の担当者はどんな感じかな」というだけでなく、前任者との比較、他行担当者との比較など、いろいろ興味津々で見ているのです。功を焦って、情報不足の中でいろいろ発言するよりも、距離感を意識して、礼節を重んじ、丁寧な印象を残すべきだと思います。

　そして、営業担当者は常に「親しき仲にも礼儀あり」を忘れてはいけません。筆者の経験では、営業経験5年を過ぎたあたりの「ひとかどの担当者」が一番危ない、トラブルを起こすことが多いのです。仕事や交渉事にも慣れて、カウンターパートと「一定の距離感」で話せるようになると、**いつしか油断が生じ、失礼な口のきき方をして思わぬ失点をしてしまうのです。**あくまでもビジネスパートナーであることを忘れず、1回1回の対話を無駄にすることなく、信頼関係が深まるような姿勢を貫くことが大事です。

（コラム⑥）　**平気で約束を守らない担当者** ･･･････････････････

　支店長同士で話をしていると、最近多いお客様からの苦情に「訪問時間を大きく違える」とか、「電話もなしに遅れてくる」といった"約束を守らない担

当者"の話が出ます。

　確かに、営業をしていれば、交通事情や直前の取引先との会話時間が長引くなど「時間調整」が必要なことは間々起きます。しかし、お客様の言い分をよく聞いてみると「遅れの程度が大きすぎる」とか、「待っているのに連絡さえない」といった"調整の不手際"に関する話が大半で、営業担当者に非があるといわざるを得ない場合が多いのです。

　担当者に、遅れた理由を尋ねてみると「前のお客様の話が切れなかった」「連絡するよりも直接行った方が早いと思った」という答えが返ってきます。しかし、前者であれば「前もって予定時間を伝えたうえで話に入る」、後者であれば「遅刻する可能性がある以上、事前に連絡すべき」という結論になります。ところが、同じ間違いを繰り返すケースが後を絶たない、反省の跡が見えないというのです。

　訪問して話をするということは「お客様の時間を使っている」ということです。遅刻して、お客様が待っている状態は、「お客様の時間を奪っている」ことを意味します。この意味が正しく理解できれば、対応は変わるはずです。しかし、こうした状態を変えられない背景には、担当者が**「自分が１番で、相手が２番」**という意識があるのです。「決してそんな意識はありません」と言うかもしれませんが、相手が１番であれば、**ビジネス上起こりうることを想定したうえで時間設定するとか、仮に想定を超えるような事情が発生した場合には、速やかに事情説明をする**、という行動をとるはずです。**それがビジネスの常識**です。

　常に「お客様を中心」におけば、「訪問時間」を守るための努力を怠らず、想定を超えた場合には速やかに連絡を取り、「遅れても可能か」「訪問の再設定がよいか」を確認することが自然にできるはずです。言い換えれば、**「平気で約束を守らない担当者」**は、**「自分中心でお客様を二の次にしている」ビジネス感度の低い人間である**ということを意味します。お客様にこうした認定を受けないよう、心して取り組みたいものです。

4. 印象を残す、心を動かす

　マナーの備わった常識的な担当者だ、この人なら今後も付き合っていける、という印象を基本においたうえで、１つでも「お客様の記憶に残るよう

な印象付け」ができれば、さらに関係を深めることができると思います。

それでは、カウンターパートに、あなたの好印象を残すために何をすれば
よいのでしょうか。

一言で言えば、相手の「**心を動かす**」ことです。

難しい！という声が聞こえてきそうです。しかし、「**心を動かす**」という
ことには、「**幅**」があることを忘れていませんか。**大きく心を動かせば「感動」**
です。このレベルなら絶対に忘れることはないでしょう。しかし、それは簡
単ではありません。まずは「**少し**」で良いから、**相手の心を動かすことを心**
がけてほしいと思います。

心を動かすために必要な要素は「**相手の関心**」に触れることです。例えば
「趣味」です。趣味は誰にとっても関心事です。「同じ趣味」を持つことは、
共感につながります。今度の担当者は自分と同じ趣味の持ち主、となれば強
い印象が残ります。だからと言って、無理やり相手の趣味に合わせることは
如何かと思います。ビジネスの付き合いは長いものであり、誤魔化しは利き
ません。むしろ「お調子者」といった悪印象を与えるリスクもあります。趣
味は、関心の一類型に過ぎません。

それでは、営業担当者誰もが与えることのできる「関心事」は何でしょう
か。それは「**当社の課題**」「**カウンターパートの課題**」です。

例えば、経営改善などお客様と共有する課題がある場合に、改善の途上で
あなたが担当として着任したようなケースです。お客様の最大の関心事は
「この担当者が引き続き当社の経営改善に尽力してくれるか」にあります。
着任の挨拶において「貴社と当行で経営改善という課題を共有し、当行が貴
社の支援を行っていることをしっかり認識しております。経営改善につなが
る良いアイディアを出せるよう、これから努めてまいります」といった表明
をすれば、「この担当者は、当社の課題認識ができているし、先へ進めよう
とする意欲もある」といった安心感が生まれます。この**安心感も「心の動き」**
なのです。

カウンターパート個人が抱える課題もあるはずです。例えば、カウンター
パートである経理部長が、「管理会計の導入」という課題を会社から与えら
れているようなケースです。組織人であれば、どんな立場の人でも「目標」
や「課題」を与えられています。こうした課題を察知し、必要な情報を提供
すれば「**サポートに対する感謝**」＝「**心の動き**」を生みます。

ここまで説明した通り、「課題」は大きな関心事であり、心を動かすチャ

ンスとなる反面、「課題」を口にする以上は、事前準備をすることを忘れてはいけません。詳細とまではいかなくても、課題の概要・全体像を理解して会話しないと、少し相手に突っ込まれただけでしどろもどろになるリスクがあります。**事前準備が必要です。**汗をかかずして、相手の心を動かすことなどできません。

　そして最後に大事なことは、「心を動かす」という行為が1回限りであってはならないことです。**毎回面談するときには「試験を受けている、見られている」という緊張感をもってお客様と向き合うことです。**慣れは油断を生みます。1回1回の対話機会を大事にできない営業担当者が、相手の心を動かせるはずがありません。

　また、**注意すべきは「お客様の細かい依頼事項への対応」です。**例えば、振込依頼書を持って来るよう依頼を受けたのに放置してしまう、といった対応は最悪です。お客様は「担当者の直接的なメリットにならない、小さい依頼」を、どう対応するかで**担当者の本質を測っている**のです。また、**当社にとって「役立つ情報」をこまめに提供する**ことが「心を動かす」ことにつながります。よくお客様から耳にするのは「今の銀行は借りてくれとしか言わない」です。つまり、銀行の姿勢は、**自分のメリットだけを追求している**と言われているようなものです。行政の施策情報、補助金情報、新たな規制情報など、お客様の経営に役立つ情報を、「融資につながらなくても」継続して提供する。これは地味ですが、確実な効果があります。

　そして、**「相手に役立つ情報を選別」して持っていくことが大事**です。「部長、この情報は一見関係ないように見えますが、こういう点が御社の役立つと思って持ってきました」。こういう姿勢があれば、必ず「心を動かす」ことができます。「塵も積もれば山となる」は真理であり、「印象を残す、心を動かす」ためには、普段の仕事振り、積み重ねが大事です。**細かい依頼事を放っておいて、自分のメリットばかりを追う担当者がお客様からの信頼を得られるはずがないのです。**

　そして、注意しなければいけないのは、業績が悪い、借入依存が高いといった「金融機関に文句を言い難いお客様」ほど、ギリギリまで悲鳴（苦情）をあげないことです。自分ではうまく関係作りができていると思っていても、先方はまったくそう思っていなかった、不満を口にしなかっただけ、ということが間々あります。業績や融資残高などでお客様の軽重をつけるような姿

勢では、到底お客様の心を動かすことはできず、ビジネスをやり抜く信頼関係を築くこともできないことを心に刻んでほしいと思います。

コラム⑦　競合銀行が多いことは逆にチャンス ‥‥‥‥‥‥‥‥‥

「競合する他行が積極攻勢をかけて、金利競争になったので案件が獲れませんでした」、営業が口にする言い訳の一つです。なるほど、一理あります。この金利では完全に逆ザヤではないか、といった金利提示がなされて、早々に敗退することも珍しくなくなりました。

しかし、競合する銀行が多いことは「ピンチ」なのでしょうか。

競合銀行が多い＝担当者数も多い、ことを意味します。経理部長の下に各行の担当者が出入りするので、他の担当者と同じような話をして「お願い営業」に終始している担当者にとっては「ピンチ」だと思います。

一方で、表面的な営業ではなく、お客様としっかり向き合い、お客様を深く理解し、お客様の望むサービスに気づいている担当者にとっては「砂場で輝く宝石」となるでしょう。他行の担当者は、あなたの"引立て役"なのですから、脇役が多くても良いことになります。

それでは「優秀な担当者」ばかり集結している取引先の場合、「ピンチ」と呼ぶのでしょうか。これもチャンスです。なぜなら「大リーグでプレー」しているのと同義だからです。舞台のレベルが高ければ高いほど、成長の機会は大きいはずです。まずは、トップランナーのパフォーマンスを勉強させてもらえば良いし、そこに近づき、追い越すためには何をすれば良いかも見えるはずです。取引銀行が少ない中で、メインだ、サブだといって安住しているようでは、成長は見込めません。どんな環境であっても、正面から向き合って、より高いパフォーマンスを心がけていけば、チャンスの場に変わるのです。

そういった意味で、事業性評価は大きな武器となるはずです。高いクオリティの事業性評価ができた営業担当者は、必ず「輝く宝石」になれます。数多い担当者のなかで、しっかりとお取引先に認識していただくためにも、**当社の最大最良の理解者となる**ことが大切です。

5. 「距離感」を意識する

お客様の距離感を測る、これが関係構築するうえでの羅針盤になります。そして厄介なことは、この距離感は伸縮自在であるということです。ある程度、取引関係が成熟すれば、距離感は短いところで安定します。しかし、案件の内容や、対峙している局面によっては、この距離感が急に遠くなることがあります。

昔の商売人は、この距離感を「間」と呼んでいました。「間」には、タイミングとか、空間とか、拍子・休止といった意味があります。「間が悪い」と言えば、タイミングが悪い、リズム感がない、です。「間がとれない」と言えば、良い空間が作れない、タイミングをはかれない、という意味です。

＊＊＊距離感とは＊＊＊

① どこまで「深い話ができるか」という、相手との関係性
② 相手に対して親しみを感じる「親和性」
③ ビジネスの核心部分を切り出すことを可能とする「雰囲気、タイミング、流れ」

営業担当者は、上記３つの基準を心に刻み、①②を縮める努力をする必要があります。この距離感の縮め方については、本章の第１～４項までをしっかり実践すれば実現できるはずです。

一番難しい、③については「**カウンターパートの心を読む**」ことで測る以外に方法はありません。心を読むために、「**言葉に発せられていない相手の想い・考え**」を理解する姿勢が必要です。相手の様子、目線、表情、そして、ちょっとした言葉の端切れ。そこに表現されている想い、考えは何なのかを、**自分のことのように察する**のです。その材料が、ここまで学んだ「相手の立場」「社内の力学」「相手のキャラクター」に対する理解なのです。

このスキルを習得するためには、「**言葉に発せられていない相手の想い・考えを、自分のことのように察する**」ことを意識してやり続ける以外にありません。勘が良い人もいますが、やはり経験がものを言います。しかし、ただ年数を重ねて習得できるものではなく、意識してやり続けた回数、積み重ねが経験として集約されます。こうした努力を続ければ、若い担当者であっても嗅覚鋭く「距離感」を測れるようになります。相手の気持ちになって観

察や推察を続けることで、スキル習得ができるのです。

6. 相性という問題

　カウンターパートなんて所詮相性で、ダメな相手には何をやってもダメ
さ。こんな話をするベテラン営業担当者を見かけます。

　しかし、筆者はこの意見に賛成しません。「相性の良さ悪さ」があること
は認めますが、それで割り切ってしまうのは「プロ」ではありません。プラ
イベートな友人関係であれば好き嫌いで結構だと思いますが、仕事のカウン
ターパートを好き嫌いで結論付けるやり方は「プロの営業担当者」とは言え
ないでしょう。

　問題は「相性が悪い」カウンターパートとどう向き合うかです。相性とは、
性格の向きとか、話のリズムや話しやすさ、仕事の進め方など様々なものが
あると思います。多くは「個人の感覚」に負うものです。しかし、プロであ
る以上、この感覚を乗り越えることが必要です。

　相性という壁を乗り越えるためには、「**ビジネスに徹する**」「**良い成果を出
すことに集中する**」ことです。「ビジネスに徹する」とは、余計なことを考
えず、お互いの課題や目標を実現することに全力をあげることです。好きも
嫌いもない、この道に徹してビジネスをやり遂げる、そんな心境で相手と対
峙することです。「良い結果を出すことに集中する」も同じような話ですが、
「良い結果、良い結果」と念じるうちに、相性を意識しなくなることが多い
のです。生半可な気持ちを捨て、プロに徹するということでしょうか。

　相性を乗り越えるもうひとつの方法が「**相手に対する誤解がないか**」を再
度確認することです。例えば「嫌いになった場面」を想い出して、それが一
過性なのか、傾向的なのか考えることです。たまたま虫の居所が悪かったと
か、社内の微妙な問題に端を発していたとか、様々なケースが考えられるか
らです。ちょっとした誤解から行き違いが生じることも多いのです。**冷静に
相手を分析する**ことで、相性を乗り越えることができるかもしれません。

　あるいは「**相手のビジネスの進め方や考え方**」について改めて確認する、
という方法もあります。あなたの対応が相手のビジネスの進め方に対する
ルールに反していたため、相手があなたを嫌って壁ができたということも考
えられます。「ここまでの仕事の進め方で、何かお気に障るようなことがあ
りましたでしょうか？」と率直に聞く方法もあるでしょう。自分では差し障

りがある場合には、上司に確認してもらう方法もあるでしょう。ビジネスを進めるうえで、それぞれ慣れ親しんだやり方や、自分なりのルールを持っている人もいますので、相手のビジネスの考え方を再確認することで、問題が解決することもあるはずです。

また、「相手の良い点を積極的に探す」ことも大事です。仕事に限らず、趣味などを含めて相手の良い点を探していけば、相性も変化する可能性があります。心の壁ができると、なぜか相手の悪い点ばかりが目につきます。相乗効果でどんどん嫌いになるのです。しかし、そこで踏ん張って、**相手の良い点をまず1つ探してみる**のです。そうすることで「風変わりな面もあるが、結構良い人である」ことに気づくものです。

そして、最終手段としては「上司と相談して担当を替えてもらう」方法も否定しません。お互いの仕事の効率性を高める観点からです。ただし、これは最終手段であって、乱発すれば「相性を乗り越える」というプロの力量を身につける機会を失いますし、上司も安心して仕事を任せられなくなるでしょう。

> (コラム⑧) 苦手なお客様にどう向き合うか ・・・・・・・・・・・・・・・・・・・・・
>
> 　人間であれば、好き嫌いはどうしてもあります。これは仕方のないことです。
>
> 　しかし、ビジネスの世界で好き嫌いが出てしまうと不幸な結果を生むことになります。当然、関係がギクシャクしますので、物事がスムーズに進まなくなります。酷い場合には「担当者を代えてくれ」といったクレームにまで発展するでしょう。
>
> 　それでは、苦手なお客様に向き合う方法があるのでしょうか。
>
> 　切れ味よく「あります！」とは言えませんが、**「嫌い」を緩和する方法**はあります。
>
> 　1つは、**苦手なお客様ほど「接触回数を増やす」**ことです。**コミュニケーションの基本は、顔と顔を突き合わせて話をすることです。**意識して機会を作ることで心の壁が少しずつ下がり、関係に変化が生まれるのです。
>
> 　2つ目は**「心を開く」**ことです。嫌いな人の前では“腕組みする”傾向があると聞きます。それは一種の防衛本能の表れで、“敵からの攻撃に防御する”ためです。心を開くということは、**「心の壁を取り払い、できるだけオープンな姿勢」**で話をすることです。相手に変わってもらうことを期待しても、時間

ばかりが無駄に過ぎていきます。でも、自分を変えて「素直に話をする」ことはできるはずです。心を開くことで、相手との関係性も変わる可能性が生まれます。

　そして、最後は**「一生懸命仕事に取り組む」**ことです。通常の友人関係とは異なり、ビジネスは「相手に何らかの商品・サービスを提供し、その付加価値に満足してもらう」という関係ですから、**感情以外に勝負できる要素がある**のです。一生懸命仕事をして良い結果を出せば、必ず相手の満足度が上がります。満足をしたお客様は、あなたを見る目を換えるでしょう。**ビジネス関係だからこそ、好き嫌いを乗り越えられるチャンスがある**のです。

7. 話すことが苦手だという人に

　「話すことが苦手です」という営業担当者が増えたように思います。ひと昔前であれば、「話せない奴が営業なんて言うな」と、"鬼軍曹"に一喝されたものですが、いまは時代が違います。

　話が苦手だという担当者に、聞いてもらいたい話があります。

　それは、筆者が金融機関に入社して日も浅いときに、生命保険の勧誘を受けた話です。その当時、職場に複数の生命保険会社の外交セールスの担当者が出入りしていました。私が配属になったのが本店で、職員数も多かったこともあり、各社の精鋭と呼ばれるセールス担当者が配置されていました。どの担当者も元気一杯で、弁舌さわやか、積極姿勢で、新人の私はいつも圧倒されていました。その中で、他社の担当者とは"趣き"が異なり、穏やかな笑みを絶やすことなく、あまり多くを語ることはありませんでしたが、こちらの話には優しく頷く担当者がいました。確たる理由はなかったのですが、私はこの担当者の保険に加入しました。そして、何十年も経って、自分が保険の資格を取得したときに、この保険がとても有利な良い商品であったことを理解しました。

　後日談ですが、おとなしくて目立たない、この担当者が本店でのトップセールスだと聞きました。ここに「営業の妙」があるのです。誤解を招く表現かもしれませんが「やっつける営業、黙らせる営業」ではなく、**「受け入れる、傾聴する営業」**が勝利したのだと思います。

　積極セールス派は、会社を代表するトップセールスなのでしょう。自信

満々で新人の私たちに説教をするかのようにセールスを進めていました。しかし、その担当者は、成果を急ぐことなく、新人の話や状況をよく聞いて、関係作りに努めていました。お客様から得た情報をもとに、そのお客様にとって有利な商品を提供するセールス手法に徹していたのです。それはセールス担当者にとって利幅が少ない方法かもしれない、しかし、多くのお客様がその担当者の提案を受け入れたのです。

いかがでしょうか。

関係構築は「聞くことから始まる」ことを示す典型事例ではないでしょうか。話すことが苦手だからといって、営業成績があげられないわけではない。苦手なおしゃべりで勝負するのではなく、**「聞く・傾聴する」というスキルを磨き上げることです。**世の中には自分の話を聞いてほしい人が大勢います。しかし、**真摯に聞いてくれる人はそれほど多くないのです。傾聴の技術を磨くことが関係構築力を高める大きな武器となるでしょう。**

＊＊＊傾聴する＊＊＊

① 耳を傾ける：目を見て、前に乗り出して、という目に見える傾聴の姿勢
② 共感・興味：相手の状況・気持ちなどを自分のことのように聴く
③ 相槌と返し：YES という同意、それで？なぜ？という話の穏やかな展開

傾聴の第一歩は**「耳を傾ける」**こと、じっくりと聞くということです。この人は一生懸命聞いてくれているから、しっかりと話さないといけない、という気持ちを相手に起こさせる姿勢・態度です。一生懸命に聞いているか否かは、姿勢を見ればわかります。相手の目を見て、姿勢を正すことが大事です。

傾聴の第二が**「興味をもつ、共感する」**です。これは「自分が話すかのように聞く」ということです。自分が話すときは、大抵自分の興味・関心のある話をします。これと同じ気持ちで聞くのです。気持ちが入っていないと、姿勢にすぐ現れてしまいます。

第三が**「相槌や返し」**です。**相手をリズムに乗せる**ということです。そして聞きたい方向があれば、「それでどうなりました？」「なぜそんなことに？」といった返しをすることで、話の展開を助けるのです。

話が苦手という営業担当者は、ぜひ傾聴のスキルを磨いていただきたいと思います。

　どの担当企業からも好かれる「スーパー担当者」がいます。支店長が訪問すると「A君を当社の担当から外さないでほしい」とか、「A君を当社にくれないか」といった褒め言葉の嵐です。「会社では無愛想なのに外面が良いな」などと思いつつ、お客様に好かれる担当者の特徴を考えてみると、幾つかの共通点があるようです。

　まずは**「コミュニケーションをしっかり取っている」**ことです。回数もそうですし、深度もそうです。お客様の**「懐に飛び込んでいる」**感じがします。一方、不評な担当者は「話にくい」「壁がある」「あまり来てくれない」といった、コミュニケーションの問題を指摘されることが多いようです。

　TVゲーム世代は、子供の頃からコミュニケーションを取ることが少ないから技術がない、といった説明をする人もいますが、筆者には**「変なプライドが邪魔している」**ように見えます。

　いまの若い営業担当者は、基本的に優秀です。同僚間の会話を聞いても"会話下手"という印象はありません。しかし、お客様を前にすると妙に堅くなる場面、ぎこちない場面をみます。「失敗してはいけない」「バカにされたくない」という意識が、隙を見せない、堅い姿勢につながっているのではないでしょうか。コミュニケーションの基本は、**「失敗を恐れず、至らぬ自分を隠すことなく、積極的に会話する」**姿勢です。失敗を怖がり、至らぬ自分を隠そうとすれば、お客様との距離は離れてしまいます。

　そして、**「可愛いがられる要素を持っている」**ということです。可愛いと感じる要素は多様ですが、**①素直である、②謙虚である、③一生懸命である**、といったことが大きいでしょう。この3つが揃って、コミュニケーションが確保されていれば、評判が悪くなりようがない、という気がします。

　課題解決型営業のステージでは、お客様の「心の壁」をなくすということが重要です。上記を参考に、お客様から「好かれる担当者」になって、深い対話ができる人間関係を作りたいですね。

8.　プロの矜持をもって仕事をする

　関係構築力の最後の項となりました。

関係構築力とは、「①適切な情報収集を行うことができる、②提案を真摯に聞いてもらえる、③ビジネス上の課題を忌憚なく議論できる等の、ビジネス上の良好な関係を作る力」という話をしました。そして、良好な関係を作るために「組織力学」「カウンターパートの理解」「ビジネスマナー」「心を動かす」「距離感を測る」「傾聴」といった要素が必要であり、有効であることも説明しました。

　本節の最後に申し上げたいことが、「**プロとして、矜持（プライド）をもって仕事をする**」ということです。

　ビジネスには、良い時だけでなく、お互いが解決しなければならないトラブルがつきものです。こうした困難を乗り越えるためには、忌憚なく議論できる関係が必要です。言いたいことも言えない関係では、本質的な解決は望むべくもありません。そして、忌憚なく議論できる関係を作るためには、**根底に「相手に対する信頼」「相手をプロとして認める」**、リスペクトの精神が必要です。

　新人であろうと、20年選手であろうと、お互いプロであることに違いはありません。この道で仕事をして、糧を得て、人生を歩んでいるのです。そんな相手をプロとしてリスペクトするためには「**プロにふさわしい仕事を提供する**」ことに尽きると思います。

　ビジネスでは、ひとつひとつの仕事を通じて、**カウンターパートの力量や長所短所を判断**します。小さい仕事もあれば、大きな仕事もあります。そして、プロであれば"小さな仕事"にも手を抜かないはずです。「その仕事は自分が作りあげたもので、自分の一部」だからです。小さな仕事であっても苦情が出るのは、その仕事が不完全だからです。何気ない依頼事項であっても、カウンターパートにとっては必要な仕事です。こうした仕事を軽視する人を、大きな仕事で信頼できるか、という話です。

　プロは「**自分の仕事に誠意を込める**」ものです。プロは「**自分の仕事がより良くあることを願い、常にその向上のため最大限の努力**」をします。新人には、知識や技量が不足しています。しかし、プロである以上、今持っている力を最大限に発揮して、誠意をもって仕事にあたることが大事です。

　カウンターパートも口には出しませんが、新人であることは理解しています。だからといって甘やかすつもりもないでしょう。相手に失礼ですし、誰もが乗り越えていく道だからです。新人は、知識が足りなければ、必死で調べて対応するしかありません。それが成長にもつながり、相手にも伝わるの

です。こうした努力を積み重ねていけば、必ずカウンターパートから認めてもらえます。そして、良い関係が構築できます。逆に、中堅・ベテランであっても、ちょっとした油断や手抜きがあれば、一瞬にして信頼関係は崩れます。

　関係構築力を高める最大のポイントは、「**仕事の大小軽重を問わずに、日々誠意を込めて自分の仕事をやること、それを継続すること**」です。カウンターパートへの最大の誠意は、**自分にできる一番良い仕事を提供すること**なのです。この姿勢、この誠意こそが「関係構築力」の最大のパワーになります。

第**3**章

質問力

1. 質問とは何か

　質問とは「わからないことを問いただす」ことです。

　ところが、「お客様に対して質問ができない」「最初の質問はできるが、更問いができない」といった悩みを聞くことがあります。お客様についてわからないことを聞けば良いのですが、それができないといいます。なぜこうした悩みが生まれるのでしょうか。

　ひとつの要因として「**基礎知識の不足**」があります。わからないことを問いただすとはいいましたが、**まったくわからないことは質問できない**という事実があります。例えば、文系が物理の専門書を読んでも計算式や記号がわからないので、質問のしようがないということと同じです。つまり、**質問をするには「その問題に対する基礎知識」が必要**なのです。

　したがって、質問ができないと嘆く担当者は、取引先を訪問する前に「会社概要」「商品パンフレット」「決算書」といった書類に目を通し、**事前に疑問点を整理しておくことが必要**です。質問ができるか、できないかは「**事前準備の差**」ということを申し上げておきます。

　次に「**更問い（さらとい）＝ある質問に対する追加質問**」ができない要因には、問題の掘り下げができていないということがあります。国会の答弁書などには、核となる質問に対して回答だけでなく、それに関連して追加質問が出ることを想定して、様々な回答が準備されています。営業担当者の立場でいえば、事前に先方の回答をある程度想定し、さらに掘り下げるための質問を考えておくことが必要です。

　追加質問の観点としては、「**反論的質問（そうはおっしゃいますが、‥‥）**」「**展開的質問（その考え方からすれば‥‥）**」「**関連質問（それと関連して‥‥）**」等があります。その答えはおかしいのではないか、その答えからすると別の問題についてどうなのか、この質問と関連してこういったこと

はどうか、等々の質問です。

更問いについても「事前準備」が重要であることは言うまでもありません。ある程度慣れてくれば、業種毎やパターン毎にどんな質問が効果的かもわかってくると思います。質問が苦手であるという人は、事前準備を行って現場に行くことを徹底してほしいと思います。

2. 質問を阻むもの

質問ができない、別の要素があるとすれば「**必要のないプライド**」です。不思議なもので、役員が工場見学に行くと「この材料は何ですか？」といった素朴な質問を平気でします。単純に「知りたいこと」「興味があること」をそのまま訊いているのです。

ところが、若い営業担当者ほど「基本的なこと」を訊くことをためらいます。質問は「わからないことを問いただすこと」ですから、**基本的な質問＝「そんなことも知らないのか」**と、**お客様に低く見られるのではないか**、という心配が先に立つのだと思います。これが「必要のないプライド」です。なぜ必要ないかといえば、**お客様を正しく理解したい、そのために知らないことは初歩的な事項であっても質問する、という姿勢は「プロの基本」**だからです。

逆に、わからないことをそのまま残して、不完全な形で理解することがプロとして正しいことでしょうか。自分の見栄のために、真実の追究を諦めるという姿勢は問題です。お客様の立場からしても、早く担当者に当社のことを理解してもらいたいはずです。当社を理解しようとする前向きな姿勢や質問は「ウエルカム」であって、質問もされなければ「本当にわかっているのかな」という気持ちにもなると思います。「訊くは一時の恥」と割り切って質問することが大切です。

それは、新人もベテランも関係のない話です。「**当社を理解したい**」という強い気持ちは、「**どんな初歩的な質問も、黄金の質問に変える魔法**」だということを知ってほしいと思います。

3. 観察する

質問を助ける、という意味で「観察」が強い味方になります。質問を助け

るとは「質問を生み出す材料を提供する」と理解すれば結構です。

　観察の特徴は、「現場で見る」ことです。現場をいろいろな角度から見ることで、何らかの「気づき」を生みます。気づきは興味を起こし、興味は質問のベースとなります。したがって、**観察は現場にいるからこそできる「質問」を生む**源泉になります。例えば、取引先を訪問したときに、様々な情景が目に入ってきます。社員さんの働く様子、来客や出入業者の往来。応接室や営業場に貼られている掲示物や絵画、表彰状やライセンスの楯。工場は「観察の見本市」といってよいほど、見るべき点が満載です。

　これらを目にした中で、気づいたこと、興味を持ったことを質問に変えるのです。会社のあちらこちらに絵画が飾られている。自分の担当先である他社に比べても圧倒的に多いことに気づきます。「御社は絵が多いですね」と質問すると経理部長が、「僕は興味ないけど、会長が絵を描くのが趣味でね。飾ってある半分は会長の絵です。残り半分は会長が応援している画家の卵の絵ですね」答えたとします。この質問は現場にいなければできないもので、かつ、臨場感があります。経理部長の回答からは、絵画に対する会長の強い関心が、自ら描くにとどまらず、画家を育てるレベルにあるということがわかります。小さな発見、小さな質問かもしれませんが、現場をみての嘘のない質問であり、会長という経営者の一端（若手画家育成＝CSR的な行動）がわかったことは収穫ですし、会長との面談では良い話題になります。

　別の事例を考えましょう。ある工場に行った際に「金属の切り屑」がゴミ箱に大量に捨てられている状態を発見します。あなたが「切り屑が沢山ありますが、何ですか」と質問すると、工場長が「材料に銅を使うのです。相当量使うのですが、切り屑も多いので、業者に販売して雑収入としています」と回答します。あなたは「相当量とおっしゃいましたが、月間どれくらいの銅を使用するのですか」と更問いをします。ここで使用量がわかれば、「銅の価格は変動が激しい」という"基礎知識"を活用することで、「それでは銅の材料コスト、価格管理が大変ですね」という"キラークエスチョン"にまで結びつけることができます。この回答次第では、当社の課題発見に行き着いて「銅のデリバティブ導入」といった解決策を提案することができるかもしれません。少しできすぎの事例ではありますが、「**観察による発見**」を「**質問に転換する**」ことの重要さはわかっていただけるでしょう。**観察から生まれる質問は臨場感があるのです。**

　ただし、観察である以上、漫然と見ているだけは何も発見できないことに

注意してください。見れば何かわかるだろうという気構えでは、凡庸な発見しかできません。**ちょっとした違和感、素朴な感性や好奇心を大事にすること**です。そして工場見学では、「5S」といった基礎知識を持ったうえで観察しなければ「より高い観察眼」は育たないのです。

4. 変化に着眼する

　一番質問が生まれやすいシチュエーションは「変化への気づき」です。通常「変化」は当事者しかわかりません。ベテランの営業担当者でも質問しないとわからないのが「変化」の背景や理由です。つまり、**変化への気づきが質問の源泉**になります。

　典型的な事例は、決算書の数値変化ではないでしょうか。例えば「在庫」の推移です。通常の金融機関であれば、3年〜5年の推移をみていると思います。昨年に較べて在庫の数値が半分になっていた、という事実に気づけば「在庫が半減していますが、その背景を教えてください」という質問につながります。

　組織の改編は、金融機関の職員が意外と気づかないものですが、重要な変化です。例えば、ある運送会社で"システム課"が新設されたことに気づけば、「システム課が新設されていましたが、意図は何でしょうか」とか「運送会社でシステム課を持っている企業は少ないと思いますが、どんなシステムを製作しているのでしょうか」といった質問に結び付きます。IT投資は、中小企業にとって業務効率化や競争力強化の観点で重要ですが、システム課を新設したからには、人の手当やコンピューター投資等の発生が見込まれます。金融機関として"サポートのヒント"が見つかるだけでなく、運送会社として当社が「他社と差別化できるIT活用を行っている」実態を事業性評価に活かすことができるのです。

　こうした意味で、**営業担当者は「変化に敏感」であることが不可欠**です。変化に着眼すれば質問のネタに困ることはありませんし、小さな変化を統合することで、さらに大きな視野で企業の変化を発見できるのです。質問力を高めるために「**変化への着眼**」を重視してください。

5. 鋭い質問をする

　次は「鋭い質問をするスキル」について考えましょう。鋭い質問とは、質問を受ける側が「よく見ている」「痛い点を突かれた」「答えに窮する」といった質問を指します。営業担当者であれば、こうした鋭い質問ができるようになって、取引先に一目置かれたいところです。

　それでは、どうすれば「鋭い質問」をすることができるのでしょうか。

　答えは**「仮説を持つ」**です。「仮説をもって質問する」ことです。しっかりとした仮説があれば、その**仮説を検証するための質問**が自ずと生まれます。仮説が正しく、それが相手の課題に直結する内容であれば、相手にとっては「よく見ている」「痛い点を突かれた」「答えに窮する」質問になるということです。

　それでは、**仮説とは何でしょう。仮説とは「疑問に対する自分なりの説明・ロジック」**と解釈すればよいと思います。例えば、A社という専門商社があり、当社の財務諸表を見ると、「在庫月商倍率」が業界平均の３倍であるとします。どんな仮説が思い浮かぶでしょうか。「業界平均を超えた、２倍相当の在庫は不良化している」という仮説が成り立つはずです。この仮説を検証するために「２倍相当分が不良在庫化しているか否か」を確認する質問を行います。仮に「安く仕入られるチャンスがあったので、大量買いをしました。一時的な増加です」という回答があれば、そこで終わってしまう可能性もあります。それでは「鋭い質問」とはいえません。ひとつの指標で仮説を立てると、反論に対抗できない場合があります。

　在庫水準が業界平均の３倍という点に着眼したまではよいのですが、さらに「何でそのような異常な在庫水準を、当社は"良し"としているのだろう」という疑問を持つことができれば、「不良在庫化以外の仮説」も見出すことができます。例えば、当社のビジネスモデルと在庫の関係はどうか？　在庫と収益率の関係はどうか？といったことを頭に入れて「在庫が多い理由」を考えるのです。

　言い換えれば**「在庫が業界比で高水準」**という疑問に対する**「仮説を複数用意する」**のです。複数の仮説が設定できれば、1つの回答で倒れることはありません。**多面的な検証**ができます。

　上記の例でいえば、
仮説１）当社は他社と比較して単価の高い商品を扱うビジネスモデルであ

る。高級志向の顧客に向けて品揃えを充実し、チャンスロスを回避する政策をとっている。単価も高く、数量も増やした影響から「業界比３倍」の水準だが、収益率が高く業績も安定しているので在庫は資金化できており、問題視する必要はない。

仮説２）当社社長はチャンスロスを嫌い、出物がある都度仕入れを行うことから、高級品という単価だけの問題でなく、在庫は過剰気味である。確かに収益率は高く、業績は安定しているものの、特殊性があるだけに引き取り手がなく死蔵している在庫の存在が懸念される。不良在庫化の有無について調査が必要である。

仮説３）高級品と称しているが、倉庫を実査した範囲では「他社より少し良い程度のモノ」であり、倉庫に在庫が山積みになっている印象もない。販売先である小売店を調べると、高級品専門店もあるが、ディスカウント店も多く、在庫の水準は異常。架空在庫も疑う必要があるのではないか。

といった複数の仮説を用意することです。

　これらの仮説を頭にいれて、お客様と「質問」「回答」「更問」「回答」を繰り返していきます。

あなた「貴社の在庫水準は月商の６倍で、業界平均の３倍近くあり、"在庫が多い"という認識を持たざるを得ません。理由を教えていただけますか」

お客様「業界平均の３倍とは初耳だね。それが、何か問題になるの？」

あなた「問題というより、まずは背景を教えて頂きたいのです」

お客様「"滞貨"を疑っているのかな。業界比較はともかく、当社が在庫を６ヶ月持っている理由は、取扱商品と顧客との関係からです。当社の商品は、高級品でひとつひとつの価格が業界の中でも高い部類です。価格が高い反面、利益率も業界の２倍はあります。高級品を買う人は特殊性を重視するので、"これはという商品"を見つけた都度、即仕入をします。仕入機会が限られるので、見つければ必ず買います。仕入れに際しては、売れ残りを防ぐために、特定のお客様をある程度想定して買うことにしています。結果、在庫は多くなりますが、社内の在庫上限ルールを６ヶ月として、超えないように運用しています」

ここで、仮説を1つしか持っていなければ、お客様の説明レベルも高く、仮説1と説明が符合することから「納得しました」ということで終わってしまいます。しかし、残り2つの仮説を持っていることで、お客様の答えが正しいか否かを、別の角度から「検証」できることになります。

質問①　「なるほど、そういった在庫基準で管理されているのですね。しかし、特定のお客様を想定しているといっても、全部がマッチングできるとは限らないのではないでしょうか。マッチング率のデータはございますか？　あるいは、3年以前に仕入れた在庫の金額がどの程度あるか教えていただけないでしょうか」

質問②　「ルールはわかりましたが、貴社の販売先を見ると高級品専門の店舗は限られています。ディスカウント店もあるので、お手数をかけますが、単価と数量の記載されている『在庫表』を見せていただけないでしょうか」

といった質問が可能です。

　これらの質問は「在庫の実態を深堀り」している点、「お客様の説明と実態の矛盾を突く」という点で「鋭い質問」ということができます。こうした質問ができると、お客様も営業担当者に一目置かざるを得ません。一目置かれるということは、先方も相応の情報開示をするとか、困りごとの相談を持ちかけるといった「質問以外の効果」も期待できます。

　なお「仮説を立てる」スキルについては、①財務分析を含めた基礎力を高める、②お客様の実態を普段から観察し情報の蓄積に努める、③ Why？（なぜ）を繰り返す習慣をもつ、④答えを複数出すことを心がける、といったことで身につきます。

6.　お客様が「ひとりでに語り出す質問」

　「良い質問」とはどんな質問でしょうか。

　前項で「鋭い質問」については、相手にとって「痛い点を突かれた」「答えに窮する」質問だと説明しましたが、「良い質問」は少し違うと考えています。具体的な事例で考えてみましょう。

　工場実査を想定してください。工場実査にはいろいろな目的があります

が、どんな生産設備があるか、工員さんにはどんな技術があるか、総体的にどんな強みをもっているか、といった点は是非知りたいところです。

　あなたが当社の会長に工場を案内してもらっていると仮定して、下記のどの質問が、生産設備を知るうえで「良い質問」だと考えますか。

質問①「この工場にある機械の種類、台数を教えてください」
質問②「この工場で一番強みとなっているラインを教えてください」
質問③「この工場の中で、会長の『一番思い入れがある機械』があれば教えてください」

　質問としては、どれも悪いとは思いません。「生産設備を把握したい」というニーズからすれば、全体像を押さえるための質問①は正統的質問です。ただし、会長に訊かなくても、工場長に訊くか、事前に書面で調査可能な内容です。むしろ事前に書面や会社案内等で確認をして、実際の見学の際にどのような機械がどう置かれているかを確認する方が良いと思います。

　質問②は、一段階上位の「良い質問」だと思います。「一番の強み」というキーワードは相手の心に響きますし、当工場の強みは絶対的に知りたいことで、「生産設備」との関連も強いはずです。ただし「生産設備を把握する」という当初目的からすると、強みに関して話が分散する可能性もあります。

　この３つの中で最も良い質問は、③です。その理由は、「会長が工場を案内している」という状況、「会社が小規模の時代から、工場とともに歩んできた会長の想い」、そして「会長の一番思い入れがある機械」という言葉が、**会長の心の琴線に触れ、ひとりでに語り出す契機**となる質問だからです。

　筆者にも経験があります。同様の質問に対して職人気質の社長は「このプレス機が想い出の機械です」と、工場で一番古いプレス機を指しました。「平成２年の秋でした。自分は事業を拡げたくて、どうしてもこのプレス機が欲しかった。いろいろな銀行に掛け合ったが話も聞いてくれない。聞いてくれたと思ったら、受注見込がない機械には貸出できないと断られました。バブル崩壊という時代も理由かもしれません」「そんな中でA信金のBさんという担当者が話を聞いてくれ、計画書作りを手伝ってくれて、本部とも交渉してくれました」「その結果、融資が裁可されたのです。私は嬉しくて、このプレス機を使って死にもの狂いで働きました。それが工場の礎となったのです」。社長はこの後、どういった仕事を取って、その都度どういった機械を

買って「ラインを整備」していったか、工場の歴史を含めて説明をしてくれました。「想い入れのある機械」という言葉が、彼の工場に対する想い、事業の歴史、工場と仕事の拡大について語らせたのです。

　質問にはいろいろな目的があります。しかし、「情報を引き出す」「知りたいことを教えてもらう」といった共通の目的からすると、「**ひとりでに語り出す＝多くの情報が開示される」質問は、良い質問**です。

　加えて、「質問は質問者を表すもの」でもあるのです。ソチ冬季オリンピックで、金メダルを期待されていた高梨選手が４位に終わった直後のインタビューで、NHKのベテランアナウンサーが「がんばりましたね」と穏やかな口調で切り出した質問は、その模範です。「期待された金メダルがとれませんでしたが、今のお気持ちは？」といった浅薄な質問ではない。高梨選手が誰よりも悔しいに決まっているではないか。そうではなく、高梨選手のこの４年間の歩み、本番での追い風、そして若い彼女が一身に負った国民の期待、そうしたものを一言で「がんばりましたね」で集約したのです。高梨選手はどれほど救われたでしょうか。そして高梨選手は、訥々と２本のジャンプや、オリンピックへの想いを話し出したのです。これこそが「良い質問」であり、質問者に対して心を開く質問でもあるのです。

　上記の社長への質問の場合でも「ありきたりのことを質問する銀行が多い中で、支店長が『一番思い入れのある機械』と言ったときに、**この人ならわかってくれるのではないかと思った**」と後日社長が話してくれました。**情報を引き出す、話をしてもらうというのは「言葉だけでなく心のキャッチボール」**でもあることを忘れないでください。

　「ひとりでに語り出す質問」を"キラークエスチョン"と言いますが、相当程度高いレベルの質問ではあります。**キラークエスチョンは、狙って捻り出すというよりも、心から相手を想う心から発せられる質問**という意味で、初心者でも十分質問できる可能性を秘めています。

　形ばかりで何の想いもない質問をするのではなく、「相手企業を心から理解したい」「経営者の想いに寄り添う」といった気持ちがあれば、必ず相手方が「ひとりでに語り出す」質問ができると思います。

---

7. 質問の作法

　ここまで、①質問対象への事前準備（基礎知識）、②プロに徹して不要な

プライドを捨てる、③現場ならではの観察、④変化に敏感である、⑤仮説を立て質問する、⑥相手を想う「心のキャッチボール」、といった6つの質問を行うための方法を紹介してきました。

　最後のまとめとして「**質問の作法**」を説明します。上記6つの方法を地道に実践すれば、必ず質問力は高まります。しかし、あなたの実力向上の日を、日々の仕事は待ってくれないでしょう。スキルが習熟するまで何もできないというのでは困ります。そこで、お客様に質問する際の「作法」を習得することで、質問力を高めましょう。

＊＊＊質問の作法＊＊＊

---

① 何を知りたいのか、何を調べたいのか「目的」をペーパーに書く

② 上記の目的に沿う「質問」を箇条書きにする

③ 質問に重複や不足がないか見直す

④ 見直した「質問の目的・内容」について、上司や先輩に事前に検証してもらう

⑤ お取引先に質問に行く

⑥ 帰店して質問に対する回答をまとめ、調査目的から過不足がないか確認する

⑦ 過不足があれば、②以降を再度行う

　この作法は、単純なサイクルですが、自分なりの考えをまとめるというプロセス、上司・先輩の指導のプロセスが含まれており、実務的な要請を満たすだけでなく、教育効果も期待できます。

　第1次の調査や質問は担当者任せで、調書作成後に上司が指摘を行うパターンが多く、担当者がお客様を往復するといった「非効率さ」を生んでいるように思います。それぞれが忙しい中で、こうした無駄はできるだけ排除すべきであり、上司・先輩が「箇条書きの質問」を検証するプロセスを必ず取り入ることが大事です。その過程で、部下への指導が行われ、質問漏れも減るなど、多くの効果が期待できることから、是非励行してほしい作法です。

第**4**章

分析力

　思考のパターンには「直感」と「追究」の２種類があります。前者は「ひらめき」であり、後者は「論理立て」です。

　筆者の見るところでは、多くの人は「ひらめき」を使って、直感的に答えを出しています。アイディアを生み出す場合、一瞬のひらめきで浮かぶということが多いと思います。この「ひらめき」は、個人の経験や常識に基づいて「この事象は過去のこういうパターンと同じだから、きっとこうすれば良いだろう」といった導き方をする思考です。経験・常識に基づく「事象を何かにあてはめる思考の流れ」ですから、一瞬で走馬灯のように駆け巡るスピードをもっています。

　一方で「追究」の思考は、こうしたスピード感ではなく、「どうして？どうして？」を繰り返す粘着的な追求の姿勢です。幼少期の子供が、お母さんに「何で？何で？」と繰り返す、あの姿勢がまさに「追究」の思考と言えます。この「Why？」の繰り返しが、**原因や背景を堀り下げ、本質を描き出す**のです。この「追究の思考」こそが分析力であり、**分析力は「原因や問題構造、因果関係を明らかにして、含意まで導く思考」**と定義できます。

　第４章では、事業性評価だけでなく、課題解決型営業にとっても必要不可欠で、それらの「核となるスキル」＝「分析力」を習得するための着眼点や方法について説明します。

---

1. 散らかっていては始まらない

　直感とは異なり、分析は「追究」が基本です。"Why？"を繰り返し本質に迫る思考パターンですから、分析をするためには対象となる"材料"が必要です。そして、分析の第一歩は、この「材料を整理する」ことから始まります。

　何か"探し物"をする場合で考えてみましょう。部屋が散らかった状態で

も、一瞬にして「あの辺にあるはずだ！」という思考が直感です。これは過去に自分が置き忘れした傾向やこの種であればこの辺に置くという常識から「ひらめいた」考えです。一方、分析は「散らかった状態」を嫌います。勘ではなく、論理を積み重ねて探す方法ですから、行き当たりばったりのやり方はしません。「これだけ散らかっているから、物と物の間に"探し物"が混在し、見えない状態になっている」と考えて、整理整頓から始めます。手間や時間をかけて「探し物」を追い込んでいくのです。

これを、金融機関の仕事に当てはめて考えてみましょう。

例えば「赤字体質で早急に経営改善を求められている観光旅館」について、あなたは「赤字体質となった原因」を分析するように指示を受けました。さあ、あなたは何から手をつけますか。

通常、赤字の原因は１つではないはずです。いろいろな要因が重なり合って赤字となり、それが体質といわれるまでに恒常化すると考えられます。こういう状況において、**最初に手をつけるべきは「事象の整理」**、先程の例でいえば「部屋の整理整頓」です。

財務指標など財務に関するデータ、当社が行ってきた経営施策、当社を取り巻く外部環境などを、箇条書きでも良いので、**ひとつひとつ「リスト化」**することがスタートです。

読者のなかには「そんなこと時間の無駄だよ」と思う方もいるかもしれません。ある程度分析力が身についている営業担当者であれば、"そろばんの暗算"同様に、リスト化の手続きを「頭の中」で行うことができます。しかし、検討すべき事象の漏れを防ぐとか、目で詳細に観察するためには、アナログな方法であっても「リスト化」の効果は高いと思います。

また、「リスト化」によって、事象間の因果関係が見える化され、赤字に影響を与えた"**要因の順位付け**"のために並び替えするなどの作業も容易になります。したがって、より複雑な問題に直面した場合には、分析の第一歩として、必ず「リスト化」を行ってほしいと思います。以下に、リスト化の方法をまとめましたので、参考にしてください。

＊＊＊リスト化の方法（上記例に基づき）＊＊＊

① 書き出す領域を「外部環境」「経営施策」「財務」「トピックス」といった項目で設定する

② 設定した領域毎に、赤字の原因と考えられる「事象（事実）」を、可能

な限り数多く、箇条書きで書き出す
③ 書き出した事象について、領域の相違や、事象の漏れがないかをチェックする

① 項目設定（領域分け）

　領域を幾つか設定して、同類の事象は同じ領域に整理する作業です。「**要因の整理整頓**」のために、事象の領域分けをする「**第一段階の作業**」です。具体的には「外部環境（市場・競合）」「内部環境（人・モノ・カネ）」といった領域を設定します。

② 書き出し

　この作業は、赤字の原因となったと考えられる事実を、可能な限り数多く拾い上げる作業です。

　事象を拾い上げる場合の注意点は、**2つの事象を重複させないように書く**ことです。例えば、「当該地の観光客数が1割減り、宿泊日数は0.5日減った」という1文には、事実が2つ入っています。「当該地の観光客数が1割減った」と「当該地の宿泊日数が0.5日減った」を分けて書くことが大事です。

　また、事象については、**一見赤字とは関係なさそうな事象についても、幅広く拾い上げる姿勢**が求められます。理由は、後になって振り返ったときに、思いもよらない事象が主原因だった、ということがありえるからです。

　幅広く拾い上げるコツとしては、「どうして？どうして？」を繰り返すことです。外部環境、経営施策、財務といった各分野で、「赤字になったのはどうして？」「そうなったのは何で？」を繰り返すことで、"乾いたタオル"からでも、多くの事象が拾い上げられるようになります。

③ リストのチェック

　拾い上げた事実に漏れがないかを見直す作業です。また、領域への分類が間違っていないかもチェックします。この段階で何となく違和感がある場合には、事象の漏れや、分類相違を生じていることが多いようです。

---

2. データの声を聴く

　リスト化の作業が終われば、次のステップは「リストを眺める作業」です。

"眺める"という言葉は、漫然と見るという意味ではなくて、視野を広くして事象をみることをさします。初めはわからなくても、**何遍も眺めているうちに「データが意味すること」に気づく**場合があります。

しかし、「リストを眺める作業」は、あくまでイントロダクション（導入部分）と考えてください。本番は"データの声を聴く"ことにあります。**"データの声を聴く"とは「事象の意味付け」を行うことです。**先程の赤字体質の分析の例で考えてみましょう。領域のなかに「外部環境」の項目があり、下記のような事象が書かれていたとします。

① 当該地の観光客数が1割減った

② 当該地の旅館の平均宿泊日数が1.8日から1.3日に短縮した

③ 大手が買収したライバルの大型旅館が、値引きパックを武器に15％売上を伸ばした

この3つの事象に、どのような意味があるかを考えることが、"意味付け"です。**「意味付け」をすることで、次のステップの「問題構造や因果関係の発見」に役立てる**ことができます。

さて、上記3例の意味付けをしてみると、

① 来客数減少が、売上減少につながる

② 宿泊日数の減少（客室稼働率の低下）が、売上減少につながる

③ 競合旅館による値引政策が、当館の客数減少につながる（可能性がある）

といった形になります。

ある事象が"赤字"とどう結びつくのか、言葉を置き換えることで「事実が持つ意味」が明らかになるのです。

参考までに「トピックス」という領域に入る事象についても見てみましょう。トピックスといわれる事象に重要な意味がある場合も多いので、留意が必要だからです。

これも例示すると、

① 当地出身の偉人が大河ドラマとなり、放映が始まった

② 台風の影響で当社の大浴場が1ヶ月利用できなくなった

③ 当社の営業部長が退職した

これらの事象に意味付けをすると、

① 放映効果により観光客数が増加⇒売上増加要因

② 台風を理由とするキャンセルが800人あった⇒売上減少要因

③ 部長の退職に伴い営業推進プロジェクトが停滞⇒売上計画を下回る要因といった形になります。どれも「一時的要因」でありますが影響は大きく、業績が下降トレンドにある場合には、この事象によって業績がさらに下振れして、赤字体質を悪化させることもあるのです。

3. 問題の構造を解き明かす

本節冒頭で、分析力とは「原因や問題構造、因果関係を明らかにして、含意（インプリケーション）まで導く思考」と説明しました。そのうえで、①事象のリスト化、②事象の意味付け、という分析のプロセスについて説明しました。いよいよ最終段階です。

最終段階で行うことは、「**関係整理**」「**優先順序付け**」という作業を通して、**問題の構造を解き明かす**ことにあります。

＊＊＊問題構造を解明する流れ＊＊＊

① 同一領域内で、事象間の関係整理や優先順序付けを行う
② 領域間での関係整理や優先順序付けを行う
③ ①②を通して、問題を考察（「問題の体系化」「真因の追究」）する

これらの流れは、具体的な事例で考えた方がわかりやすいので、観光旅館の例を用いて考えることにしましょう。この観光旅館は、赤字が続いており、今期は売上が3割も落ちて、赤字幅が拡大している状況とします。

（外部環境）
A）当地域の宿泊人数は前年比5％減少（売上減少要因）
B）インバウンドの宿泊人数は前年比10％増加（売上増加要因）
C）競合旅館A社が「値引商品」により宿泊者数20％増加（売上減少要因←競争力低下）
D）同規模のB旅館が、リニューアルオープン（売上減少要因←競争力低下）
E）ネット予約による客数比率が10％増加（収益率改善要因）

（内部環境）
F）経営計画の停滞①：従業員数削減の遅れ（固定費の高止まり要因）

G）経営計画の停滞②：館内バーラウンジの閉鎖遅れ（赤字垂れ流し要因）

H）経営計画の停滞③：朝食会場のリニューアル遅れ（売上減少要因←競争力低下）

I）会長（父）と社長（長男）の対立（ガバナンス低下）

J）実力派営業部長の退職（ガバナンス低下）

① 同一領域内での関係整理・優先順序付け

2つの領域に、それぞれ5つの事象がリスト化され、各事象についての意味付けまで終わっている状態です。

まずは、それぞれの領域において、5つの事象の優先順序を考えます。ここでいう**"優先順序"は、赤字に対して影響が大きいと思われる順番に並び替えることです。また、"関係整理"は、事象と事象の間に関係性（つながり）があるのか、因果関係があるのか、を検証することです。**

最初に「外部環境」の領域から検討しましょう。

外部環境にある5つの事象（A～E）を比較した場合に、赤字要因としての影響が大きい事象はどれでしょうか。外部環境内での比較をするときに悩ましいことは、当旅館の地域内における競争力・ポジションによって、影響度が変わることです。

No.1の競争力（当地一番館）があれば、仮に観光客数全体が10％程度減少したとしても、まったく影響を受けない可能性もあります。逆に、最下位のポジションであれば、10％どころか、30％減少する可能性もあるのです。この事例では、当旅館の競争力は"中位程度"と仮定します。

この場合、5つの事象の影響度を考えると、以下の通りです。

A）中位であり外部環境（宿泊者数減少）と同じ程度＝5％の売上が落ちる可能性が高い

B）インバウンドの比率や当社への宿泊比率が不明だが、増収要因なので赤字影響はない

（実際は、これらの比率をしっかり調査することが必要。ここでは"影響なし"とする）

C）同クラスの旅館が値引きで客数を伸ばした以上、当社は客数が減少した可能性が高い

（ただし、明確な因果関係は当旅館が値引きしてどうなるか等を確認しないとわからない）

D）同クラスの旅館がリニューアルで競争力強化したため、当社は客数減少の可能性あり。

E）影響判断は難しい。当社のネット予約と代理店予約の比率を調べないとわからない

　5つを比較して優先順序をつけます。まず、BとEについて「赤字との関連性」は低いといえます。残るA・C・Dのうち、C・Dは競合する旅館からのダイレクトな影響ですから、全体的な影響であるAよりは、影響が大きいと判断してよいでしょう。したがって、順序付けを行うとすれば、CD→A→BEの順になります。

　次に、関連整理です。A・C・Dのいずれも「宿泊者数減少」に関連した事象です。これらの関係を整理して文章化すると、「当地全体の宿泊者数が減少する中で、競合する旅館が"値引き商品"による営業推進や、"リニューアル"といった設備投資による競争力強化を図ったことから、当社の宿泊者数減少に拍車がかかった」となります。

　次に「内部環境」について検討します。上記と同様に影響度を比較して優先順序を考えます。

F）計画通りできなかったので、経費削減に関して一定の影響があった（この場合、人件費削減の影響は"具体的な数値"で判定します。GHも同様）

G）赤字を垂れ流す状態を止められなかったので、経費に関する一定の影響はあった

H）競合旅館がリニューアルする中、老朽化した状態であり、競争力の低下につながった

I）経営トップ同士の対立で、指揮系統が混乱することから、内部影響は大きい

J）営業トップの退任であり、営業推進上一定の影響があった

　F・G間の優劣は数値次第です。ここでは明確になっていないので判断できません。Hは、競争力の低下にはつながるものの、サービスの1つですから、相対的な影響は低いと判断されます。Iについては、経営の指揮系統の混乱であり、最も大きな影響があると判断されます。そもそも、F・G・Hという問題が生じている背景には、Iが関係しているはずですし、Jの退職はIに嫌気をさしてということも考えられます。なお、Jについては、退職

による具体的な支障を調査する必要があります。いずれにしても、内部環境の各項目については、数字的な再調査を行って影響度を測る必要があります。ただし、Ⅰはトップガバナンスの問題ですから、最大の影響があると判断して間違いなさそうです。

項目間の関係整理としては、F・G・Hが「計画の停滞」、Ⅰ・Jが「ガバナンス」として括ることができます。

以上を踏まえ、内部環境の問題構造は「会長と社長の内紛から指揮系統が麻痺し、経営計画の停滞や幹部社員の退職を招く等、多大なるマイナス影響があった」と整理できます。

② 領域間の関係整理・優先順序付け

領域内の"優先順序付け"と"関係整理"が終わり、それぞれの問題構造がわかったところで、次は"領域間の調整"を行い、問題構造の全体を明らかにする流れとなります。

本来は、数字的な裏付け調査を再度実施して、正確に影響度を測ることが必要ですが、ここでは説明の都合上、修正を行わずに"領域間の調整"をします。

今回の事例では、外部環境の影響は相当大きいと考えられます。域内全体の客数が10％減少したうえに、競合旅館が競争力強化を図った影響は相当大きかったはずです。仮に、当社のガバナンスが正常に機能していたとしても、外部影響全てを防ぐことはできなかったと考えられます。

しかし、内部環境も惨憺たるものです。これほど外部環境が厳しい中で、経営が一枚岩になっていない状況は致命的です。それが計画の遅延や幹部の退職を招いたとすると、外部環境と同様に大きな影響があったと考えられます。企業にとって「経営は生命線」です。それが機能せず、外部環境変化への対応を遅らせてしまったことを考えると、最大の影響と判断してよいと思います。

③ 問題の考察

以上を踏まえると、「当地の宿泊客数の減少や、競合旅館の競争力強化による外部環境悪化に加えて、当社の指揮系統の麻痺による計画遅延、幹部退職、外部環境への対応遅れが重なることで、赤字の拡大を招いた」という問題構造があり、特に「指揮系統の麻痺」という経営の問題が、最大の元凶で

あると考えられます。したがって、当社の再建は「会長・社長の対立」という問題から解決する必要がある、という結論になります。

　複雑な問題であればあるほど、事象のリスト化を行い、領域分けをしっかり行うことです。

　そのうえで、優先順序付けや関係整理を行いながら、問題構造を解き明かしていく流れを忠実に進めていけばよいと思います。優先順序付けを行う場合には、**事象を数値化する、あるいは数値的裏付けをもって表現できると、問題への影響がわかりやすくなって、構造分析に役立つことになります。**

（コラム⑩）　**自分の頭で考えているか** ・・・・・・・・・・・・・・・・・・・・・・・・・・・

　人間は考える葦である、という言葉があります。みなさんは「自分の頭で考える仕事」をしているでしょうか。誤解を恐れずにいえば、多くの人が「三択問題」のように、予め用意された答えを選ぶような仕事をしているように見えます。

　本来、仕事はクリエイティブで、小論文試験のように各自が個性を発揮できるものです。ところが、営業の現場の多くの仕事が定型類型化され、自分が答えを創造するのではなく、予め用意された正解を探すような底の浅いものになっている印象があります。

　AIの時代に、定型類型化された仕事は人間から機械に移っていくといいます。判例や事例に解を求める弁護士・税理士業務が意外と早くAI化されるのではないかといった予測も、こうしたことが背景にあるからだと思います。営業の場でも「御用聞き」といったやり方は、マーケティングに優れたアマゾンなどのAIシステムに代替してしまう可能性があります。

　一方、私たちが目指す「事業性評価を起点とする課題解決型営業」は、最後まで残りうる仕事だと思います。その理由は、多様性と創造性です。百社百様の企業が存在し、様々な考え方や性格をもった経営者がいる。同種の悩みであっても、背景はバラバラで一つとして同じものはありません。**納得性の高い結論に辿りつくためには、魂や感情を理解する人間や、人間同士の対話が必要**なのです。

　課題解決型営業時代に「三択問題」を解くかのような、定型的な解決策作りでは勝ち残れないでしょう。経営者に寄り添い、想いを汲み取り、創造性をいかんなく発揮した営業担当者だけが生き残れるのです。だからこそ**「ある答え**

を探そう」とするのではなく、「人を想い」「企業を想い」「その未来を想い」ながら、素晴らしい答えを創造してほしいのです。

そのためには、**「自分の頭で考える」姿勢**が不可欠です。徹底的に自らを鍛え、素晴らしい答えを創造できる営業担当者を目指してください。それが「自分の人生を拓く」ことにもつながるはずです。

4. 分析のテクニック

分析の技術・テクニックとして、「ツリー分析」「ABC分析（パレート分析）」等が知られています。この他にも様々な分析手法があるので、興味のある方は関連書を読むことをお奨めします。

（ツリー分析）

Why？（なぜ）を繰り返していく。展開をツリー方式で表現することで、漏れの防止や因果関係の明確化を図るものです。シンプルですが、わかりやすい方法といえましょう。

【資料1-1】ツリー展開

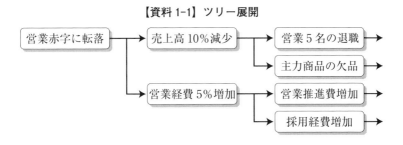

（ABC分析〈パレート分析〉）

【資料1-2】は、婦人服製造をしている青木商事の仕入先別の仕入額をグラフ化したものです。棒グラフが仕入額、折れ線グラフが仕入全体に占める比率を表しています。

仕入の重要性は論を待ちませんが、その仕入先毎の重要度を把握するために、ABCというグルーピングをして、影響度を把握する方法です。

パレートの法則（20-80法則）という概念「全体の2割の先で、取引量の8割を占めている」が示すように、【資料1-2】のパレート図でも、Aグループの3先で6割の仕入シェアを占めていることから、仕入価格の引き下げを検討する場合に、Aグループを中心に行うといった重点化政策をとることが効果的といえるでしょう。

【資料1-2】パレート図

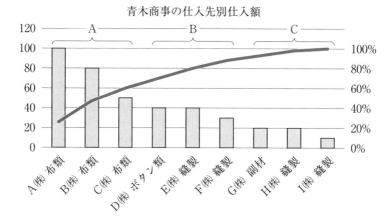

青木商事の仕入先別仕入額

コラム⑪　相関と因果は違う ••

　分析には「因果関係」を明らかにする、という機能があることをお話ししました。

　それでは「因果関係」と「相関関係」が、どう違うかわかるでしょうか。実際に説明しようとすると、意外と難しいものです。

　相関関係では「正の相関がある」といった表現をします。簡単な言葉に置き換えると、「Aが多いとBも多い傾向がある」ということです。一方、因果関係は「Aが起きた結果、Bが変わった」、つまり、Aが介在したことがBの起きた明確な理由になる、ということを意味します。

　これらが話題になったのは、「AI（人工知能）の議論」でした。AIは相関関係を見つけるのは得意だが、因果関係までの特定が難しい。こんな議論です。

　事業性評価の「分析」では、「傾向を見る」のではなく、しっかりと「因果関係」を特定することが大事です。お客様が抱える問題の真因を追求すること

が分析です。顕在化している事象と真因の因果関係を特定し、的確な解決策を提示する必要があるからです。問題点を生み出す真因の特定を常に心がけるようにしましょう。

　一方で、「相関関係」に意味がないかというと、そうではありません。例えば「犯罪地域を効率的にパトロールしたい」といったニーズに対して、「毎月満月の夜は、C地域で犯罪が多発している」という相関関係をみつけることで、「満月の夜にC地域をパトロールの強化をする」という行動がとれるので、有効性は大いにあるということになります。要は、利用の目的次第ということです。

第5章

説得力（交渉力）

ビジネスシーンでは、常に何らかの説得や交渉が行われています。本書のメインテーマである事業性評価においても、従来以上に対話が重視され、一層の情報開示を顧客企業にお願いする機会が増えるでしょう。同様に、課題解決型営業を進めるうえで、課題や解決策実行の必要性をどう理解してもらうか、提案をいかに的確に"説得力ある内容"で説明するか等々、「説得のスキル」の必要性は高まるばかりです。

本章では、説得力を構成する要素や、スキルを高める方法について説明します。

1. 説得の構造は「理」と「情」

説得とは「自分の意図を相手に正しく理解させて、意図する方向に相手を導く（行動してもらう）」ことをいいます。従来以上に情報開示を求める「説得」の場面では、「情報開示してほしい範囲」を顧客に提示し、「顧客がその範囲を正確に理解」し、「顧客が実際にその範囲を開示する」という一連の行動を実現する必要があります。

問題は顧客を動かすための「動機付け」です。相手は機械ではありません。感情を持った生身の人間です。提示された内容が理解できても、即OKとはいかない場合もあります。特に、中小企業は大半がオーナー企業ですから、オーナーの考え方や心情といったことが影響します。極端な例では「あの銀行に昔裏切られたから、どんな提案もOKしない」といったこともあるのです。逆に、先述した落語家のように、登場しただけでお客様が笑うという、究極の「OK」もあるのです。

顧客を動かす「動機付け」には、多くの場合「理（理屈）」と「情（心情）」の両方が必要です。

一方で、金融機関の営業担当者であれば、「理（理屈）」を優先しなければ

なりません。説得の内容に「理」がなければ、それこそ無理強いになります。通常の業務においては、可能な限り「理」によって顧客が納得し、行動に移すという流れで行きたいものです。提示内容に**「動かされるだけのメリットや道理がある」**ことがビジネスの基本だからです。

しかし、生身の人間を相手にしている以上「理」が全てとは限りません。上記の銀行の例のようにどんなに「理」があっても説得できない場合があるからです。「理」があるにも関わらず、説得されない背景には、「情（心情）」があります。気持ちが許さないということです。したがって、「理」を後押しするための「情」についても、説得の材料として考慮する必要があります。

説得の手段に、「理」と「情」の両方備われば"鬼に金棒"であり、説得力が高まることは必至です。ただし、「情」を前面に出した説得は避ける必要があります。なぜなら「情」は変化することがあり、説得時点では"OK"でも、その後に気分が変わって"NO"という可能性があるからです。金融機関たるものは、提示する内容に重きを置き、内容で勝負すべきです。「情」は、あくまで説得の環境整備であり、「理」を補完するものと心得てください。

2. まずは「正確に説明」する

説得の基本は「意図を正確に伝える」です。最終的に相手に"OK"をいただき、動いてもらうためには「動いて欲しい方向性」が理解される必要があります。

中堅クラスの営業担当者であれば「そんなことは当たり前」と思うかもしれません。しかし、「正確に説明」することは、意外に難しいのです。上司であれば、部下の説明振りに物足りなさを感じる場面を、幾つでも思い出すはずです。

正確に説明するための要素は３つあります。①説明内容を正しく理解し、②説明すべきことを全て網羅して、③相手に誤解を与えることなく正確に話をする、です。この３要素を充足することは簡単ではありません。「説明すべき事項の何かを漏らす」「説明の仕方で相手に誤解を与える」といったことがあるからです。

第一の要素「説明内容を正しく理解する」は基本ですが、プロでも理解に迷う場合があります。複雑で一回では理解できないような内容については、「書類を読み込む」とともに、「声に出して内容を自分に説明してみる」こと

で、自分の理解度を測ることができます。頭の中で理解したつもりでも、実際に説明できないということは理解が不十分な証拠です。声を出して説明する方法は、内容を正確に理解するうえで効果的なものといえましょう。

第二の要素は、委細漏らさず、説明すべきことを網羅することです。この要素を習得するためには、**"絶対に漏らしてはいけない説明事項"を、紙に箇条書きに書き出すこと**です。金融機関所定の説明ペーパーであれば、赤字で必要箇所にチェックを入れる方法もあります。重要事項の説明漏れは致命的ですので、予め"絶対漏らしてはいけない説明事項"を、しっかりとチェックすることをお勧めします。

最後の要素は「誤解を与えず正確に話す」です。一番難易度が高いものです。人間の耳は、自分の経験や思考回路に左右されます。極端なことを言うと**「聞きたいことだけ聞く」習性**があります。読者の皆さんも経験があると思いますが、簡単な言葉のリレーゲームでも、最初と最後の人で一言一句違わずにリレーできることは稀有だと思います。ましてビジネスの複雑な内容を、正確かつ誤解なく伝えることが如何に難しいかは想像に難くありません。

正確に誤解なく伝えるためには、**「相手をよく観察し、相手の知識や経験に適合した説明をする」**ことが必要です。預かり資産業務において"高齢者に対する説明"は、保有資産や投資経験等の状況を見て適切に行うルールになっていますが、高齢者に限らず、**相手の知識・経験、思考回路などを頭に入れて、相手が最も理解しやすい手段・表現方法で説明**をすることがポイントです。この点を甘く見ると、思わぬ誤解を生じます。軍隊の作戦司令における「命令文書」は「その一文をもって他の解釈が生じえないように表現する」と聞いたことがあります。生死に関わる命令である以上、読む人によって解釈が変わるような表現では困るからです。

冒頭で「従来以上の情報開示」をお客様にお願いする話をしましたが、"従来以上"についての解釈は、聞く人によって変わる可能性があります。"売上に関する情報開示"について、従来は「月別の売上高」の開示を受けている場合に、「従来以上の開示」では抽象的過ぎて何を開示すれば良いかわかりません。「販売先別」「製品別」といった具体的な表現で行うことが必要ですし、内容について書かれたペーパーを交付すれば、誤解を防ぐことができます。

3. 説明を助ける道具

　説得とは「自分の意図を相手に正しく理解させて、意図する方向に相手を導く（行動してもらう）」ことであり、**相手を動機付ける必要がある**ことを説明しました。通常は、対話を中心に説得を行いますが、説得を助ける道具があるとさらに効果的です。

　具体的には、図やグラフ、パワーポイントなどのプレゼンツールが考えられます。最近は、金融機関の多くが、パワーポイントを活用したプレゼンテーションを行っているので、営業担当者にとって、物珍しいものではなくなりました。

　問題は、こういった道具を使う技術を高めることです。パワーポイントでは、テンプレートも数多く、イラストなどの素材も豊富なので、慣れた人であれば短時間で一定の資料を作成できます。金融機関の場合は、テンプレート等含めて様式が設定されている場合が多いので、必要な部分を埋めれば、体裁は立派な資料になります。

　しかし、お客様から聞こえてくる声は「体裁は良いが内容は今一歩」といったもので、道具作りが目的化してしまって、お客様が置いてきぼりになっている印象があります。あくまで主役はお客様であり、お客様が内容をスムーズに理解し、実行しようと動機付けられることが目的です。

　そういった意味で、**何度も説明を試行してお客様の理解が得にくいような部分、仕組みが複雑な部分を確認して、そういった部分に図やグラフを効果的に配置するように心掛ける**ことです。パワーポイントについても、スライドの切り替えや効果など「テクニック」に力を入れて、全体のストーリー展開は今一歩という場合があるので、小技だけでなく、常に「お客様の理解」を前提に作成することが重要です。

　今後、事業性評価の共有、課題解決型営業における解決策の提案といった場面で、多くのプレゼンテーションが行われると思います。限られた時間内に、より効果的に問題の共有化や課題に対する解決の方向性を理解してもらうために、説明を助ける道具（プレゼンツール）の重要性は高まるはずです。営業担当者がこうした道具の使い方を学習し、効果的なプレゼンテーションができるようにスキルアップに努めることが大事です。近時は、こうしたプレゼンツールの使い方に関する図書も発行されているので、スキル習得のため一読することを勧めます。

そして何より大事なことは、プレゼンテーションの「**体裁**」ではなく、**常にお客様を念頭において、その円滑な理解をどう導くか**を中心に、ストーリー立てや図・グラフの配置を考えることです。

　説得は「理」が重要であり、尖った「理」をわかりやすく伝えるためには、お客様を想う「情」を根底におかなければなりません。結局は、道具使いの秘訣は技術だけでなく、ハートが必要だということです。こういう想いで作った「説明を助ける道具」を活用しながら、あなたの説得力を高めてほしいと思います。

4. 動機を高める技

　正しく理解した後は、相手に"OK"をいただくための「動機付け」が必要です。それでは、動機付けを行うためには何がポイントになるでしょうか。

　ひとつは「**当方の希望する内容に向かって、お客様が行動すること**のメリット・合理性」です。説明された通り行動することが、自社のメリットになると信じることができれば、大きな動機になります。したがって、**説得において「相手のメリット」「行動の合理性」を受け入れてもらえるか否かが成否のカギであり、説得のメインファクター**となります。

　「情報開示」を例に考えてみましょう。現状の開示水準であっても通常の取引は問題なく行われているとすれば、顧客企業は作業負担を要する情報開示には消極的なはずです。企業によっては、オーナーから「必要最小限の開示で対応する」ように指示を受けており、最初から開示に消極的な場合もあると思います。こうした企業に「情報開示の範囲を拡大する」行動に持っていくためには、"納得性の高い理由"を用意しなければなりません。このような交渉の場面を考えてみましょう。

あなた　　「貴社のことを深く知りたいので、ぜひ販売先別売上高の資料を開示してください」

経理部長「そんな要請を他行から受けたことがない。現在の資料で十分理解できるだろう」

　あっけなく撃沈です。先方は「深く知りたい」という理由では心が動きませんでした。しかも悪いことに競合する他行は開示を求めていないようで

す。分が悪い状況です。

あなた　「当行では業界に先駆けて『事業性評価』の導入を進めています。事業性評価は、企業を様々な角度から深く知ることで、成長ポイントや課題を把握し、それらの支援や解決策を提供するための基礎となるもので、金融庁なども積極的な活用を指導しているところです。事業性評価の結果は貴社と共有し、貴社の付加価値向上に役立てることとしています。その一環として、企業にとって重要な営業基盤、すなわち、販売先や販売高を把握することで基盤のリスクや販路開拓支援などにつなげていきたいと考えております。こうした背景・理由から、販売先別売上高に関する資料を開示していただきたいのです。他行さんから依頼を受けていないのは、まだ事業性評価を実施されていないからだと思います」

いかがでしょうか。

この話には、開示要請の背景や理由に係るキーワードが満載です。まず、背景の説明から入っています。「業界に先駆け」ですから、他行が要請していない現状は当然のことだとわかります。そして開示要請の目的は「事業性評価の作成」にあると明確に説明しています。さらに「事業性評価の内容とメリット」を説明したうえで、「結果の共有」について述べています。共有する以上は、銀行が自行のためだけに活用するのではなく、当社にも「成長ポイントや課題」をお知らせしますということですから、経理部長さんの心も軽くなるはずです。「そうか、成長するためのヒントや課題を教えてくれて、ビジネスマッチング等の支援もしてくれる話か、悪い話ではない」という理解に変わるはずです。つまり、経理部長が「NO」という理由をひとつひとつ消して、「YES」と言いたくなるメリットを強調しているのです。

動機付けのポイントは「相手の立場に立つ」ことです。金融機関の悪い癖に「自分目線になる」「融資先ならば多少の無理なら聞いてもらえるという甘えがある」ように思います。そのような姿勢では相手を説得できません。第2章「関係構築力」で説明した通り、**組織力学やカウンターパートの立場や考え方などを理解し、相手の立場にたった説明を心がけることが、「NOをYESに変える」**カギなのです。

難易度の高い説得であればあるほど、事前準備や理論武装が不可欠です。**どういうメリットがあるか、説得の合理性は何かを、できるだけ多くを箇条**

書きにして、そのうえで全体の構成や流れを組み立てる方法が良いと思います。

　老婆心ながら上記の説得を行っても、経理部長が"NO"という場合があります。それは、上記の説明が悪いのではなく、こうした**合理性を超えた何かが相手にある**ということです。その「超えた部分」を解明しなければ次には進めません。1回の説明で諦めることなく、「理屈が悪かった（メリットや合理性を感じなかった）」のか、「理屈はわかったが、それでもYESと言えない何かがある」のかを、経理部長から聞き出すことが大事です。**理由が判れば、説得の方法はみつかる**からです。

5.　粘る、観察する、顔を替える

　ここまで「正確に伝えるスキル」「説明を助ける道具」「相手の動機を高めるスキル」について説明しました。しかし、説得は難しいものです。正確に伝わり、メリットや合理性が理解されても"YES"になるとは限りません。

　そこで必要になる要素が、「粘り」「観察」「総力」の3つです。

　「粘り」というと、スマートではないとか、コンプライアンスの関係で苦情になると心配だ、という声があるかもしれません。「粘り」という言葉が不適切であれば、「**熱意**」と置き換えても良いでしょう。「断られてからがスタート」という営業の格言があるように、簡単に諦めているようでは成果をあげることはできません。**お客様も「どのくらい本気で言っているか」を推し量っている場合もあります。粘りは「実現したいという熱意」そのものであり、説得には欠かせない**ものです。

　次に「観察」です。**相手の理解度・関心度・心情を的確に掴む**ことで、ここをもっと強調しよう、ここは詳しく説明した方がいいな、といった具合に「**臨機応変な対応**」をすることができます。場合によっては、経理部長の"虫の居所"が悪そうだから、今日の説得はやめようといった判断をすることもあります。これは、現場にいってお客様を「観察」するからできることです。上記で「粘り」過ぎた場合に苦情になると困るという話がありましたが、その頃合いを判断するためにも観察は必要です。

　そして「顔を替える」は、**組織の総力をあげる**ということです。担当者が説得できなければ、課長が出る。課長がだめなら次長が出る。どうしても説得したいことは、担当者任せにするのではなく、組織の総力をあげて行うべ

きであり、相手も「それほどして欲しいことなのか」と理解するでしょう。事業性評価や課題解決型営業においては、企業の核心に触れる場合もあり、従来の営業の考え方だけでは通用しないと思います。組織の総力をあげて、ライン全員で説得する気概も必要です。

6. 人は普段が肝心

　説得には様々な要素があり、様々なスキルが必要であることを理解できたと思います。

　しかし、**説得は「相手からの信頼」がベースになる**ことを忘れてはなりません。どんな巧みな技術を使っても、信頼のない人の話は受け入れられないものです。

　加えて厄介なことは、中小企業は余程の不満がない限りは、金融機関に対してネガティブなことを口に出さない場合が多いのです。不誠実な担当者だと思っていても、取引全体に影響しないよう我慢していることもあります。

　説得という「重要な局面」で、普段の行いの悪さで足を引っ張られることがないように、普段からお客様との信頼関係を構築することが大事です。大きなメリットがある提案だから"OK"して当然だといった「上から目線」の姿勢で説得が成功するとは思えません。担当期間中に1回あるかないかの重要な説得の場面を成功させるためには、普段の取り組み姿勢が肝心なのです。

第6章

構想力

　　構想力とは「全体を組み立てる力」「大きな視点からまとめ上げていく力」
です。このスキルは、「事業性評価を起点とする課題解決型営業」を行ううう
えで、中核をなすスキルのひとつと言えましょう。事業性評価では、外部環
境、事業者特性について様々な角度から調査を行い、情報を分析します。そ
して、最終的には膨大な情報を、大きな視点からまとめあげる必要がありま
す。課題解決も同様です。本質的な課題に切り込み、それを解決するために
は総合的な解決策へのアプローチが必要です。これもまた構想力の世界なの
です。

　　少し話が難しくなりましたが、構想力を別の言葉で言い換えるとすれば
「ドラえもんのポケット的思考」と呼べるかもしれません。ドラえもんのポ
ケットからは、夢と日常がハイブリッドされた様々な道具が出てきます。"ど
こでもドア"は、日常どこにでもあるドアですが、ドアを開けると"別空間
が現れる"という夢がかないます。"翻訳こんにゃく"という話もありまし
た。その蒟蒻を食べると、日本語でしゃべっているつもりでも相手には外国
語で聞こえるという話です。夢を日常のものに置き換えて、それが実現する
という創造性・デザイン性は、素晴らしい構想力のひとつです。

　　**金融機関が目指す方向は「お客様の経営課題を解決し、企業価値を高める」
という、付加価値の高いサービスの創造です。**それは「傷に薬を塗る」といっ
た直線的な処方ではなく、「体全体を健康にして成長させる」という根本的
治療です。

　　課題解決型営業の初期においては、お客様・金融機関とも「販路を紹介す
る」といった対処療法で満足すると思います。しかし、成熟期には「全体設
計図」をもとに総合的なサービス提供を行うことがカギになるはずです。**そ
の全体設計図を描くためには「構想力」が不可欠なのです。**症状はいろいろ
発症しているが、その根源となる病を見極めて治す"総合医"のような役割
です。

いずれにしても、創造性、全体感、洞察力を必要とするスキルですので、容易に習得できるものではありません。しかし、新時代の金融機関のトップランナーを目指す人であれば、どうしても身に着けたいスキルです。

1. 構想力を構成する要素

構想力を構成する要素は、以下の9つです。以下説明します。

＊＊＊構想力を構成する要素＊＊＊

① 観察・気づき・着眼
② 直感
③ 感性
④ アイディアの多産
⑤ 多様性
⑥ 洞察
⑦ データの統合
⑧ 収斂・圧縮
⑨ 設計

① **観察・気づき・着眼**
 ・目の前にある事実・実態をしっかりと見る。
 ・細かな変化・類似性に気づく。
 ・見る角度を変える。様々な角度で見る。

② **直感**
 ・自分の経験や知識を活用しながら、瞬間的に問題や解決策が見える。経験や知識のフィルターに事象をあてはめる。

③ **感性**
 ・事象を感じる力。事象のもつ意味や展開性を感じとる。
 ・一見関係性のないような "赤い糸" のような関係性に気づく。

④ アイディアの多産

・次から次へとアイディアを生み出す。

・一種の"一人ブレインストーミング"。

⑤ 多様性

・同質性からの脱却。着眼点の豊富さ。違和感を受け入れる。領域外で発想する。いろいろな人の立場や気持ちで考える。

⑥ 洞察

・高く、広く、深く、長い時間のスパンで物事を見て、考える。

・本質を見抜く。何が真実か、真理を見極めようとする。

⑦ データの統合

・散らばっているデータの関係性や重要性を勘案し、より大きな意味付けを行う。

⑧ 収斂・圧縮

・エキスを絞り出す。根本原因にたどりつく。

・様々な事象やデータを押し潰していく感覚で、本質を言葉にする。

⑨ 設計

・全体図を描く。全体構造をよりわかりやすい形で示す。

・部品を最適に組み合わせる。

・解決案全体を体系的に示す。

　上記は、筆者の経験や感性を通して「構想力を構成する要素」をあげたものです。筆者は思考の専門家ではありませんので、用語の使い方が不完全かもしれませんが、まずは９つの要素をじっくりと見て、構想力のイメージをもっていただきたいのです。

　先程の「ドラえもんのポケット的思考」を借りて考えてみましょう。"翻訳こんにゃく"は、食べる翻訳機です。食べれば、話せる、聞き取れる。本来だったら、何年もかけて習得する外国語ですが、「どんな外国語も自国語

のように使えたらいいな」という願望は誰でも持っているものです。外国語が使いこなせれば、何の心配もせずに海外旅行に行ける、こんな楽しいことはありません。万民の願いを、作者は"翻訳こんにゃく"というモノへ昇華させたのです。

この"翻訳こんにゃく"の話で、「感性」「直感」「アイディア多産」「多様性」「統合」「設計」といった要素を感じるキーワードは、"食べる"と"こんにゃく"です。

「翻訳機能」を一瞬にして人間自身に持せる方法を作者は考えたはずです。そして「食べる」という行為を通じて、翻訳機能を人間にビルトインさせる構想を描きました。様々な選択肢があったはずです。ブレスレットのように「はめる」、ドリンクのように「飲む」、メガネのように「かける」など多数の選択肢の中から「食べる」を、作者は選択しました。「食べる」「こんにゃく」のどちらが先に決まったかはわかりませんが、「食べる」を選択したのは、噛むという行為もあり、ひと手間多い習得感が感じられるからではないでしょうか。むしゃむしゃ食べる姿から子供らしい感じも受けます。

そして「食べる」対象を、"こんにゃく"としました。食べ物の種類は数えきれないほどあります。その中で、こんにゃくを「正解」として選んだ理由はわかりませんが、納得感のある答えだと思います。子供にとって、こんにゃくは不思議な食感があります。弾力性やじゃりじゃり感、プルプル感。外国語を自由に使える効果があるのだから、あまり美味しくてもダメなような気がします。そうかといって、薬では当たり前過ぎて夢がない、面白みがない気がします。

以上を通して感じることは、"翻訳こんにゃく"が直感だけで生まれたのではない、ということです。翻訳機能を実現するための様々な選択肢から、とらわれない発想と組み立て、できあがりの全体感をみながら「こんにゃくを食べる」という設計にしたと想像します。

構想力の一端を示す話です。

2. 前例踏襲、無難に、では育たない

「構想力」は金融機関の職員が一番苦手とするスキルです。金融機関は決め事が多く、リスクを特に嫌い、かつ、専門性といいつつもマニュアル化された仕事が多く、定型類型的な発想が支配しています。職員が悪いというよ

りも、仕事の環境が創造性の発揮を難くさせているのです。

高い付加価値をもった"設計図"を描くためには、創造性が不可欠です。創造性は、ひとつの領域に留まることを嫌い、自由を好みます。そして豊富なアイディアを試すことが好きで、失敗はつきものの世界です。そういった世界から、多面性や多様性、創造性が生まれるのです。会議を行うたびに「角が取れて、平凡な結論に落ち着く」体質からは生まれ難いスキルです。護送船団方式、横並び意識で、「どこかが始めたら、教えてもらってついて行こう」では、高い付加価値など生まれようがありません。

構想力を学ぼうとする営業担当者は**「前例踏襲」「無難に」といった考え方から離れ、ゼロベースで物事を考える訓練**を積んでほしいと思います。「答えを探すのではなく、答えを作る姿勢」が創造性の出発点です。もちろんルールや基本を破ることは論外です。思考の世界において、**付加価値を生む最大のポイントは「着眼点」**です。多様性、多面性、新規性は、従来の考え方から一歩距離を置くことで生まれる場合が多いのです。異質な世界に触れることで生まれる発想もあります。

営業担当者ひとりひとりの構想力を高めるためには、職員個人の努力だけではなく、銀行全体が融資一辺倒のビジネスから発想を転換する必要があります。土壌がないところに、新しい芽は出てきませんし、出ても枯れてしまうからです。自由な発想から全体を描く、より大きく描く力を、組織全体で志向してほしいと思います。

3. 何から始めたら良いか

構想力の「9つの要素」を全部使いこなせれば、相当なハイパフォーマーになれること請け合いです。それでは、習得するために、何から始めればよいのでしょうか。

まずは**「アイディア多産」から挑戦**することをお奨めします。なぜならば、アイディアを数多く考える作業は、「答えを探す」習性を脱する早道だからです。乾いたタオルを絞るかのように、もっとないか、もっとないかと**アイディアを巡らす過程で「見方を変える」ことを覚える**と思います。構想では、着眼点が重要です。たくさんのアイディアが出せる人は、多くの着眼点を持った人なのです。

アイディア多産に取り組む場合には、以下のルールを意識して行ってくだ

さい。

① できるだけ多く出すことを心掛ける。「もう出ない」を起点に「もう1つ」を繰り返す。
② 既存のルールや枠組み、前提条件に囚われない
③ 幅広い視点、高い視点、深い視点、そして長い時間（未来）での対応を意識する
④ ドラえもんのポケットなら何が出る、をイメージする

ブレインストーミングを経験したことがあるでしょう。できるだけ多くのアイディアを出すために、チームの全員が何かに囚われることなく、相手を批判することなく意見を出し合う方法です。ある意味で、アイディアを創出するというのは「発散的な思考」だと思います。360度、四方八方に、アイディアが飛び出るイメージです。

ルール①は、**アイディアを絞り出すためのルール**です。2～3個出してもう終わりでは、アイディア創造力が伸びないので、苦しい中で捻り出す努力が要るのです。ルール②は、ルール遵守・失敗回避に囚われた金融機関の職員の発想を壊し、**狭い枠組みや「できない」からの発想を脱却する**ためです。ルール③は、**発想に「拡張感」を持たせる**ためです。なかなかアイディアが生まれないときに、幅広くとか、上からとか、遠く未来を見てとか、着眼点を拡げることで気づきがおこります。ルール④は、**遊び心**です。真面目一辺倒ではなく、遊び心を持つことが楽しさにもつながるのです。そして、豊かな創造には「遊び心」が必要なのです。

構想力を習得するにあたって、「アイディア多産」をスタートに選んだ理由は、本章の冒頭で、いろいろな症状を発症している患者に対して、想定される病気を数多く候補にあげて、症状をひとつひとつ検証することで根源となる病を見極めて、適切な治療方法を選択する"総合医"の話と関連があります。

課題解決型営業で大事なことは、本質に迫って大きく解決策を描くことです。総合的処方箋を描くためには、多くの選択肢が必要なのです。かつて放映されていたNHKの総合診療医の番組でも、可能性をできるだけたくさん研修医に提示させています。患者をとにかく観察・問診して情報を取る。そ

こから多くの可能性を引き出す。多くを引き出すことで「決めつけを防ぎ、真実に迫る幅広い選択肢を集めている」のです。定型類型的発想は、ある意味で決めつけであり、道を狭くします。これでは「大きな設計図」を構想することはできません。

アイディアをたくさん産み出す訓練は、着眼点を拡げ、既定路線にはない可能性を探るスキルを習得するために格好の方法です。忙しい日常業務の中でも、こうした視点を忘れずに取り組んでいけば、構想力の基礎が作られるはずです。

---

4. お客様起点の設計図、より大きな設計図

次のトレーニングは、「設計」に関するものです。

設計は「全体図を描く。全体構造をよりわかりやすい形で示す。部品を最適に組み合わせる」と説明しました。事業性評価において、収集した多くの情報を分析し、その分析を活かしながら企業の全体像を描き出すことが必要になりますが、ここで「設計」のスキルが必要となるのです。事業性評価の様式では、「外部環境分析」「事業者特性分析」を幾つかの領域に分けて、そこに分析結果を書きます。しかし、肝心の「まとめ」において個々の分析結果を上手に集約できていない場合が多いように見受けます。

この原因は、「設計のスキルが不十分で個々の分析を活かし切れない」場合と、「企業の本質的な問題点（＝全体像）が描き切れない。個々の分析を統合できない」場合があるように思います。したがって、構想力における「**設計**」のスキルを高めるためには、「**より大きな問題は何か、本質的な問題は何か**」を常に考える訓練をする必要があります。**分析力を磨き上げるとともに、視野を広く持つ、という2つの要素が求められます。**

本質的な問題が見えれば、横たわる幾つもの問題点が、本質とどう繋がっているかも見えるようになるはずです。それらの関係性を全体を意識して描き出すことが「設計」なのです。したがって、常に本質的な問題は何か、といった意識を持ちながら思考する訓練を行う以外に、設計力を高める方法はないのです。この訓練は、日常の業務のなかで、仕事の一環として行うことができるので、あとは本人の心がけ次第ということになります。

加えて、「**常にお客様起点**」「**お客様が真ん中にいる**」設計図をイメージすることを心掛けてください。銀行目線の設計図か、お客様目線の設計図か、

ということです。これは、設計図を描くうえでの心構えです。

　新しい課題解決型営業のビジネスモデルにおいて、金融機関は何を目的に設計図を描くのでしょうか。"商売のネタ"探しのためでしょうか。筆者は「お客様の未来をより良いものに変える」ことを目的として、そういう心構えで設計図を書くべきだと考えています。「設計」自体はスキルかもしれませんが、スキルを活かすためにはハートが必要です。ハート次第で、設計図が歪んだものになる可能性があるのです。例えば、「お客様の未来をより良いものに変える」ために純粋に設計した結果、自行のメリットがほとんどない、というケースさえ念頭におくことです。

　何のためにビジネスをしているのか、ボランティアではない、という声が聞こえてきます。しかし、新しいビジネスモデルでは、刹那の利益を求めるのではありません。お客様と"四つ"に組んで正面から向き合い、お客様の成長や企業価値向上のための設計図を描くことが「ビジネスの中核」になるのです。そして、お客様のより良い未来が実現できるのであれば、必ず「適切なリターン」があるはずです。なぜならば、そんな優秀な金融機関をお客様が手放せるはずがないからです。中長期的な視点でビジネスを考えることが必要です。

　繰り返しになりますが、設計図を描く場合に「全てお客様の企業価値向上のため」「付加価値がより大きくなるため」「効果がより長く続くため」という発想をもつことです。**数多くのアイディアを創出し、アイディア同士を組み合わせ、問題の本質を描き出し、その問題を根本から解決する設計図を考えればよいのです**。ひとつの症例だけに拘ることなく、その問題の根本原因に迫り、その根本原因を解決することで最大のレバレッジ効果が得られる、そんな意識をもって設計図を描いてください。"大きく考える"際に邪魔をするのが、"自行の利益"です。より長い時間軸のなかで、お客様との"Win-Winの関係"を考えたいものです。

第7章

段取り力

　ビジネスの世界で、「段取り」という言葉を聞かない人はいないでしょう。語源をたどると、歌舞伎の楽屋言葉で「一幕」を「段」と呼び、その「段」の演技構成などを考えることを「段取り」と呼んだようです。一説には、石段を設計する際、この坂だったら何段で作るという見積もりを「段を取る」といったそうです。うまい具合に設計できれば、当初の見積もり通りということで「段取りが良い」という話になったようです。

　「段取り八分」は、「仕事に取り掛かる前に、最後まで見通して事前準備をしっかりやれば、8割方仕事は終わったようなもの」という話で、経験的にもその正しさを理解できます。一方、1つの仕事に長い時間を要する人の特徴は、「隘路が多い」「材料が揃っていない」「行ったり来たり、無駄が多い」ことです。始点から終点まで一気通貫に進めることができずに、止まったり、逆戻りしたり、いたずらに時間ばかりが流れていくのです。

　事業性評価は、より深くお客様の実態や実力を把握する仕事ですから、調査すべき点も数多く、分析にも時間を要すると思います。元来時間が必要な仕事なのに、段取りが悪ければ、ますます時間を浪費し、対応できる量が限られます。事業性評価を金融機関の日常のものとするためには、段取り力の向上が不可欠といえましょう。本章では、段取り力を向上させるヒントを説明します。

1. 3割増しの仕事をするには？

　まずは問題です。

　「あなたが、現在担当している仕事の量を"3割増し"にするためには、何を変えればよいでしょうか。制限を設けることなく、たくさんアイディアを出してください」

これを現場で展開すると、いろいろな答えが出てきます。

「"実務能力" を３割増しにする」

「整理整頓を徹底し、ToDo リストを作る」

「定型的な仕事は、他の人に対応してもらう」

「上司がいちいちテニオハに文句をつけない」

「無駄な仕事を会社になくしてもらう」

‥‥みなさんの悪戦苦闘ぶりが窺えます。

この問題を出した意図は、**自分の仕事の内容や、進め方を振り返ってもら**うことにあります。

時間が有限であるにも関わらず、３割増しの仕事をするためには「今のやり方」を変える必要があります。労働時間を３割増しできる時代ではありません。あくまでも、現状と同じ時間内で３割増しの仕事をするために、何かを変えるのです。「**何を変えるか**」を考えるためには、「**現在の仕事の内容を振り返る**」必要があります。

「**仕事が遅い**」という自覚のある人であれば、「現状でさえ精一杯なのに、３割増しなんて絶対に無理だ」と思うはずです。しかし、そう考える人こそ、「**時間の使い方**」「**進みの悪い原因**」「**仕事の早い担当者との相違点**」をしっかり分析することです。最終的に「石段を組む」のは自分です。「登りやすい階段を、早く組むために必要な方法」を知ることは、自分のためになるのです。そのためにも「自分が早く組めない理由」を見つけるべきです。段取りが悪いことを、上司に指摘されている人も多いと思いますが、こうした指摘にも関わらず改善されていないのが実情ではないでしょうか。

それでは「**現状の問題点**」を洗い出すための留意点を示すので、早速自分の仕事のやり方を調べてみましょう。

＊＊＊洗い出すための視点＊＊＊

① タスク（１仕事）毎に「投下している時間」はどのくらいか

② 投下時間が長くなっているタスクは何か

③ 投下時間が長くなっているタスクの「長くなっている要因」は何か

④ タスクに対して「事前準備」をどのように行っているか

⑤ 自分の仕事の見積もりの方法はどんなものか

① **タスク毎の投下時間**

・自分の仕事を「交渉」「調査」「稟議」「会議・打合せ」「報告作成」といった分類分けをして、1日、1週間、1ヶ月の単位でどのくらいの時間をかけているか調べます。

② **投下時間の長いタスク**

・①のタスクのなかで長時間化している仕事を特定します。

③ **長時間化している要因**

・投下時間の長いタスクについて、その原因を調べます。この場合、できるだけ詳しく要因分析することが、対策の立案を容易にします。
　例）稟議作業：「調査不足」「知識不足」「資料が揃わない」「書き方がわからない」等々

④ **事前準備の内容**

・特に、長時間化しているタスクについて、どんな事前準備をしているか振り返ります。事前準備をしていない場合、その理由も考えてみます。
　例）「資料を手に入れる」「店内決裁か本部決裁か調べる」「取引先の問題点を調べる」等々

⑤ **見積もりの方法**

・あるタスクに取り掛かる際に、見積もりをしているか（YES、NO）
　YESの場合：どんなことを見積もっているか（難易度・手続き・必要資料・時間等）
　NOの場合　：なぜ見積もらないのか

---

2. 段取りの構造

　さて、前項で自己の仕事を振り返ることで、「長時間化しているタスク」「長時間化する原因」が明らかになったと思います。その反省を頭に入れて、本項を読んでください。

　段取りとは「ある仕事について、**期限内に、最大の効果と効率性をあげるため、必要時間・必要資料・手続き・進め方・難易度・問題点等を事前に見**

積もり、その準備や対策を行うこと」です。

　冒頭の“石段作り”の例に考えてみましょう。

　お客様から「期間1ヶ月で、高さ30メートルの坂道を石段作りにしてほしい」という仕事を受けたとします。あなたならば、どんな段取りを考えますか。

　段取りの第一は、「現場実査をして、仕事の全体像を把握する」ことです。斜面の角度をみて、子供から高齢者まで登りやすい、1段の高さを決めます。次に、横幅を測定して、石1個の「縦・横・高さ」を決め、階段全体の設計図を書きます。その次は“1ヶ月”で終了するため「作業工程」と「必要日数」の計算です。整地に何日、石の設置と貼り合わせに何日、手摺りの設置に何日、調整や最終検査に何日、といった具合でしょうか。さらに、作業に必要な石材、作業機械、職人の数を計算します。そして、役所への工事許可申請の要否、遺構埋蔵地域か否か、災害危険はないか等々、工事をするうえでの問題点を確認します。

　こうした「**事前の見積もり**」をもとに、資材や人の調達、現場責任者の選定といった事前準備を進め、いよいよ作業開始となります。仮に、何の事前準備を行うことなく作業を始めたとすれば、途中であれが必要だったとか、これがないと工事できない、といった具合に、円滑な作業を行うことはできないはずです。

　読者のみなさんはいかがでしょう。十分な見積もりをすることなく、作業を始めることが多いのではないでしょうか。数多くの仕事を抱えている営業担当者の中には、十分な段取りをしないまま仕事に取り掛かり、「資料の不足」「難易度の読み間違い」「事務フローの理解不足」によって、この作業がストップした、この作業は逆戻りだ、期限内に終わらない、と悲鳴をあげる人が多いと推察します。こうした過ちをしないためにも、段取りについてしっかり理解することが大切です。

＊＊＊段取りの要素＊＊＊

① 見積もり
② 準備・対策

　段取りの要素は2つです。「ある仕事において、期限内に、最大の効果と効率性をあげるため、必要時間・必要資料・手続き・進め方・難易度・問題

点等を事前に見積もり、その準備・対策を行う」ことが段取りです。

　段取りを考えるうえで大事なことは、ただ仕事を終わらせれば良いのではなく、**①期限を守る、②最大の効果をあげる、③最大の効率性をあげる**、ことです。期限を守れない仕事は0点です。「最高の品質で仕上げるために頑張っていたら間に合いませんでした」という理由も、オーダーした人からすれば意味のないことです。また、期限を守ったとしても、粗雑な内容で非効率で他の仕事に大きな影響を与えたというのでは、プロ失格です。

　それでは、「見積もり」について考えてみましょう。

＊＊＊見積もりの対象＊＊＊

> ① 仕事の質・量（全体に必要とする時間・仕事の難易度）
> ② 仕事に必要な材料・資料
> ③ 仕事に関わるステークホルダー
> ④ 問題となりそうな点（リスク・落とし穴）

① 仕事の質・量

- 仕事を受けた時に、難しい仕事なのか、容易にできるのかを見極めることが必要です。難易度については、「多くの人手や手間を要する難易度の高い仕事」から、「短時間に手間なく1人でできる仕事」と幅があります。
- 量の判定は、「自分の作業量」「交渉に要する時間」「稟議決裁を得るまでの関係者数」といったことを念頭に、作業量や時間を見積もることになります。
- この質と量の見積もり次第で、「事前準備をどれだけしたらよいか」が決まります。

② 仕事に必要な材料・資料

- 稟議書などの書類作成に**必要な資料**を「**リスト化**」します。
- リストを精査し、いますぐ使える手持ちがある、新たに作成する必要がある、お客様から入手する必要がある、といった仕分けを行います。入手までの必要時間を加味して「**用意する順番**」を決めます。

③ **仕事に関わるステークホルダー**
　・**案件の決裁区分を調べます**。本部に申請するか、店内決裁かでは「関所」
　　の数が異なります。本部申請でも、案件によって関所の数は変わるで
　　しょう。
　・次は、**案件に誰が関わるかを調べます**。例えば、契約をするうえで、司
　　法書士さんが絡む場合、弁護士が関わる場合もあるかもしれません。自
　　行内でも、事前に相談しておくことで、円滑な進行につながる関係者が
　　いるはずです。

④ **問題となりそうな点（リスク）**
　・お客様に提出していただく資料があれば、「提出してもらえるか」「作成
　　に必要な時間」等
　・お客様の最終決定者の意思。部長は OK でも、最終決定は役員会なので
　　わからない等
　・法規制や業界特性など「チェックすべき点」
　・担保評価が遠隔地だとか、複雑な物件で評価の難易度が高い等
　・決裁者のスケジュール（出張が入っていて決裁に時間がかかる）等

＊＊＊準備・対策＊＊＊

---

① 概略図の策定（大きな案件、複雑な案件の場合は面倒でも作ることが
　　望ましい）
② 関係者との事前打ち合わせ
③ 資料の発注
④ 隘路になりそうな箇所のチェック
⑤ 不明な点の事前調査・事前勉強

---

① **概略図の策定**
　・アウトライン（概略図）を、流れに沿って作ると全体像が明らかになり
　　ます。
　・**この工程に「納期」を加味すれば、各作業の「配分時間」も見えてきま
　　す**。特に複雑なタスクや、長い時間を必要とするタスクであれば「一里
　　塚」を設定することで、進行状況をチェックすることができます。

【資料 1-3】 概略図

社長決裁の「工場取得に係る設備資金融資 10 億円」····最高難易度（決裁区分・関係者多数・担保取得）

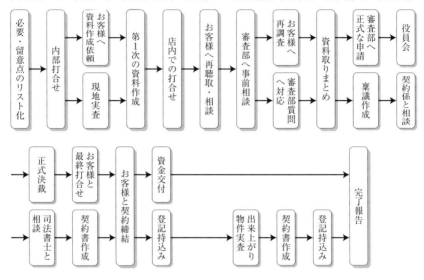

② 関係者との事前打ち合わせ

・まずは「内部」です。特に、**重いタスク、見積もりに自信がないタスクについては、直属の上司と「事前相談」する**ことが効率的です。経験が浅いと適切な見積もりができない場合があるので、案件のポイントを含めて、流れや必要書類について相談しておくと大きな効果が得られるでしょう。

・内部だけでなく、重さ加減によっては「お客様」「関係者（司法書士等）」にも流れや事前準備について相談することで、問題点が共有化され、円滑な作業進行に役立ちます。

③ 資料の発注

・手元にない資料で、それがないと基本的な検討ができない場合、まずは資料を発注する必要があります。若手の担当者で、作業の途中で必要な資料があることに気づいて、作業が止まってしまう場合があるので、必要な資料は最初にチェックすべきです。

・お客様に資料作成をお願いする場合、どうしても時間がかかる場合があ

ります。資料を依頼する場合には、スケジュール感を示しながら、提出
期限を設定することが必要です。

④ 隘路の確認

・上司との相談の中で、**案件を進めるうえでの「隘路」を確認し、どのよ
うな対策を打つべきかを確認**するようにします。
・大量の資料や、自分では作成不可能な資料については、作業補助者や本
部に依頼することもありますので、**仕事の分担などを明確**にしておくと
迷いがなくなります。

⑤ 不明点の事前調査・勉強

・自分自身の「調査不足」「勉強不足」で、作業が止まってしまうことの
ないように、工程や作業の中で「わからないこと」をはっきりさせたう
えで、事前に調査や勉強をすることを心掛けましょう。
・特に、経験したことのない案件に対応する場合には、不明な点そのもの
がわからない場合があります。先輩や上司に、案件の流れや調査・勉強
しておくべき点について、事前に教えを乞うようにしましょう。

3. 段取り力を高めるために

　段取りは、見積もりを行い、その見積もりに応じた準備・対策を行うだけ
なので、誰にでも簡単にできそうな印象を持ちます。しかし、実際には巧拙
があり、なかなか習得できないものです。
　段取りが習得できない背景には、①見積もりを正確に行えるだけの業務知
識が不足している、②幾つも仕事を抱えている中で、整理がつかないまま仕
事をしている、③周囲とコミュニケーションが不十分で、仕事を1人で抱え
てしまう、④複数の仕事に取り掛かるものの、中途半端な状態になっている、
といった要因が考えられます。段取り力を高めるためには、それらの問題を
解決する必要があります。

① 業務知識の取得

・見積もりをするためには「仕事の全体像」を理解する必要があります。
全体像を理解しているからこそ、ボリューム感を測ることもできます

し、難易度の判定もできるのです。そういった意味で、全体像を理解できるだけの業務知識を習得する必要があります。

・業務知識については、勉強や経験を積み重ねていく必要があり、相応の時間を要しますが、焦ることなく、1回1回の仕事や自己啓発のなかで覚えていくことが大事です。

② 仕事の整理整頓

・忙しいからと言って、仕事に飲まれてしまっては効率的な仕事はできません。毎朝「いま抱えている仕事」をリスト化して、**納期順・ボリューム順など基準を決めて、作業の優先順序を明確にすることを習慣化しましょう。毎日リスト化することで「期日管理」「仕事の漏れ防止」にも効果があります。**また、「**ため込んだ仕事」が見える化できるので、仕事の滞貨排除にも役立ちます。**

・優先順序を付けるためには、納期と難易度・ボリュームなど、タスクの比較をしていく必要がありますので、自ずと「見積もり」をする習慣も身に付きます。どんなに焦っても「人間が1回にできる仕事は1つ」ですから、優先順序をつけたら迷いなく、取り組むことです。

・仕事の整理ができていないと「あれもやらなきゃ、これもやらなきゃ」と混乱し、焦りばかりが募る悪循環となってしまいます。毎朝のリスト化を習慣にしましょう。

③ 先輩・上司とのコミュニケーション

・見積もりをするうえでの"業務知識不足"、"仕事の落とし穴""問題になりそうな箇所"についての経験不足を補うためにも、上司・先輩とのコミュニケーションをしっかりとって段取りに関する相談を行うことです。相談しないで1人抱えていても好結果は生まれません。

・自分の見積もり、必要書類、工程、関所などに**自信が持てない場合には、朝礼や夕礼などの打合せの機会を使って、上司・先輩と相談すること**を心掛けてください。

④ 時間を決めて一気にやる（時間無制限としない）

・整理整頓でリスト化し、優先順序がついた仕事については、**この仕事は1時間で終了するといった目標を設定し、一気にやる**ことが大事です。

時間を決めることで「スピード感」も徐々についていきます。

・テスト同様、**わからない箇所は飛ばしながら、まずは不完全でも最後までやり切る習慣を身につけましょう。**そこで停滞すれば、あっという間に1時間2時間と経過してしまいます。わからない箇所は、終了後に上司・先輩と相談したり、見直しするなどして補完すれば、時間のロスを防ぐことができます。

⑤ **逆算の意識を持つ**

・工程図が頭に描けていれば、常に「**終点**」から**逆算して、自分のやるべきことを計算**できます。作業中に迷いを生じたならば、工程の流れ、終点からの現在位置を逆算して、やるべきことを明確にして進みましょう。

・そして、遅れが取り戻せる範囲でなければ、誰かの手を借りる必要があります。依頼を行うにも早いに越したことはありません。**早め早めに「工程の進捗状況」**を確認しましょう。

4. 生産性を高める手段

　段取りは「生産性」を高めるための方法です。ここまで、段取りの要素、見積もりの仕方、習得の方法について説明してきましたが、これ以外にも、生産性を高めるため方法があるので、実践してほしいと思います。

① **仕事の見直し**

　営業担当者は「お客様と会って、情報収集・提供を通じて、課題の共有化やビジネスチャンスを発見し、課題に対する解決案の提案をすることが仕事」です。お客様との接点以外に付加価値は生まれません。したがって、いかに「お客様と合う」「課題発見」「解決策作成」といった付加価値の高い仕事に時間を投下するか、が最も重要なことです。

　付加価値の高い仕事に集中するためには、徹底して「無駄を排除」することが必要です。自らの仕事を振り返り、無駄な時間がないか、非効率なやり方をしていないかを常に見直すことで、本業への集中を図りましょう。併せて、本部も営業担当者が本業に集中できる環境整備に取り組む必要があります。本部が無駄な仕事を作っている場合も少なくありません。徹底して本業集中できるような業務設計、無駄な仕事の廃止を進めてほしいと思います。

② 仕事の先送りは避ける

　今やれば10秒で片付くものを先送りしてしまう。外訪から戻った際の"折返し電話"、"ちょっとした報告"作業などはその場でやってしまえば終了します。

　効率性を高めるためには、1つの作業を集中してやることが大事ですが、**スキマ時間を活かして、ちょっとした仕事を片付けてしまうことも効果があ**ります。小さな仕事ほど、先送りすると面倒になって、どんどん遅れることがあります。スキマ時間を活用するとともに、小さな仕事の先送りは可能な限り回避しましょう。

③ 外訪の効率化

　効率の悪い担当者は、月中に何度も同じ先を訪問しています。予約を取らずに訪問したため不在だった、印鑑の押印漏れがあって補完が必要だった等々、理由はいろいろですが、外訪は「移動時間」という活用が難しい時間帯を伴うことから、できるだけ効率的な訪問ルートを考える必要があります。また、1回の訪問で目的が完了できるような事前準備も重要になります。

　基本は、「予約をとる」「同地域でグルーピングする」といった訪問計画を作ることです。そして、訪問の目的を明確にして事前準備を徹底すること、訪問先でも処理漏れがないか等をその場で確認するなどして、何度も同じ先を往復することのないよう心掛けましょう。外訪の7割程度が「計画訪問」で構成できれば、効率性は相当高まると思います。

　また近時はリモート会議が浸透しているので、遠隔地のお客様や軽微な用事であれば、極力リモート会議を活用することも生産性向上のカギです。

④ イージーミスを減らす

　稟議にせよ、訪問にせよ、書き漏れや聴取漏れによって、上司やお客様を往復していたのでは非効率の骨頂です。単純なミスを減らすために、必ず書いたものを見直すとか、お客様を訪問する場合は、用事や質問内容を確認する、といった基本を大事にして、イージーミスを減らすことに留意してください。

⑤ ITの活用とリテラシー向上

　金融機関によって事情は様々だと思いますが、手作業からの脱却は効率化に不可欠です。RPA（ロボティック・プロセス・オートメーション）を導

入する金融機関も増えているようですが、極力作業の IT 化を推進することが大事です。

　あわせて、宝の持ち腐れとならないよう、営業担当者の IT リテラシーを高め、自行内の IT 環境を十二分に活かせるようにいたしましょう。

(コラム⑫) 営業の生産性向上 ·····························

　労働生産性が大きな課題としてクローズアップされています。特に、ホワイトカラーの労働生産性は方策が難しく、問題解決の要だとも言われています。

　金融機関でも「営業担当者の労働生産性」は大きなテーマです。実際、「毎日やることが違う」「1 つの作業の必要時間が標準化されていない」といった営業業務の生産性を高めることは容易ではありません。外訪ひとつとっても課題山積です。毎日、訪問先も訪問数も異なり、ルートさえ変わります。訪問効率を高める方法を誰もが模索しているはずです。

　それでは、営業担当者は「生産性を高める」ために何をすればよいのでしょうか。

　経験を踏まえて幾つかのアイディアを出すとすれば、1 つ目は**「所定労働時間内で仕事を終える」**ことを起点に方策を考えることです。所定内で終えるために**「無駄な仕事はないか」「短縮できる方法はないか」「時間の使い方は今のままでよいか」**といったことを見直す必要があります。所定内で終了するといった、思い切った発想に立たないと斬新なアイディアは出ないでしょう。

　2 つ目は、**「営業の付加価値を追求する」**ことです。営業が生み出すべき、本来の付加価値とは何か、何に時間を投じたらよいか、を見つめ直すのです。付加価値に直結しない仕事は、ある意味で "無駄" であり、可能な限り削減したいはずです。ところが、仕事の必要性に関する見直しが行われずに、一方的に仕事が積み上がっているケースが多いのです。

　3 つ目は、**「段取り力」を高める**ことです。これは本書を参考にしてください。

　これからの時代は、IT 化も推進され、営業環境も効率化されてくると思います。しかし、**営業担当者の生産性・効率性を高める唯一のカギは「賢く働く」**ことです。作業の標準化や手法のマニュアル化を図ることが難しいだけに、**個人の才覚がものをいう世界**なのです。所定内労働時間にこだわる、営業の付加価値にこだわる、段取りを高める、といったことが「才覚」を高めるコツなのです。毎日を無駄にしない営業担当者を目指してください。

第**8**章

調書作成力

ここでいう調書作成力とは、事業性評価、稟議書、提案書等の作成を行うスキルです。これらの書類は、お客様や上司と共有化するものですから「**簡潔にしてわかりやすい**」ことが一番です。ペーパーによる「説得」という見方もできますので、第5章「説得力」も併せて見直してください。

1. 書くことが溢れ出す

作業中に手が止まっている担当者に「どうしたの？」と尋ねると、「書くことが思い浮かばない」という答えが返ってきます。「簡潔にしてわかりやすい」調書を書く以前の問題として、「書くべきことが思い浮かばない」のでは、対策の仕様がありません。

この問題を解決する方法は、「**お客様を深く知る**」「**十分な事前調査をする**」**以外にはありません**。いよいよ書き始めるといった段階で、**書くことが溢れ出すくらいの情報収集**を心がけてほしいのです。知らなければ書けない、知っていることが多ければ何でも書ける、当然の摂理です。

財務分析も同様で「財務上の問題点」を記載する以前に、徹底した分析を行うことが必要です。表面的な分析であれば、書く内容も限られます。徹底した分析をすれば、問題点もしっかり把握できますので、書くことが思い浮かばないといった状況にはならないはずです。

2. 意図を理解し、要点を書く

例えば「経営者」に関する事項を、事業性評価にまとめるようなケースを想定しましょう。

あなたの取材結果は、以下の通りでした。

- 社長は会長の長男。15 年前に入社し、製造・営業・総務を経て 5 年前に専務に昇格。1 年前に社長に昇格。現在 50 歳で健康。趣味はゴルフ。
- 理系学部を卒業し、IT 企業 A 社に入社。35 歳まで 13 年勤務、SE 等を経験。
- 会長は当社 3 代目で 80 歳。健康に問題なし。毎日、朝 5 時に出勤、夕方 5 時に退社。
- 2 代目社長の放漫経営で悪化した業績を立て直し、現在の優良企業を築き上げた中興の祖。
- 業界団体の理事長を 10 年務めるほか、地元商工会議所の会頭。

　この取材に基づいて「経営者の欄」をどうまとめるか、が課題です。通常の金融機関であれば、この程度の情報量は削らずに、そのまま記載することが多いのではないでしょうか。しかし、問題は、この 5 つの箇条書きから「何を読みとる」かです。

　そもそも事業性評価において「経営者」の欄を記載する目的は「**経営能力**」を明らかにすることです。中小企業にとって、オーナー兼経営者の経営能力は、最も大事な資源です。その人の舵取り次第で、順調な航海をすることもできれば、難破の危険もあるのです。事業規模が小さく、リスク抵抗力が弱い中小企業にとっては、経営者の手腕は将来を決める大きな要素となります。

　それでは、5 つの箇条書きを改めて読んでみましょう。1 つ 1 つはよくわかるものの、経営能力全体として読み解くには、「素材のまま」過ぎて、読み手の読解力が必要になります。**調書作成力で大切なことは、こうした「素材」を「料理」して、読者が瞬時に理解できるような文章にまとめることで**す。事業性評価の読者は、お客様・上司・本部です。彼らが一読して「なるほど」と思えるような文章を書くことが、調書作成の付加価値といえましょう。

　調書作成力の第一のポイントは「記載欄において、記載してほしいと考える意図を汲み取って、その意図に沿って要点を書く」ことです。上記の「経営者の欄」について、書いて欲しいと思われることは次の通りです。

＊＊＊経営者の記載ポイント＊＊＊

① 経営の実権は誰にあるのか

② 実権者の経営能力はどうか

③ 実権者をサポートする周囲（役員陣）の経営能力はどうか

④ 総じて当社の経営能力はどうか

　この意図に沿って「要点」を簡潔に書くことです。ビジネス文書ですから、読者の中に"暇な人"は一人もいません。**早く確実に要点を知りたい**のです。長文をダラダラと連ねても正直迷惑です。

　「経営の実権は、当社を再興し、業界のリーダーでもある実力派会長が握る。健康だが高齢のため、1年前から長男を社長に昇格させ、権限委譲の過程にある」

　与えられた情報から「簡潔に書く」のであれば、上記のような表現でよいと思います。次世代のリーダーである社長の経営能力にも触れるとすれば、

　「社長はIT企業を経て15年前に入社し、業務全般を習得。5年前から専務として全体を掌握」という表現になるでしょう。

　5つの箇条書きを"そのまま読む"よりは、上記の表現の方が簡潔に当社の現状を表しているといえます。ただし、①〜④の意図からすると、若干物足りない気がします。

　特に、③と④の部分が明確に表現されているとは言えません。③は、会長をサポートする社長、あるいは役員陣の経営能力を知りたい箇所ですが、社長に関する記載も「会社全体のことは把握している」程度ですし、役員陣のことは無記載です。④についても、実力派会長だから"経営能力は高い"ことは理解できますが、80歳という高齢であり「どの程度現場を理解しているか」といった心配もあります。さらには、社長の会長に対する発言力はあるのか、役員陣にはどの程度実力があるのか、等々知りたいことが山ほどあります。

　この物足りなさは「表現の問題」に起因するのではなく、「取材の問題」です。表現は材料に基づいて行うのであり、**材料が集まらなければ「その欄の意図」**を満たすことはできません。

<h3 style="text-align:center">＊＊＊調書作成の第一ポイント＊＊＊</h3>

① 記載する欄の「知りたいこと・書いてほしいこと」をしっかり理解する

② ①を記載するために必要かつ十分な材料を集める

③ 材料のまま提示せず、意図に沿って加工し、要点をまとめる

ワンランク上の"優れた表現"をするためには取材が命で、記載事項に「エビデンス（証左）」が付加すると説得力が増します。上記の例では、会長が実力派である"証拠"として「会社の再建を成し遂げた」「業界から一目置かれる存在＝言動」があげられると思います。時々「社長の経営力は高い」といった記述を見ますが、**何をもって経営能力が高いと判断したのか**と**訊きたくなるほど裏付けなしに書かれている**場合が多いのです。取材によって、裏付けをとることが文章に迫力を持たせ、説得力を高めることになります。これがワンランク上の調書作成力です。

3. 反論を念頭におく

　ビジネス文書には、常に「目的」があります。「報告」「分析・評価」「方向付け・結論」など、その文書で実現したいことが必ずあります。報告文書の場合は、目的に応じて、簡潔に記載する場合もあれば、会話録・議事録のように詳細に記載する場合もあります。しかし、共に求められることは「正確に伝える」です。したがって、できるだけありのままに、記載することを心掛けます。

　問題は「個人の意見」が入る文書です。ビジネス文書においては「個人の意見」は、その人の付加価値です。「分析」であれば、問題構造や原因を明らかにした点に付加価値が生じます。「評価」であれば、評価対象の価値を見定めることになりますので、相当高い付加価値があります。「方向付け・結論」は、ビジネスの方向性を定める＝「どう動くか」を決めることなので、さらに大きな価値があるといえましょう。

　「個人の意見」を中心とするビジネス文書については、人によって立場や考え方が異なることから、「意見の相違」を生むことがあります。あなたはAと考えるが、上司はBと考える場合があります。"上司に絶対服従する"という人は、Bの意見に同意すれば済む話ですが、上司からみると「自分の意見を簡単に曲げる」部下として、「深く考えていないのではないか」「信念がないのではないか」といった見方をされるリスクもあります。十分な議論を経て、より優れた意見に従うことはビジネスの鉄則ですが、しっかりとした議論に耐えられるだけの意見を練り上げることもビジネスマンとして必要な要素です。

　さて、個人の意見を表明するビジネス文書においては、**自分の意見の正し**

さを検証する意味でも、異なる立場からの「反論」を念頭におくことは、極めて重要です。いくつかの選択肢がある、その中で自分がAという選択をした理由はこれだ、そして、その他の選択肢BCDを選ばなかった理由はこれだといった思考を行うと、自分の意見が研ぎ澄まされるのです。

調書のなかで、いちいち他の選択肢を排除した理由を書く必要はありませんが、①通常とは異なる意見、②甲乙付け難い意見、③上司と明らかに異なる意見、である場合には、これら意見に対する反論を織り込んで書くことが有効です。上司からみれば、いろいろな選択肢を検討したうえで、部下なりの意見を出したということがわかります。十分検討された意見ですから、部下の意見も尊重しなければという気持ちも湧いてきます。つまり「上司に聞く耳を持ってもらう表現」にするためにも、様々な選択肢を検討することが必要であり、調書作成力のクオリティにもつながるということです。

4.「通りやすい」調書

ここまで「十分な調査や分析を行って書く」「記載欄の意図に沿った内容を、簡潔にまとめる」「意見を付す文書では反論を想定しておく」等々について説明しました。本項では、ビジネス文書では、上司に「決裁や同意」を求める目的があることを念頭に、「通りやすい（決裁を受けやすい）」調書とは何かを説明します。

「通りやすい調書」を一言で言うと、「上司の知りたいことを網羅した文書」です。あるいは「上司のチェックポイントを満たす文書」ともいえます。

それでは「上司の知りたいこと」は何でしょうか。それは、文書の目的によって異なります。例えば「報告文書」であれば、第一に「何に関する報告か」を知りたいはずです。苦情なのか、事件なのか、案件の発掘なのか、交渉結果なのか、テーマを理解したうえで、詳細を読みたいと考えます。したがって、何の報告かを示すタイトルがなく、ダラダラ書かれている文書をみるとイライラします。内容として「5W1H」は必要な要素ですが、まずは「何の報告か」を明確に打ち出し、要領よく「5W1H」を盛り込んで「報告の概要」を知らせることが大事です。つまり、報告文書で上司が知りたいことは、「報告のテーマ」と「概要」なのです。

ここまで読んでいただくとわかるように、上司の立場に立って、上司が知りたいことを簡潔にまとめることが通りやすい調書を作るコツです。簡潔性

が大事な理由は、上司は忙しいからです。どんな立派な文章でも、長いものは読む時間がかかるのです。小説ならまだしも、**ビジネス文書については「必要にして最少の文量で、最大の理解をさせる」**ことが大事です。

それでは融資の稟議書に関して、上司の知りたいことは何でしょうか。

まずは「どんな取引先」に、「どんな資金」を融資するか知りたいはずです。例えば「3年連続営業赤字の債務超過先」に、「長期運転資金」を融資する、といった具合です。この2つのワードだけで「これは難しい融資だな」と"当たり"をつけることができます。

次に「借入申込みの事情・理由」です。例えば「改善計画を実績が下回ったことによる"赤字拡大"による補填資金」「他行から調達を断られたため、メインである当行への運転資金申し出」といった事情や背景を知りたいと考えます。これによって、「無理を言っているのか」「事情は納得できるものなのか」といった初期判断ができます。

さらに「申込み金額の根拠」を知りたいと思います。資金繰り上不足する分を申し込んだという単純な理由ではなく、例えば「当社の年間必要調達額から見て必要なのか」「必要金額の計算」「必要金額の妥当性」を判断するうえで、融資希望額の算定根拠は不可欠だということです。

最後は「応諾する理由」「否認する理由」です。「融資した資金が最終的に返済されることを、何をもって担当者は判断したのか」を知りたいと思います。例えば、期間5年の長期運転資金を融資するのであれば、5年間当社が返済する原資を持ち続けられるという根拠が必要です。仮に債務超過先だというのであれば、「確実な経営改善」「他行を含めた支援体制の継続」がカギになります。そういった根拠がしっかり示されているかが「通りやすさ」を決めるといえるでしょう。

いずれにしても、通りやすい調書を書くためには**「上司の知りたいことを網羅する」「最少の文量で最大の理解を得る」**といったことを意識して書いてほしいと思います。

(コラム⑬) **良い絵をたくさん見る** ・・・・・・・・・・・・・・・・・・・・・・・・

「良い絵を描くためには、良い絵をたくさん見ることが大切だ」、この話を聞かせてくれたのは、若い芸術家を支援している経営者です。この経営者は、著名な画家の絵・デッサンを数多く所有しており、その目的は「若い画家にみせ

るため」だそうです。「良い絵を数多く見ることが一番大事だ。しかもコピーではなく実物を見ることだ。そこから作者の筆使い、息使い、気迫が伝わってくる」、そんな話をしていたことを思い出します。

　この話は金融業界にも通じることです。先人・先輩の仕事、本部で紹介する成功事例を数多く見ることです。自分が経験できる範囲は限られています。しかし、先人の数だけ事例があり、そのなかに沢山の"グッドジョブ"があるはずです。そのグッドジョブを通じて、疑似体験をすることができます。あるいは自分がやってみたいと考えていた仕事を、事例として知ることができます。

　そして、多くの好事例を見ることで「それが自分の標準」となって、それを基準として仕事に取り組むことができるようになります。営業の腕を上げたければ、多くの良い事例を知ることです。

第9章

より高いパフォーマンスを求めて

7つの基本的なスキルの最終節は、新時代の営業担当者として「より高いパフォーマンス」を実現するために必要な視点を説明して終わりにしたいと思います。

1. 苦情を受け止める

苦情を軽視する営業担当者のなかに"本当のハイパフォーマー"を見たことがありません。理不尽な苦情を含めて、コミュニケーションの難しさを心から理解して、より円滑なコミュニケーションを作り上げることが「営業力向上のカギ」です。同時に、苦情に立ち向かう姿勢は、「嫌なことから逃げない」という心構えを磨く場でもあります。

苦情に関するノウハウ本は世にたくさん出ています。こうした本を読んで勉強することも大事です。しかし、営業経験を通して言えることは「苦情は、素直な心で受け止め、誠実に対応する」ことに尽きると思います。そして、苦情を糧に、**コミュニケーションの機微、言動の機微、を学び、対人理解度を高めること**がハイパフォーマーへの道なのです。

営業担当者として高いパフォーマンスを発揮するためには、お客様を理解すること、コミュニケーション力を高めることが不可欠な要素であり、「苦情を受け止め、誠実に対応しつつ、営業の機微を学んでいく姿勢」が成長につながるのです。

2. 営業への情熱を何で担保するか

高い営業成績をあげる営業担当者に共通する特徴が、情熱・執念といわれています。目標達成への執念、自らの仕事への情熱、これが原動力になって「より高い水準で仕事をしたい」という行動を呼び起こすのです。

時代が変わっても、行動の源泉が変わることはないでしょう。事実、多くの金融機関では「割当」を営業推進のインセンティブと位置づけ、割当達成を積み重ねることで、職業人生を拓くモノサシとして活用してきました。しかし、「割当」に対する弊害が様々な形で顕在化し、若い世代を強制力だけでマネージメントすることが難しくなっています。

　こうした中で、高いパフォーマンスを発揮する原動力は、「創造性」「楽しさ」「貢献」といったことに変わっていくと思います。これが、新しい金融機関のビジネスモデルと符合する概念でもあるのです。

　新時代の営業担当者の「営業への情熱」を担保するものは、担当者の創造性発揮であり、お客様への貢献や、日々の業務のなかで創造性を発揮すること、現場の楽しさであると信じています。言い換えれば、**「信じるものへのリスクアピタイト」「お客様の付加価値向上の実現」**の２つです。

　事業性評価を起点とする課題解決型営業の時代に生きる営業担当者が、真のハイパフォーマーになりたいと思うのであれば、**「お客様と正面から向き合い、お客様の真の姿を知り、課題や付加価値向上のポイントを共有化し、その解決策を描き、お客様といっしょに行動する」**ことです。そういう行動ができる営業担当者は「お客様の心からの支持」を得られるでしょう。そして相応しいリターンが後から必ず付いてくると思います。優先順序を間違えて、自行の利益・自分の割当を優先する姿勢では、新時代のハイパフォーマーになりえぬことを肝に銘じる必要があります。

コラム⑭　何となくでは力が出ない ・・・・・・・・・・・・・・・・・・・・・・・・・・

　安定した成果をあげる人に共通することは、①**「明確な目標」**を持ち、②**「達成のシナリオ」**や**「ステップ毎のモチベーション」**を自ら描いて、③**粘り強く最後まで仕事をする**ことです。逆に、なかなか割当を達成できない人は、最初から"高い山"に委縮し、諦めムードのまま、流されている気がします。

　「千里の道も一歩から」という諺がありますが、距離の長さに気持ちを萎えさせるだけでなく、千里の道を"楽しく歩く方法"を考えることが大事です。安定して成果をあげている人は、"高い山""遠い道"をどう進むか、自分なりのシナリオや一里塚を描き、楽しむ気持ちを持って歩いているのです。もちろん山あり谷ありで、うまく行くこともあれば、行かないこともある。しかし、諦めないで歩いていれば「ゴールできるだろう」という楽観性も必要なのです。

目標が達成できない人は、"高い山""遠い道"に怯え、**途中から目標を見失ってしまう**のです。そういう意味で、"高い山""遠い道"を行くときは、できるだけ「目標を区切る」ことが大事です。そして、小さな目標を達成した時に、「まだ9割残っている」という受け止め方ではなく、「行程の1割を歩いた自分を褒める」ことが好ましい在り方です。

　何にしても、具体的な目標をもつことが大事です。**「何となく」では力が出ない**のです。オリンピックを目指す高跳びの選手は、「できるだけ高く飛ぶ」といった目標は持たないでしょう。「オリンピック出場基準の210cmを飛ぶ」といった具体的な目標を持つはずです。いま自分の記録が207cmだとすれば、3cmをクリアするために「自ら足りない部分」「強化する部分」を研究し、実行するはずです。何となく高く飛ぶでは、努力の方向性や分析の精度も甘くなってしまいます。

　仕事で成果をあげるためには、高い目標に怯えることなく、一歩一歩の小さな目標、具体的な目標を立てて、達成するための方法、足らない点の補強を考えながら日々努力することです。何となくでは力がでないけど、具体的な目標の下、一歩一歩を刻んでいけば必ず力が湧いてくるはずです。

　そして、もうひとつ。あなたにとって"目標"は好ましいものですか、それとも嫌なものですか。

　目標を立てれば力になると言いましたが、目標が嫌いな人には逆効果かもしれない。しかし、多くの場合、「誰かに与えられた目標」は重苦しく、「自らが立てた目標」は励みとなるものです。そして「自ら立てた目標」を達成しようとすると、人は「知恵」が出てくるものです。趣味や恋愛を例に考えれば、理解していただけると思います。

　ですから、仕事においても、目標は「自ら立てる」ことが一番良いのです。会社の割当だって、自分なりに再設定できるはずです。常に「自分の目標」を持ち、それを傍に置いて、楽しみながら進むことが大事です。人から目標をもらうことが嫌いな人は、ぜひ自分でそれを上回る目標を立てて頑張ってみましょう。

3. 壁を取り払う

　事業性評価を起点とする課題解決型営業を実践することの難しさは、調査

の深堀り、分析の深度を上げる、といった技術面の難しさだけにあるのではありません。新しいビジネスモデルを実現する難しさは、間違いなく2つあります。

1つは、「着眼点」です。課題解決のメニューは定型類型化が可能かもしれません。「事業承継」「M&A」「ビジネスマッチング」といった具合に、直線的な解答を描くことは可能でしょう。しかし、問題は「その答えは、本当に経営者が望む答え」か、ということです。金融機関の「自行中心」の目線はなかなか修正できないと思います。長年染まった習性なのです。**「いつもお客様を真ん中においた着眼点」**を持てるか否かが、ビジネスモデル実現の成否を決めます。

2つ目は、**「経営者の心の壁を取り払う」**ことができるかです。**事業性評価が"的を得たもの"であればあるほど"経営の核心"を突くもの**になります。経営の核心を突くことは、経営者にとって"嬉しいこと"とは限りません。仮に"嬉しいこと"であっても、その問題に関して金融機関には近づいてほしくないと思っているかもしれません。

しっかりとした事業性評価を行えば、新しいビジネスモデルを実現できると安易に考えることは危険です。核心的な問題だからこそ、信頼できる人にしか相談できないのです。核心的な問題を営業のネタと考えて、おもちゃのように扱われることを望んではいないのです。

経営者が、核心的な問題を共有してくれるだけの「信用」を得られるか、心の壁を取り払ってくれるかが最大のカギになるでしょう。これが営業担当者として最も難しい点だと思います。新時代の営業担当者は、お客様を中心において、誰よりもお客様を想う心で仕事をすることが必要であり、それが"ハイパフォーマー"への唯一の道なのです。

第2部

事業性評価

　第2部では、事業性評価とは何か、事業性評価を構成する「経営環境分析」「事業者特性分析」とは何かを説明します。そのうえで、それぞれの分析における着眼点、調査ポイント、質問の方法を解説します。特に「非財務分析」について、体系的かつ詳細な解説を試みているので、本格的な事業性評価を行ううえで教科書として活用してほしいと思います。

事業性評価とは

　事業性評価は「財務データや担保・保証に必要以上に依存することなく、借り手企業の事業の内容や成長可能性などを適切に評価」することです。具体的には、「市場」「競争」「事業特性」といった項目を分析し、業界の一般的な勝ちパターンに加えて、対象企業の強みや特性がどう働くか、を検討します。そのうえで、対象企業の事業性、将来性、経営課題などを明らかにすることが、事業性評価の目的といえましょう。

　本章では、現場の営業担当者に、もう少しわかりやすい形で、事業性評価の本質について説明したいと思います。

1. 事業性評価は「未来を目指す」

　営業担当者の中には、「財務諸表は"過去の成績"であり、過去を評価しているだけではないか」「中小企業は多くの問題を抱えており、課題抽出といっても粗探しになっている気がする」といった意見があります。気持ちは理解できますが、これらの意見は正しくありません。なぜ正しくないかと言えば、事業性評価の本質を見誤っているからです。

　事業性評価は「未来を目指す」ために作成するものです。企業にとっての未来は、ある日突然に現れるものではありません。**過去・現在という時間の流れの"延長線上"に未来はできあがります。しっかりとした未来を描くためには、その土台となる「現在」、現在を形作った「過去」について、正しく認識する必要があるのです。**過去だけを評価するものではなく、粗探しを目的とするものでもありません。より良い未来を目指すために事業性評価を行うのです。

　それでは、何のために事業性評価を行うのでしょうか。

　事業性評価を行う目的は、「**お客様である中小企業の未来が、現在以上に良くなることを願い、改善すべき課題や後押しすべき長所を把握し、それを**

お客様と共有し、深い信頼の下で、金融機関が持つノウハウを活用したサポートを行う」ことです。

それでは、事業性評価やサポートを行う理由は何でしょうか。

それは金融機関を取り巻く経営環境が大きく変化し、金融機関に「原点回帰」を促していることと関係します。金融機関が持つ基本的な機能に「金融仲介機能」があります。言わずと知れた「融資業務」のことです。

「融資」は、他人資本への依存度が高い中小企業の財務脆弱性を補うために、一般預金者の資金運用を代替する形で金融機関が資金提供を行うことをいいます。昭和初期の金融混乱、高度成長期の設備や増加運転資金ニーズなど、中小企業へ資金提供を行うことは金融機関の大きな使命でした。中小企業の「資金不足」という経営課題を、融資という金融仲介機能によって解決していたのです。

それでは、現在の中小企業の状況や、金融機関の経営環境はどのように変化したのでしょうか。少子高齢化という人口オーナス、あるいはグローバリズムの進展によるバリューチェーンの海外展開、"失われた20年"と呼ばれる経済停滞、後継者不在等による廃業の増加など、日本の経済状況や経営環境は大きく変わりました。

こうした変化を踏まえ、国内市場は縮小傾向をたどり、中小企業の数も逓減しています。さらに貸し渋りを契機に、自己防衛を図った中小企業の財務は改善の一途をたどっています。設備投資が大きく伸びていないこともあり、運転資金・設備資金とも需要の伸びは大きくありません。一方で、2,000兆円とも言われる個人資産は金融機関にとって大きな運用圧力となっています。資金運用の一環として、融資先を巡る金融機関の競争は激化しており、マイナス金利政策などの影響も加わって資金利鞘は大きく減少し、中小企業向けの融資業務は赤字という金融機関も珍しくない状況です。

こうしたトレンドが容易に変化するとは思えません。さらに、旧来の金融機関に加えて"IT系"や"流通系"銀行の参入、FINTEC企業の勃興を考えると競争は激しくなる一方であり、金融機関は「生き残り」について真剣に考えざるを得ない局面に来ています。

同じように、中小企業の課題も変化しています。「資金不足」だけでなく、縮小する市場への対応やグローバル経済を活かした成長戦略等「様々な経営課題」が顕在化しています。こうした課題に対して、金融仲介機能を通じて培ってきた「分析力・情報力・ネットワーク力」を用いて、「中小企業の課

題に応える」ことが、中小企業・金融機関相互の利益であり、金融機関が生き残ることのできる唯一の道なのです。

2. 従来の「審査」と何が変わるのか

それでは、現在行っている「審査」と何が変わるのでしょうか。

筆者は次の2点だと考えています。

＊＊＊従来の審査との相違点＊＊＊

> ● お客様と共に作り上げていく「共創」「共有」の目線
> ● より正しく実態把握をするために、調査の「幅」を拡げ、「深度」を増す

相違点の第一が「目線」です。

審査は、ある意味で「お客様を選別する目線」です。金融機関は、金融仲介者として「お預かりした預金を毀損するような融資はできない」という考え方が根底にあります。そのために、「貸出債権の健全性を重視する」論理が強かったように思います。信用格付けといった考え方もリスクを選別する基準であり、お客様の信用状況に対する"融資者"としての目線があります。中小企業の一部に「銀行は敷居が高い」「上から目線で偉そうだ」といった声がある背景には、「融資先を選別する眼」を感じるからだと思います。

事業性評価において重要なことは、「事業性評価の主体はお客様にある」「共に協力をして、ありのままの姿を把握する」「未来像と現状のギャップを解消するため、解決策やそのサポートを行う」といった目線を持つことです。言うことは簡単ですが、永年金融機関に刻み込まれた考え方や意識を変えることは容易ではありません。

第二の相違点は「調査の幅と深さ」です。金融庁の指摘にもある通り、金融機関の多くが「財務分析中心の審査体制」「担保・保証などを重視した債権保全の考え方」を持っていたことは事実でしょう。事業性評価では「中小企業の"ありのままの姿"を把握」するために、**従来以上に「多面的な角度」**から「**より深い**」調査を行う必要があります。

これら2つの変化が意味することは、"金融の原点回帰"です。「**中小企業の育成**」という役割を果たすために、**幅広く中小企業を観察・対話して、実態を深く掘り下げていく**仕事です。深く掘り下げることで「本質的な課題や

成長のヒント」が明らかになります。これらを、中小企業の経営者と共有することで「より良い未来に変える」ことができるのです。運用者という目線だけでなく、育成者・支援者といった目線を強化することで、金融の原点に回帰する試みといえるでしょう。

3. 事業性評価は「健康診断書」であり「育成計画書」でもある

　ここまで「事業性評価は未来を目指すもの」で、しっかりとした未来を描くために、土台となる過去・現在を正しく認識する必要があることを説明しました。そして、従来とは違った目線や考え方を持つことが重要であるとの指摘をしました。本項では、事業性評価の「機能」について説明したいと思います。

　経済産業省では「**企業の健康診断ツール　〜ローカルベンチマーク〜**」と称して、**事業性評価の指標・評価方法・評価様式を公開**しています（正確にいうと「事業性評価の入口として活用されることを期待して」とあります）。コンパクトですが、事業性評価の思想を十分表現するものです。

　具体的には、病気の予防や早期発見に役立てるべく「定期的な健康診断」を中小企業にも導入し、現状把握による課題発見や具体的な支援方法を、医者役の金融機関（または支援機関）と中小企業が、同じ目線で話し合いながら見出すことを目的とする、と説明しています。

　健康診断書という表現は、中小企業にとって受け入れやすい表現です。健康診断書の主体は、あくまでも中小企業です。自分の健康状態を把握するために、様々な観点から検査（調査）を受け、臓器や機能の問題を判定してもらいます。金融機関の「審査」であれば主体は金融機関であり、自行の債権の健全性を確保することを目的として、企業の返済力や問題点をチェックするという仕組みを連想します。中小企業にとっては「融資を受けるために、仕方なく受診している」印象です。

　事業性評価は「**評価の主体が中小企業である**」こと、「**定期的に企業の経営状況を評価する**」こと、「**評価結果を共有する**」こと、「**改善方法・支援方法を見出す**」こと等の要素を考えれば、「**健康診断書**」と呼んで間違いないと思います。

　一方で、「健康診断書」には、"早期発見・早期治療"といった「負を回避する」イメージが残ります。**事業性評価には「企業の成長を後押しする」**機

能があることを考えると、健康診断書では物足りない気もします。**問題点の発見だけでなく、当社がより一層成長するために何をすればよいかという指針を示す「育成計画書」の機能を持つことを忘れてはいけないでしょう。**

　事業性評価では、財務諸表や諸資料、インタビューなどを通じて「企業の現状」を描き出します。その中には、経営者が描く夢、経営計画や未来設計図が含まれています。先生役である金融機関から「こうすれば伸びる」という見方も出てくるはずです。当社の現状と将来の姿を重ねたときに改善点だけでなく、伸長ポイントも明らかになるはずです。この良い点を伸ばすという観点が、育成計画書と呼ぶ根拠です。

　この育成計画書は営業担当者一人の担当期間だけでなく、担当が変わっても金融機関で継承されフォローしていく「計画書」ですから、より深いリレーションの構築に役立ちます。かつ、長期にわたる様々なサポートを通じて、継続的なリターンを期待することもできます。

---

4. 事業性評価はどんな項目で構成されるのか

　事業性評価が「未来を目指すものである」こと、「健康診断書や育成計画書といった機能をもつ」ことを理解できたと思います。それでは、事業性評価はどんな内容で構成されるのでしょうか。

＊＊＊事業性評価の構成＊＊＊

① 経営環境分析（マクロ経済、市場規模・動向、業界規制・特徴、競合企業）
② 事業者特性分析（財務分析・非財務分析）

　事業性評価は、上記の2つの分析で構成されます。

　1つ目は、対象企業を取り巻く経営環境についての分析です。企業を「船」に例えるとわかりやすいと思います。船は港から港へ荷や人を運びます。船の運航について考えると、船の機能だけを見ても十分とはいえません。船の航路に関する「海域の状況・天候」といった条件が、運航に大きな影響を与えるからです。

　企業も同様であり、経営を行ううえで取り巻く外部環境は無視できません。船の運航と同様に、対象企業が属する業界の市場規模や動向、その業界特有の法規制・ルール、業界における競合他社や当社のポジション、といっ

た「海や天候の状況（経営環境）」を把握したうえで、「船（対象企業）」について調べることが必要です。経営環境を調べることで、**厚みのある「健康診断」**になります。

2つ目は、事業者特性分析です。上記の例でいうと「船」に関わるものです。船を運航するための船長・スタッフといった人材・組織、船そのもののスペック（設備）、さらには運航実績、運行計画、乗船客や荷主との関係、燃料納入業者など、「船」に関わる様々なことを調べます。

それでは、事業者特性分析の構成について説明します。

＊＊＊事業者特性分析の構成＊＊＊

① 財務分析（財務諸表を通じた安全性・収益性・成長性等に係る分析）
② 非財務分析（財務諸表以外の情報に基づく分析）

上記の通り、事業者特性分析は「財務分析」と「非財務分析」の2つで構成されています。財務分析は貸借対照表や損益計算書などの財務諸表を用いて、数値的な計算により財務指標を算出します。それらの財務指標を用い、業界平均値などと比較して当社の状況を分析するものです。非財務分析は、財務諸表以外の様々な資料やインタビューなどを活用し、財務諸表からだけでは得られない対象企業の実像に迫るものです。

最終的には、ある企業が「置かれた経営環境」の中で「その特性」を活かしながら、どういう"運航力"があるのか、"他船に伍して勝つ力"があるのか、"将来性"はどうか等について、分析・検討することが事業者特性分析といえましょう。

5. 事業性評価の質を決めるのは「調査」

どんな腕の良い料理人でも、素材が悪ければ美味しい料理を作ることは難しいはずです。事業性評価もまったく同じです。「経営環境」「事業者特性」に関する良い情報がなければ、どんな分析力をもってしても陳腐な評価になってしまいます。**事業性評価に取り組むにあたって、営業担当者が最も重視すべきは「質の良い情報を集める」**ことです。

特に「差がつくポイント」が、事業者特性の中の「非財務情報」です。金融機関であれば財務諸表は基本的に入手できますので、致命的な差は生まれ

にくいはずです。一方、非財務情報に関しては情報開示を受けられるか、情報を引き出す質問力があるか等で、情報格差を生じます。また、非財務情報は取引の歴史を通じて蓄積されるので、取引歴や取引地位によって情報格差が生まれる可能性があります。

このように、**事業性評価においては「情報の収集と蓄積」が大きな武器と**なります。**営業担当者は日々の渉外活動を漫然と行うのではなく、常に問題意識をもって情報収集に努める**ことが必要です。融資の案件があるので、本部から指示を受けた事業性評価を作成しよう、そのために急拵えで調査をしようといった"刹那的な姿勢"では良い情報を得ることはできないでしょう。却って、「一時に大量の情報収集」を行うことになり、お客様の負担も重く、協力を得にくくなります。

情報収集にあたっては、「事業性評価の本旨」をしっかりとお客様に伝えて、正しい理解を得たうえで情報開示に協力してもらうことが大事です。また、融資の諾否を前提としない、"身構えない自然体の状態"で、さりげなく情報入手を行い、蓄積に努めることが営業担当者の本分といえるでしょう。

参考までに申し上げると、財務分析だからといって差がつかないとは限りません。例えば、税務申告書や付属明細書などの資料を入手しているか否かで、財務分析の深度は変わるはずです。財務といえども資料による情報格差は生じえることから、可能な限り開示を求めることが必要です。

いずれにしても事業性評価の質を決定づけるものとして「情報格差」があります。中小企業は情報開示に濃淡があり、「可能な限り少ない開示で済ます」と考える経営者も多いので、ライン一体となって情報開示に取り組むことが必要です。支店長だからこそ入手できる情報、課長だから教えてもらえる情報があります。それぞれの立場で情報入手に努め、その情報を全員で蓄積する努力をしてほしいと思います。

6. 財務分析と非財務分析を連動させる

事業者特性は、財務分析と非財務分析の2種類の分析で構成されています。一見すると、財務分析は財務分析で行って、非財務分析は非財務分析で独立して行うものと考えがちです。しかし、財務分析と非財務分析を連動させることで、より有効な分析を行うことができます。

具体的な事例で考えてみましょう。

A社の財務分析を行ったところ、今年度の決算では「在庫回転率」「売掛金回転率」が大幅に改善され、業界水準を上回る「A評価」になったとします。財務分析では「営業資産の効率性が向上することで、総資産経常利益率の改善に寄与した」といった評価をすることになりますが、これだけでは「深み」がありません。2つの財務指標の変化に着眼して、営業資産の効率性が高まり、ひいては総合的な収益性の改善につながったとする分析は悪いとは言えませんが、何となく"無機質な印象"を与えます。

　財務分析を非財務情報と連動させることで、より立体感や躍動感が生まれます。

　A社の非財務情報は、以下の通りです。

① 社長が長男に代替わりした
② 新社長の方針で「営業方針」の見直しが行われた
③ 機会ロスの防止として、他社より多めに抱えていた方針を転換し、在庫の整理・圧縮を実施した
④ 旧習で売掛金の滞留・長期化を許していた取引先の債権整理を行った

　上記の財務分析結果に、この非財務情報を加味すれば「新社長の『営業の効率性向上』の旗振りの下で、在庫圧縮や売掛金の整理を進めた結果、営業資産の効率性に係る財務指標が大幅に改善し、業界水準を上回る成果を得ることができた」といった評価をすることができます。

　財務指標だけの評価と較べてみればわかる通り、非財務情報と連動させた分析の方が、会社の活動と財務のつながりが明確になり、分析に奥行きが出るのです。仮に、社長の営業方針や施策について知らなければ、財務指標の変化だけを述べた無機質な評価で終わっていたと思います。

　会社は「船」です。誰かが動かしているからこそ、右に行ったり左に行ったりするのです。数字だけの運航記録を見れば、変化したことはわかりますが、なぜそういった運航をしたのか、背景が見えないのです。変化の背景や理由を押さえることで、財務分析に深みが出ます。それと同様、社長が営業方針を見直したという非財務情報だけでは、結果が見えません。在庫回転率などの変化を数値として把握したからこそ、営業政策の効果が明らかになり、結果として「新社長の手腕＝経営力」の一端が窺えることにもなるのです。

　財務分析と非財務分析を独立して捉えるのではなく、常に両者の関係を意識して、情報の統合を図ることで、深みのある分析ができることを認識して

ほしいと思います。

---

7. 事業性評価で陥りやすい3つの罠

　ここでは、事業性評価の陥りやすい3つの罠について説明します。

　1つ目は、第2項でも説明しましたが、「**職員の目線**」です。事業性評価の主体は「中小企業」です。ところが、「審査」に慣れた**金融機関の職員は、「審査目線」からなかなか脱却できない**のです。審査目線にあるのは「自行債権の健全性確保」です。誤解してほしくないことは、金融機関が債権の健全性に努めることは当たり前のことです。健全な経営が健全な金融システムを維持するのであり、預金者のためにも努力を怠ることはできません。

　一方で、「審査目線が全て」では今後中小企業から見放されるでしょう。**「貸せるか、貸せないか」を見極める眼と、「中小企業に寄り添う眼」は微妙に異なる**からです。中小企業に寄り添う眼は、貸せるか貸せないかを見極める眼ではなく、中小企業をありのままに見て、その未来をより良いものにできないかという考えを根底に持った眼です。貸せなければ終わりではありません。**中小企業に寄り添い、彼の未来をより良いものに変えたい、共に歩みたいと考える気持ちが「目線」に反映される**ということです。

　事業性評価の中心には「中小企業」があり、「より良い未来」を願う姿勢が、「ありのままの姿を追究」し、「課題や長所を共有」し、「未来を変えるための解決案」を生み出し、「共に歩む」プロセスを作るのです。「中小企業に寄り添う眼」それが事業性評価の罠に嵌らないための方策です。

　2つ目は「**中小企業の心の壁**」です。

　金融機関だけでなく、中小企業にとっても「金融機関は審査するもの」という固定観念があると思います。「**情報開示に消極的**」な背景には「**余計な情報を悪いように使われる**」「**融資を受けられない不安**」といった"不信感"があるように思います。

　こうした不信感を拭い去り、「**事業性評価に対する正しい理解**」を持ってもらうこと、**納得したうえで「情報開示への協力」を得る**ことが、事業性評価を実現するための第2の条件です。こうした納得を得るためには大変な努力が必要であり、金融界をあげて取り組むべき課題といえましょう。

　3つ目は「**まとめあげる力**」です。

　事業性評価は、経営環境から事業者特性まで、様々な角度から多岐にわた

る項目について調査します。かつ、評価の質を決める要因は「材料」なので、熱心な担当者ほど"膨大な材料を揃える"でしょう。ここに「落とし穴」があるのです。**頑張って材料を集めることで、却って膨大な材料を料理することが難しくなるのです**。情報過多で、集約が難しくなるということです。場合によっては材料を集めることに満足して、肝心の全体像を描くところまで届かないことがあります。評価の材料となる財務情報・非財務情報をしっかり収集すると同時に、**情報を分析し、それらを統合して意味のある答えを出すこと**が大事です。営業担当者は、こうした「全体像」を意識しながら各情報の分析を行うことが必要です。

事業性評価において、こうした罠にはまらないために「事業性評価の目的」を常に念頭に置いてほしいと思います。それは、「企業のより良い未来を作る」ということです。1つ1つの調査、評価項目が、全てここに結び付くということを意識してほしいのです。

ここに示した3つの罠は、事業性評価を行ううえで直面する問題です。いずれも陥りやすい罠ですので、心して事業性評価に取り組んでほしいと思います。

コラム⑮　限られた時間でどう見極めるのか ·····················

　事業性評価や課題解決型営業では「対話」が重要であることを再三申し上げました。一方で、営業担当者の時間は限られており、対話の密度を高めることが重要な課題となります。

　それでは、対話の密度を高めるためには何に留意すればよいのでしょうか。

　答えは「**常に問題意識を明確にして対話に臨む**」「**自分なりの仮説をまとめたうえで質問を絞り込む**」です。事業性評価の体裁を整えるために、所定の欄を埋めるための質問に終始しているようでは、対話は深まらず、企業の真の姿を見極めることは難しいでしょう。

　大事なことは「問題意識を明確にして質問する」ことです。**対話の前段階で、「手持ちの材料で事業性評価を行い、一定のプロファイリングを済ませる」**ことです。この経営者はこんな考え方や戦略で経営を行い、強み弱みはこんなところだろうか。この仮説が正しいことを証明するためには、どの領域に焦点を当てて質問しようか、こういった姿勢で対話や調査に取り組むことです。

　問題意識を持たないままに、対話や調査を重ねても得られるものは限られま

す。限られた時間で事業性評価に取り組むためには、こうした仮説作りを行い、ライン・ディスカッションで仮説や質問事項の磨き上げを行うことです。密度濃い時間を過ごすためには、それだけの準備が必要だということです。

8. どこまで掘り下げるのか

　事業性評価は、中小企業のありのままの姿を様々な角度から多面的に描き出す作業です。したがって、無限の時間を投じれば、どこまでも掘り下げることができるでしょう。しかし、時間は有限であり、できる限り多くの中小企業に対して事業性評価を実施したいものです。

　問題は、この事業性評価をどこまで掘り下げるかです。健康診断に例えるなら、レントゲンで済ますのか、MRI検査までやるか、です。深く知ることは良いことですが、当然コストも増えます。実際の健康診断においても、最初からMRI検査を行うことはないでしょう。標準的な検査体系によって、個々の臓器や全体の健康度を評価しています。事業性評価においても考え方は同様です。より多くの企業に行うとすれば、なおさら標準化が必要です。

　事業性評価を「どこまで掘り下げるか」については、「各金融機関それぞれの判断」で決定する以外にありません。健康診断書も、長い歴史のなかで現在の検査体系ができあがったはずです。それでは、銀行協会等で様式を統一するかというと、新しいビジネスモデルを考えれば"業界横並び"という時代でもないでしょう。各金融機関が、地域性や自行の資源、取引先との向き合い方などを総合的に考えて、特色を出していくべき問題だと思います。

　また、物理的な事情、実施計画から「評価水準」を決定する考え方もあります。例えば、融資先全数に対して何％程度を事業性評価対象先とするのか、あるいは何年でその比率を達成するのか、という計画を策定することで、自動的に1年度で対応すべき先数が決まり、評価水準も決まるのではないでしょうか。事業性評価を進める中で、1評価先あたりの投入時間が測定され、標準時間がわかってくると、「5年で6割に導入」といった計画がはっきりするのかもしれません。

　事業性評価は、すべての取引先の基礎となるものですから、理想は"全先を対象として行う"ことです。しかし、導入期においては、各営業担当者のメイン先など主要先に絞って作成すべきでしょう。事業性評価に慣れていな

い間は、1先でもいいので「本格的な事業性評価」に取り組んで、プロセスやノウハウ、顧客との共有や対話を経験することを優先すべきです。ゼロから非財務情報の収集を行うといった負担も大きいので、主要先など一定の情報蓄積がある先を"材料"とすることも一案です。

「どこまで掘り下げるか」という問題は「評価の質」と「作業負担」をどう両立させるかです。事業性評価を実施するうえで必ず直面する問題です。

この問題を解決するためには「質と負担にどう対応するか、現場に明確な基準を与える」と「事業性評価対象先を可能な限り拡大するための環境整備を行う」の2点に着眼する必要があります。

前者に関しては、例えば「本格的事業性評価」「簡易型事業性評価」といった区分を設けて、適用基準や評価内容を明確化すると良いでしょう。後者については、全ての先に対してコンサルティング会社が行うような"ビジュアルで分厚い評価書"を作成することは、コストや時間の観点から困難であり、**まずは「事業性評価の視点でお客様企業と向き合うこと」を優先し、「簡易型事業性評価」のスタイルを確立した方がメリットは大きいと思います。**

そして、MRI検査と同様、ここぞという取引先については、時間もコストも投入する「本格的事業性評価」を行い、事業性評価に基づく課題解決型営業のモデルとすることが期待されます。本格的な事業性評価を行うことは、職員のスキルアップやノウハウの向上につながりますし、当該金融機関のランドマークを作ることにもなるでしょう。

9. 大きく捉える

第1章の最後に、事業性評価において「大きく捉える」ことを提言します。

事業性評価は、対象企業の未来がより良いものとなるように、過去・現在の分析を通じて「現時点の実態」を明らかにするものです。その中で、課題や成長ポイントを見出し、対象企業との深い対話を通じて、問題意識や将来の方向性を共有し、金融機関は可能な限りのサポートを行うことで"願う未来を実現する"ことが目的となります。

こうした趣旨に鑑みると、実態把握や将来の方向性を見極めることは、大変重要な基礎となります。したがって、実態把握や方向性を把握するには、**可能な限り、大きな視野で企業を捉える**ことが重要です。以下に、その視点を紹介します。

＊＊＊大きな視野＊＊＊

① 長い時間軸でベクトルを描く
② 所属する業界動向や技術の進展を踏まえた、高く広い視野で企業をみる
③ 問題の真因を深く追究する
④ 方向性は大きく判断する

① **長い時間軸**

・例えば、財務分析では"10年"程度のトレンドをみて、実態やベクトルを判断すべきです。3～5年のスパンで見ている金融機関もありますが、10年の動きを捉えることで**近視眼的でなく大きな流れを知ること**ができます。

・非財務分析においても同様です。100年企業であれば、100年の歴史を持ち、その間の出来事や経験を経て現在ができあがっています。例えば、主要商品を創業期から現在までの変遷を追うことで、時代のニーズ変化への適応が浮かび上がってくるでしょう。

② **高く広い視野**

・高く広い視野が意味することは、1つの分析に偏らないことです。企業のありのままの姿を知るためには、事業者特性分析だけでは不十分です。企業を取り巻く外部環境の変化・動向が未来を変える可能性があるからです。業界動向・技術動向といった領域まで視野を広げて、高い視点から企業の未来を推測することが必要です。

・例えば、自動車業界では"機関エンジンから電気モーター"への流れが加速しています。電気自動車が主流になれば、必要なくなる部品も必ずあります。逆に利用が増える部品もあるはずです。こうした技術動向・商品動向を無視して、現在位置だけを見ていては、正しい将来像が描けなくなるでしょう。高く広い視野をもつことの重要性です。

③ **真因追究**

・評価企業のありのままの姿を把握する目的は、長所短所を見極め、長所を伸ばし、短所を改善することで未来を変えることにあります。その意味で、評価企業の課題を抽出することは、核心的な意味をもちます。し

たがって、課題抽出にあたっては表面的な形とならないように、「それが最後の答えか」と自問することが必要です。Why？Why？を繰り返して真因に迫ることです。

・**真因に近づくほど適切な対策を打つことができます。真因追究の深さこそが、事業性評価における付加価値です。金融機関の「差別化」の源泉**となる部分ですので、真因の追究には特に留意して力を注いでほしいと思います。

④ 方向性判断

・ありのままの姿を把握し、課題を抽出した後は、未来の方向性を共有します。この作業を通して、「取組方針」作りを行うことになりますが、この方向性判断を行ううえで留意してもらいたいことがあります。

・それは、「右に行くのか、左に行くのか」という方向付けを大きな視点で行うことです。最悪な方法は、融資額を50百万円増やすといった細かい数値から入ることです。方向性判断においては、思考のダイナミクスをもってほしいのです。

・融資の例でいえば、金額から入るのではなく「増やすのか、維持するのか、減らすのか」といった大きな方向付けから入り、詳細は徐々に決定するということです。一見当たり前ではないかと思うかもしれませんが、営業担当者の多くが、過去の流れに囚われて「条件付け」から考えてしまうのです。**事業性評価では、ゼロベースの思考をもって、ダイナミックな思考経路を踏むことで、より骨太な方針を打ち出すことが大事**です。それこそが経営戦略を作るうえで大事なポイントなのです。

第2章

経営環境分析

前章で事業性評価の概要や留意点を説明しました。また、事業性評価は「経営環境分析」と「事業者特性分析」で構成される話もいたしました。本章では、事業者特性の前段ともいうべき「経営環境分析」について、その内容やどうアプローチすべきかを説明します。

1. 経営環境分析とは

経営環境分析は、評価対象企業を取り巻く経営環境を分析することです。前章で船の事例を出しましたが、船が航海をするうえで、航路に関する「海域の状況・天候」といった条件を分析することが、経営環境分析の役割です。中小企業の場合には規模が小さく、体力的にも脆弱な面がありますので、経済動向・景気動向・業界動向といった"大波"に呑み込まれるリスクがあります。

経営環境分析では、こうした評価対象企業を取り巻く環境について、「経済動向」「地域動向」「業界動向」等の観点から分析します。これらの動向を踏まえて、企業は様々な経営判断の下に、舵取りを行います。企業の強み弱みといった特性を活かすためにも、取り巻く環境を分析する必要があります。

2. 中長期的な経済動向

中長期的な経済動向は、今後の世界経済や日本経済の大きな動きをみることです。前述の船の例でいうと、航路である太平洋の天候や海況を調査するイメージです。あまりに広く、変動要因も大きいことから「参考程度」にとどめておくことになるでしょう。

世界経済の中期的な予測としては、IMF「世界経済見通し」、OECD「エコノミック・アウトルック」等が参考になります。

国内経済については、内閣府が発表する「政府経済見通し」や、各シンクタンクの「中期経済予測」（例：日本経済研究センター「中期経済予測」）が参考になります。金融機関によっては、調査部で中長期見通しを発表しているところもあると思います。

　また、人口などのインフラの動向については、上記同様、政府の白書や関係委員会の資料、各シンクタンクなどで予測を公表しているので、興味のある人は調べてみると良いでしょう（例：将来推計人口であれば「国立社会保障・人口問題研究所」の「日本の将来推計人口」）。

　中小企業といえども経済界のプレイヤーであり、こうした動向と無縁ではありませんので、大きな流れとして把握することが必要です。

3. 地域経済動向

　地域の経済動向は、内需型産業が多い中小企業に対して大きな影響を与えます。したがって、中小企業の将来環境の変化を予測するうえで、対象地域やテーマを絞り込んで調査することが重要です。

　そこでお勧めしたいツールが「RESAS（**地域経済分析システム**）」です。RESAS は内閣府が運営するシステムで、産業構造や人口動態などのデータを集約し、グラフ等によって可視化することができます。ホームページの説明では「地域で直面している様々な地域課題について、RESAS・V-RESAS や政府統計・民間統計のデータを用いて、データから地域の解決すべき課題を洗い出し、取り組むべき施策を検討する、データ分析の視点や分析の流れを紹介します」とあり、いろいろな機能が搭載されています。また、活用事例やナビゲーション、解説動画などもついているので、初心者でも容易に使うことができます。

　可視化できるデータメニュー（マップ）の種類には、「人口」「産業構造」「地域経済循環」「企業活動」「消費」「観光」「まちづくり」「医療・福祉」「地方財政」があり、コロナ影響についても V-RESAS によって把握することができます。産業調査部といった専門部署をもたない金融機関であっても、こうしたシステムを使うことで、地域の経済動向を把握することができるのです。ぜひサイトを訪問し、実際に活用されることをお勧めします。

　これ以外にも、**各県の「統計資料」**や**「基本計画」「創生計画」「産業振興計画」**の付属資料に参考となるデータ・グラフがあります。また、地域金融

機関や関連シンクタンクなどで**地域経済レポート**等を作成している場合がありますので、参考にしてください。

調査ポイント

~地域の市場、産業構造の変化が対象企業に与える影響~

① 人口動態：市場変化をみる（総人口、年齢別人口、地域別動向、インバウンド動向など） ② 産業構造：産業構造をみる（全体像、企業数、付加価値額、労働生産性、産業別特化係数、これらの推移など） ③ 企業活動：地域活力をみる（中核企業、企業間取引、所得消費動向など） ④ 財政構造：公共事業への影響（公共事業依存度の高い企業への影響など）

① **人口動態**

・人口動態は「市場の大きさ」「需要の大きさ」を決める重要な要因となります。当然年齢層の変化は、必要とする商品やサービスの変化を促します。近年はインバウンドの影響も大きいため、観光産業は当然として、小売り・サービス業についても動向を知る必要があります。

② **産業構造**

・産業構造に関しては、まず「地域の全体像」を企業数や労働者数、製品製造出荷額構成や業種構成によって把握します。また、ヒストリカルな推移を把握することで、将来の変化を読むヒントとします。

・さらに、労働生産性や付加価値額、その地域の産業別特化係数などによって、「稼ぐ力」「効率性」「その地域固有の課題や特徴」を把握します。

・「○○城下町」といわれるような「中核となる大企業」が存在し、そこを起点とするサプライチェーンが地域に展開されている場合があります。あるいは地形や歴史的経緯から独自の産業集積を構築している場合もあります。これらは環境変化によって成長したり弱体化したりすることで、地域の雇用や景況に大きな影響を与えることがあります。そういった意味で、地域の中核となる大企業についても有価証券報告書等でその動向を予測する必要があります。

③ 企業活動

・②と類似する点もありますが、地域の具体的な企業活動を分析するもの
です。地域中核である企業の業績や戦略、企業間取引の活性、それらの
地域への寄与度といったことを分析します。背景となる経済圏の企業活
動が活発であれば、当然好影響を受けます。逆に、地域全体の企業活動
が低迷すれば、自ずとマイナス影響を受けることになります。

④ 財政構造

・県や市の財政構造は、公共事業や官需を期待する企業にとっては重要な
影響を与えます。建設業は、ローカル経済圏のキープレイヤーのひとつ
ですが、公共事業は売上の基礎となっている場合が多く、民需が弱い中
では生命線を握るものです。

・赤字体質である、国からの交付金への依存度が高い、といった財政構造
であれば、こうした官需は自ずとダウントレンドになる可能性がありま
す。県や市の予算や財政構造についても、しっかりと目を配る必要があ
ります。

4. 業界動向

　業界動向については、調査部・審査部といった部署で独自の情報や分析を
現場に提供している金融機関があると思います。こうした部署がある金融機
関では、本部の情報や分析を事業性評価に反映させることができます。

　一方で、自行内に上記のような部署がない、本部に照会するまでもなく自
分で調べたいという方については、『業種別審査事典』等を活用すればよい
でしょう。金融財政事情研究会をはじめ、東京商工リサーチでも発刊してい
ます。また、日本経済新聞社『日経業界地図』、東洋経済新報社『会社四季
報業界地図』等、各種の業界情報に係る書籍も発刊されています。また、特
定の業界などに関する研究レポートや図書を、新聞社、シンクタンク、証券
会社調査部で発刊している場合があります。

　手軽に、業界事情や最近のテーマを知ることができる媒体が「業界新聞」
です。支店によっては特有の業種が固まっているとか、あるいは取引額の大
きな取引先があるといった事情で購読しているところもあると思いますが、
必要な業界新聞を定期購入すると、データも豊富なので対象企業と話をする

場合にも活用できます。

また、業界団体を組成している業界も少なからずあり、独自の統計や見通しを立てているところもあるので、ウェブなどを活用して調べてみると良いでしょう。貴重な情報が見つかる場合があります。

調査ポイント

〜業界トレンド、規模・リーダー・商品・技術の動向、トピックス〜

> ① ト レ ン ド：伸びているか、衰退か。長期的需要は見込めるか。構造変化はどうか。新規参入の動向はどうか。
>
> ② 市 場 規 模：業界全体の規模はどのくらいか、トレンドはどうか、当社のポジションは。
>
> ③ リ ー ダ ー：業界のリーダーの動きはどうか、競争環境は変わるか、連携の動きは。
>
> ④ 主 要 商 品：業界の主要商品は何か、トレンドはどうか、新製品の動きはあるか。代替品はどうか。
>
> ⑤ 技　　　　術：技術の進展はどうか、イノベーションの動きはあるか
>
> ⑥ ト ピ ッ ク ス：留意すべきトピックス的な動きはあるか

業界動向の調査ポイントは前記6つです。業界のプレイヤーが誰で、どんな商品・サービスの動きがあるのか、技術動向、そして需要動向や気になる点があるか、といったことが調査ポイントになります。

① **トレンド**

・一言でいえば「需要動向」です。現在どんなトレンドで動いているか、そのトレンドが今後上向くのか、下降するのかといった点を調べます。需要変化はプレイヤーの新陳代謝を促しますので、構造変化の要因ともなります。当然ですが、新規参入者の動きにも注意が必要です。

② **市場規模**

・市場の規模が売上等の金額で把握できると、各プレイヤーのポジション付けも容易になります。当社の業界でのポジションは戦略上大きな意味を持ちますので、こうした市場規模を把握するとともに、今後の推移を予測することが必要です。

③ リーダー

・業界のメインプレイヤーを知ることです。当該企業の戦略や動きは、業界に少なからぬ影響を与えます。また、サブリーダーなどの動きも、下剋上が起こるか等興味深い情報です。近時デジタルを武器にゲームチェンジャーが現われることもあります。

・業界を誰が動かし、どんな方向性を志向しているかを理解することで、評価対象企業のポジショニングといった戦略を理解する助けとなります。

④ **主要商品**

・主要商品が何か、過去からの変遷はどうか、新商品開発の動きはあるか、といった点を調査します。この場合、商品の付加価値について検証することが大事です。主要商品が付加価値の低いものであれば、業界は「価格競争」が激しいはずです。

・また代替品の品質や価格によっては、大きな影響を受けるので留意が必要です。

・逆に、当社の製品開発を考えるうえでも、業界の商品の動きや付加価値の付け方について十分な調査を行うことで、事業者特性分析を行う際に役立ちます。

⑤ **技術動向**

・製造業であれば、技術動向は「生死を握る」場合があります。完成品メーカーに限らず、部品メーカーであっても、加工技術の進歩が生き残りに不可欠です。

・業界でトレンドとなっている技術は何か、今後期待される技術は何か、といった点に着眼することで、評価企業の相対的な力量把握にもつながります。

⑥ トピックス

・業界の気になる動きです。例えば、運送業界では 2024 年時間外労働の規制問題や温室効果ガスへの対応、フィジカルインターネットといった様々な経営課題があり、それらの動向は大きな調査ポイントです。

・法規制やルール改正の動きはもちろんのこと、労働基準監督署からの摘発が相次いでいるとか、あるいは IT の導入が加速度的に進展している

といった「動き」を捉えることで、評価企業の課題が明確になる場合があります。

---

5. 業界の特徴

　業界の特徴については、各金融機関の審査部が"ノウハウ"を構築しているので、多くは触れません。問題は「営業担当者の活用状況」です。自行で作り上げた業界毎のチェックポイントなどの資料を現場が十分活用できていないのでは、宝の持ち腐れです。

　事業性評価において「業界の特徴」を把握することは、評価対象企業の特性を分析するうえで極めて重要な意味を持ちます。この点については手を抜くことなく、十分な調査を行う必要があります。

　自行のチェック本を活用することが第一ですが、手元で調べたいという担当者は、金融財政事情研究会の『業種別審査事典』が役立つでしょう。掲載業種も多く、簡潔にまとめられているので、活用次第で大きな力となります。他にも『業種別業界情報』（経営情報出版社）、『日経シェア調査』（日本経済新聞出版社）、『全国企業あれこれランキング』（帝国データバンク）『SPEEDA』（ユーザベース）等参考になるリソースも多いので、自分の担当業種について WEB 等を活用して調べてみると良いでしょう。

　また、個社のホームページでも、「製品の製造方法」「製品の歴史」といった貴重な情報が載っていることが多いので、「生きた情報」として活用できます。製造方法・工程に関する「図鑑」類もいろいろ発行されているので、上手に活用すると「業界通」になれるでしょう。また、業界独自の慣行やルールについては、明示されていない場合もあるので、評価対象企業に直接質問する等も必要になります。

調査ポイント

～業界の常識、悩み、ルール、競争のポイント～

① 業 界 の 特 色	基本的なビジネスモデル、影響を受けやすい点、公共性など
② 法規性・業界ルール	法令や自主ルールの存在→当社のコンプライアンス、コスト負担
③ 製品・サービスの特徴	製品やサービスの特徴・長所短所、製造方法など

① **業界の特色**

・まず「基本的なビジネスモデル」を押さえます。誰に、何を、どんな付加価値をもって、どんなルート・手段で提供しているか、です。これを理解することで、経営上影響を受けやすい要素は何か、弱点は何かが見えてくるはずです。

・また、財務諸表上に表れる特徴もあります。例えば、売掛期間が長いとか、現金払いが主体だとかです。これらは『業種別審査辞典』に掲載されているので、チェックしておきましょう。

② **法規制・業界ルール**

・業を営むにあたって「許認可」「免許」を要する業種があります。銀行も免許が必要です。こうした許認可を得ていなければ、土俵に乗ることさえできないので、絶対的に押さえる必要がある事項です。

・他にも、業務を規制する法律、業界独自の取り決めや自主規制といったこともあります。また、業界の慣習（例：手形の期間が長い）もあるので、調査しておきましょう。

③ **製品・サービスの特徴**

・商品の価格帯や、長所短所、製造方法などが調査ポイントです。

・価格帯の調査は、マーケティング上重要な課題です。また、製造方法についても対象企業に工場実査をする前段として、事前に押さえる必要があります。

・製品・サービスは競争力の大きな源泉であり、付加価値を示すものですので、十分な調査を行うことが大事です。

④ 競争力の源泉

- 例えば、「鉄」といった場合にも、種類は数多くあり、様々な特性をもっています。新興国の鉄鋼業が勃興するなかで、日本の鉄鋼メーカーは高い技術力で対抗しています。このように、鉄と単純に括るだけでは、競争力の源泉は見えてきません。
- 業界特有の「差別化」のポイントがあるはずです。こうしたポイントを押さえることで、評価企業の立ち位置や課題が明確になります。

⑤ 業界の課題

- 業界全体として受け止めている課題があると思います。近時であれば、市場縮小、労働生産人口の減少、働き方改革、環境規制、など様々です。業界共通の課題は、評価対象企業の課題でもあり、その対応次第では「差別化」につながります。

⑥ 財務の特徴

- 特定の業界ならではの財務構造や特徴があります。また、その財務の構造や特徴が、業界の置かれた立場や環境を明確に示す場合があります。「業種別審査事典」などをみれば一目瞭然で財務構造や特徴を把握することができるでしょう。
- また「法人企業統計調査」はスピード感をもって、直近の「売上高」「経常利益」「設備投資」「在庫率」「資金」「自己資本」といった変化を掴むことができるので、業界全体の動きはもちろんのこと、そのデータとの比較によって評価対象企業のポジションをみることもできます。

---

6. まとめ ～地域・業界のリスクを洗い、将来を占う～

ここまで説明した通り、経営環境分析の目的は「企業の経営環境を理解する」ことです。評価対象企業が、プレイヤーとして活動する世界であり、1社だけではコントロールできない世界でもあります。しかし、評価対象企業はその世界で生き抜く必要があり、むしろ「その世界にどう適応するか」が課題となります。チャンスとピンチが共存する世界です。

事業性評価を行う目的は、評価対象企業の明るい未来を作ることにあります。したがって、評価対象企業がプレーする業界の脅威や機会を知らずして、

正しい構想を描くことはできません。経営環境分析は、こうした視点で"大きな海域"から順に調査を行い、最終的には"航路そのもの"にフォーカスして、安全かつ効率的な航海ができる道を探る作業だといえるでしょう。

　地域経済動向調査については、小売・サービス・観光など「内需型・地域密着型」の業種に特に大きな影響がありますので、「市場規模に影響」を及ぼす「人口動態」「インバウンド推移」について調査することが必要です。また、「企業城下町と言われるような産業構造」をもった地域では当該企業が撤退すると、雇用だけでなく、下請企業や消費関連産業への影響が甚大な影響を受けますので、十分留意する必要があります。

　業界動向については、「トレンド（動き）」を見極めることが大事です。市場規模は縮小しているのか、長期的な需要変化はあるのか、商品や技術の付加価値は維持できるのか、対抗する動きはあるのか等々、しっかりと「潮流」を見極めることで、評価対象企業の経営方針や政策が適合したものかを理解することができます。

　業界の特徴は「基本を理解する」ことです。業界の特徴を押さえ、それらを評価対象企業の特徴と比較することで「長所短所」「差別化要因」が見えるのです。

　そのために、まずは「ビジネスモデル」をしっかり理解することです。「顧客＝市場」「商品・サービス＝提供物」「付加価値」「提供手段・チャネル」の４点が何か、その４点についての課題は何か、を理解します。法規制や業界ルールは、コスト負担を含めて対応が重荷となる場合があります。対応できなければ退出を迫られる場合さえあるのです。製品・サービスは「水準」に着眼しましょう。簡単なものなのか、容易には生み出せないものなのか。そして、業界において「競争力の源泉」＝「差別化要因」が何かを認識することは、評価対象企業の競争力を明らかにするために必要な調査です。また、業界全体が抱えている課題を把握することで、当社が「先んじて対応しているか否か」といった経営力を窺うこともできます。財務指標については、特徴のある業界が多いと思いますので、先述の『業種別審査事典』などで押さえる必要があります。

　事業性評価の最終段階では、経営環境分析と事業者特性分析を重ね合わせることになります。経営環境分析によって、業界特有のリスクやチャンス、構造問題など「当社が対応すべき事項」が明らかになりますので、この調査が不十分であれば「この船のスペック・実力で、十分航海可能だ」という誤っ

た判断を行うリスクがあります。また、経営環境を見極め、将来を予測することで「評価対象企業の強みを伸ばせば、シェアをもっと増やせるのではないか」といった成長ポイントの発見にもつながります。さらに、一歩進んで、生き残りのための経営戦略の策定につなげることができます。従来は十分対応できていない分野だと思いますが、必要性や意義を理解し、積極的に取り組んでほしいと思います。

第3章

財務分析

　財務データに必要以上に依存しないという指摘があったとしても、事業性評価において「財務分析」が軽視されることはありません。従来"不十分だった非財務分析"にスポットがあたっていることは事実ですが、財務基盤や財務リスクを把握することは基本中の基本です。

　ただし、本書においては財務分析について限定的に説明します。その理由は、財務分析に関する専門書籍が数多くあること、各金融機関において財務分析に関するテキストや研修体制が充実していること等から、あえて本書で多くを語る必要がないと思うからです。

　本章では、筆者の経験を踏まえた財務分析に係る「留意点」や「習得ポイント」を中心に説明します。

1. 基本の習得が第一　～格付けの表面だけを見ていないか～

　どの金融機関でも「人材育成」を中心課題に据えて、「財務分析を中心とする審査能力」の向上に力を入れています。その一方で、現場の長といわれる人達に訊いてみると「若手の審査能力が落ちている」「基本的な財務分析ができない」という声が驚くほど多いのです。

　研修を強化しているにも関わらず、どうしてこのような声が出るのでしょうか。筆者は「財務知識がないわけではないが、現場で活きた分析ができるほどの基礎力がない」と理解しています。言い換えれば、**「財務指標の計算式は知っているが、表面的な理解で終わっている」「コンピューターの計算結果に依存して、自分の頭で考えていない」**ということです。

　アナログ世代の財務分析は、お客様から頂戴した決算書を"所定の様式に手書きで写す"ことからスタートしました。不思議なもので、手書きで写しているうちに決算書の内容が頭に入ってしまいます。次に、安全性・収益性・成長性といった評価を行うため、所定の財務指標を計算します。これも手計

算です。個々に計算したものを、総合的に評価して格付けを出しますが、その評価結果をもって課長に「当社は財務優良ですね」などと言うと、「決算書が正しければね（粉飾をしていない意）」と皮肉で返されて閉口したことを覚えています。

こういった「決算書を手書きで写して自分で計算する」「決算書を疑う」といった育て方をされた身としては、統計的な手法でコンピューターが計算した結果を見ても「素直に受け取れない」感覚があります。つまり、**結果を疑い、自分の頭で考えるクセが身についているのです。なぜこんな結果になったのだろう、と逆分析するクセ**といってもいいかもしれません。

長々と書いたのは「アナログへ回帰せよ」ということを言いたいためではありません。アナログはやはり非効率です。あえて非効率な道に回帰する必要はありません。ただし、アナログ世代の「**指標の意味を考える**」「**自分の頭で分析する**」という点は長所であり、デジタル時代であっても、重要な武器になると思うのです。

貸借対照表・損益計算書などの財務諸表の構造や、科目ひとつひとつについて「正確に理解」することが、財務分析の基本です。「わかっています」と言う人は多いと思いますが、筆者の現場経験では"体に叩き込まれている"と表現できるほど、財務指標の定義や構造を理解できている人は少数です。例えば、「未収入金」と「未収収益」の差は何か、貸借対照表の「在庫」の動きと損益計算書の関連性はどうか、といったことをスラスラ説明できるレベルを目指してほしいのです。基本が習得できていなければ、実際の財務分析に入ったとき、表面的な理解に終始して応用がまったく利かないのです。

次に、**財務指標の本質的な意味を「自分の言葉」で理解してほしい**と思います。若手職員に「ROA（総資産当期純利益率）は何を意味する？」と訊くと、**計算式で答える人が圧倒的に多い**のです。間違いではないのですが、計算式で答えているうちは「本質的な理解」が不十分で、「応用が利く」といったレベルには遠いと思います。

ROAを自分の言葉で言うとすれば、「会社の利益をあげるために、会社の資産全部を活用している」「ROAは、どれだけ効率的に会社の資産を活用して利益をあげたか、を示す指標」といった表現の仕方が適しています。この説明であれば、財務に疎い経営者に対しても簡単に理解してもらえます。さらには「総資産は貸借対照表、当期純利益は損益計算書の科目だから、ROAは貸借対照表と損益計算書をハイブリッドした"収益性と効率性の関

係"を示す指標」と理解すれば、ROA が悪化傾向にある場合、Why？Why？を発動して貸借対照表側の問題なのか、損益計算書側の問題なのか、掘り下げて原因分析できるのです。

　こうした応用ができるのは、基礎が身についているうえに、指標について**本質的な理解ができているからです。指標の本質的な意味を会得するためには、計算式を丸暗記するのではなく、上記の例のように、「自分の言葉で置き換え」たり、「素人にでもわかるような言い方で表現」してみる、**といった方法で勉強することが大切です。

　コンピューターで算出された「総合評価」や「各財務指標」を眺めて終わりでは、財務分析力が向上することはありません。財務分析が苦手だという担当者は、遠回りに見えるかもしれませんが、ここまで説明した方法を忠実に実践してみてください。集中して勉強すれば 1 ヶ月位で見違えるほど実力があがるはずです。

（コラム⑯）財務分析のスキルは"遊び"を通して高めることができる ・・・

　中小企業に対する「信用格付」、その中の財務分析データをコンピューターで処理している金融機関が多いと思います。こうした仕組みの中で、コンピューターが計算した指標やデータの「結果」に興味を持っても、それ以外のことには関心を示さない傾向が強いようにみえます。そして、こうした傾向が「財務分析力を低下させている主因」であると筆者は考えています。

　プロゴルファーはグリーン廻りの練習で、通常使わないようなクラブで打ったり、打ち方を変えたりと"遊び心"をもって練習するそうです。こうすることで、経験したことのない局面でも、使うクラブや打ち方のイメージを自由に描ける創造性が身につくそうです。同じように、サッカーの名手も、子供時代に路地裏で遊んだ中で、様々な創造性や技術を身につけるといいます。このように、**楽しみながら様々な方法を試すことは「創造性を育む」うえでとても重要**です。

　それでは、金融機関の営業担当者はどうでしょう。

　財務分析をするために、テキストを読んで検定試験を受けるといった「型にはまった勉強」はしても、遊び心を持って「財務指標を操るような勉強」はしていないと思います。もし財務分析力が足りないとすれば、表面的な勉強に終始し、指標を自由に操れるような創造性や着眼点が育っていないからではない

でしょうか。

　ゴルフ練習のように、いろいろな指標を、いろいろな角度から組合せて眺めてみるといった「業務フローにはない“遊び分析”」をしてみると良いと思います。一見関係のない指標を絡めてみると何か見えてこないかな、といった発想で遊んでみるのです。

　同様に、財務指標を覚えるときは「計算式」だけでなく、「意味付け」してみると効果的です。本編で説明したように、ROA（総資産利益率）を計算式だけでなく「会社の利益は、会社の資産を全部使ってあげるものだ、全部の資産が効率よく収益に結び付けるかを測る指標」といった形で、意味付けして理解すると財務分析の力が一段上がると思います。

2. トレンドで見て、キーワードで表現する

　一般的な財務分析では、「3〜5期程度」の財務指標のトレンドを見て、傾向や業界平均との相違点を分析することが多いと思います。

　第1章第9項「大きく捉える」で説明した通り、可能であれば「10期程度」の財務指標の推移をみると、企業の動きが的確に把握できると思います。もちろん、金融機関によって「所定の様式」や「データ保存期間」があるので難しいかもしれませんが、可能な限り10期を目安に傾向分析をすることをお勧めします。事業性評価においては、**長期的な視点で流れを大きく捉える**ことが、「**企業の成長振りや停滞の状況**」など「**真実の姿**」をみる大きなヒントになるからです。

　加えて、**10期の長期トレンドを「キーワード」で表現する**と、核心を容易につかむことができます。一例をあげれば「**過去の精算を進めつつ、体力増強に努めた10年であった**」といった具合です。キーワードを意識してタイトル風に説明すると、トレンドの意味する点が明らかになることが多いのです。

調査ポイント

　　　　　　〜大きく捉え、キーワードで核心を突く〜

① 指標の動き方：右肩上がり、横這い、右肩下がり、バンビィ（凸凹）
　　　　　　　　　といった動きや方向感

> ② 変 化 の 理 由：①のような動きになった背景・理由、あるいは当社
> の経営方針など。
> ③ 変 化 の 表 現：その動きをキーワードで簡潔に表現し「問題の核心」
> を描く
> ④ 指標間の関連性：同調する指標、同調しない指標を見つけ、関連性や
> 含意を見出す

① 指標の動き方（トレンド）

・売上高を例にとれば、10期のトレンドが「上昇」「横這い」「下降」「凸凹」
のいずれにあるか、傾向を捉えます。1期2期の細かい動きではなく、
大きな流れを捉えることで企業の現状をより正確に理解することができ
ます。

② 変化の理由

・例えば「下降」トレンドにあった場合に、なぜ「下降」したかを探りま
す。この変化の理由を探ることが、財務分析の大きな目的であり、醍醐
味でもあります。

・第1部で「分析力」のスキルを説明しましたが、分析力を駆使して真因
を突き止めることが大切です。できるだけ多くの理由をあげることがポ
イントです。

③ 変化を表現する

・①と②を統合する作業と理解してください。大きなトレンドを理解した
うえで、その真因を突き止め、簡潔に表現することで "鋭い分析" とな
ります。上記の例では、「過去の精算を進めつつ、体力増強に努めた10
年」という表現をしていますが、これだけで苦境を脱するために経営改
善に努めた企業の姿が浮かび上がるのです。キーワードは言葉を突き詰
めることで本質を浮かび上げる効果があります。

④ 指標間の関連性

・例えば、「売上」「利益」といった**中心的な指標に対して、同じ動きをする
指標、違った動きをする指標を探すことで、さらなる発見が可能です。**

・30程度の財務指標を捉えている金融機関も多いので、指標間の関連性

を検証することで、多面的な分析が可能となり、思わぬ真因の発見につながることがあります。

3. 「違い」に敏感であれ

　「3C」という言葉が流行したことがあります。「変化（Change）」は「機会（Chance）」だ、「挑戦（Challenge）」せよ！です。変化とは「従来の状況が変わる」ことですから、プレイヤーにとってチャンスでもあり、ピンチになる可能性もあります。

　財務分析においても、**「従来とは違う」「業界（水準）とは違う」「トレンド（動き）が違う」といった変化は、「企業の問題点」や「方針転換」を発見する大きなチャンスです**。微妙な変化に、業況悪化の萌芽を見出すこともあるので、**営業担当者は「違い」に敏感でなければなりません**。

調査ポイント

〜何が「違う」か、念頭に置く〜

① 前 期 と 違 う：直近の変化
② トレンドと違う：過去の流れから外れる、大きく動いている、等
③ 世の動きと違う：世の中は不況なのに、売上が増えている
④ 業界水準と違う：業界の平均的な指標水準との相違

① **前期との違い**
　・前期と比較して、数値が変化している指標の「変化理由」を確認します。また、個別の指標だけでなく、安全性・収益性といった大きな領域での総合的な変化に着眼し、「変化の理由」を探ることで、視野が拡がります。

② **トレンドとの違い**
　・過去数期との比較で、流れが変わっている（上昇・下降）指標について「変化の理由」を探ります。単年度比較では、特殊要因が影響する場合もありますが、長期トレンドで捉えることによって「大きな問題」の発見につながります。
　・過去数期との比較で、方向性は同じだが"変化の度合い"が大きい指標の「変化の理由」についてもしっかり確認します。なぜ他と比べて大き

いのか、背景を探ります。

③ 世の動きとの違い
・景気動向や地域動向に対して、一般的には影響を受けることが多いと思います。景気動向・地域動向とは異なる動き（売上増加とか、利益低下とか）がある場合に、その「変化の理由」を探ります。当社の特異性を発見できるチャンスです。

④ 業界水準との違い
・業界水準との「違う理由」を調べます。単純に「良い」「悪い」という解釈をするのではなく、背景にある「戦略」「方針」「ミス」を掴むことが大事です。
・経済産業省の「ローカルベンチマーク」では、業界基準値との乖離を「レーダーチャート」でわかりやすく表現しています。業界水準との違いを見る場合には、こうした工夫も必要です。

この４つの調査ポイントについて、「違いの理由」を「Why？Why？方式」で掘り下げていけば、対象企業が抱える問題点（極端な場合は粉飾）、経営方針の転換など、重要な事実を明らかにすることができます。
一方で、変化に鈍感な担当者もいます。数値で表れているにも関わらず気づかないのです。違いに「敏感」であるためには、どうしたら良いのでしょうか。

＊＊＊「違い」に敏感になる方法＊＊＊

---

① 良く観察する
② 事例を集積（経験値）する
③ 仮説をもつ
④ 疑問をもつ

敏感であるためには「センサーの数」を増やすことが大事です。"IoT"のように、多数のセンサーがあれば、状況変化を細やかに捉えることができます。

① 良く観察する

・「髪を切ったけどわかる？」、パートナーに聞かれて答えに詰まった経験を持つ人も少なくないでしょう。一方、相手が何も言わないのに「気づく」人もいます。そういう人は「普段から関心を持ってよく見ている（観察）」ので、変化に敏感でいられるのです。

・財務指標といったデータ観察はもちろんですが、普段から対象企業の動きをよく観察することが、センサーを増やすことになります。自分が認識している企業の動きに対して、決算データに違和感を抱く場合があります。

② 事例の集積（経験値をあげる）

・変化の理由や事例をたくさん経験してきた担当者は、自然と変化に敏感になります。経験値というフィルターが観察を鋭敏にして「引っ掛かり」を抱かせるからです。

・経験の少ない若手は、自行内の倒産事例・粉飾事例など勉強をすることです。実際に経験できない、他人の経験を自分のなかに取り込むのです。

③ 仮説をもつ

・1年間の企業の活動が頭に入っていれば、こういう計画・方針の下で動いてきたのだから、自ずと決算の方向性もこうなるはずだ、という仮説をもつことができます。仮説をもって、データを見ることで「問題意識」が芽生え、気づきも増えることになります。

④ 疑問をもつ

・第1項で「結果を疑う」挿話がありましたが、「本当にそうか」「何か違いはないか」という視点でみることで、発見の確率が高まります。疑問や問題意識がなければ、小さな変化を見逃してしまうことがあるのです。

---

4. 損益構造を明らかにする

　財務分析において最も重要な役割が「損益構造を明らかにする」ことです。それでは損益構造を明らかにするとは、どういうことでしょうか。

　一言でいえば**「儲けの仕組み」**を明らかにすることです。ある意味では「ビ

ジネスモデルと直結」するものです。よく「薄利多売」とか、「売上は小さいが高収益企業」といった表現をしますが、これも一種の損益構造を示すものです。損益構造を分析するためには「売上構造」「費用構造」をみることが必要です。

　売上構造については、主要商品などの商品構成、それぞれの単価、といったことに着眼して売上がどう作られているかを把握します。費用構造を分析するためには、様々な方法があります。「固定費」「変動費」に分解して、「限界利益」「損益分岐点」を明らかにする方法。「売上原価」「販売管理費」を個別に分析し、例えば「材料費」「労務費」「外注費」「減価償却費」等の構成や問題点をみる方法です。損益構造の基本は「売上一費用」ですから、上記分析を通じて評価対象企業の「儲けの仕組み」を理解し、そこから「なぜ儲からないのか」とか「もっと儲ける方法は」といった目線で、対応策を検討する流れになります。

　最終的には「ビジネスモデルの検討」に行き着くのが「損益構造分析」です。そういった意味で、財務分析の中核であり、基礎となるパーツですので、より深い分析を心がけることが大切です。

5. 資産査定は「検査官」になって

　財務分析において、「資産査定」は重要な意味があります。資産査定は「正味価値」を検証するものであり、科目に示されているだけの資産価値があるか、含み益はないか、毀損はないかを確認します。仮に、在庫科目が5億円と表示されている場合に、実際は2億円しかなかったとすると、在庫月商倍率といった指標を算出しても、実態と異なる結果になります。債務超過の実質性判断などにおいても、正味資産の算定はカギとなるものです。

　このように資産査定は財務分析を行ううえで重要な意味があるので、**資産査定を行う際には「検査官」のような中立性をもった立場で行う**ことが肝要です。金融機関によっては「保守的に行う」こともあると思いますが、筆者の意見は「**あるがままに査定する**」です。その理由は、「自行債権の健全性を優先する思考」においては"保守的な見方"をとることが役立ちますが、事業性評価では「評価結果を共有する」ことが前提ですので、必要以上に厳しくみる態度が妥当とはいえないのです。おそらく評価対象企業の納得も得られず、「見方に対する疑念を生む」可能性もあります。

～資産査定のカギは対象企業の「情報開示」～

① 科目明細の開示
② 金額の大きい科目ほど検査官の眼をもつ
③ 絶対値だけでなく変化に着眼する
④ 粉飾しやすい科目にはキラークエスチョンを準備

① 科目明細の開示

- 資産査定のカギは、科目明細を含めた情報開示にあります。不動産であれば、所在地・面積・形状などがわかると、客観的に計算できます。最近は、在庫を客観的に評価する鑑定会社もあります。要は、きちんとした開示を受けることができれば、評価は可能ということです。
- 問題は「情報開示に対するお客様の恐怖感」をどう取り除くかです。これは担当者一人で解決できる問題ではありませんので、本支店一体となって取り組むことです。

② 金額の大きい科目

- 投資効果と同様に、資産全体への影響度を考えれば、金額が大きい科目の資産査定は特に留意し、一定のコストもかけて行うべきです。これについても、前述の通り、過度に保守的になることなく中立的な目線で評価してほしいと思います。

③ 変化に着眼

- 金額の絶対値だけに着眼するのではなく、金額の「変化率」に着眼することも必要です。絶対額が小さいほど、変化率はブレやすくなりますが、変化率が大きい場合には、何らかの問題や理由がありますので、査定上留意すべきです。

④ 粉飾しやすい科目

- 各金融機関がノウハウを持っている分野です。一般的に「売掛金」「在庫」「貸付金」「仮払金」「未収入金」「仮勘定」といった科目は、粉飾の温床になりやすいものです。

・査定のポイントは過去数期を含めて、科目明細の内容を良く見ることです。総額に対して開示している金額や明細が少なく、“その他”の金額が大きい場合は違和感があります。また、ある期に特定の先や商品が大きく増えたという場合も検証が必要です。

・在庫については、分量の多さもあって開示をしない企業が多いので「キラークエスチョン」を準備するなどして「詳しく説明してもらう」工夫が必要です。

キラークエスチョン

貴社の在庫は業界水準の2倍近くあり、見方によっては過大となりますが、貴社の在庫方針というか、考え方やルールがあれば教えてください。

このキラークエスチョンのポイントは、①揺さ振り、②答え方を制約しない、という2つです。①業界水準の2倍あり過大という見方がある、というのは不良性を疑っているという示唆です。②方針・考え方・ルールというのは、テストでいえば「自由記載」なので、相手にわかってもらうためには多くを語る必要がある質問の仕方です。

6. 見えないものに留意せよ

中小企業の財務分析においては、上場企業とは異なり、注記等の会計情報が開示されていない場合があります。決算書の「体裁」「表記方法」も百社百様の印象があります。こうした中小企業の決算書の特徴を頭に入れつつ、「見えない資産・負債」があることに留意して財務分析にあたることが必要です。当然「見えないもの」には、プラス面もマイナス面もあります。

プラス面の事例をあげれば、今後も儲けの源泉として活用できる「償却済資産」、特許・商標権などの「知的財産権」があげられます。リース業などで、償却済みであっても現役商品として使われ、大きな収益の源泉になっている場合があります。また、M&Aなどの価値評価の際に、当該企業がもつブランドとか、独自の製造ノウハウなどが評価されることも多いものです。これらの価値評価の方法は様々ですが、「当社のありのままの姿（実態）」を把握するうえでは、貸借対照表の表舞台から消えて見えない「プラス・マイナス」があることを知って分析する必要があります。

一方、マイナスの面をあげると、デリバティブ取引、退職給付債務が明示されていない場合が考えられます。一昔前にデリバティブ破綻といった問題が起きました。また、上場企業を含め「退職給付債務の負担」が大きな問題になっていますが、中小企業では退職金規程や組合がなく"支払合意がない"ようなケースでは、退職給付債務を計上することができません。また、実際には支給している企業でも、退職給付債務を計上していない場合があり、後の決算に大きな影響を与える場合があります。

　これ以外にも「偶発債務」について留意が必要です。筆者の経験でも、係争中の裁判で敗訴して多額の賠償支払いが起こったケースがありましたが、裁判が数年間継続していたことを金融機関は知らなかったのです。あるいは、どこかの会社に債務保証していたところ、倒産により多額の支払が生じたというケースもあるでしょう。

　有価証券報告書では「リスク情報」の開示が義務付けられており、「**事業等のリスク**」といった形で、**財政リスク・集中リスク・訴訟リスク・法令等リスクなどが記載**されています。事業性評価においては、こうした観点を十分頭に入れて「見えないもの」が隠されている可能性に留意する必要があります。

7. ぜひ作りたい「資金運用表」

　財務分析のツールとして「資金運用表」の作成を推奨します。金融機関によっては作成していないか、十分活用されていないケースが多いと思います。

　資金運用表は「一定期間における資金運用」をみる表です。どこから資金が拠出され、どう使われたか（運用）、を分析する資料です（【資料2-1】参照）。紙面の関係で、作成方法等については類書に譲りますが、この資金運用表の重要性は「一定期間の当社の調達運用が見える」ことにあります。

　調達に関しては、当然金融機関の役割が大きくなるので、資金運用の傾向などを分析することで問題点を洗い出し、調達面の助言やスキーム構築につなげることができるのです。例えば、【資料2-1】の資金運用表をみると、この企業はここ数年、積極的に設備投資を実施したことがわかります。しかし、調達が少しアンバランスになっています。本来「設備」は長期にわたって活用し、そこから生まれた収益で借入金を返済することがバランス上重要です。ところが、この企業は金利の安い当座貸越枠を多額に有しており、そ

【資料 2-1】 資金運用表

単位：百万円

運用　(ヒアリング / 予想)

	科目	前々々期	前々期	前期	当期	翌期
固定資金	設備投資	500	1,500	1,000	300	300
	その他固定資産増加	50	50	200	50	50
	長期借入金返済	450	850	900	1,100	1,300
	決算関係支出	50	120	120	50	120
	その他	10	10	10	10	10
	小計	1,060	2,530	2,230	1,510	1,780
運転資金	売上債権	100	200	200	200	100
	棚卸資産	△100	0	100	200	0
	短期借入金返済	500	500	500	500	1,000
	その他	80	100	120	100	50
	小計	580	800	920	1,000	1,150
財務	現預金	△190	70	△150	40	20
	小計	△190	70	△150	40	20

調達　(ヒアリング / 予想)

	科目	前々々期	前々期	前期	当期	翌期
固定資金	税引前当期利益	100	200	200	100	200
	増資					
	長期借入金調達	600	800	800	800	1,500
	減価償却費	450	500	500	650	650
	引当金その他	100	100	100	100	100
	小計	1,250	1,600	1,600	1,650	2,350
運転資金	仕入債務	△300	300	300	300	100
	短期借入金調達	500	1,400	1,100	600	500
	その他					
	小計	200	1,700	1,400	900	600
財務	固定資金過不足	190	△930	△630	140	570
	運転資金過不足	△380	900	480	△100	△550
	手形割引増減		100			
	小計	△190	70	△150	40	20

こから設備投資の大半を調達していたのです。長期固定適合率を見ればわかるように、期間のバランスという点で問題のある調達方法です。

　資金運用表では、将来の予想表を作ることも可能です。「当期」については、ある程度の当社の計画も固まっているので、ヒアリングを行うことで作成できます。当期の動きを見ると、先程の「調達と運用の期間ミスマッチ」という問題点は、ほとんど解消されていません。これについて、「翌期の調達運用」を「予想」という形で作成すると、"問題の解消提案"を盛り込むことができます。具体的には、ミスマッチを解消するため「長期借入金の調達増加」を表に加えています。この資金運用表と貸借対照表を当社に見せることで、「問題点」と「その解消案」を共有することができます。

　資金運用表は、金融機関の本業である「資金提供（融資）」について、短期的な視野ではなく、調達運用という全体像を示すことで、問題点や解決ポイントを明確にできるツールです。これも、貸借対照表と資金運用表をセットにして、10年程度の期間で作成すれば「当社の調達運用の傾向」や「問題点」がさらに明確になります。さらに、損益計算書と合わせて見ることで「10年間に50億円も投資したのに、利益がほとんど増加していない」といった、**単年度ではわからないダイナミックな問題点の発見に役立つのです。**

　事業性評価において、資金運用表を活用することで、資金の調達と運用に関する問題点を明確にし、**今後の資金需要額を予想して、そこに問題点の解消提案を織り込むなどして、評価対象企業の計画的な資金調達に関する助言や支援を行うことができるようになります。**

8. 活きた財務分析をするために

　財務分析は数字を中心に分析するため、どうしても「無機質なもの」に見えます。「ローカルベンチマーク」の様式でも、当社の指標・点数、業種基準値、総合評価点といった数字中心の表現になっていますので、"無機質感"は否めないところです。折角の事業性評価であれば、できるだけ「活き活きとした」、中小企業にとって「理解しやすい」分析を提供したいものです。

　それでは「**活きた財務分析**」とは、どんな分析なのでしょうか。

　いろいろな考え方があると思いますが、筆者は「**企業の日々の活動が反映され、経営の巧拙が浮かび上がるような分析**」だと考えます。具体的な例をあげて説明します。

【事例1】

（×）「在庫が前年比3億円増加し、在庫月商倍率が業界水準の2倍まで悪化した」

（○）「前期は在庫方針の見直しを行い、滞貨性の高い在庫は処分する一方で、新たに開拓した高級品路線の販売先5社をターゲットに在庫を積み増したため、全体では在庫が3億円増加した。在庫月商倍率は業界比2倍となったが、今期販売促進と仕入調整により2億円程度を削減する見込み。業界水準を上回る理由は、取扱商品の単価が高いことと、品揃えを充実している違いによるもの」

【事例2】

（×）「売上高が前年比5%減少したが、粗利率は5%改善したため減収増益となった」

（○）「販売金額は多いものの収益がトントンの3社について、取引を打ち切ったため、3社合計分の売上額が全体で4%のマイナス寄与となった。"マージン3%"を最低ラインに設定して"価格マネジメントの強化"を図る方針であり、今期も引き続き減収の可能性はあるが、新規開拓強化のため、大手商社から中途採用で人材補強を実施したことから、今後新規開拓先の増加に伴う売上高の回復も期待できる」

どんな企業でも、目標に向かって経営努力をしています。事例1・2のような在庫政策、販売政策を行うなどして、業績改善に向けた日々の活動を行っているのです。**財務諸表には、こうした活動の結果が反映されていることを忘れてほしくないのです。**言い換えれば「**財務諸表に表れた数字には、どういう活動や政策が反映されたのか**」ということを常に考えることです。**表面の数字だけを見ていては"活きた財務分析"はできません。お客様の経営計画や経営方針、具体的な施策、活動内容、あるいはトピックスを情報として入手し、それらを財務分析の結果と擦り合わせることで、はじめて活きた財務分析ができるのです。**

決算説明の機会、日々の渉外活動、調査時のインタビューなどを通じて「非財務情報」をしっかり集め、それを財務分析に連動することで「活きた財務分析」を心掛けてください。「**活きた財務分析**」＝「**掘り下げた財務分析**」なので、問題点・課題を共有する際にも納得感が高く、その納得感が「解決

案を訊いてみたい」という気持ちにさせるはずです。活きた財務分析は、事業性評価の大きな武器です。

---

9. 財務指標と「中小企業の経営政策」をマッチさせる

「ローカルベンチマーク」（経済産業省）の「財務分析結果」を例に、財務指標と「経営政策」の考え方を整理したいと思います。通称「ロカベン」（ローカルベンチマークの略）では、6つの領域に1つずつの財務指標を設定しています。「売上持続性」「安全性」「効率性」「健全性」「生産性」「収益性」の6つです。金融機関の職員にとっては見慣れた分類ですが、習い性が邪魔をして「問題意識」が薄くなっている可能性があります。

具体的には、「金融機関サイドの目線」で見ていないか、ということです。例えば「安全性」の領域であれば、「自己資本比率が高い企業は、借入金も少ないので与信面で問題が少ない」という審査的思考回路になっていないかです。何度も説明した通り、事業性評価の主体は評価対象企業です。そうであれば「中小企業サイドの視点」を大事にしてほしいのです。

例えば「安全性に係る指標」に関して、

「支 払 能 力」＝流動比率、当座比率、固定比率、固定長期適合率、
　　　　　　　　借入金月商倍率
「資本の安全性」＝自己資本比率、負債比率、財務レバレッジ

といった2つの分類で、上記のような財務指標を思い浮かべるはずです。そして、これらの指標について、ついつい「審査目線」で財務上の問題点を強調してみるクセが身についていると思うのです。事業性評価においては、この思考回路を「中小企業の経営政策」という視点に転換してほしいのです。

中小企業サイドに立ってみれば、これらは全て「**財務政策**」です。「支払準備を厚くする」「借入金を減らす」「運用と調達に関して期間のマッチングを図る」「自己資本を充実させる」等の活動は、**自社の財務体質を強化するという視点から行われており、こうした活動の結果を示す財務指標が**「流動比率」「借入月商倍率」「固定長期適合率」「自己資本比率」なのです。「同じ財務指標を見ているではないか」というかもしれませんが、「**見るサイド**」**によって**「**感じ方**」「**見方**」**が違う場合があることを知ってほしい**のです。こうした「視点」を軽視してしまうと、**お客様の納得を得ることが難しくなり**、成果も不十分なものとなる可能性があります。

財務分析結果

ローカルベンチマーク 企業の健康診断ツール

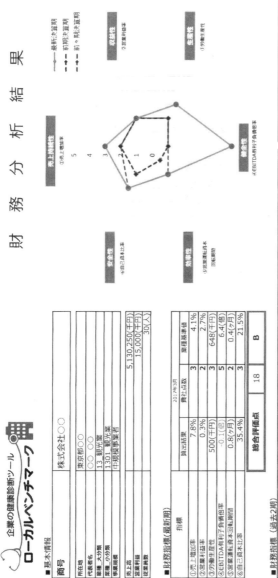

■基本情報

商号	株式会社○○
所在地	東京都○○
代表者名	○○ ○○
業種_大分類	13_観光業
業種_小分類	1301_観光業者
事業規模	中規模事業者

売上高	5,130,250(千円)
営業利益	15,000(千円)
従業員数	30(人)

■財務指標（最新期）

2017年3月

指標	算出結果	貴社点数	業種基準値
①売上増加率	7.8%	3	4.1%
②営業利益率	0.3%	3	2.7%
③労働生産性	500(千円)	3	648(千円)
④EBITDA有利子負債倍率	-0.1(倍)	5	6.4(倍)
⑤営業運転資本回転期間	0.8(ヶ月)	2	0.4(ヶ月)
⑥自己資本比率	35.4%	3	21.5%

総合評価点	18	B

■財務指標（過去2期）

指標	2016年3月			2015年3月		
	算出結果	貴社点数	業種基準値	算出結果	貴社点数	業種基準値
①売上増加率	-2.4%	2	4.1%	-1.2%	2	4.1%
②営業利益率	-0.3%	2	2.7%	0.0%	2	2.7%
③労働生産性	-393(千円)	2	648(千円)	0(千円)	1	648(千円)
④EBITDA有利子負債倍率	61.2(倍)	1	6.4(倍)	1.1(ヶ月)	1	6.4(ヶ月)
⑤営業運転資本回転期間	2.8(ヶ月)	2	0.4(ヶ月)	24.2%	3	0.4(ヶ月)
⑥自己資本比率	2.1%	2	21.5%			21.5%

総合評価点	10	D		12	C

※総合評価点のランクはA：24点以上、B：18点以上24点未満、C：12点以上18点未満、D：12点未満

経済産業省
Ministry of Economy, Trade and Industry

※1 各項目の評価点および総合評価点は各項目の業種基準値からの水準を示すものであり、点数の高低は必ずしも企業の評価の優劣を示すものではありません。非財務指標も含め、総合的な判断が必要なことにご留意ください。

※2 レーダーチャートで3期分の財務分析結果の推移が確認できるため、各指標が良化（あるいは悪化）した要因を非財務データの対話シートを活用しながら把握することで、経営状況や課題の把握に資するものです。

それは「問題点を無視する」ことではありません。問題点を問題点とすることは当然のことです。しかし、「見る視点」によって「発せられる言葉や言動」は変わります。私たちは、知らず知らずのうちに、審査目線（お客様の言うところの"上から目線"）になっていることに気づかないでいるのです。

事業性評価においては、**ともに問題・課題を発見するという「共創の視線」に立って財務指標をみてほしい**のです。こうした視点で財務分析を行うことで、従来とは違った見方も生まれますし、中小企業サイドにたった経営政策に対する理解も深まると思います。

共創の視点にたって、財務指標と「中小企業の経営政策」をマッチさせると、以下のような整理ができます。（ロカベンの分類・指標を使って説明します）

＊＊＊中小企業の経営政策＊＊＊

---

① **収益向上策**：「売上持続性」「収益性」
　・売上増加率⇒収益のベースとなる売上高を増加させる
　・営業利益率⇒本業の儲けである営業利益を増加させる
② **財務健全策**：「安全性」「健全性」
　・自己資本比率⇒返済期限等の定めのない自己資本の資産に占める比率を高める
　・EBITDA有利子負債倍率⇒事業から得られるキャッシュフローで返済できる力を増やす。あるいは有利子負債そのものを削減する
③ **生産性向上策**：「生産性」「効率性」
　・労働生産性⇒従業員１人あたりの利益額を増やす
　・営業運転資本回転期間⇒売掛金・在庫などの営業資産の効率性を高める

このように「**中小企業の経営政策**」**という視点でみると、課題発見に際して「財務指標を掘り下げる」習慣が身に付きます**。例えば、「営業利益率」が業界基準値よりも低い。どんな「改善策」を打てば利益は増加するのだろうか。それでは営業利益率が低い理由を掘り下げてみよう、こんな思考回路が働くのです。「売上」が落ちた理由は「単価」の問題か、「数量」の問題か。「費用」が増えたとすれば、「製造原価」「営業費用」「一般管理費用」どれが問題か。製造原価が増えたとすれば歩留まりの悪さという「生産管理」の問

題なのか、外注費の高騰という「購入管理」「製造方針」に係る問題なのか。このように、次々と「的確な改善策を打つ」ための「真因分析」のプロセスが生まれるのです。

コラム⑰　決算報告の機会を有効に活用する ・・・・・・・・・・・・

　読者のみなさんは、お客様から「決算書」をどういう形で受け取っているでしょうか。

　「郵送」「取りに行く」「持参してくれる」が、主なパターンです。あなたの担当先では、どのパターンが多いでしょう。

　「郵送が多い」と答えた担当者は“芳しくない”と思います。年に1回の大事な決算報告を郵送でやり取りしているようでは、お客様とのコミュニケーションは不十分と言わざるをえません。忙しいことを差し引いても、年に1度しかない決算報告を郵送でやりとりするような関係では、「良いビジネス関係が構築されている」とは言えないと思うのです。

　お客様への“啓蒙”も必要です。年1回の決算報告は非常に重要なので、トップ同士が向き合って、成果や次年度計画についてじっくりと話をしましょう。そんな意識の共有化を図ることで、決算報告の良い習慣を作りたいものです。また、律儀に決算報告に来店するお客様の姿勢はしっかり評価すべきです。金融機関を大事な存在として考えてくれている証拠です。

　加えて、決算書を受け取る金融機関側の姿勢も重要です。一通りの決算説明を企業側が行い、あとは談笑といった“形式的なパターン”が多いように見受けます。お客様から「細かいことは後で聞いて」というリクエストを受ける場合もあるので、一概にはいえませんが、「決算説明を目的」に来店している機会を有効に活用することが大事だと思います。

　具体的には、**「疑問点を解消するための質問や、経営課題を共有する対話を行う」**ことです。そのためには、事前準備が必要です。ただ来店を待つのではなく、**ここ数年の決算トレンドを十分確認して、気になる科目の増減や、改善点の進捗状況、あるいは新年度に行う経営施策の有無など、質問事項を整理して、報告の場に臨む**ことが必要です。

　営業の効率性が課題となるなか、形式的な儀式を廃して「1回1回の機会を満点にする」ことが必要なのではないでしょうか。年に1回の決算報告の機会こそ、その典型だと思うのです。

10. 創造性のある視点を持つ

　各金融機関とも「ロカベン」のような所定の様式を設け、「安全性」「収益性」「成長性」といった分類に基づいて財務分析を行っています。所定の財務指標に基づき、決められた分析を行うことは基本であり、とても大切なことです。

　一方で、その枠を飛び越えて「囚われない財務分析」を行うことが「創造性発揮」につながるのではないかと考えています。もちろん上級者に向けたメッセージとして受け取ってください。

　例えば、中小企業にとって、近年共通の課題が「人手不足」です。求人によって問題解決ができれば良いのですが、職種によっては有効求人倍率が8倍といった枯渇状態にあり、そう簡単に解決できるものではありません。そこで、「人」を「機械」で代替できないかという問題意識から「ITの活用」が経営課題となっています。

　ITの進化には目を見張るものがあり、RPA等の様々なIT活用が行われています。そして、ITをうまく活用できた企業は、それが競争力の源泉になることが考えられます。そこで、評価対象企業の「IT投資額の推移」「投資内容」、そして「投資効果」にあたる事務部門の従業員数推移、経費削減額といった実績値を調査することで、通常の財務指標では発見できない、当社の独自の動きを発見できるかもしれません。

　別の課題として、完成品メーカーの「コモディティ問題」があります。これは、新製品を開発しても、あっという間にコモディティ化して、販売価格が下落してしまうという問題です。一時のTV製品が典型です。この問題について、「売上高対研究費比率」「売上高対新製品比率」「新製品の利鞘推移」といった指標を算出してみると、当社の問題をデータとして正確に捉えることができるはずです。

　決められた様式を使って財務分析することが基本ですが、上級者であれば一歩踏み出し、**世間共通の課題、業界特有の課題等について当社がどう向き合っているかという観点で、様々なデータや財務指標を調査すると、「差がつく答え」「納得性の高い分析」**ができるでしょう。当然ですが、これらを行うためには相応のコストや時間が必要になりますので、それらに見合うメイン先などを対象にしてトライする話だとは思います。

11. バリュエーションの視点

　近年「企業価値評価（バリュエーション）」に対する関心が高まっています。会計のグローバル化に伴う共通尺度の必要性や、M&A の脅威・機会の増加、欧米型の資本コストに関する経営指標の重視等、様々な背景があると思います。

　中小企業を大企業と同じ目線で評価することが必ずしも正しいとはいえませんが、**企業価値評価という考え方を頭に入れておく必要がある**と思います。中小企業においても M&A は増加する一方ですし、買収による成長戦略を描く経営者の中には「企業価値評価」について豊富な知識を持っている人もいます。やはり**金融のプロとして、企業価値評価に関する一定の知識を持つことが必要な時代**です。具体的には、「正味現在価値（NPV）」「配当割引モデル」「サスティナブル成長率」といった考え方、「PER」「PBR」「PSR」「EV/EBITDA 倍率」といった考え方を参考にすることです。

　これらの詳細な説明は専門書に譲りますが、企業価値評価の目線を事業性評価に取り込むメリットは以下の通りだと考えています。

① 事業承継のため「経営を高度化」する観点

・経営環境が変化する中で、経営の高度化を図ることが生き残りにつながる。大企業のように「株価・株主」に強くフォーカスする必要はないが、中小企業の資本にも「家業的な資本」から「公開水準に近い資本」まで幅が拡がっており、企業価値評価の視点は参考になります。

・クローズされた資本とはいえ、経営指標やモノの見方として「企業価値評価」に対する理解があれば、株主目線や資本効率を活かした経営の高度化を実現できる可能性があります。

・継承者が、家族であれ、従業員であれ、外部であれ、「良い企業」でなければ事業継承してもらえない時代であり、企業価値の向上をその評価軸とすることができます。

② 事業再編・集約化（M&A）の波への対応

・ローカル経済圏の変貌は、「業界再編」「力量のある企業への集約化」を加速させる状況にあります。こうした集約化の過程で M&A の増加が予想され、企業価値評価の考え方は、経営者にとって参考になります。

③「投資」に対する一考察となりうる
- ・長期的に回収を行う投資において「投下資本に対する収益率」（例：米国では預金の利回りより低い事業はやらない）という観点は有益です。
- ・企業が行う新規事業・新規投資において、プロジェクトを検証する目線として活用できます。

12. プロらしい忠告をするために

　事業性評価を起点とする課題解決型営業をメインとする新時代において、**競争力の源泉**になるものは何でしょうか。それは、**評価に対する信頼性と解決策に対する納得性**です。

　評価に対して信頼を得るためには「評価対象企業の実態を的確に捉え、場合によっては当社さえも気づかなかった問題の真因を示すこと」が必要です。あるいは、「評価対象企業が確実に成長できる道筋を描くこと、場合によっては当社さえ気づかなかった成長策を提示すること」です。いずれにしてもプロのなせる技であり、お客様からすれば「資料や対話など負担はあったが、評価してもらって良かった」と感じる仕事です。こうした**プロらしい仕事をするために、私たちに求められること**は、「**共感**」「**情熱**」「**分析**」「**創造**」です。お客様と共感できる心がなければ、評価も氷の彫像と同じです。情熱がなければ、本格的な事業性評価をやり遂げることはできません。分析こそが、事業性評価の価値です。何にも囚われることなく、お客様の未来だけを見つめる創造性こそが、感動を呼ぶ力になります。

　財務分析の項でこうした話をする理由は、金融機関が最も得意とし、最もノウハウを蓄積してきた分野で、こうした力を発揮してほしいからです。財務分析は数字を扱うだけに「数字のエビデンス」「数字の説得力」を持ちます。まずは、この分野で他行を差別化できるだけの分析力を培う必要があるのです。「誰がやっても財務分析は同じだ」というレベルでは、事業性評価の時代を勝ち抜くことはできないでしょう。徹底して財務分析力を磨く必要があります。

　事業性評価は健康診断書であり、育成計画書です。健康診断書の側面を強調するならば、事業悪化の兆候を早期に発見し、早期治療を忠告する役割を果たさなければなりません。この際、兆候発見に役立つ武器が「財務分析」です。小さな兆候を見逃さない眼を持ち、「経営者を説得できるロジック＆

エビデンス」をしっかり揃えて、経営改善の必要性を納得させ、具体的な行動に移させるために、財務分析力を最大限活用する必要があります。

　事業性評価の価値は、問題の真因を見極めることにあります。そして、**財務分析は「数字」という強いエビデンスを持つ最強の説得材料になります。**私たちがプロらしい忠告をするためにも、プロらしい財務分析を行い、「さすがプロ」と言われるような"兆候を示すデータ"や"問題の真因"を提示することで、早期発見・早期治療に役立ててほしいと思います。"過度に財務分析に依存"という「悪役」に仕立てられた側面がありますが、財務分析は最強の武器であり、金融機関に最もノウハウがある武器です。このスキルを磨き上げ、プロらしい仕事をすることが、新時代の道を拓く力となるでしょう。

コラム⑱　社長の復讐──自己資本比率の話 ・・・・・・・・・・・・・・・・・・

　つい最近の話です。10年以上付き合いのある社長さんから「今期、はじめて自己資本比率が30%を超えました」という話をされました。いきなり何の話を始めたのかしら？と聞いていると、「12年前に、あなたがフラッと社長室を訪ねてきて、珍しく当社の財務の話を始めたのです。そして『社長の会社は50年の歴史があるのに、利益の積み立てが50百万円しかない。毎年1百万円しか溜まっていない計算だよ』と失礼なことを言ったのです」。

　社長は、取引銀行OBの経理部長に全てを任せていたため、財務面に問題があるとは考えていなかったそうです。ところが、同世代の支店長から自己資本不足を指摘されたことが悔しくて、財務の勉強を始め、そこから10年余り自己資本の充実を図ってきたのです。当時は、自己資本比率が5%くらいだったと記憶していますので、大きな進歩です。その話をどうしても筆者に報告したかったといいます。

　社長は「最近の金融機関は競争が激しいこともあるのだろうが、こちらが嫌だと思うような指摘をしてくれない。言われた時は悔しかったけれど、あの一言があったから財務改善に取り組むことができた」と言ってくれました。まさに、社長に一本取られた格好です。"社長の復讐"を嬉しくお聞きしました。

　社長の言葉とは裏腹に、"諫言に耳を傾けない経営者"も増えたような気がします。「そんな煩いことを言うのなら、他行で借りる！」です。ある意味では、金融機関への期待が「簡単に資金を引き出す」ことにあり、財務的なアドバイ

スは望んでいないということなのでしょう。しかし、こうした姿勢では、社長も金融機関と健全な関係は築けません。

　金融機関側も経営者に心から信じてもらえるような振る舞いをする。経営者も金融機関を信じて諫言に耳を貸す。こうした関係作りこそが「事業性評価」を行う意味だと思います。

　前述の"心ある社長"は、何気ない支店長の一言を"諫言"と捉え、財務の改善を粘り強く行いました。金融機関の言葉は"無力ではない"のです。相手を想う気持ちがあれば、諫言を受け入れてくれる経営者は数多くいるのです。また、そういう経営者と金融機関は付き合うべきです。事業性評価の時代に、営業担当者に求められる心構えを思い出させてくれたエピソードでした。

第4章

非財務分析

　非財務分析は、財務分析と異なり「情報量に差を生じやすい」分野です。財務諸表に基づく財務分析では、取引金融機関に同等の資料が提供されますが、非財務分析では「取引歴による情報蓄積」「メイン行独自の情報」等による格差が生じます。営業担当者の「調査スキル」や「情報を取りに行く姿勢」などで差を生じる場合もあります。

　事業性評価は「非財務分析における調査や情報量」で、分析差が生じることが多いので、本章では「調査ポイント」「キラークエスチョン」などを交えながら、材料の集め方について説明します。

1. 中小企業における非財務分析の重要性

　企業は「船」に例えることができます。船を指揮する船長、各機関を受け持つ船員、というように組織と人があります。そして「船」は儲けるための設備であり、燃料や食料などの仕入も発生します。当然「運航方針」「航海計画」「航海記録」があるでしょう。

　この船を評価するためには、運航記録や数字的な記録だけでなく、数字以外の様々な要素を分析する必要があります。とりわけ中小企業のような"小さな船"であれば、海や天候の影響を大きく受けます。船長・船員の能力、船の機能・スペックは、安全な航海に不可欠な要素です。こうした数字以外の要素を分析することが、非財務分析の役割です。

　中小企業では、財務面のボラタリティが大きくなります。大企業に較べ規模が小さいことから、景気変動など外部からの影響も受けやすい体質にあります。したがって、**財務諸表の数字だけで判断すると、「貸せる、貸せない」という話になりがち**です。数字のマジックで「現在の状況」に囚われやすくなるのです。

　しかし、**数字だけでなく「船」そのものを調査すれば、嵐でも沈むことの**

ない機能や設備をもち、経験豊富な船長・船員がいることに気づけるのです。今は風向きが悪い、船にとっては最悪の状況かもしれない、しかし、この船の実力をもってすれば長期に亘って多くの航海を行うことができるはずだ、嵐の今こそ支援しよう、といった発想を持つことができるのです。

　中小企業における非財務分析の重要性が、ここにあります。**財務諸表だけでは現れない、経営力・技術ノウハウ・設備等に焦点をあて、財務分析と合わせた「総合的な企業の実力評価」をするための大きな材料になるのです。**

　事業性評価は、財務分析に足場を置きすぎた反省を踏まえ、数字以外の要素を含めて総合的に中小企業を評価しようとするものです。そして、中小企業の未来をより良いものに変えるため、事業性評価をツールとして課題を共有し、同じ方向に歩もうとするものです。常に現場の一線に立ち、中小企業と向き合っている営業担当者は、こうした認識をもって「非財務分析」に取り組んでいく必要があります。誰よりも長い時間を中小企業と過ごしている担当者だからこそ「多くの情報を入手する機会」があるはずです。対話と観察を通して、多くの非財務情報を得て、数字だけに頼ることのないバランスの取れた総合評価を目指していきましょう。

2. 陥りやすい3つの罠

　非財務分析において"陥りやすい罠"が3つあります。

　1つ目は「スキル不足」です。長年財務分析を中心とする企業評価を行ってきた金融機関では、営業担当者を含め、場合によっては審査セクションでも、**非財務分析に係る知識・スキルが不足しています。非財務分析に関する体系的な知識や分析方法を学び、的確な情報収集や分析が行える体制を構築する必要が**あります。

　2つ目は、情報の取得が「担当者任せ」になることです。情報入手が担当者任せになる傾向が、どの金融機関にもあると思います。これは大きな誤りです。非財務分析における"情報の重要性"は何度も説明した通りですが、入手経路は担当者一人ではないはずです。課長、次長、支店長、それぞれの立場で情報入手が可能です。**情報入手については「ライン全員」が責任を負うことを、肝に銘じてほしいのです。**情報量が少ないことを担当者だけの責めとするのではなく、ライン全員のアンテナの低さを反省する必要があります。同時に、担当者のアンテナが鋭敏であるよう、日頃から十分な指導教育

を行う必要があります。

3つ目は「**過去の記録更新**」が不十分であることです。端的に言えば「**いま保有している情報は正しいか**」という確認から始めることです。徹底的に見直せば、これだけ情報に誤りがあったのかと驚くと思います。従来の感覚では、「積極的に非財務情報を収集する」という姿勢はなかったのではないでしょうか。また、担当者が交替する度に、非財務情報の更新を行うような指示も徹底されていないはずです。**非財務分析の基礎に情報があり、情報の蓄積が命綱である以上、今後は「情報を積極的に入手すること」「情報の蓄積に努めること」「情報の誤りを正し、都度更新すること」を徹底する必要**があります。

3. 非財務分析の要諦

それでは、非財務分析を行ううえでの「重要なポイント」について説明します。

＊＊＊非財務分析の要諦＊＊＊

① 情報を数多く入手する
② 情報を整理する
③ 整理した情報に〝意味付けを行う
④ 全体のプロファイリングを行う（全体像を描く）

① 情報の入手
  ・経営の各領域に関する情報を、数多く手に入れることが基本です。より良い情報を得れば「評価」そのものの質も高まります。ライン一体となって入手すること、全員で記録することが必要です。
  ・情報を入手するためには、非財務分析の体系や調査ポイントを理解する必要があります。本書を活用するなどして、どういった情報を取るべきか、どのように調査すべきかを学んでほしいと思います。

② 情報の整理
  ・集めた情報を上手に整理し、必要な時に効率的に引き出せる仕組みを作る必要があります。具体的には、情報を入れる箱を、「経営者」「経営史・

沿革」「生産」「営業」といった形で分類して、入口で振り分けるようにするとよいでしょう。

・次に、情報の更新です。情報の整理には、誤りを正す、最新の情報に更新する、といった目的もあります。

③ 意味付け

・「その情報が意味することは何なのか」を明らかにする「分析作業」です。非財務分析の核心的役割を果たします。

・例えば、「年1回、全社員をホテルに集めて、経営方針を示す発表会・表彰式を開催している」といった情報を入手したとします。この**情報に、評価対象企業の実力を示す一端があるはずで、それをどう表現するか（意味付ける）が「分析」**です。

・上記の例では「経営方針・経営計画を作成している」「それらを全社員に浸透させるための舞台（仕組み）を作っている」という、経営者の考え方が明確に理解できます。さらに経営方針・計画の内容を精査し、表彰式やその後のパーティでの社員の様子を観察することで、こうした意思統一の場が与える効果を知ることもできます。総じて意味付けするとすれば、「経営方針を軸に、社員の価値観・目標を一体的に浸透させて、従業員行動を同じベクトルに向ける努力ができる経営者」ということになります。

・こうした努力をまったくしない経営者も世の中には数多くいます。この毎年の発表会が形式に流れず、社長の信念や価値観、会社の目標を社員に理解させることができる場であり続けることができれば、この経営者の姿勢や考え方は大いに評価できるものと思います。

④ 全体像を描く（ケイパビリティの明確化）

・最終的には、各経営領域の**非財務分析**を活用して、**評価対象企業の全体像を描く**ことが必要です。言い換えればケイパビリティの明確化です。

・実際には「意味付け（分析）」と「全体像への統合」という作業が、**営業担当者にとって最も難易度の高い作業**になります。したがって、金融機関として、いかに2つのスキルを習得させるかが大きな課題になるでしょう。

・多くの金融機関で、個々の非財務分析について「経営者」「事業の強み

弱み」「管理体制」といった項目で設欄し、全体像については「総括欄」で行う様式が多いと思います。実態を見ると、個々の分析と全体像への統合がうまくできている例は少ないようです。最初から結論ありきで、個々の分析項目欄をただ埋めているだけの評価も散見されるので、全体像を描く統合のスキルを磨く必要があります。

・第21章の「プロファイリング」で、全体像を描く統合へのアプローチを紹介していますので、参考にしてください。

第5章

ビジネスモデル・商流

それでは、「非財務分析」の個別項目の説明をスタートします。

最初に押さえておきたい基本が、評価対象企業の「ビジネスモデル」と「商流」の2つです。非財務分析の「屋台骨」にあたる部分ですから、確実に理解しましょう。そして、今後様々な非財務項目を調査・分析するときにも、「ビジネスモデル」と「商流」を意識して行うと効果的です。

---

1. ビジネスモデルは「4点」を押さえる

「ビジネスモデル」という言葉をよく使いますが、正確な理解をしていない人が意外に多いと思います。まずは、定義をしっかり理解しましょう。

ビジネスモデルとは「誰に対して、何を提供して、どんな付加価値があり、どんな手段や方法で提供しているか」を示すものです。言い換えれば「**儲けの仕組み**」であり、**企業が対価を得られている理由**でもあります。

調査ポイント

～ビジネスモデルは4点セットで押さえる～

① 誰　　に：顧客は誰か、市場はどこか
② 何を提供：当社の提供する「製品・商品・サービス」は何か
③ 付加価値：当社が付け加えている価値は何か、顧客の享受するメリットは何か
④ 提供手段：商品・サービスを顧客に届けるルート・手段・方法は何か

① **誰に（顧客・市場）**
　・「**当社のお客様**」は誰か、です。B to B（企業対企業）の形態であれば、「販売先一覧」の資料をもらうことで把握できます。B to C（企業対個人）の形態であれば、一般顧客が相手ですが、**性別・年齢層・嗜好・地**

域といった様々な属性があるはずです。

- また、市場規模といった要素も見逃せません。市場規模はニーズの大きさを示すものですので、「誰」という中に「どんなニーズの大きさを持った顧客層か」を含めて理解することが必要です。

② 何を（製品・商品・サービス）

- 比較的理解しやすい項目です。**パンフレットや会社案内、ホームページなどを通じて、正しく理解すること**が必要です。殊に「中間財」「部品」については、一覧では理解できない場合もありますので、工場実査などを通じて実物を見て、どんな機能や役割があるかを把握しましょう。商社などでは「取扱商品が数万点」といったケースもありますので、どんな分野を扱って、どんな特徴があるかを確認することが大事です。
- **サービスについては「形で捉えにくい」**ものです。例えば「建設業」といって一括りで捉えてはいけません。建設業でも、土木・左官・建築・塗装といった様々な分野があり、得意不得意もあります。「**具体的に何をしているか**」を正確に理解するようにしましょう。

③ 付加価値・顧客メリット

- 顧客や商品を理解できても、具体的な付加価値について理解できていない担当者が多いと思います。**付加価値は「当社ならではの特徴」「これがあるから顧客が買う」という競争力の源泉**です。ビジネスモデルの根幹なので、評価対象企業との対話も活用してできるだけ詳細に掴んでください。
- 例えば「プラスチック資材の専門商社」といった場合に、販売先や販売商品はわかっても、どんな付加価値があるのか、実際にはわかりにくいものです。「他社では入手できない商品」「他社では真似できない品揃え」「注文即納入の機敏性」「顧客ニーズに合った提案」といった様々な要素が付加価値となりえるので、「ちょっとした差」を含めて「当社ならではの特徴」を把握してください。

④ 提供手段（チャネル）

- ビジネスモデルにおけるチャネルやロジスティックが注目されています。eコマースの影響が大きいと考えられます。卸売・小売といったチャ

ネルを排して、消費者からネットを通じて直接受注し、短納期（例：翌日）で自社倉庫からダイレクトに届けるといったスタイルで売上を拡大させており、物流を含めた提供手段・経路・方法が大きな武器として着目されています。

・eコマースに限らず、一般企業においても重要なテーマです。チャネルでいえば、代理店を使う場合もあれば、直販や自ら小売店をもつ製造卸もいます。また、卸売業がリテールサポートといった本業支援に力を入れていることもあり、そうした支援も期待して卸というチャネルを選択する企業もあります。

・また、温暖化や2024年問題、さらにはフィジカルインターネットの問題も相まって、物流改革や無人化・自動化・DXが大きなテーマになっています。これらも利益や競争力に直結する要素であり、競争力の源泉につながるものでもあります。

2. 商流は図によって「見える化」する

　商流は、評価対象企業の"ビジネスの流れ"、「入口」から「出口」までの流れを示すものです。ビジネスモデル同様、基本となる情報です。**商流はビジネスモデルを実現するための具体的なモノの流れで、「当社が付加価値をつけるプロセス」**でもあります。具体的には、「仕入」―「製造」―「販売」と順を追って、何らかの価値が付加されます。**商流をみれば「どの部分に当社の強み」があるか、「大きな付加価値があるか」を理解することができる**のです。

　通常は、フロー図に描いて「見える化」します（【資料2-2】参照）。**図面化の利点は「わかりやすさ」**です。文章で書き連ねるよりも、仕入・製造・販売のプロセスを図で表せば一目瞭然です。商流が複線になる場合もあり、複雑な流れであってもフロー図で整理可能です。さらには「工程に要する時間（日数）」を加えることで、売掛期間・仕掛期間といった概念を具体的に理解することができます。商流図で把握した流れと期間を、財務指標と突合することで貸借対照表・損益計算書等との関連性まで理解することができるのです。

　商流は、ビジネスに関する「全体的な関係図」ですので、販売先や仕入先の状況を理解することもできますし、ビジネス上の課題が明らかになりま

【資料 2-2】 商流図

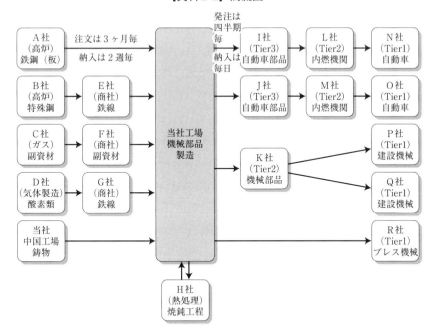

す。結果として、資金需要やサービス提供の大きなヒントとして活用できる
のです。

調査ポイント

～追加・修正も多いので「手書き」が一番～

① 主要商品を軸に「仕入・購買」「下請け」「販売」の分野別にヒアリング
② 1 取引先につき「商品・サービスの内容」「注文から納入、決済までの
　　期間・手段」を確認
③ ②について「なぜその取引先を選んだか」の理由を確認
④ ヒアリングメモをもとに「動線を何本引くか」「ハコ（取引先名・商品）
　　を何個用意するか」の"あたり"をつけて、白地の紙に「入口」から
　　記載を始める
⑤ 全体像が完成すれば、漏れ・修正点などをチェックしてできあがり

① ヒアリングの順序

・企業によって商品・サービスの種類が異なるので、主軸となる商品・サービスを中心に商流をヒアリングします。

・複数の商品ライン、複雑なラインの場合には、「仕入」を軸に「仕入—製造—販売」の流れをライン毎にヒアリングします。

② ヒアリング内容

・1取引先につき「商品・サービス名」「取引先の業種」「注文から納品の期間」「注文の頻度」などを確認します。「決済条件（締日・支払日）や決済手段（振込・手形等)」までヒアリングできれば、精緻な商流図になります。

・どうしてその企業と取引をしているのか「背景」「理由」を訊くと、取引先との関係性や、過去のトピックスなど"思わぬ情報"を入手できる場合があります。

③ 商流図

・①②のヒアリングメモを参考に、ハコ（取引先）の数など全体像をイメージし、対象企業が「中心」になるように描きます。ハコの中には、「取引先名」「業種」「取扱商品」「売上高・仕入高」などを書くとわかりやすい図になります。

・なお、近時は商流図を「手書き」でなくシステムを使って見える化している金融機関もあり、生産性が上がっています。

④ チェック

・一通りできあがったら全体のバランスをみて、漏れがなければ完成です。

第6章

経営理念・経営戦略・経営計画

　営業担当者であれば、お客様の経営計画を見る機会は多いと思います。決算報告の際に「次年度計画」として提出を受けるパターンが一般的です。その一方で、経営理念や経営戦略に正面から向き合う機会が従来は少なかったと感じます。これらは「経営の基本」「経営の背骨」となるものであり、非財務分析をするうえで欠かすことができないものです。

　経営理念は、近時「パーパス経営」といった言葉が巷間を賑わせているので耳にする機会が増えているはずです。経営理念やパーパスが重視される背景には、共通の価値観の醸成によって社員がベクトルを一つにしながら、臨機応変に仕事と向き合うことで経営理念の実現を図り、成果を上げることにあります。ビジネス環境が複雑化高度化するなかで、マニュアルに基づく標準化対応だけではパフォーマンスを上げることができなくなっています。そういった意味で、大きな視点に立って企業が重視する価値観を共有し、その方向のなかで社員一人一人が価値観に相応しい行動を取ることが求められているのです。

　また、経営戦略は「あるべき姿」「あるべき事業像」に向かって複数年をかけて、現在とのギャップを埋めていくための「長期シナリオ」です。VUCA の時代と言われ、変動が大きく曖昧で複雑で不確実性の高い状況にあって、企業が勝ち残るためには「未来の環境変化に適合するための変革」が必要です。そうした変革を短い期間で行うことは容易でなく、複数年をかけて現実と理想を埋めていくストーリーが欠かせません。また、戦略はパーパスを具現化する手段でもあります。そういった意味で、非財務分析において経営戦略を分析することは大きな意味を持ちます。

　最後が経営計画です。通常は 3 年程度の中期計画、あるいは単年度の年度計画といった形で作られます。これは経営戦略を実現するための「一里塚」として、より具現化された「戦術」といえるものです。パーパス⇒経営戦略⇒経営計画という「経営の体系」のなかで、場当たり的な形ではなく、計画

性をもったものとして経営は動くのです。

　本章では、これらについて具体的な内容や調査ポイント、分析の着眼点や留意点について説明します。

1.　なぜ経営理念が重要なのか

　あなたは、自社の経営理念が言えますか。もし言えるとしたら、あなたの会社の経営力は高いと思います。あるいは、あなたのモラルが高いか、どちらかです。

　仮に「当社には経営理念がない」としたら、「明示されていないか」「あなたが知らないか」「本当にないか」のいずれかです。経営理念は「社員の行動の指針」となるものですから、経営理念がない（わからない）会社では、社員の考え方や行動はバラバラで、力を結集することが難しいでしょう。「経営理念がない」ことで極端な支障を来すとは思いませんが、「組織をひとつにするアイデンティティ」がない以上、一端何かが起きれば方向性の定まらない、ブレの大きい状態になる可能性があります。

　経営理念については、「経営方針」「社訓」「社是」「パーパス」といった様々な名称で呼ばれています。1つ1つは微妙に異なるニュアンスがありますが、本書ではマネジメント・フィロソフィー、すなわち、**「社員の行動指針となる考え方」「会社が実現したい価値」**を表すものとして捉えたいと思います。

　事業性評価において、経営理念を調査する目的は、「会社の活動のバックボーンとなる基本的な考え方」「会社の到達したい価値」を知ることです。経営理念を基礎に、経営戦略、経営計画と展開されていくので、船でいえば「羅針盤」にあたります。羅針盤が狂ってしまえば、北も南もわからず方向感を失ってしまいます。

　著名な京セラの「社是」「経営理念」を見ると、

- -

社　　　是：「敬天愛人」
　　　　　　常に公明正大　謙虚な心で仕事にあたり　天を敬い　人を愛し
　　　　　　仕事を愛し　会社を愛し　国を愛する心
経営理念：全従業員の物心両面の幸福を追求すると同時に、人類、社会の進
　　　　　　歩発展に貢献すること。

- -

とあります。「強い心のつながりをベースにした経営」を原点におく、故稲盛名誉会長の経営哲学を反映した内容といえましょう。

それでは、具体的な調査ポイントを説明します。

調査ポイント
～経営者は経営理念を持ち、それを重視しているか～

① 価値観を何に置いているか
② どういう経緯、歴史から生まれたのか
③ 社内に浸透させるためにどんな取り組みをしているか、社員に浸透しているか

① 価値観

- 上記の京セラの社是では、社員の「心」の持ち様を重視しているようにみえます。謙虚さ、愛すること、公平であること、天や世間を畏れること、「心をベース」にした経営の考え方が伝わる言葉です。日々の仕事をするうえでも、大きな決断で迷ったときにも思い出せば、大きな力が湧く理念ではないでしょうか。
- このように「**会社として大事にするもの**」「**実現したい世界**」を、どんな言葉で表現しているかを確認してください。

② 生まれた経緯

- 創業者が作るケースが一般的ですが、"会社の歴史"や"問題意識"が多分に含まれていることが多いので、経営理念ができた**経緯を訊くこと**で「**理解に厚み**」が出ます。中小企業では「家訓」的に伝わっている場合も多いようです。

③ 社内への浸透

- **問題は、社員に浸透しているかです。**どんなに素晴らしい経営理念であっても社員と共有できていなければ、「行動に反映されない」からです。
- 浸透度合いは、直接経営者にヒアリングする方法や、経営発表会の唱和などを通じて掴むことができます。また、朝礼で毎朝暗唱しているといった"浸透のための活動"についても調べておくとよいでしょう。

経営理念を調査するうえで、参考となる「キラークエスチョン」を紹介します。

キラークエスチョン

　素晴らしい経営理念ですね。どなたが、どんな経緯で創られたのでしょうか？

　この質問は、経営理念を前に経営者と対話している状況を想定しています。ポイント①は、まず褒めることです。褒められて嬉しくない経営者はいません。ポイント②は、作成者の特定です。そしてポイント③が、経緯です。多くの場合、経営理念は作成者の経験が反映されています。会社創業の経緯とも重なる可能性があります。この質問によって、「経営者の経営理念に対する理解度、姿勢」が明らかになり、「経営理念のできた経緯、大事にする価値観」も判明するでしょう。

　現代は「パーパス経営」が重視される時代です。パーパス経営とは、従業員が会社のパーパスを理解し、それを実現するために、それぞれの立場で的確な行動をとることです。自分のタスクに限定されることなく、経営理念を体に染み込ませ、それが自然に行動に反映される。これが強い会社です。会社の規律、キビキビした社員の態度、あるいはCSRなどから、経営理念の浸透度を読み解くことができます。あらためて経営理念の重要性を認識してほしいと思います。

2. 経営戦略とは何か

　「戦略」は、本来"軍事用語"で、戦争を勝ち抜くための**準備・計画・運用など総合的な方策**を指すものです。有名なリデル・ハートの『戦略論』では、戦史を通じた戦略理論が展開されています。

　中小企業も、様々な経営環境の変化や多くのライバル企業との戦いに勝って、生き抜いていく必要があります。そのために、長期的なシナリオの下で"様々な方策"を駆使する必要があります。これらを取りまとめたものを「経営戦略」といいます。

　中小企業では、明文化された「経営戦略」を持つ会社は多くありませんが、「中期経営計画」といった形で、中長期のシナリオを作っている会社は少な

くありません。経営戦略の有無については、対話のなかで明らかにする必要があります。

また、前述の「中期経営計画書」の前段部分（序章）に、経営戦略として「全社戦略」「事業戦略」「人事戦略」「技術戦略」といった名称で、長期的なシナリオを記載している場合があります。中小企業の場合には、理念・戦略・計画が混然一体になっている場合もありますので、注意が必要です。

基本的には「経営理念と単年度計画をつなぐ長期シナリオ」と理解し、方向性や目標とする事業像に着眼することです。経営理念同様に、「経営戦略がない」場合があります。これについては「本当にない」「社長の頭の中にある」のどちらかです。経営者の多くは「将来こんな形にしたい」という夢があり、その夢の実現に向かって、"漠然としたステップ"を描いているのです。ある意味では、これが経営戦略です。経営戦略がまったく描けていない場合は、長期的展望を欠いた経営者ですから、具体的な政策が日替わりで変わるような危険性があるといえるでしょう。

それでは、具体的な調査ポイントを説明します。

調査ポイント

〜経営理念やパーパスを実現するためにどんなシナリオを描いているか〜

① 経営計画の上位にある長期シナリオがあるか
② そのシナリオは、時代の方向性と合致しているか、時代を超える普遍性があるか
③ 競争に勝ち抜く強みを活かし、弱みを克服する内容になっているか
④ 個別戦略が描かれているか

① **長期シナリオ**
- スタートは、そもそも経営戦略があるかを確認します。経営戦略というと人仰で堅苦しい面がありますので、**質問方法としては「経営に関する長期的な方向感、方策はありますか」**が一般的でしょう。気の利いた経営者であれば「長期的なビジョン」としても良いと思います。
- 経営戦略を確認する意義は、「経営者の想い・夢」「実現に向けたシナリオ」を明確化することで、現実と将来像のギャップを得ることです。これらは、事業性評価の根幹をなすものですから、対話を通じて確実に聞き取る必要があります。

② **方向性の是非**

・経営者が目指す方向性が"時代と合っているのか"、検証が必要です。戦略の検証ですので、高度な経営知識が必要になります。営業担当者一人で判断するのではなく、ラインディスカッションを活用して、大きな視点から検証すべき問題だと思います。

③ **競争力**

・**経営戦略で大事なことは「企業を継続させる」「企業を成長させる」ことですから、自社の強みを明確にしたうえで、その強みをどう活用しようとしているかを検証する必要があります。あるいは、弱みを認識したうえで克服の絵を描いているか、を検証する必要があります。**

・自社の経営資源や強み弱みを無視した経営戦略の実現性は高くないはずです。経営資源や強み弱みを、経営者が認識できているかもポイントのひとつです。具体的には、有名な「SWOTマトリックス（【資料2-3】）」を活用するなどして、対話をすると効果的です。

【資料2-3】SWOTマトリックス

要因		目的達成	
		ポジティブ	ネガティブ
要因	内部	強み	弱み
	外部	機会	脅威

表の見方
・目的達成に向けて前向きな自社内の要素は「強み」として整理する。逆に後ろ向きな要素は「弱み」になる。
・目的達成に向けて、前向きな外部環境の要素を「機会」、後ろ向きな要素を「脅威」と整理する。

④ **個別戦略**

・経営全体のあるべき姿や事業像が「経営戦略」だとすれば、それを実現するために経営資源の様々な要素を変革する必要があります。それを「個別戦略」と呼びます。具体的には、組織戦略、人事戦略、研究開発戦略、投資戦略、IT戦略、マーケティング戦略、製造戦略、知財戦略、財務戦略など領域毎に設定されます。

・こうした個別戦略の下で、例えば「給与体系の変更」「人事評価の再構築」といった具体的な施策（戦術）が立案・実行され、「あるべき姿」に近

づきます。金融機関の立場で考えれば、本業支援の機会に直結するもの
です。そういった意味で、経営戦略の全体像にとどまるのではなく、個
別戦略までヒアリングすること、できれば企業と共創することが重要な
意味をもつのです。

3. 経営計画の検証方法

　経営計画は営業担当者にとって最も馴染みやすいものでしょう。決算報告
時に決算書と合わせて、次年度の経営計画が提出されることが多いはずで
す。また、業績不振の経営改善先であれば、定期的に計画と実績のフォロー
を義務付けられていると思います。

　経営計画がわかりやすい背景には「収支計画」が中心で、具体的に数字で
押さえることができるからです。また、「資金計画」といった資料が添付さ
れる場合もあるので、融資に直結する、営業担当者にとって関心の高いテー
マでもあるからだと思います。

　経営計画の見方、検証方法については、各金融機関の審査セクションで“テ
キスト”を作っている場合が多いと思います。詳細はそちらに任せるとして、
ここでは「経営計画を分析するうえでのポイント」を確認します。

調査ポイント

～経営計画に「妥当性・実現性」があるか～

① 過年度計画とのつながりはあるか、反省を踏まえたものになっているか
② 収支計画は、実施する施策と連動した内容になっているか
③ 収支計画は、過去の実績水準と比較して合理性があるか
④ 計画実現のための施策は十分な内容か、妥当性はあるか
⑤ 総じて実現性の高い計画といえるか

　営業担当者であれば経験があると思いますが、経営改善途上にある企業で
は「経営計画と実績が大きく乖離している」ことが頻繁にあります。**計画を
達成できなかった理由を突き詰めると「計画に無理があった」**場合が大半で
す。経営資源からみて実現不可能、実施期間からみて実行不可能、など“い
ろいろな無理”が散見されます。

　それでは、上記5つの調査ポイントを説明します。

① 過年度計画とのつながり

- 第一のチェックポイントは「**過年度の計画**」との連続性や、実績に対する反省・回顧を踏まえた内容になっているか、です。
- 経営計画は、突拍子もなく作成して良いわけではありません。当然、過年度計画からの流れ、つながりがあって「今」があります。今年度の計画を検証する際には、前年度計画との数字的な連続性や、過去の失敗に対する反省を踏まえた新たな施策が反映されているかといった観点で検証する必要があります。

② 施策との連動性

- 経営計画には、目標を達成するための様々な施策が記載されています。例えば「利益率5％未満の販売先は整理する」とか「在庫水準を1ヶ月分に圧縮する」といった具合です。
- 経営計画では「収支計画」がセットされていますので、上記のような**個々の施策がどう収支計画に反映されているかを検証する必要**があります。例えば「利益率5％未満の販売先を整理する」のであれば、売上高粗利益率が上がる計画になっているはずです。**施策効果を数字で押さえる必要**があります。
- 同時に「**大事な施策**」が抜けていないかも検証ポイントです。例えば「大胆な有利子負債の圧縮」が施策として掲げてあるにも関わらず「資産売却」が施策としてなければ、何を原資として圧縮するのかという話になります。中小企業の場合、こうした施策の欠落が散見されるので、"抜け"に対する検証も大事な仕事です。
- さらには、**その施策は1年間で実施可能か、1年間でそれだけの効果があげられるか**についても、検証してください。計画未達の理由で多いのが、「施策実施が遅れた」「施策を実施できなかった」です。施策の実施が期日内にできるか、具体的な効果が出るかをチェックする必要があります。

③ 過年度水準との比較

- **過去の実績と比較した「妥当性の検証」**も大事なポイントです。今年度計画で、売上高総利益率を25％に改善するとあるが、昨年度実績が15％だったとすれば、1年で粗利率を10％も引き上げられるのか、とい

うことです。**過年度実績との連続性のなかで実現性を検証する作業**です。
- 上記のように"極端な場合"はすぐ検証できると思いますが、"微妙な場合"も当然あります。**こうした場合には「実額に置きなおして検証する」**ことが大切です。○○％といったように"率"で表現されると実現可能性がありそうに思えても、金額ベースで検証すると"ボリューム"が具体的に見えるので、"違和感"を持つことができるのです。

④ 施策の妥当性・十分性
- 計画を実現するための具体的な施策の妥当性は、**「実現できる内容か」「期待通りの効果があげられる施策か」**といった視点で行います。例えば、「有利子負債を半減させる」という目標に対して、「有価証券を売却する」施策を立てた場合に、簿価ベースでは有利子負債を半減できる金額だが、時価ベースで計算すると2割にも満たない金額で、期待する効果が得られない施策ということがありうるのです。
- あるいは、「有利子負債を半減する」ために「所有資産を売却する」施策では、"売却物件"が適切に選定されているかを検証します。その物件を売ったら、確かに有利子負債を半分にできるが、反面、売上高の過半が落ちるといった物件選定であれば、弊害が大きく、問題含みの施策である可能性があります。
- 施策の十分性の検証は**「計画を実現するために、掲げられた施策だけで十分か」**という観点で行います。逆に、**「実施する必要のない施策はないか」**という検証でもあります。中小企業では"経営企画部"といった専門セクションを置いて計画策定をしているケースは少ないので、**社長の想いが先行し、検証不足の施策が並んでいるケースが散見**されます。

⑤ 実現性の高低
- **最終的には「その計画は1年後に達成できるか」**です。実現性の低い計画を共有しろといっても、それは無理な話です。**1年間"サポート・助言"をしながら共に実現するに相応しい計画であるかを「我が事として」**検証する必要があります。
- 同様に、金融機関の本業支援によって実現性を高める。そのために何が出来るかを考えることも重要です。

4. 計画をしまい込まない

　営業担当者にとって留意すべき点が「経営計画書のしまい込み」です。多くの担当先を持っている営業担当者にとって、"数字に直結しない仕事"は後回しになりやすい傾向があります。本来は定期的に計画をフォローする必要があるのに、ついつい「経営計画」の実績確認は1年後（次年度決算報告時）ということになりかねないのです。

　1年後に計画の実績を確認したところで「感想を言う」のがオチです。そんなことに意味はありません。事業性評価で必要なことは「評価対象企業とともに、より良い未来を実現する」ことです。したがって、経営者と共有した経営計画書を机の中にしまい込むことなく、**修正可能な段階で助言やサポートを行うのです。事業性評価では、定期的なフォローを含めて付加価値があること**を忘れてはいけません。

　可能であれば四半期に1回は業績のチェックを行いたいものです。「わかっているけど忙しくて忘れてしまう」という営業担当者は「報告の仕組みを作る」ことをお奨めします。仮に自分が忘れたとしても、お客様側から報告していただける仕組みを作れば、定期的なチェックは可能です。仕組みの作り方としては、①経営計画を共有する場面で、担当者だけではなく、課長などライン一体で定期報告をお願いする、②四半期ごとに日を決めて、スケジュール帳に入れ込んでしまう、③面談が無理な場合には「毎月試算表を郵送する」といったルールを決めておく、等です。**お客様へは「定期的に拝見してアドバイスさせてください」**といったアプローチを行うのです。

第7章

経営者・経営陣・後継者

本章では「経営の本丸」ともいえる、経営者、経営陣（ボード）、後継者について説明します。

一番大事で、一番難しいポイントです。

1. 何を見るのか

端的にいえば「**経営能力**」です。企業経営を行うために必要な能力、経営のリスクを克服し企業を成長させることのできる手腕、こうした能力をどれだけ適切に把握できるかがポイントになります。

注意しなければならないことは「**経営**」に関する領域は多岐に亘っていることです。「戦略・計画」「組織」「研究・開発」「生産」「マーケティング」「人事」「財務」「ガバナンス」「企業倫理」から始まって「グループ戦略」「グローバル対応」「IT 対応」等々、数え出したらきりがありません。これらの経営分野について、**どういう考え方や手腕を持ち、どういう得意不得意があるか**、を調べることで、経営者の舵取りに関する力量や課題が明らかになります。

経営能力を測る場合に重要な点は、**憶測ではなく「裏付けをもって判断する」**ことです。従来、経営者の経営能力を測る方法は、担当者個々の力量に任されていました。そういった意味で、分析手法が個業化されており、体系化できていない面があります。本書では、経営能力を探る方法をできるだけ客観的に示したいと思います。

2. 経営能力を探る方法① : キラークエスチョンの活用

どんな金融機関でも、審査書類の中に「経営者」欄が敷設されています。そこで質問です。あなたが「記載した内容」は正しいですか。そして、「何を根拠に」記載した経営能力があると判断しましたか。

誤解を恐れずにいえば、「経営者」欄の記載の多くは、表面的で当たり障りのない内容になっているのではないでしょうか。その理由は、「経営悪化」「多額の与信」といった特殊なケース以外では**「財務分析優先の審査」**で、**「経営者まで見れていない」**からです。

　加えて、**営業担当者の調査力の限界**があると思います。経営者は、多くの場合「年齢が上」であり、「経験も豊富」です。こうした人に対して、若い担当者が「あなたの経営能力はどうですか」などと訊けるはずがありません。しかも、経営能力を判定する手法を特に教わったこともなく、ないない尽くしなのです。

　それでも**「事業性評価」を行う以上、経営能力の追究に挑戦**しなければなりません。経営の核心をなす経営力を見ることなくして、事業性評価など作りようがないからです。ここでは、"ないない尽くし"の担当者であっても「経営能力」を探ることができる方法について説明します。

キラークエスチョン

　この1〜2年間で、社長がやられたベストジョブ、一番良い仕事は何でしょう？

　まずは、キラークエスチョンを例に「調査方法」を考えてみます。

　何気ない質問ですが、この質問には「深謀遠慮」があります。この質問を言い換えると**「社長の自慢話を聞かせてください」**です。経営に関わる社長自身の自慢話を聞かせてもらうのです。

　筆者の経験からいうと**「経営能力の高い経営者ほど、自分のパフォーマンスを詳細に記憶している」**のです。そして、この詳細の話のなかには、**経営能力を示す数多くのエビデンス（実際にやった行為）**が含まれています。それらを**「失礼なく、気持ち良く、数多く」**話して頂くためのキラークエスチョンなのです。

＊＊＊ベストジョブを聞くうえでのコツ＊＊＊

① 経営に関して何の分野について、話をしているかを頭に描く
② どんな能力が優れているのか、「キーワード」や「決め手の言動」を見つける
③ あくまで実際の言動を拾い出す

このキラークエスチョンで難しい点は、**話をたくさん聞き出せても**、「**キーワードや核心となる言動を拾うことができる**」かどうかです。そして、この問題を解決する方法は、「**意識をして聞く**」「**メモする**」「**メモした内容から拾い上げる**」というトレーニングを重ねることです。そういう意味では、実戦的な研修を実施する必要があります。

　下記の例を読んで、あなたは社長の「経営能力」を示す「言葉・行動」を拾い上げられるでしょうか。実際にトライしてみましょう。

（社長の話）

「うちは運送業だろう。何をすれば差がつけられるか、いつも悩んでいた」

「それで、ある日突然〝システム課〟を作ることを思いついた。運送業界はシステム化が遅れている反面、人手不足がひどくなる一方だ。しかも物量は右肩上がり。不在宅の再配送負担も重い。アルバイトを雇っても、馴染みの配送先を覚えるだけで一苦労だ。」

「そこで、トラック１台１台に、在宅時間とか、再配送が多いとか、配送先に関する属性情報を集積したらどうかと考えた。システム次第では、効率的な配送ルートの自動設計ができるかもしれない。そんなシステム作りに挑戦したいと考えた。システム戦略が競争のカギだと思った」

「善は急げ。その日に役員会で宣言した、『システム課を作るぞ』ってね。みんな驚いていたよ。『社長、人がいません』って専務が言うので『今日から探す』ってね。うちの会社はベンダー任せだったから、社内でITがわかるのは総務部長くらい」

「そこで、人探しから入ってね。中核となる人材がほしくて募集したけれど、誰も来ない。そこで、思い切って俺と同じ給料で募集したら、IT会社でSEの主任をやっていた人が、Uターンで東京から来てくれた。そこから、また２〜３人を集めて、チーム結成。ついでに、俺自身がCIO（最高情報責任者）になった。自らの行動を律するためにね」

「まずは、チームに徹底して運送業のこと、うちの会社の仕事を勉強してもらった。先生は俺だよ。そして、システムで実現したいことを、夢というのかな、それを説明した。システムの制作期限は１年とした」

「とりあえず導入して、不備もあるかもしれないが、失敗しながら完成品を目指せば良いといって、メンバーを励ましながらプロジェクトを進めた。併せて、ドライバーのIT訓練も始めた。始めたといっても、ITパッドを触っ

てもらう程度だけどね」

「そんなことをしながら1年後にはシステムを導入して、ドライバーの意見を吸い上げたり、実際のマッチング率（在宅時配送）などのデータを確認しながら、属性情報を増やし、システム改善を続け、2年で概ね完成できた」

「いまでは、2割程度の生産性があがっているから、同業他社と比べても競争力がついたと思う。粗利益の改善のうち、ドライバーの時間外手当の減少効果が1%あると思う。ドライバーの早期終業にもつながり、組合からも好評だ。これからもシステムを高度化させていくつもりだ」

少し長くなりましたが"社長の自慢話が長い"ことは皆さんもご承知の通りでしょう。さて、この話を読んで「キーワード」「ポイントとなる言動」を拾い上げることはできましたか。

社長の話から以下のことが汲み取れるはずです。

経営の分野

「事業戦略」：競合他社との差別化
「業務革新」：IT活用による効率性向上、"リーンスタートアップ戦略"によるPJ推進
「人的資源」：IT人材の採用・活用、働き方改革（早期終業）
「組織運営」：CIO、IT部署の新設

社長の能力

「情熱・信念」：IT人材ゼロからのシステム課の創設、配送システム構築への粘り強い挑戦と完成
「ひらめき」：システム課、CIOの新設
「先見性」：業界水準から先行した行動
「構想力」：システム化推進による競争力強化と、生産性向上の両立という戦略立案
「柔軟性」：社長と同じ給料水準で、戦略の核となる人材を確保した
「分析力」：現状の課題把握。問題構造の把握。数値の把握・理解
「行動力」：即日に行動開始

「指　導　力」：協働的姿勢（励まし、目線）、育成体制の構築

これらを「どの言葉」「どの行動」で拾ったかを次表にまとめます。

分野・能力	言葉・行動
事業戦略	『何をすれば差がつくか、いつも悩んでいた』『運送業界はシステム化が遅れている』『システム戦略が競争のカギ』『これからもシステムを高度化していく』
業務革新	『とりあえず導入して、不備もあるかもしれないが、失敗しながら完成品を目指せば良い（リーンスタートアップ）』『2割程度の生産性があがっているから、同業他社と比べても競争力がついた』
人的資源	『(IT) 中核となる人材が欲しい』『ドライバーの IT 訓練（底上げ）』
組織運営	『システム課を作る』『CIO になった』
情熱・信念	『人探しから入った（ゼロからスタート））』『制作期限は1年とした』『自らの行動を律する』『2年で概ね完成できた』
ひらめき	『システム課を作ることを思いついた』
先見性	『運送業界はシステム化が遅れている』 ＋ 『システム課を作る』
構想力	『配送先の属性情報を集積する』『効率的な配送ルートの自動設計』『システムで実現したいこと、夢を説明した』
柔軟性	『俺と同じ給料で募集』『失敗しながら完成品を目指せば良い』
分析力	『運送業界はシステム化が遅れている反面、人手不足がひどくなる一方でしょう。しかも物量は右肩上がり。不在宅の再配送負担も重い。アルバイトを雇っても、馴染みの配送先を覚えるだけで一苦労（業界の問題・課題）』『ドライバーの意見を吸い上げたり、実際のマッチング率（在宅時配送）などのデータを確認（問題の発見・分析・対応）』
行動力	『今日から探す』『俺自身が CIO になった』
指導力	『先生は俺だよ』『励ましながらプロジェクトを進めた』『併せてドライバーの IT 訓練も始めた』

　これらは「すべて社長の言動」に基づく「能力分析」であり、「経営に関する能力」を示すものです。たった1つの質問が「自慢話」の呼び水となり、多くの情報を得ることができました。そして、社長の高い経営能力の一端を、具体的なエビデンスをもって明らかにすることができたのです。

　この例を参考にして、営業担当者数人で抽出作業を行い、皆で意見交換をすると多様な着眼点や能力発見ができて面白いと思います。こうした複数人で行った分析結果を統合すると「経営能力の客観的評価」ができあがるのです。

3. 経営能力を探る方法②

　前項の方法は「経営者へのインタビュー」による方法ですが、それ以外に「以下のツール」を活用した分析方法もあります。

＊＊＊経営能力を探るツール＊＊＊

① 経営者の経歴
② 経営者の外部における役職
③ 経営者の人脈
④ ホームページや会社案内の社長挨拶、SNS などの発信
⑤ 新聞・雑誌・業界誌などの記事・インタビュー
⑥ 経営者以外のステークホルダーへのインタビュー

① 経営者の経歴

・学歴、職歴を含めて「社長の履歴書」を用意している会社もあります。ない場合には、経理部長などカウンターパートに聴取する方法もあります。

・この資料で**重視する点は「ビジネスの経験値」**です。例えば、"大卒後 IT 企業に入社して、SE を 10 年経験した後、当社へ入社" という経歴であれば、「システム分野には相応の知識がある」ことが推定されます。あるいは、10 年他社で実務経験をしていれば「当社の枠にとらわれない視野」「社会人としての一般常識」を習得しているはずです。

・社内のキャリアも需要です。製造分野に長くいたのか、営業担当で来たのか、万遍なく各部署を廻ったのか、こうした経験部署を通じて「社内の各部門に対する掌握・理解」が推察できます。

② 外部の役職

・**外部の役職でみるポイントは「外部からの認知・評価」**です。

・商工会議所、商工会、中央会、業界団体など様々な関係先があります。"外部の役職に就任イコール優秀な経営者" とは言えない場合もありますが、その世界での立ち位置を見れば「社交性」「リーダーシップ」の片鱗をうかがうことはできます。事務局長にヒアリングすれば、「優れた点」「困った点」を教えてくれるでしょう。

・製造業などで上場企業の下請会・協力会の会長・幹部をやっている場合には、親企業から認められた人材であることは間違いないでしょう。特に、企業規模や取扱量に比して、役員を仰せつかっている場合には、それだけの実績があるからです。

・一方で「役職だらけ」という場合には、判断に迷います。「役職好き」の人もおりますし、仮に本業そっちのけで熱心に取り組んでいる場合、どう評価するかです。"一線を引退"した会長職等であれば、業界に認知されたリーダーという理解で良いと思います。

・このほか「**地域との関わり**」を見ることも重要です。企業と地域社会の共生は重要なテーマでありますので、教育委員会メンバー等役所関連、あるいはボランティア団体なども経営者の興味・関心を示すものといえましょう。

③ 人脈

・**人脈は「経営者の活動のフィールド」「研鑽の場」を検証する材料に**なります。非常に社交性が高いとか、この経営者は「工業系の研究会」に熱心だとか、**経営者の行動範囲や、自らを研鑽し、動機付ける場をもっているかを知る**ことができます。

・加えて「**師弟関係**」「**支援者**」といったことがわかると、経営理念とか、経営者の弱い部分が見える場合もあります。

・類は友を呼ぶというように、優秀な経営者に囲まれている経営者は自然に研鑽されていくものです。そういった意味で、人脈は経営者を測るメジャーになります。

④ HP・SNS の発信

・最近はブログやフェイスブック、ツイッターといった形で、**社長の考え方や日常行動が発信されている**場合が多く、これも社長の興味や関心、得意分野など、多様な情報を得ることができます。積極的に会社に関する動きを発信している経営者も多いので、経営者がどんなことをしているか、知るチャンスになります。

⑤ 新聞・雑誌

・インタビュー記事は、**通常の接触では得られない情報を入手できる**場合

があります。キャリアであったり、考え方であったり、様々です。
・こうした記事類は、営業ラインでの情報共有にも役立ちますので、渉外活動で立ち寄った際には、こうした記事類やインタビューを受けていないかを確認するとよいでしょう。

⑥ ステークホルダーへのインタビュー
・これは**関係者への側面調査**であり、**経営者の評価を調べること**が主目的です。
・評価対象企業の社内では「経営者の悪口はご法度」ですから、**「経営者の優れた点」を積極的にヒアリングする**と良いと思います。ひょっとした拍子に「愚痴」が出る場合もありますので、具体的な事象・出来事を訊くと経営者の一端をみることができます。
・外部のステークホルダーは、評価対象企業の「販売先」「仕入先」「協力企業」「親企業」が対象になります。自行の取引先であれば、通常の渉外時にさりげなくヒアリングして、経営者の人となりを把握するとよいでしょう。

　このように様々な情報から経営者の能力の一端を探ることができます。こうした場合に留意してほしいことは、経営者の経営能力については、営業担当者だけでなく、ラインが一体となって行うことです。経験の深い支店長や管理職であれば、違った情報収集や着眼点があると思います。経営能力は、事業性評価において最重要分析項目なので、ラインの各役職が情報収集と分析に努める体制を構築することが必要です。

4. 経営能力を探る方法③：危機時の対応

　筆者が現役支店長のとき、東日本大震災の復興に従事したことがあります。この経験は「経営者とは何か」とか、「早期復興を実現する経営者はここが違う」といったことを考える良い契機となりました。
　天災に限らず、企業経営をしていれば何らかの「危機」に遭遇することがあります。**危機を乗り越えるためには、経営者の持てる力をすべて発揮しなければなりません。**したがって、経営者の経営能力を把握するには、またとない機会です。問題は、自分が担当している期間にこうした危機に遭遇でき

るかですが、機会は決して多くないでしょう。

　こうした危機時の対応に関する記録は「金融機関全体」で、取り組むべき課題だと思います。その企業にとって「危機時」に経営者がどう対応したか、能力発揮を行ったかを正確に記録する業務フローを構築することが大事です。

＊＊＊危機時にみるポイント＊＊＊

① 経営者のハート：耐える心、困難に打ち勝つ強さ、危機を乗り越えようとする執念・粘り
② 計画立案力：行き当たりばったりでは克服不可能。危機克服の計画性
③ 行動力・折衝力：厳しい交渉への対応や、即時の行動が求められる
④ 関係構築力：自分を応援してくれる支援者や仲間を増やす力
⑤ リーダーシップ：社内を一本化し、団結できる力。求心力。社員を牽引する力

① 経営者のハート

・危機時に一番見るべきことは「耐える心」です。そして「危機を克服しようとする執念」です。東日本大震災でも、この能力の差が復興の差となった部分があると思います。経営では忍耐と執念が必要です。この2つがどう備わっているかが日々の行動から窺えます。

② 計画立案力

・東日本大震災では津波で多くを流され、ゼロからのスタートとなった企業が数多くあります。経営を再興するためには、行き当たりばったりではできません。経営再興に向けて計画をもって行動することが必要です。天災ばかりでなく、大口の不良債権発生といった危機時でも、債権回収や処理に対する計画的な行動が必要になります。

③ 行動力・折衝力

・危機時には「行動力」や、関係者への「折衝力」がよく見えます。天は自ら助くる者を助くという言葉がある通り、行動しない経営者は危機を克服できません。また、数多くの折衝が必要であり、こういった力量が明らかになります。

④ 関係構築力

・危機を発端として、様々な出会いが生まれるものです。経営再興には支援者が不可欠です。こうしたステークホルダーとの関係構築が上手な経営者は、次々に支援の輪を作ることができます。取引先に限らず、役所や関係団体とも良好な関係を築いているか、よく見たいところです。

⑤ リーダーシップ

・危機時には社員も動揺し、場合によっては離職者も出ます。社内をひとつにまとめ、全員の力を結集するためには、強力なリーダーシップが必要です。

・社長が社員に発する言葉、社員への行動などを見れば、社内がまとまって危機を克服しようとしているかが一目瞭然です。

> ### コラム⑲　経営者の生き様を見た ・・・・・・・・・・・・・・・・・・・・・・・・・・・・・・・
>
> 　本書では「経営力」について、詳しく説明しています。中小企業という小さな船においては、船長の力量が会社の命運を握ることが多いからです。そうは言っても、外部から社長の力量を見極めることは非常に難しいことです。特に平時においては見えない部分も多く、危機時ほど社長の力量や生き様が見える機会はありません。
>
> 　ここでは、これぞ経営者の生き様という事例を紹介します。
>
> 　その社長は"地元の名士"で、将来は経営団体のトップを担うような人物でした。人望も厚く、若いときから様々な団体の世話役を務めてきましたが、多忙のせいか自社の事業は時流を見失い、気が付くと毎年赤字を計上するような状態になっていました。
>
> 　地元の有力企業を立て直すために、メインバンクを中心に当時では珍しかった「会社分割」を活用した再建案が作成されました。社長は昼夜を問わず、再建策実行のために働き続けました。あまりにも頑張るので「社長、お体は大丈夫ですか」「時々は休んでくださいね」といった話をしましたが、社長は「地元に迷惑はかけられん」「社員だけは何とかしたい」を口癖に、売却交渉や、銀行交渉、仕入先交渉に汗をかいていました。
>
> 　こうした苦労の甲斐あって再建策は成就し、従業員の雇用を守りつつ、会社は新経営者に引き継がれ、自らは経営責任をとって引退をされることになりま

した。「社長本当におつかれさまでした」「いろいろ支援してくれてありがと
う」、そんな会話をして数ヶ月後に社長はこの世を去りました。戦死とも言え
る、壮絶な再建との戦いの果てでした。葬儀に出席した私の目には、自然と涙
があふれました。社長と歩んだ再建の日々が走馬灯のように頭を駆け巡ったこ
とを覚えています。

　この社長を通じて経営の多くを学びました。会社を社会の公器と捉え、地域
社会に迷惑をかけたくない、従業員の雇用を守りたい、そのためには理不尽な
ことがあっても黙々と汗を流す、経営者の心意気です。経営には罠があり、注
意深く進めないと足元をすくわれることがあります。この社長もその一人で
しょう。しかし、他責をすることなく、ステークホルダーを想い、身を粉にし
て働く姿は、経営者の鏡だと思いました。

　困難な状況に陥ったときに、他責ばかりで自らは動こうとせず、あるいは嘘
を重ねる経営者も少なからずいます。本当に難しい仕事ではありますが、営業
担当者は「経営者の真の姿」を見極める力を持ちたいものです。後になって振
り返れば、何気ないことに その人の本性が見える場合があります。些細なこと
を含めて、経営者の力量や姿勢をしっかりと見極めることが必要です。

5. 経営者について留意すべき点（補完材料）

　経営者について「経営能力」を測る方法について説明してきましたが、も
うひとつ大事なポイントがあります。それは「＋αで評価すべきこと」です。
　典型は「小規模企業」です。つまり**会社と経営者が一体に近いようなケー
ス**です。例えば、会社の信用格付けが低い場合でも「個人資産が豊富」であ
るとか、「ステークホルダーと強固な関係を持っている」といった「**補完材
料**」があることです。これについては「中小企業特性」といった考え方で調
整している場合が多いと思いますが、金融資産を含めて個人資産を全て把握
することは困難な場合もあります。また、規模は小さいが驚くような人脈を
もっているといった場合もあり、単純な「経営能力」だけで判断できない場
合があるので、留意する必要があります。

6. 経営陣（役員・役員会）

　経営陣は、会長・社長といった**経営トップをサポートし、一体となって経営目標の実現に貢献する役割**を担っています。近年は「ガバナンス」が注目されており、経営の意思決定がどう行われているのか、**経営トップの行動がチェックされているか**、あるいは、**業務執行を強力にサポートできる体制**があるかが、チェックポイントになります。

調査ポイント

～団結力、キーマン、チェック力、サポート力をみる～

> ① 経営トップと役員陣の関係はどうか、反目し合っていないか
> ② 役員同士の関係性はどうか、悪しき派閥争い等がないか
> ③ 役員のキーマンは誰か
> ④ 取締役会はワークしているか、形骸化していないか、その他の実質的な決定機関があるか
> ⑤ 役員それぞれの実力はどうか、年齢構成に偏りはないか

① **トップとの関係**
- ・**経営陣が一枚岩になっているか**、は基本的な確認事項です。
- ・事業承継直後の場合などは、前社長時代の古参役員が残っていて、新社長の言うことを素直にきかないといったケースも見られるので留意します。
- ・また、「面従腹背」といったケースもあります。社長の悪口ばかりを言っているような役員がいれば要注意です。中小企業では面と向かって社長に文句を言う役員は少ないので、会社のパーティー等で話す機会があれば、こうした面を観察しましょう。

② **役員間の関係性**
- ・最終的に経営トップがまとめる力量があれば問題ありませんが、①と同様で会長派閥、社長派閥といったように、**役員間が分裂状態にあると「意思決定」等で大きなコストや障害を惹起する懸念**があります。
- ・往々にして業績不振企業で、こうした役員間の不和が起こる場合が多いので、様々な機会を活かして調査することが必要です。

③ キーマン

- ・キーマンを知る意味は「**経営に大きな影響**」を与えている人物の力量や考え方、を知ることです。場合によっては「**事実上の意思決定の仕組み**」を押さえることにあります。
- ・社長が若いとか、力量不足だといった場合には、事実上キーマンが経営中核になる場合がありますので、キーマンの経営力を見極める必要があります。

④ 取締役会等

- ・中小企業の場合、主要株主＝経営者というケースが大半なので、事実上取締役会は形骸化しているケースや、社長の意思伝達の場、あるいは報告会となっているケースもあります。
- ・一方で、経営意欲の旺盛な経営者の中には「**社外取締役**」を積極的に取り入れ、**取締役会の活性化を図ろう**としている経営者もいます。
- ・良し悪しを判定するというよりも、経営者の「**意思決定に対する考え方**」「**ガバナンスに対する考え方**」をチェックすることが大事です。

⑤ 役員の実力・構成

- ・**役員の年齢構成をみる意味は、「世代交代」「役員の事業承継」ができているか、を調べることにあります**。例えば、60代後半のベテラン役員しかいない、という状態では次世代になかなか引継ぎができませんし、彼らが退職した場合に経営力が急激に低下する懸念があります。
- ・役員の実力を調べることは難しいですが、これは端的に社長にヒアリングすれば良いと思います。聞き方としては「役員陣に不満はありませんか」「社長が頼りにしている役員はどなたですか」といった聞き方がよいと思います。
- ・役員の実力を調べることで、「**社長頼りの体制**」になっていないか、「**社長の弱みが上手く補完**」されているか、を知ることができます。

　経営陣に関する調査は、内部情報かつトップ機密ですから、①経営トップに訊く、②カウンターパートの部長に訊く、③渉外時の関係部署の社員に「意思決定がどこで行われているか」「決定にかかる時間」といった形で聞くことができます。

7. 後継者の有無・実力

後継者を調査する意味は、「経営の持続性」「経営力の維持」が可能か、を確認するためです。

調査ポイント

～後継者の有無、不在時の将来設計、存在時の育成方針等～

① 後継者がいるか、いないか。いる場合に社長との関係はどうか（親族か、従業員か、外部か）
② いる場合は「社内」「社外」のどちらか。社外の場合、いつ入社予定か
③ 社内にいる場合は、年齢や社内キャリア、役職、力量はどうか。育成方針はあるか
④ いない場合は「事業承継」をどう考えているか

後継者については、「いない」からと言って直ちに支障を来すわけではありません。しかし、将来あるいは偶発的な事故が起きた場合には、企業の存続という大きな問題となります。したがって、何かの機会を捉えて、しっかりと確認する必要があります。中小企業の場合、経営トップが健康で元気に活動していればいるほど、事業承継に無頓着な場合もあるので注意が必要です。

上記の調査ポイントに従って、ヒアリングすることが基本的な調査方法です。非常にデリケートな問題ですので、ヒアリングする際は、行内で十分相談して「誰に訊くか」「誰が訊くか」といった打合せをしておくことをお勧めします。

① 後継者の存在、社長との関係性

・近時は事業承継の半分以上が「親族外」となっており、子息・親族への継承が減る傾向にあります。したがって、社長が事業承継をどう考えているかは極めて重要な問題です。
・特に、60歳以上の経営者には必ず確認すべきです。事業承継は、短期間でできるものではなく、通常は5年程度を要すると言われています。仮に事業承継者がいたとしても、経営者として育成する時間も必要です。
・事業承継者と社長との関係性も確認しましょう。子息の場合でも、近年

は単純に長男とは限らないので、選定の経緯も確認できればなお良いと思います。

② 後継者の状況

・後継者がいる場合には、既に社内にいるのか、まだ社外で働いているかを確認します。特に社外にいる場合には、上記の通り、育成期間等の問題もありますので、入社時期や育成計画を確認しましょう。

③ キャリア

・後継者が社内にいる場合には、社内でどんな部署を経験してきたか（キャリア）、役職経験はどうか、社内の評判や力量評価はどうかを確認します。

・また、後継者をどう育成しようとしているか、彼の部下の育成はどうなっているかを確認することで、経営力全体を評価することができます。

④ 後継者不在の場合

・一番問題となるケースです。近年はM&Aも増加しているので、経営者の考え方をしっかり聞くことで、金融機関はさまざまなアドバイスや支援を行うことができます。

第8章

株主・労使関係・組織文化

　中小企業においては、「経営者＝主要株主」である場合が多いので、"株主を意識する"ことは少ないと思います。しかし「事業承継」が社会的な問題となり、経営と資本の分離が珍しくなくなった現在では、"株主"は見捨てておけないポイントです。また、企業活動を支えている主役は「社員」であり、「経営者との関係」や「モラル・資質」について調査する必要があります。また、近年「組織文化」が生産性向上や社員のエンゲージメント強化に役立つとして注目されています。

1. 主要株主・実権者の把握

　まずは株主構成、議決権割合を把握しましょう。近年は「種類株式」の発行も見られ、無議決権株式や、黄金株といった普通株式とは異なる形態があることに留意しましょう。

調査ポイント

～議決権割合、実権者の把握～

① 議決権割合（株式保有数）、株式の種類・構成
② 会社を支配している事実上のオーナーは誰か
③ 株式が分散している場合の株主対策、資本政策はどうか
④ 従業員持ち株会、投資育成会社の有無

① 議決権割合、株式の種類・構成
- ・通常は普通株式で構成されており、保有割合によって計算すれば「議決権割合」は計算できます。資料として「税務申告書別表『同族会社等の判定に関する明細書』」が参考になりますが、当社で株主一覧の資料を作成しているので必要に応じて入手します。

・議決権割合を調べる理由は、**誰が会社を支配しているか**を確認するためです。経営＝オーナーの場合は問題ありませんが、そうでない場合もあるので留意が必要です。
・特に注意が必要なのは、近時事業承継対策で「黄金株」（拒否権付株式）や、議決権を有しない優先株などの存在です。特に、黄金株は伝家の宝刀で、重要案件が否認されるケースもありますので存在を確認すべきでしょう。

議決権割合	権利
3/4 以上	特殊決議（剰余金の配当について株主毎に異なる取り扱いへの定款変更が可能
2/3 以上	特別決議（定款の変更、事業譲渡、会社分割等）が可能
1/2 超	普通決議（取締役の選任・解任、取締役の報酬決定等）が可能
1/3 超	特別決議・特殊決議を否決できる
少数株主	10％以上＝解散請求権、3％以上＝株主総会招集権等

・また、定款の定めによって様々な種類株式を発行できることから、普通株式以外の種類株が発行されていないか、それがどういった構成で、どういう意味をもつかについて確認する必要があります。

② **オーナーは誰か**
・通常は議決権割合の最上位者が「実権者＝事実上のオーナー」ですが、議決権割合は低くても、"黄金株の所有者"は事実上のオーナーといえるでしょう。また、議決権割合が少なくても、同族をとりまとめている事実上のオーナーもいますので、決めつけることなく、確認することが大事です。また、外部企業が少なからぬ議決権割合を持って、経営に関与している場合もありますので、影響度を確認する必要があります。
・問題は、**経営者と株主の関係性**です。万が一、対立関係にある場合に経営者は思い切った政策が打ちにくくなりますし、解任リスクなど経営が安定しないこともあります。また、多くの少数株主が存在し、その割合が3割を超える場合には支障が出る場合もあります。

③ 株主対策・資本政策

・会社の成り立ちや歴史から、株主が多数いる中小企業も珍しくありません。こうした場合には、株主総会を含めてどんな対策を行っているか、**株主との良好な関係をどう作っているか**を調べる必要があります。

・加えて、**資本政策**上少数株主の買い取りを進めている場合や、事業承継者への株式集中を行っている場合もあります。これらは「課題解決型営業」の重要なテーマとなりますので**買い取り価格**など参考になる情報を提供するなどして情報収集を行います。

④ その他

・その他、社員持ち株会がある場合には「資本政策」「福利厚生政策」など、経営者の考え方が反映されていますので、設立の意図を訊くとよいでしょう。また、投資育成会社が相当程度議決権割合をもっている場合があります。同じく「事業承継」等の意図があって導入していることも多いので、その目的を確認します。

・また、近時「ファンド」から大口の出資を受けている場合があります。多くは再生ファンドからの出資であり、業績や財務内容が改善すれば売却や買戻し等の措置が取られることが一般的です。ファンドの姿勢や考え方、経営の関与、今後の対応について情報収集する必要があります。

・同様に、事業承継ファンドによる「ブリッジ（一時的な橋渡し）」として出資が行われるケースもあります。承継者が不在のケースが増えている一方で、経営者の高齢化の進展が背景にあります。また、投資育成会社が出資しているケースも少なくありません。

・このように、中小企業にファンド等からの出資がある場合には、放置することなく、上記の点について確認することをお勧めします。

---

2. 労使関係・従業員の資質・組織文化

　近時「無形資産」が高く評価される時代になりました。鍛えあげられた従業員や、高い技術を有する工具は、会社にとってかけがえのない資産です。従来、企業の従業員まで目を配り、企業評価の一部とすることはなかったと思いますが、上記のような視点で従業員の資質や労使関係を確認する必要が高まっています。

～労使関係は良好か、従業員の資質は高いか、組織文化はどうか～

① 労使関係は良好か
② 社員の資質は高いか、人材投資を行っているか
③ 組織文化はどうか

① 労使関係

・労働組合の有無を確認します。ケースによっては"複数の組合"が存在する場合がありますし、連合会傘下の組合もあるでしょう。稀に労使関係が複雑で、組合問題で経営が揺るがされるケースがありますので、軽視してはいけません。春闘の季節に社内の動きや、廊下や掲示板に貼られた労働組合の文書を見るなどして、情報収集に努めましょう。

・労働組合がない場合には、「労使関係を円滑にする施策」について訊くとよいでしょう。

・近年は非正規労働者との関係性にも留意が必要です。社員の大半が非正規の場合もあり、トラブルになると社外組合が乗り込み、解決に多大な負担を要するケースもあります。

② 従業員の資質

・まず「**男女比率**」「**年齢構成**」は基本的な情報です。「会社全体の事業継続」という観点からすると、年齢構成は重要な問題であり、かつ「社内団塊の世代」のような"塊"があると、大量退職の影響が少なくない場合もあります。会社が、こうした比率や構成をどう考え、どう対策しているかを確認する必要があります。

・訪問時の受付や社員全体の接遇の姿勢などを観察すると雰囲気がわかります。工場などではTQC活動の結果を掲示している場合もありますし、同様に工員の作業態度や5Sの徹底度合いをみると鍛えられているかが見えます。

・社長に「研修体制」をヒアリングする際に、社員に対する評価を確認する方法もあります。人材投資は組織強化の観点で大きな意味をもつので、社員の評価とともに人材投資の考え方や具体的な方法を確認します。

③ 組織文化

・組織文化は近年注目されている無形資産です。例えば、心理的安全性が確保され、誰もが自由に発言できる雰囲気が醸成されていれば、従業員は自由かつ思い切った意見やアイディアを披露できます。また、肩書きではなく「さん付け」呼称が徹底され、階層感のない組織であれば若手も委縮することなく仕事ができるでしょう。

・従業員の価値観が多様化し、また生産労働人口が減少するなかで、いかに職場での働き甲斐や心理的安寧を確保できるかは、従業員の採用・定着に大きな影響を与えます。非財務分析において、労使関係や従業員の資質にとどまらず、こうした組織文化について掘り起こすことで、企業のケイパビリティ（能力）を抽出することができます。そして、組織文化も企業の大きな武器として評価されるのです。

第9章

会社の歴史・沿革

　多くの金融機関の調書に「会社の沿革」といった項目があります。しかしながら、「会社の沿革」が評価に十分反映されていない場合も多いのではないでしょうか。取引企業の歴史に興味がない営業担当者も少なからずいると思います。

　会社の歴史をたどることで「DNA」「風土」「想い」「商品の移り変わり」「危機時の対応」「拠点の増加」など様々な情報を得ることができます。「○○年史」といった記念史を作成している企業もあるので、ぜひ手に取って見てほしいと思います。

調査ポイント

～「今日」がある背景を知る～

① 会社設立の経緯は何か
② 業態や主要商品の変化はどうか
③ 拠点数や場所など、どんな成長を遂げてきたか
④ 大きな出来事、トピックス

　筆者は支店長時代に、よくお取引先の「○○年史」を読みました。その理由は、個別企業の歴史は中小企業史そのものであるという認識があったからです。加えて「○○年史」を熟読して面談すると、**社長からの信頼が格段に高まる**のです。「支店長、そこまで当社の歴史をご存知なのですか」といった具合です。経営者にとって自分の会社の歴史を知ってもらうことは、それほど嬉しいことなのです。それはサラリーマン経営者とは異なり、血と歴史を背負っているオーナー経営者の矜持であり、重圧があるからだと思います。

　営業担当者は、ぜひ取引先企業の歴史に興味をもってほしいと思います。事業性評価を行ううえで、必ずプラスになります。なぜなら「**今日があるのは過去の積み重ねがあるから**」です。

1. 会社設立の経緯

　営業担当者が向き合っている経営者は、「創業者」「2代目」「3代目以降」と様々です。筆者がお付き合いした企業では千年以上の歴史をもつ第34代の社長さんもいらっしゃいました。**設立の経緯を調べる目的は「原点を知る」**ことです。歴史のある会社のなかには"伝承"に近い場合もありますが、それはそれで耳を傾ける十分な価値があります。

　ホームページに「会社の歴史」が掲載されていることが多くあります。また、会社案内などに記載されている場合もあります。冒頭のように、年史が作成されている企業もありますので、経理担当に訊いてみると良いでしょう。

　中小企業の場合、「**原点はDNAとして継承されている**」場合が多いと思います。経営理念として明文化されている場合もあれば、会長が「社員に常々語りかけている」場合もあります。こうした**設立の経緯を、現経営者がどのように評価しているかをヒアリングする**ことも意義深いことだと思います。

2. 業態・主要商品の変遷

　当初は、材木商だったが途中からお菓子屋に変わったとか、業態変化をしている企業は珍しくありません。"変化するものだけが生き残る"からです。こうした場合に、変化した背景を調べることが大事です。**現在の経営者もそういう歴史認識を持っている**場合が少なからずあります。そして、こうした**歴史認識が経営者の考え方に影響を与えている**場合があるのです。それが当社の「変化に対する考え方」を知る契機にもなります。

　一方で、100年お菓子屋一筋という会社もあります。しかし、業種は変わらずとも、取扱商品が変わることは少なくありません。あるいは、会社の歴史の中で、企業の基盤を作る契機となったヒット商品の発明もあります。

　主力商品の変遷は時代の変化やマーケットの変化があり、それに対する企業の対応力を示す材料です。上手に変化して生き延びた企業であれば、今後もこうしたDNAが活きる可能性があります。あるいは、変わらず一本の商品でやってきている企業があるとするならば「その強さ」を質問することで得るものも大きいはずです。こうした変化の歴史を経営者がどう評価しているかも、重要なチェックポイントといえるでしょう。

3. 成長の歴史

　企業の成長の歴史は、**売上規模・資産規模の変遷**から窺うことができます。**拠点の展開**も大きな材料です。

　決算初期より「売上高」の変遷を記録している企業もありますので、トレンドを教えてもらうと多くの気づきが生まれるでしょう。例えば「1期で売上が急増」といった事象です。ヒット商品が生まれたとか、様々な事情で需要が急拡大したとか、M&Aを行ったとか、トピックスが目白押しです。

　営業所の拠点展開であれば、**当社が営業基盤をどう築いていったかがわか**ります。同様に、工場であれば、**取引先との関係や、調達・工員不足・環境といった様々な問題に直面していた当社の背景を知る**ことができます。

　近年では海外展開が増加しています。「取引先の要請」というケースもありますし、「自ら市場を開拓」という挑戦のケースもあります。**当社の経営姿勢や、営業戦略・製造戦略を知る**うえで多くの情報を収集できるので、こうした方針や考え方をヒアリングすることも効果的です。

4. 大きな出来事・トピックス

　大きな出来事やトピックスを調べる目的は、「**会社の今日にどんな影響があったか**」を知るためです。**これがあったから成長につながったとか、これが最大の危機だったとか**、です。

　お取引先の中には「あの時、貴行だけが助けてくれたから、会長がどんなに会社が大きくなっても貴行との付き合いはやめないと言っている」というケースは数多くあるはずです。こうしたトピックスは、その銀行にとって大きな基盤を作った契機であり、当社にとっては「生き伸びた瞬間」です。当社と当行が取引した経緯は、行内で歴々語り継ぐべき話でもあります。

　トピックスの多くは「**天災**」「**大きな設備投資**」「**大きな不良債権発生**」「**資金繰りの逼迫**」といった場合です。あるいは、「**経営統合**」「**技術提携**」「**営業基盤の開拓**」といった場合もあります。

　いずれにしても、**大きな出来事・トピックスは、当社の歴史に刻み込まれた記憶であり、今日の経営哲学や方針に繋がっている可能性**があるので、ぜひヒアリングしたいポイントです。

5. 歴史に対する総括

金融機関の調書では「年表方式」で会社の歴史を記載する場合が多いと思いますが、可能であれば"歴史の総括"をすべきです。年表方式は「読者（決裁者）に読み解け」といっている気がします。

事業性評価においては「過去があって現在がある、現在があって未来がある」という考え方を大事にします。その意味で、財務分析で過去数期をみるように、「歴史の検証」も行うべきです。

それでは、会社の歴史をどう総括したら良いでしょうか。

一言でいえば「**今日の会社を形成した背景**」という観点でまとめると良いでしょう。**①設立の経緯、②業態・主要商品、③拠点・組織、④トピックス**の動きのなかで、浮かび上がる経営哲学を始め、**経営戦略、商品戦略、営業戦略、生産戦略などの考え方をまとめることです。**もちろん簡単な作業ではありませんが、簡潔な文章にまとめることで、「**会社の DNA・風土**」「**会社の哲学・戦略思考**」がみえるのではないかと思います。

キラークエスチョン

社長が自社の歴史のなかで、最も重要だと考える出来事は何でしょうか。そして、その出来事が「現在の経営」に影響を与える何かがあるでしょうか。

第10章

組織構造

近年「組織戦略」という言葉がクローズアップされています。フレデリック・ラルー著『ティール組織』（英治出版）では、次世代型の組織提言が話題となりました。

それでは、「組織」とは何でしょうか。組織である以上「やるべき目的」と「2人以上の人」が存在することが必要です。**何かを実現しようと集まった人間が、目的達成のために協働する、これが「組織」**です。

それでは、事業性評価において「組織構造」を分析する意義は何でしょうか。それは**「目的実現に向けて、最も高い効率性と成果をあげることのできる集団か」**を知ることです。事業性評価では、評価対象企業の実態をありのままに知ることが目的のひとつになります。企業が組織として存在する以上、効率性や目的実現に向けて最大の効果をあげられる形になっているかは極めて重要な問題であり、その重要性が認識されているからこそ「組織戦略」といった考え方が生まれるのではないでしょうか。

調査ポイント

〜組織構造はどうか？機能不全になっていないか？背景にある戦略は？〜

① どんな組織構造になっているか
② 組織上の課題は何か（「効率性」「効果」「連携」「リーダーシップ」「社員意欲」はどうか）
③ 事業戦略との「整合性」が反映されているか

1. 組織図を見よう（組織構造の把握）

組織構造分析の第一歩は、組織を把握することです。つまり、**組織図をみる**ことです。余程小規模の企業以外は、会社の組織図を作成していると思います。

まずは、カウンターパートの経理部長さんに依頼して、組織図を入手しましょう。ホームページで開示している企業もあります。会社で作成された組織図は、社員数などが入っていることが多く、部署の大きさや、力の入れ具合を知ることができます。

　多くの企業は【資料2-4】のように、「ライン型の機能別組織」になっています。中小企業の基本的な組織デザインといっていいでしょう。近時、こうした「ライン型の機能別組織」だけでなく、規模によっては「事業部制」「カンパニー制（＋持ち株会社)」などの形態も珍しくなくなりました。

【資料 2-4】 機能別組織

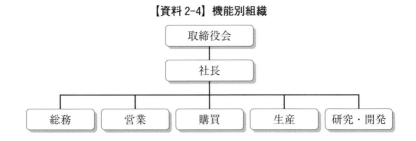

　事業部制は、事業部に一定の権限を委譲するとともに利益責任を持たすなど、採算管理の明確化を図る場合に採用されています。規模が拡大するにつれて、組織へのフリーライドといった悪癖に陥りやすいことや、意思疎通の問題、管理上の問題から“独立性を高める体制”にしているのです。

　カンパニー制は、事業部制度の独立性を一歩進め、1つの企業として完全な独立採算制とし、人事や経営企画については、グループ全体を統合する観点から「持ち株会社」で担っている形態です。近年、製造業を中心に、海外に生産拠点や営業拠点を展開するなかで、カンパニー制を導入する中小企業が増えています。カンパニー制をとっている企業グループは、「グループ全体の組織図」を作っている場合があるので、**グループ各社が「グループにおいてどういう役割」**を果たしているか、「指揮命令系統」や「管理」**がうまく機能しているかを調べる必要**があります。

　特に、グループ企業数が多い場合には、全体の把握が難しくなるので、「関係会社一覧」（【資料2-5】）等の資料を入手したうえで、「役割（事業内容）」「資本関係」「代表者」「売上関係」等を確認し、**グループ関係図**（【資料2-6】）**を作る**ことをおすすめします。自行に様式がない場合には、上場企業

【資料 2-5】関係会社一覧例

会社名	所在地	事業内容	資本金	議決権割合	売上高	経常利益	当社との関係（役割・人）
アオキアメリカ㈱	ニューヨーク市	機器販売	3百USドル	100%	5億円	0千万円	当社製品販売、社長は当社専務
アオキタイ㈱	バンコク市	金属部品加工	5百タイB	100%	2億円	▲2千万円	部品購入、社長は製造部長
アオキ上海㈱	中国上海市	金属部品加工	50百元	100%	4億円	5千万円	部品購入、社長は製造部長
青木ダイカスト㈱	栃木県さくら市	鋳造	50百万円	75%	2億円	1千万円	鋳物製品購入、役員兼任あり
青木熱処理工業㈱	茨城県古河市	熱処理	30百万円	55%	9千万円	2千万円	熱処理を委託、役員兼任あり
青木塗装㈱	栃木県矢板市	紛体塗装	20百万円	90%	8千万円	1千万円	塗装を委託
青木サービス㈱	東京都中央区	給食・旅行代理	5百万円	100%	3千万円	0千万円	給食の提供ほか、社長は当社社長
欧州アオキ㈱	オランダ	機器販売	1百万ユーロ	100%	10億円	▲3千万円	当社製品販売、社長は当社専務

（円換算）

【資料2-6】 グループ関係図例

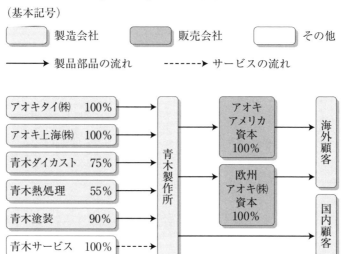

（基本記号）

 □ 製造会社 ■ 販売会社 □ その他

 ⟶ 製品部品の流れ ------▶ サービスの流れ

の有価証券報告書「関係会社の状況」「事業内容【系統】」を参考に作ると良いでしょう。

---

2. 組織上の課題は何か

　組織図やグループ関係図に基づいて「組織構造」が理解できれば、次のステップで「**組織上の課題**」を掌握します。どんな企業であっても、問題のない組織はありません。問題の大小の差です。

　それでは「**課題を発見**」するには、どうすれば良いのでしょうか。有価証券報告書であれば、「対処すべき課題」「事業等のリスク」といった形で「課題が開示」されていますが、中小企業の決算書では、ここまでの開示はまず行われていないはずです。

調査ポイント

～常識を働かせれば「調査ポイント」がみえる～

① 資料による方法
② インタビューによる方法

① **資料による方法**

・まずは「決算書・付属資料」から読み解く方法です。財務諸表に載っている数字、資産状況や収支等から課題発見ができます。例えば「**赤字**」「**債務超過**」「**売上・利益のトレンド**」から問題点を見つけるのです。

・赤字であれば「事業が上手くいっていない」、債務超過であれば「赤字が継続している」、売上や利益が低下していれば「経営施策が上手く機能していない」、といった課題が想定されます。こうした問題の原因は1つとは限りません。組織上の問題も考えられます。

・例えば「製造部門」の生産管理に問題があり、不良品比率や歩留まり率が異常な水準になっている。原因を突き詰めると、製造課間の連携や問題共有がうまく行われていないというようなケースです。

・また、コンサルティングを導入し、モラルサーベイや課題整理を行っている会社であれば、コンサルティングからの提言資料において組織上の問題に触れられている場合があります。

・これらの資料により、外形的に判断することには限界がありますので、最終的にはこうした事実から仮説を立て、インタビューにより問題解明を行う流れになります。

② **インタビューによる方法**

・内部的な問題ですので、組織上の課題に関する情報開示に消極的な企業が多いと思います。したがって、直接的に「貴社の組織の課題は何ですか」と質問しても、「特に問題はない」という回答になるのがオチです。

・こうした**組織上の課題を把握するためには「迫力あるインタビュー」が不可欠**です。そして、迫力あるインタビューを行うためには、**仮説をぶつけて質問する方法が有効**です。上記の決算書の事例のように、外形上明らかに問題を生じている場合には、「Why？Why？方式」で掘り下げ、例えば「生産管理に問題があるのではないか」といった仮説を立ててみるのです。そして、その質問を契機に、組織全体に話題を展開するのです。

・しかし、そこまでの実力がついていない営業担当者は、一般的に問題となる場合が多いパターンを頭に入れてインタビューすると、先方も「わかってしまったか」といった感じで、実情を教えてくれる場合があります。

＊＊＊一般的な組織の課題＊＊＊

1. 「組織間の連携・コミュニケーション」
   規模が大きい組織、グループ企業において円滑さを欠いている
2. 「リーダーシップの欠如」
   特定部門の業績不振などの原因がリーダーシップの欠如による
3. 「社員の意欲・モラル」
   社内の雰囲気が悪い、やる気がみられない
4. 「情報共有」
   話が伝わっていない、伝わるのが遅い
5. 「人事交流」
   人事が停滞している、部門間の異動がない
6. 「機能の重複」
   同じようなことを複数の部門でやっている
7. 「調整の遅さ・複雑さ」
   事業部間。特定部門が強く、調整に手間や時間を要する
8. 「財務管理」
   海外子会社の管理が甘い

・インタビューにおいて大事な姿勢は「問題をあげつらう」のではなくて、「お手伝いがしたい」「問題をきちんと理解したい」とする姿勢です。ドラッカーも「問題の少ない組織を作るのが精一杯」といった趣旨を述べています。

3. 事業戦略と組織の整合性はどうか

　米国の経営史の大家である A. チャンドラーは「構造（Structure）は戦略（Strategy）に従う」といったそうです。彼は「戦略が組織の先に立つ」というよりも「相互に深い関わりがある」ということを言いたかったようですが、いずれにしても「事業の長期的なシナリオ」に沿って「組織が準備される」という考え方も、「組織を前提にシナリオ（戦略）を描いていく」という考え方も両方間違っているとはいえないでしょう。

　事業性評価においては、評価対象企業の組織が「目的実現に向けて最大の

効率性と成果をあげる集団になっているか」を知ることが目的ですので、**経営者が描いた長期シナリオ（戦略）に沿った組織構造になっているかを検証することが大事です。**

～ライン型機能別組織において戦略と整合的になっているか～

① 長期シナリオを実現するために「人員・人材が重点的に配置」されているか
② 生産拠点・営業拠点などの配置状況、見通しはどうか
③ 事業部制・カンパニー制への移行を計画しているか

① **人員・人材の配置**
・**事業戦略に合わせて、組織にメリハリがついているか**を調べます。組織を強化する場合には、通常「**人員を増やす**」「**キーマンを置く**」といった方法を取りますので、こうした動きを参考に戦略との整合性をみることができます。

② **生産拠点や営業拠点**
・**拠点の統廃合や新設**は、事業戦略と整合的に行われることが多いものです。したがって、拠点に関する計画や実績を把握することで「戦略の一端」を窺うことができます。

③ **組織の移行・変更**
・例えば、事業部制やカンパニー制への移行は「大きな戦略」において行われていますので、背景には必ず「戦略」が存在します。組織変更では、案内が郵送されることが多いので、そうした機会を活用して、組織戦略をヒアリングすると良いでしょう。

～カンパニー制を導入する企業の整合性は2つの観点からみる～

① 事業戦略に沿った「会社新設」「会社分割」「会社整理」と「人材配置」がされているか
② 生産拠点、営業拠点の配置状況、見通しはどうか

① 会社の新設・分割・整理

・カンパニー制を導入している企業グループでは、1社1社が役割を担う「部」のような存在ですので、会社の「新設」「分割」「整理」といった形で、戦略が反映されます。

・加えて、社長などのトップ人事は「部長人事」と同じ意味がありますので、エース社員を社長で派遣したとか、本社社長が自ら兼任している、といった動きから、強化したい部門を知ることができます。

② 拠点の配置

・営業、工場を問わず、生産拠点の新設・整理・統廃合は、事業戦略が反映された動きですのでこうした報告があった場合には、「長期的なシナリオ」を中心にヒアリングすると今後の展開がわかりやすくなると思います。

キラークエスチョン

社長が考える長期的なシナリオのなかに、組織に関するテーマも含まれていますか。将来的に組織をいじるお考えはありますか。

このキラークエスチョンのポイントは、「組織戦略を社長がもっているか」です。あえて「戦略」という堅い用語は使わずに「長期的シナリオ」という表現を使っています。そのなかで「組織に関するテーマ」という特定をしているので、社長が考える組織の問題点や、社長が将来的に作りたい組織像を知ることができると思います。

4. 変化やトピックスを見つけよう！

組織図を眺めていると「意外な部・課」を発見することがあります。例えば「聞きなれない部署名」とか、「同業種においてあまり見ない部署」です。

前者でいえば「社会貢献課」とか、後者でいえば、同業者より早く「システム課」を設定している場合です。このような"変わった部署"は、経営者の想いや重視する課題を反映することが多いので、発見して社長に質問すると「良いところを見ているね」と評価があがること請け合いです。組織の変化やトピックスを発見するためには、ただ漠然と見ているだけではだめで

す。前述のような問題意識をもって組織図を見ることが大切です。筆者の経験では、システム課が"社長直属"になっている例を見たことがあります。非常に珍しかったので社長に訊いたところ、当社のシステム推進が遅れているため、社長直属として1年以内に整備することにしたというのです。丹念に組織図を見れば、こうした「ちょっとした違い」に気づくことがあります。

　もうひとつ大事なことは「**組織の変化**」を見逃さないことです。毎年組織図を入手してチェックすれば一番良いのですが、実務上難しい場合もあるでしょう。そういう場合は、「**決算報告**」時に確認するという方法があります。「**組織の新設や変更があれば教えてください**」で良いと思います。

　また、会社の合併や分社化などを行う場合に、利害関係者に文書が送られてくるので、単純に事務処理だけで終わらすことなく、しっかりと「**経緯や背景**」についてヒアリングをするようにしてください。**組織の変化は、「戦略の変化」「課題への対応」を表しています。**

第11章

ガバナンス・内部管理体制

　企業経営における「ガバナンス」が注目されています。それはなぜでしょうか。

　その答えは「企業が抱える課題に対する適切な対処」という点にあります。例えば「停滞からの脱出」「不祥事の防止」「サスティナビリティ問題に関する社会的要請への対応」を考えたときに、企業がこうした課題にいかに適切に対処するか、いわゆる「企業統治」の在り方が問われることになります。こうした課題に適切に対処するためには、経営としての意思決定の在り方、会社全体を動かす統制の在り方やスピード、反省を次に活かす仕組みが問われます。これがガバナンスの注目される理由です。

　また、ガバナンスだけでなく従業員を含めた内部管理体制や仕組みも重要です。企業が掲げる理念や目標を達成するためには、メインプレイヤーである「従業員の意識や行動」「それらを統制する仕組み」が重要です。そうした仕組みや体制をどう構築するか、内部統制や管理体制が問われるのです。

　本章では、ガバナンスと内部管理体制に関して説明します。内部管理体制は多岐にわたることから、ここでは「コンプライアンス体制」「人事管理」「会計管理」に絞って説明します。

1. ガバナンス

　ガバナンスは「企業が抱える課題に対する適切な対処」をするための経営の在り方をいいます。VUCAといわれる難しい時代において適切な経営判断をする、あるいは企業価値や持続性（サスティナビリティ）を高めるための経営判断をする、そして会社全体を適切な方向に導くために統制を行う仕組みと言い換えてもいいでしょう。上場企業においては「コーポレートガバナンス・コード」が日本取引所によって定められており、重要な位置づけとされています。

中小企業では、オーナー経営者による「トップダウン型指揮命令系統」が一般的で、取締役会も必ずしも機能してこなかった面があります。しかし、中小企業も社会の一員であり、多くのステークホルダーに影響を与える市民の一人でもあります。そういった意味で、昔ながらの「中小企業だから許される」といった甘い考え方を捨てて、規模や企業特性に応じたガバナンスを構築する必要があります。

　非財務分析においてガバナンスを調査する理由は、経営者の能力だけでなく「仕組みとしての経営力」を見るためです。特に、従業員が100人を超えるような企業になれば立派な組織体であり、ガバナンスの重要性がさらに高まります。また、冒頭に記載したように、中小企業が抱える「成長の停滞」「不祥事」「サスティナビリティに関する社会的要請」を踏まえれば、善良かつ責任ある市民としてガバナンスを機能させる必要があります。そして、ガバナンスが適切に機能することが、企業の成長や価値向上につながるのです。

　本項では、ガバナンス調査の着眼点や調査ポイントについて説明します。中小企業は規模の幅が大きいので、零細企業で必ずしもあてはまらない場合もありますが、基本的な着眼点として習得することが求められます。

調査ポイント

〜社長の考え方はどうか、難しい課題に対処できるか、牽制機能はあるか、サポートはどうか〜

> ① ガバナンスに関する社長の考え方や意識はどうか
> ② 難しい課題や多様な選択肢に応えるだけの経営体制やスキルがあるか
> ③ ご意見番など社長の独断や暴走を防ぐ仕組みはあるか
> ④ 取締役（社外を含む）のサポート体制はどうか

① ガバナンスに関する考え方や意識

- 中小企業で重視されることは「社長の考え方」です。オーナー兼経営者というポジションは強大であり、企業経営に多大な影響を与えます。したがって、社長が経営に対して真摯な気持ちで向き合っているか、自身の弱みや判断傾向を理解しているか、経営判断を間違わないために留意していることがあるか、は重要な調査ポイントです。
- また、時代の要請を感じるセンスも問われます。中小企業といえども善良かつ責任ある市民として、環境や社会を含めて様々な課題に適切に応

える必要があります。こうした公益や地域への貢献に眼が行かないようでは、これからの時代を生き残ることはできないでしょう。

② 経営体制とスキル

・社長が真摯な姿勢を持ち、時代の要請や新しいビジネスルールを認識したとしても、必ずガバナンスが機能するとは限りません。難しい経営課題や複雑かつ多様な選択肢の中から適切な判断を下すための社長自身の能力や会社全体の体制・役員のスキルが必要です。

・例えば、社長の不得意分野に関しては他の取締役が補完可能である、法的な課題に関しては社外取締役に弁護士を入れている、といったように「チームとして適切な判断」が行える体制やスキルがあるかが問われます。上場企業では、取締役のスキルマップなどを作成して、スキルの多様性や均衡を重視しています。レベル感は異なるものの、基本的な評価軸として、こうした観点で調査することが大事です。

③ 牽制の仕組み

・中小企業のガバナンスに関してリスクになるのが「社長の暴走・独断」です。もちろん先見性の高い社長が、他の取締役には予見できない未来を考えて新たな投資や施策を打つことによってアドバンテージを築く場合もあります。優秀な経営者に経営陣が追い付かないようなケースです。

・会社である以上、大事なことは「説明」です。優秀だから独断や暴走を許すのではなく、取締役会にしっかりとした説明を行うなど「透明性を確保」すること、異なる意見を包摂できる場所があることが必要です。中小企業の場合には簡単なことではありませんが、これからの時代を考えると「経営の透明性」を図ることが会社を強くするカギになりそうです。

・そういった意味で「ご意見番」や「社外取締役」といった存在があれば「牽制が働く」可能性が高まります。あるいは「先輩経営者」など意見をしてくれる存在や、主力取引先などのチェック機能の存在も牽制機能になると思います。

④ サポート体制

・経営は日々行われることを考えれば、取締役など経営幹部や取締役会が

機能し、社長が適切な判断や対処ができるようにサポートできる体制が必要です。経営者も代替わりが進み、若手の経営者には近代的な経営体制を志向する人も増えています。そういった意味で、絶対服従の取締役会だけではないはずです。侃々諤々と議論ができているような取締役会であればガバナンスは十分機能するでしょう。こういった点でヒアリングを行うことも重要です。

2. コンプライアンス体制

様々な世界で不祥事が大きな問題になっています。業界によっては、業法違反＝即業務停止といった具合に、経営に重大な影響を与える場合があります。あるいは、内部通報を起点にマスコミ等で取り上げられ、経営の責任問題にまで発展する場合があります。

金融機関では、概ねコンプライアンスに対する意識も高く、管理機関や規程も整備され、研修体制も強化されていますが、**中小企業においては格差が大きい**と思われます。前述の通り、**経営の存続にさえ関わる場合があります**ので、**コンプライアンス体制については十分調査する**ことが必要です。可能であれば、金融業界全体で「事業性評価の重要項目」として、顧客へ情報開示について理解を得る取り組みが必要だと思います。

調査ポイント

〜体制整備の状況、適用される法律、運用実態と課題〜

① コンプライアンス体制の整備状況（組織体制、規定の有無、監視体制、研修状況）
② 当社に特有の業界法や規制・ルールにはどんなものがあるか
③ コンプライアンス状況の実態はどうか（相談・事故）、そこから見える課題は何か

① **整備状況**

・まずはコンプライアンスに係る**体制整備の状況**を確認します。具体的には、「担当部署の有無」「経営の関与度合い」「規程・ルールの有無」「**運用状況をどう監視しているか（内部通報制度、内部監査制度など）**」「**社員への研修状況**」の5点です。

・そして**何より重要なこと**は「経営者の意識」です。中小企業の規模によっては、上記５つの大半がないという場合もあるでしょう。しかし、経営者の意識が高ければ、規模の大小に関わらず、教育や法律・社内ルールへの適合性のチェックは何らかの形でやっているはずです。**形式よりは「体制の実態」を見極める**ことが重要です。

② 特有の業界法・規制

・一般法を遵守することは当然ですが、**業界特有**の法律があります。飲食店であれば保健所のチェックも受けるでしょうし、旅館であれば消防法のチェックもあるでしょう。

・評価対象企業に対して適用される法律については、**当社自身にヒアリングするとともに、審査部等の内部の専門部署に教えてもらうことも必要**です。どんな法律の適用を受けるかわからないのでは、チェックしようがないからです。

③ 運用実態と課題

・運用実態でもっとも重要なことは「**違反の発見**」**が速やかにできる体制**になっているかです。そして、**違反に対して「適切な対処」「事例の全社的な共有」「コンプライアンス教育」**ができているかです。

・この場合留意してほしい点が、「アルバイト・パート」を含めた全社員の状況です。飲食店などでは、近時アルバイト店員の問題行動や、パワハラ・セクハラが問題になるケースが散見されます。アルバイトだから関係ないとはいえないのです。

・大企業でも重大なコンプライアンス違反が多発しています。しかも、多くの場合に長期間発見がされなかった、内部通報によりようやく認知した、という後手に回るケースが見られます。違反をしないことが一番ですが、違反の発見が早いほど対処の道が拡がります。

・これらは基本的に「インタビュー」を中心に、関係資料の提出を受ける方法になりますが、中小企業の理解を得るためにも担当者任せにせず、全体でコンプライアンス体制を重視することを説明するべきです。そのうえで「**課題**」**を見極め、当社がどう対応しようとしているかを確認**します。

当社でコンプライアンス上、問題となっていることがありますか。社長はコンプライアンス・リスクについてどうお考えですか。

この質問は、「ドキッとする」入り方をしています。直接的で不躾なきらいはありますが、コンプライアンス上の問題であり、切り込まないと核心をつけない場合があります。また、コンプライアンス・リスクを社長がどう考えるかを訊くことで、間接的に当社の問題が浮かび上がる場合があります。

3. 人事管理（人材戦略）

中小企業の多くが「人材」に強い関心をもっています。具体的には「**採用**」に始まり「**定着**」「**育成**」「**処遇**」「**評価**」「**活用**」といったテーマです。"人"は中小企業にとって最大の資源であり、課題でもあります。人事面については、従来十分調査できていない領域でもあり、着眼点・スキルを磨く必要があります。

調査ポイント

～人手不足への対応、インセンティブの手段、育成体制～

① 採用する力はあるか、採用についてどういう取り組みを行っているか
② 離職率はどうか、定着に向けてどういう取り組みを行っているか
③ 人材育成制度の有無、具体的な方法はどうか
④ 給与制度・退職金制度は整備されているか、水準はどうか
⑤ 人事評価制度はあるか、どんな点を重視しているか
⑥ 非正規社員に対する制度整備はできているか
⑦ 働き方改革への対応はどうか

① **採用関連**
　・人手不足時代の到来です。そして、今後とも労働生産人口が逓減するため、人手不足の解消は容易ではなく、中小企業であれば問題は深刻です。
　・まずは「**毎年の採用実績（学卒・中途）**」を調べます。**採用に対する姿勢や採用力が見えます。**学卒を多く採用できている企業は、それなりの

努力をしています。社長自らが説明会に参加し、ひとりひとり説得するとか、特定の学校にルート開拓をするとかです。一方、中途採用に割り切って対応している企業もあります。

・**経営者の採用に対する考え方、具体的な取り組み、実績を検証すること**がポイントです。

② 定着状況

・中小企業の悩みのひとつが「**離職**」です。離職理由は様々ですが「人間関係」が理由の上位になる場合が多いようです。離職率が低いことを自慢する経営者は大勢いますが、高いことを自ら開示する経営者は少ないものです。

・**会社の問題点を明らかにするうえでも、「離職率（⇔定着率）」や「その理由」「定着に向けた対応策」**について調査します。

③ 人材育成

・人材育成については、**経営者の人材育成に対する「考え方」を確認する**必要があります。通常、OJT が基本となりますが、社内の育成体制、外部を活用した育成制度、等を訊くことで、経営者の考え方とその具体的な形が理解できます。

・**製造業においては「技術・技能承継」**についても確認します。継承の体制面に留まらず、マニュアル化の状況など、具体的な技能承継の手段を調べます。

・管理職や、幹部候補生の育成体制も知りたいところです。経営者の事業承継だけでなく、幹部の継承ができることも経営上の課題です。

④ 給与・退職金

・**給与規程・退職金規程の有無**が基本的な確認事項です。近時は、学生の採用面、特に優秀な外国人大学生を採用する場合に、大きなアピールポイントになります。

・**また、当社の支払水準が「業界」「地域」に比較して、高いか低いかも**チェックポイントです。加えて、福利厚生や社内の設備面も見る必要があるでしょう。ある工場では「社内給食」を自前でやっており、金銭面だけでないストロングポイントになっています。待遇は、総合的に見る

必要があります。

⑤ 人事評価

・「評価がない」という企業は少ないと思いますが、**人事評価規程の有無、評価の基本的な考え方（成果主義・プロセス主義など）、職員の納得感、給与との連動性**、が確認ポイントになります。

・人事において最も重要な要素が「評価」であり、インセンティブとして機能するポイントは「納得感」です。**評価基準に加えて、フィードバック方法や育成制度がどう連動しているかを見る**必要があります。

・人事制度に悩む中小企業は多く、「課題解決型営業」「本業支援」の重要なヒントとなる調査です。

⑥ 非正規社員への対応

・従来パート、アルバイトについて重視されなかった面がありますが、近年業態によってはメインの戦力となっており、**労働法の改正で待遇改善が求められる**職種です。いわゆる「同一労働同一賃金」の問題です。

・まずは、**正社員と非正規社員の比率を確認**します。そのうえで、**非正規者社員の処遇に対する考え方、正規社員との格差について確認すること**が一般的です。非正規社員を軽視した対応をしていると、思わぬ労働トラブルを招き、外部組合などが介入して収束に膨大な労力を要する場合があります。

・併せて、戦力向上にむけてどんな育成を行っているかも確認してみましょう。

⑦ 働き方改革への対応

・近年、人手不足問題、労働者の価値観の多様化、SDGs や ESG の潮流もあって「働き方改革」に大きな注目が集まっています。また、働き甲斐を高めることが、従業員の会社に対する参画意識（エンゲージメント）を高め、生産性向上につながることも「働き方改革」が重視される背景になっています。

・働き方改革に関しての着眼点は「従業員の幸福度・満足度・働き甲斐」「人材の活用」を高めるための「制度や仕組み」「運用」をどう構築しているかです。身近な問題でいえば「過重労働（時間外労働）」「強烈なノ

ルマ管理」「昇格昇進の不平等」をどう解消するか、「ダイバーシティ＆
インクルージョン」「ジョブ型雇用」「リモート勤務など多様な働き方」
をどう推進するか、といったことがあげられます。
・中小企業の場合には、経営資源や体力の問題もあって大企業のようにい
ろいろな制度構築をすることは難しい面があります。そこで大事なこと
は、身の丈にあった形や家族的経営の良さを生かした、中小企業らしい
制度や運用を行う創意工夫だと思います。形式でなく、中小企業らしく
「実を取った」働き方改革をどう進めているかを見ることが必要です。

---

4. 会計管理

　毎日の活動のなかで、売上金の回収、仕入先への支払などを記録し、仕訳
し、それを総勘定元帳、補助簿という形で作成しています。金融機関が目に
する試算表・決算書も、会計管理なしには作成できません。また、正確な計
算書類という信頼の下で、私たちは財務分析をしています。そういった意味
で、企業の会計管理は極めて重要な意味をもっています。

　加えて、経営者にとっても、会計の重要性は日増しに強くなっています。
経営をより高めるために、重要業績評価指標（KPI）を活用して、業績管理
や経営改善策の策定に役立てる「管理会計」という手法が多くの企業で導入
されています。

　経理部・総務部・財務部など担当部署の名称は様々ですが、**会計管理がど
のような考え方や体制で行われているかは**、企業経営の重要な課題です。

調査ポイント

～正確な会計、経営に活かす会計、税務の状況はどうか～

① 会計に係る社内体制と経営者の考え方
② 管理会計の導入の有無、KPI 管理等の状況はどうか
③ 税務申告の状況

① **社内体制**
　・まずは、**会計を主管する部署がどこか、人数を含めた体制がどうか、税
理士など外部支援はどうか、の３点が調査ポイント**です。併せて、**経営
者の「会計」に対する考え方をヒアリング**しましょう。会計を軽視する

経営者であれば、軽視したなりの体制になります。逆に、会計を上手に活用して経営を高めようと考える社長であれば、KPIをよく理解し、管理資料も充実した内容で作成しているはずです。

・小規模企業では、社長が1人で対応している場合が少なくありません。事務面は税理士に丸投げといった場合も多いと思います。**問題は「人的制約の中で正確な計算書類を作成する姿勢があるか」**です。いい加減な会計体制では、私たちがみる計算書類を信用してよいか、という問題になります。

② **管理会計**

・正確な計算書類が作成できる体制が確認されれば、**次は「会計をどう経営に活用しているか」**を確認します。管理会計が導入されているか、準じた仕組みがあるか、です。

・管理会計とは**「経営改善や意思決定のために用いられる分析手法を活用した会計」**です。営業担当者であれば、会計事務所独自の財務分析が添付された決算書を眼にすることも多いはずです。財務分析、KPI、活動基準原価（ABC）、損益分岐点（CVP）、正味現在価値（NPV）まで活用している会社もあります。

・高度な指標を活用しているから、直ちに管理会計の水準も高いと判断できない部分もありますが、活用状況次第では「レベルは高い」という判断材料になります。

・内部資料ですので、金融機関に開示していない場合もありますが、**上記をひとつの目安として、「管理資料」「分析手法」「経営計画＋実績管理」などの活用状況を調べると、評価対象企業の会計に対する意識や力量が**わかります。

③ **税務申告**

・具体的には「税務申告書」「別表」を開示していただき、財務会計との関係性をチェックします。加えて「納税確認」も行います。

・**納税についてチェックする理由は、「企業の考え方」「財政状況」が反映される**からです。例えば、課題として自己資本不足が認識されており、それを改善しようとすれば、利益を上げて納税する必要があります。納税しなければ、自己資本は充実されません。

・「納税したくないのか」「適正な節税手段を講じるのか」「節税策は行わずに納税するのか」など納税に関する姿勢は、経営者をみるうえで重要な示唆を与えてくれます。「過度に税務対策」を実施している企業は、何らかの落とし穴に陥る場合があります。

・また、納税状況をみることで、資金繰りも明らかになります。資金繰りに難を来すと滞納・延納が発生します。支払先には払わないと商売ができなくなりますが、納税は直接の障害とはならないからです。財政状況をみるうえでも、**不健全な未払税金がないかをチェックする必要**があります。

第12章

IT 活用／
DX（デジタルトランスフォーメーション）

　人手不足時代の到来と IT 技術の進展が、中小企業に「IT 活用」を促しています。上手に IT を活用することで、業務プロセスの革新や管理の高度化を図ることができます。

　残念ながら、中小企業の IT 活用は全般に遅れ気味で、格差も拡大しています。IT を熟知した経営者と関心の薄い経営者では、今後さらに格差が拡がる可能性があります。従来金融機関では、中小企業の IT の活用状況について十分な関心を払ってきませんでした。

　事業性評価においては、業務の革新や高度化、あるいは新たなビジネスモデルの構築といった観点からも評価対象企業の IT 活用状況を分析することが求められています。IT 活用が企業評価に反映されるのかと驚く方がいるかもしれません。しかし、デジタルジャイアントと言われる米国の先端企業のビジネスモデルは、IT の活用なくして実現しませんでした。同時に、IT 活用を高度化することで「競争力の源泉」としています。

　さらには「DX（デジタルトランスフォーメーション）」の推進が国策になっています。経済産業省（「DX 推進指標とそのガイダンス」）では、DX を「企業がビジネス環境の激しい変化に対応し、データとデジタル技術を活用して、顧客や社会のニーズを基に、製品やサービス、ビジネスモデルを変革するとともに、業務そのものや、組織、プロセス、企業文化・風土を変革し、競争上の優位性を確立する」と定義しています。多くの中小企業においては「データとデジタル技術の活用」さえ十分でない状況であり、変革（トランスフォーメーション）への道は遠いといっていいでしょう。一方で、先進的な中小企業においては、デジタル技術を自社の既存ビジネスとクロスさせることで、新たな付加価値創造や業務の全体最適化を図るなど「変革」を起こしているケースも生まれています。中小企業におけるデジタルデバイド（格差）は拡大しており、IT の活用を第一段階として、DX への道までステップを考える必要があります。

金融機関は「IT 活用」や「DX の推進」状況をもっと積極的に評価すべきであり、適切な評価ができない金融機関は、IT 時代の正しい企業像を見誤る可能性さえあることを肝に銘じるべきです。

調査ポイント

〜システムの導入範囲や体制はどうか、将来の活用方針はあるか〜

① システム活用に関する体制
② システムを導入している領域と活用水準
③ システムに関する現状の課題（含む IT 人材）
④ 今後のシステム活用方針（DX 推進）

1. システム活用に関する体制

まずは、評価対象企業の「システム活用に対する体制」を調べてみましょう。具体的には、**システムを扱う専門部署があるか、ない場合にはシステム全体を統括する部署があるか**、です。また、**システム担当の役員や責任者を設置しているか**、も調査ポイントになります。

当財団の調査によると、中小企業においてシステム活用が進まない背景には「社内における IT 人材の不足」があります。システムを扱う専門部署についても、多くの中小企業で「未設置」という回答になると推察されます。

ただし、まったく IT を活用していない企業も少ないはずです。多くの企業では、総務部で情報セキュリティに関する統括をしているとか、ベンダー任せではあるがエリアネットワークなどを設けて、社内メールや情報共有の仕組みを作るなどしていると思います。

システム活用の体制を調査するうえで大事なことは、「**システムを管理する部署があるか**」「**管理体制が未整備な場合に、情報セキュリティ等の問題やリスクが生じていないか**」「**ベンダー任せでコスト面や管理面で問題を生じていないか**」を確認することです。

2. システムを導入している領域や活用水準

活用体制の次は、「**システム活用の範囲や利用状況**」を調べます。中小企業では、「経理・会計」「給与・人事」「営業関連」の 3 領域でのシステム活

用が一般的です。まずは、どの領域でシステムを導入しているか、**活用領域と主な利用目的について調査**します。

そのうえで、**自社独自のシステムか、ベンダー提供の既成システムかを確認**しましょう。もちろん、自社システムだから良くて、パッケージソフトだからダメだということではありません。独自に高度な製造管理システムなどを構築している中小企業もありますが、当然システムコストも重く、会計などでは法改正への対応負担もあります。一方、ベンダーでも良いシステムは当然あり、法改正などにもバージョンアップで対応しているので、コストや管理負担軽減の観点ではメリットが大きい場合も多いのです。

システムは「利用目的と費用負担をどう両立させるか」が一番の課題です。独自システムを導入している場合には、どんな考え方があって、どんなメリットがあるのかをヒアリングすると良いでしょう。メリットは「**他社システムとの優位点**」「**既成システムとの優位点**」になります。

近時は「IoT」を工場に導入し、生産管理や維持改修に活用するというテーマもありますし、eコマースの分野では、販売データなどビッグデータを使ってマーケティングに活用するといったテーマもあります。このように、システムの活用は多岐に亘っていますので、「**どの領域にどんなシステムを入れているか**」「**他社と一味違う優位点があるか**」「**システム導入の効果はあるか**」**について確認することが大切**です。

キラークエスチョン

当社で自慢できるシステムはありますか。
システムを導入して良かったという事例があれば教えてください。

この質問は、システムを理解している経営者に訊く必要がありますが、「自慢できる」という言葉から「他社にはない特長」「当社システムの独自性」が語られる場合が多いのです。また、「導入して良かった事例」は、具体的な効果が明確であるケースですので、効果判断には"もってこいの質問"なのです。

3.　システムに関する現状の課題

ここまでの調査結果を活用して、評価対象企業のシステム活用に関する課

題を整理します。

課題整理に際して留意すべき点は

---

① 経営者のシステムに対する理解度、リテラシー
② 経営者のシステム活用に関する考え方や方針
③ 社内の IT 人材の有無と水準
④ 社員の IT リテラシー

の4点です。

　システム活用が進まない企業に共通してみられる特徴は「経営者の無関心・無理解」です。当然経営者自身のリテラシーも低い場合が多いのです。経営者の IT に関する関心が高く、各種セミナーに参加し、システム事情にも通じている企業であれば、自ずとシステム活用も積極的になります。

　また、システム活用が進まないもうひとつの理由に「IT のキーマンがいない」があります。今後の中小企業の経営の高度化は、システム活用なくして実現不可能です。したがって、積極的に社内の IT 人材の育成を進める必要があります。キーマンの育成だけでなく、社員全体の IT リテラシー教育が必要です。

　これらは多くの中小企業に共通する課題ですから、こうした観点からシステム活用の課題を整理します。課題把握ができれば、後の課題解決型営業での支援メニューに加えることもできますので、従来取り組んでいない調査ではありますが、しっかりと対応したいものです。

---

4. 今後のシステム活用方針／DX の推進

　最後は「DX の推進」を含めた「今後のシステム活用の方針（あり方）」について調査します。調査ポイントとしては、以下の5つです。

調査ポイント

---

① どんなシステム戦略を描いているか
② 具体的なシステムの導入や変更計画はあるか
③ システム導入や変更にあたってどんな方法を考えているか
④ IT に関する社内体制や人材育成をどう考えているか

⑤ DX の推進（変革）については視野に入っているか

① **システム戦略**
- 大きな方向性でいえば「これから自社のシステムをどう構築するか」というストーリーです。特に一定規模の中小企業であればシステム戦略が経営の高度化に役立つことは間違いないので、どういった構想をもっているか、あるいは構想を描くうえでどのような支援を必要としているかを確認する必要があります。
- もちろん現状を考えれば、戦略を描いている中小企業は少数派かもしれません。しかし、システムの高度化や、どんな仕事でシステム化を進めるか、どんなことをしたいか、といったことは考えている企業が多いと思います。仮に「ノーアイディア」だとしても、それは金融機関にとって本業支援のヒントを得ることにつながるのです。

② **システム導入・変更計画の有無**
- 戦略に乗って具体的なシステムの導入計画があればベストです。しかし、中小企業なので戦略という形はなくても、具体的にシステムの導入や変更に関する計画を持っているとすればそれは大きな評価ポイントになります。
- 具体的にどんな部門や領域にシステムを入れようとしているのか、その目的は何か、どんな効果を期待しているのか、等について確認をします。

③ **導入の具体的な方法**
- システムの導入や変更計画がある場合には、その具体的な内容について確認します。例えばクラウドなのかオンプレミスなのか。市販システムなのか、独自構築なのか。市販システムの場合、メーカーやベンダーはどこか。独自構築する理由は何か、どんな体制で構築するのか。また、SAP など全体最適を図るための統合システムか、といった点も確認事項です。

④ **社内体制や人材育成**
- 中小企業の場合、IT 人材が不足していることもあり社内体制の整備が難しい状況にあります。しかし、いつまでも「できない」と言っていて

は前進できません。そういった意味で、社内の IT 体制、具体的には IT 人材の育成も含めて今後の対応を確認する必要があります。

・特に、中堅規模の企業は「IT が競争力」になる可能性が高いので、ベースとなる人材作りを放置するわけにはいきません。また、会社としての IT に対する姿勢が表れる部分でもあるので、ヒアリングが欠かせないところです。

⑤ DX の推進

・ある程度 IT 活用が進んでいる企業においては、さらに DX の域まで進めようとする意思があるかが重要なポイントです。「DX の域」という意味は、単純な利便性向上ではなく、変革を視野に入れいているか、優位性を創ろうとしているかです。

・DX の推進を図ることを明確に宣言している企業には「どんなデータやデジタルを活用しようとしているか」「どんな変革＝ビジネスモデル・製品サービス・業務・組織など＝を起こそうと考えているのか」「どんな優位性が生まれるのか」といった点を調査します。

第13章

マーケティング

地元密着型が多い中小企業では「地元市場における一定の棲み分け」が出来ていたこと、「販売ロットが大企業に比べて少ない」こともあって、従来マーケティングの必要性を感じていなかったというのが本音だと思います。しかし、人口減少による既存市場の縮小、デフレ経済浸透によるプライシングパワーの低下、グローバルサプライチェーンの拡大による商品の多様化・低価格化、消費者の価値観の多様化など、前提となる環境が大きく変化しています。言い換えれば、モノを売ることが難しく、儲けを出すことも難しい時代です。顧客ニーズを的確に把握し、売れる商品やサービスを開発し、的確な販促手段やチャネルで販売しなければビジネスを成立させることが難しいのです。金融機関の本業支援のなかで「ビジネスマッチング」といわれる販路開拓支援、すなわち販売先や仕入先の紹介が本流化している背景には、中小企業自身がマーケティングを行うことの難しさ、販路開拓を行うことの難しさがあります。

このように「顧客ニーズを把握してモノを作り、販売して利益を出す」ことの困難性や重要性を考えれば、中小企業ビジネスにおける「マーケティング」の必要性はますます高まることでしょう。金融機関においても、非財務分析の重要項目としてマーケティングを位置づけ、評価対象企業のマーケティングを適切に評価できるスキルや体制を作ることが必要です。

1. マーケティングとは何か

マーケティングとは「誰に何をどのように提供し、競争優位を築くことで利益を出すか」について個々の要素を分析し、対策を打つことです。お客様（市場）のウォンツやニーズを理解し、それに適した製品・サービスを付加価値高く提供するための諸活動といってもいいでしょう。米国マーケティング協会では「顧客・クライアント・パートナー・社会に対して、価値ある提

供物を、創造・伝達・提供・交換するための諸活動・制度・プロセス」と定義しています。この定義で重要なことは、ホリスティック・マーケティング（全体的）という概念が含まれていることです。単に「消費者・販売先」を対象とするだけでなく、社内の経営者や社員、仕入先・購買先・協力業者、さらには社会全体（マルチステークホルダー）を視野に入れて、統合的なマーケティングを行う必要性が指摘されているのです。このように、マーケティング活動は広く多面的な分析や検証、そして創造性の発揮が必要です。

　マーケティングの領域は多岐にわたっています。「リサーチ」「分析」「製品・サービス」「価格」「ブランド」「チャネル」「コミュニケーション」「戦略作り」など、キリがありません。専門書の数も圧倒的に多く、コトラーの「マーケティング・マネジメント」といった基本書をはじめ、領域毎に細かくテーマ設定されているので、マーケティングの分析力を高めたい人は、専門書を読んで勉強することをお勧めします。また、近年ITの進化に伴い、「デジタルマーケティング」分野も登場しており、アップデートに労力を要する領域といえるでしょう。

　本章では、事業性評価を行ううえで最低限必要かつ有効だと思われる点に絞って説明します。

調査ポイント

～STP＋4Pがマーケティングの基本～

① どのような市場で、どのような顧客をターゲットとし、どのような価値を提供しているか
② 同業他社と異なる優位性を何に見出そうとしているか。ブランド戦略はあるか
③ 製品作りに関してどのような考え方をもっているのか
④ 価格の設定に対して、どのような方針・考え方をもっているか
⑤ 自社の商品や付加価値をどのような方法で消費者に伝えているか（コミュニケーション戦略）
⑥ 流通チャネルに対する考え方はどうか

2. 市場・顧客・ポジショニング（STP）

　調査ポイントの①②に関する調査です。STP 分析とも呼ばれます（S＝segmentation（市場細分化）T＝targeting（市場標的）P＝positioning（立ち位置））。

　STP 分析は、マーケティングの基礎的フレームワークで、市場で生き残るために「どのような市場で、どのような顧客に、どのような価値を提供するか」を分析する方法です。まず対象となる市場を幾つかの部分に細分化して、自社製品の標的とする市場を決めます。そして、SとTによって確定された顧客層に対して、他社に較べて優位性のある立ち位置を定めるのです。BtoCのような業態では、不可欠の分析方法です。

　具体的には、下表に沿って調査をするとよいでしょう。

項目	調査内容
①市場はどこで お客様は誰か	●地域はどこか ●市場の大きさ（市場売上規模・人口等）はどうか ●年齢・性別・所得はどうか ●顧客の嗜好・価値観はどのようなものか
②優位性は何か	●当社商品は市場ニーズにマッチしているか ●当社商品は同業他社製品と比べて優位性があるか

① **市場・顧客**

・広い市場のすべてのニーズに応えることは大企業であっても難しいことです。そのため、市場を細分化して市場の特徴（地域、規模、顧客属性等）を調査する方法が一般的です（いわゆる市場調査）。細分化に際しては、価値観や嗜好、年齢や性別、地域性など似たようなニーズや属性を「軸」において行います。この場合、ペルソナ（購買してくれる顧客像）の設計まで出来ると標的化が容易になります。

・細分化された市場のうち、自社の特徴や経営資源の強みが最も活きる市場を標的（ターゲット）として絞り込みます。例えば「東京地区に上京して間もない18歳近傍の男性で、おしゃれに関心が強いものの、美容経験がない層」といった描き方です。

・標的が定まれば、その市場に既にある商品・サービスの特徴を調べ、競

合と差別化できる軸をどう持つかです。標的によっては既にレッドオーシャン化（競争の激しい市場）している場合があるので「再選定を行う」ということもあります。できることであればブルーオーシャン（未開拓市場）で戦いたいと考えるのが通常です。しかし、そうした市場にはリスクや困難さが伴います。

・STP 手法は、市場調査に基づき、属性等による細分化を行い、自社の強みが活きるような標的を選定し、そのなかで優位性のあるポジションを形成するものです。まさに、マーケティングの基本的枠組みです。

② 適合性・優位性

・標的に対する商品・サービスの適合性が重要です。言い換えれば、標的とした市場のニーズにマッチしたモノを提供すること、カスタマー・バリュー（顧客価値）を満足させる必要があります。そのためにも、顧客価値の 3 要素といわれる QSP ＝「品質」「サービス」「価格」＝をどう組み立てるかがポイントになります。

・また、ポジショニングを明確にするうえで「ブランド戦略」が重要な差別化要因、つまり優位性を築くポイントになります。他社の商品・サービスと比べたときに何が優れているのか、「購買決定要因（KBF）」を追究するのです。具体的には「ポジショニング・マップ」を作成し、標的市場の顧客の KBF を徹底的に検証します。例えば「価格」「デザイン」を縦軸横軸において、他社製品をマップに位置付けていく方法が考えられます。

・ポジショニング・マップにおける他社の商品・サービスの位置づけや自社の経営資源や強みを踏まえて、顧客ニーズを満たし、決め手となる特長をもった商品・サービスを提供することで優位性を築きます。

3. 製品・価格・PR・流通チャネル（4P）

　STP 分析がマーケティング戦略の基本的なフレームワークだとすると、それをさらに具体化したものが「4P 戦略」といわれるものです。4P とは、「product（製品）」「price（価格）」「promotion（販促）」「place（流通）」をさします。これらが意味するところは、価値を創造し、価格として表示し、伝達し、届ける、ということです。STP がマーケティングの基本的方向性

を決めるのに対し、4Pは個別戦略と位置づければ良いと思います。

4P戦略の本質は、顧客の欲しい価値を形にしたものが「製品」、その製品価値を「価格」で表現、製品価値の素晴らしさを顧客に「伝達（プロモーション）」、最終的に「どういう経路（流通チャネル）」で届けるか、ということです。

これらについても、下表を参考にある程度絞り込んで調査するとよいでしょう。

項目	調査内容
製品戦略	●ブランド要素はあるか（名称・ロゴ・シンボルマーク・包装等） ●機能的な優越性をどうつけるか ●意味付け的優位性はあるか（ストーリー、メッセージ性、感覚・感情等）
価格戦略	●値付けに対する考え方はどうか ●価格を維持することができているか
PR戦略	●PRはどのような方法か（広告・販促・パブリシティ・人手など）
流通チャネル	●流通チャネルはどのような考え方で構築しているか

① **製品戦略**

・製品は「**お客様のニーズを具現化**」したもので、「**付加価値を内包する**」という点で4Pの中でも最も重要な要素です。

・ブランドは「**他の製品と自社製品の識別**」を目的としています。**名称（ネーミング）に限らず、デザイン、ロゴ、シンボルマーク、パッケージまでもがブランドになります。**識別が容易になれば製品選択の効率性も高まり、消費者の信頼の証にもなります。**評価対象企業の製品・サービスのなかに、こういった要素が含まれるかを検証**します。

・次は、「**製品の機能的優位性**」です。機能的便益（ベネフィット）といってもいいでしょう。具体的には、**製品そのものの品質や量などの「機能」**をいいます。例えば、鉛筆であれば「字が書ける」「滑らか（書き味）」「芯の折れにくさ」「鉛筆の持ちやすさ」等が機能にあたります。鉛筆を買う人は、それを使う場面や目的が想定されているので、その目的を最も的確に実現する機能が重要な意味を持つのです。

・一方、最近は製品のパリティ化（平準化）やコモディティ化（**品質の差がなくなる**）が問題になっており、機能的優位性だけでは勝負できない

傾向があります。そこで重視されているのが「意味的価値（情緒的価値）」です。**意味的価値とは、機能以外の何らかの意味が製品に加わることで、製品の付加価値が高まることをいいます。**

・例えば、「消費者の様々な経験（五感・喜怒哀楽など）」「製品の誕生ストーリー」「使用する場面や文脈から連想されること」等があります。機能として認識されるのではなく、「1000年の伝統が作り出した」とか、「家族を笑顔にする」といった感じで、意味が加わることをさします。

・また、顧客価値という視点でいうと、近時「LTV（顧客生涯価値）」という考え方も生まれています。顧客が売り手にもたらす長期的な利益を考えると、既存顧客の満足を充足するような製品作りが、トータルでは利益が大きいといった考え方です。

② **価格戦略**

・価格設定は「売れ行き」だけでなく「利益の大小」にも関わる重要な要素です。価格設定のことを「プライシング」といいます。プライシングには「浸透価格」「コスト上乗せ価格」「ターゲットリターン価格」「知覚価値価格」「バリュー価格」等、いろいろな考え方があります。重要なことは、プライシングの背景にある目的・考え方です。

・浸透価格は、製品を市場に浸透させるために利益度外視で値付けする方法です。とにかく手にとってももらうことを優先する考え方です。コスト上乗せ価格は、利幅を確保するため製造コストに利幅を乗せて価格を決める方法です。ターゲットリターン価格は、投資額に対する期待収益を価格に反映させる方法です。投資を確実に回収するための視点ですが、市場に受け入れられなければ虻蜂取らずになります。知覚価値価格は、お客様が「この商品なら1980円が妥当」と考える価格設定です。バリュー価格はお得感を出す安値設定です。

・いずれも市場（顧客・競合他社）をよく観察し、継続的な価格設定も見越しながら行う必要があります。例えば、販売初期は浸透価格で商品を覚えてもらい、そのうえで知覚価値価格に移行するといった方法です。ただし、長引くデフレ経済下で、消費者は値上げに過敏であることを踏まえると、値上げした途端に売れなくなるといったことも考えられるので、市場調査等を踏まえた継続性のある価格設定が重要になります。

③ PR戦略（マーケティング・コミュニケーション）

・販売促進（プロモーション）には、「広告」「販促」「イベント・経験」「パブリックリレーションズ」「ダイレクトマーケティング」「人的販売」の6つの方法があります。広告はコストをかけてテレビ・新聞・チラシなどで消費者に訴える方法です。説得型や情報提供型など幾つかのパターンがあります。販促は、消費者や流通向けに購入を訴える方法で、消費者向けであれば試着やサンプル、クーポンの提供がよく行われるものです。流通向けであればリベートや報奨金の提供、販売員教育などが行われます。イベント・経験は、スポーツ大会への協賛を行う、あるいは消費者に工場見学を体験してもらうことで認知度や好感度を高める方法です。パブリックリレーションは、いわゆる広報をさします。メディア対応やパブリシティ（記事化）が一般的です。ダイレクトマーケティングは、ダイレクトメールのように直接消費者に訴えかける方法です。人的販売は、対面販売などによる直接のコミュニケーションをさします。

・最終的には、これらの方法をどう効果的に組み合わせるか、いわゆるプロモーション・ミックスが重要です。費用対効果を考えながら、また、商品・サービスの特性や顧客属性を踏まえた方法であるかを非財務分析では検証します。

④ **流通チャネル戦略**

・**自社製品を消費者に届けるための手段**です。チャネルの種類としては、概ね下記の4種類があげられます。

種類	特徴
開放型ルート	幅広く販売先をカバーする。流通段階も多く、価格制御が難しい
専門型ルート	商品種類に応じた販売先をカバー。開放型に較べ段階少。中間的
特定ルート	特定の販売先に限定されている。介在者少なく、価格制御もやりやすい
直販ルート	製造かつ自店ないし特約店での販売。介在者なく、価格制御可能

・「商社」「卸」等のチャネル選択方法があるので、経営者の考えをヒアリングします。

メリット	デメリット
● 自社でできない販売網が作れる ● 信用リスクを緩和できる ● 販売促進につながる情報提供が期待できる	● 利幅が低下する ● 消費者の声が直接入らない ● バッティングを避ける

4. eマーケティングへの対応

　近時、流通チャネルに大きな影響を与えているのが、「eコマース」と呼ばれる電子商取引です。アマゾン、楽天などの大手はもちろんのこと、様々な「電子市場」や「電子商店」が林立しています。

　中小企業においてもHPを活用した「直接取引」が盛んになっています。今後こうした傾向が強まることが予想されますので、チャネル調査の重要なポイントとして注目する必要があります。

【資料2-7】eコマースの調査

項目	調査内容
導入状況	● 「eコマース」を、販売チャネルとして導入しているか
導入形態	● 導入している場合の「形態」は何か（楽天等への店舗参加、自社サイトの立ち上げ）
導入上の課題	● チャネルとして導入して、どんな問題点があるか
マーケティングへの活用	● データをマーケティングに活用しているか ● どんな方向性がみえるか
今後の方向性	● 今後の方向性（拡大・縮小、どんな形態でやるか等）

　加えて興味深いことは「ビッグデータ」の活用です。eコマースでは、取引情報を活用したマーケティングや推奨行動が盛んになっています。中小企業においても、こうしたデータ活用を積極的に行っている企業もあり、「**成長性」を測るうえで大きなポイント**にもなることから、その実態や方向性を把握しておく必要があります。

キラークエスチョン

　eコマースに関心はありますか。
　eコマースやビッグデータをマーケティングに活用するお考えはありま

すか。

　自社製品を持ち直接消費者への販売を志向している企業や、すでに HP で
直接販売を実施している企業については、上記のような質問によって、e コ
マースへの取り組みや考え方を訊くことができます。

5. デジタル・マーケティング

　マーケティングの世界において、いかにデジタルを活用するかが重要な
テーマになっています。ここでは、デジタルデータを活用したマーケティン
グの方法について紹介します。

　デジタル・マーケティングとは、様々なデジタル媒体やデータを使って、
情報取集・分析・PR（広告等）・効果測定を行うことです。中小企業セクター
においては、まだ一般化されているとは言い難いものの、上手に活用して成
果をあげている企業もいるので、金融機関として概要を理解する必要があり
ます。デジタル・マーケティングは広範であり、すべてを紹介することはで
きませんが、いくつかのキーワードによって理解の一助としていただきたい
と思います。

① **オムニ・チャネル**
　・オムニとは「全て」を意味します。その意味するところは、全てのチャ
　　ネル（販売経路）を活用して、消費者が場所や時間を選ぶことなく、自
　　由に購入ができる環境を用意することです。
　・具体的には、リアル店舗、e コマース、TV やラジオショッピング、
　　SNS 等を連携させることで、販売機会を逸することなく、また顧客満
　　足度を上げ、さらには購入データを活用することでマーケティングの精
　　度をあげることが可能となります。

② **ウェブ・マーケティング**
　・ウェブ・マーケティングとは「web」を活用したマーケティングで、い
　　わゆる「www」が付された web サイトに焦点をあてて、分析・集客・
　　購入・定着化のための手段を構築することをいいます。例えば、集客を
　　「レコメンド（推奨）」「バナー広告」で行うとか、購入に向けてサイト

内で最初に訪問するページを見やすくして（LPO＝ランディング・ページ最適化＝）、購入する際の手間を減らすフォームに最適化する（EFO＝エントリーフォーム最適化＝）ことです。

・こうした効果をあげるために「アクセス解析」といわれる、サイト訪問客の行動分析が重要な意味をもちます。具体的には、訪問数（セッション）・ページビュー（PV）・離脱率等の指標を用いて解析します。

③　モバイル・マーケティング

・スマホやタブレットなどの携帯端末を対象とするマーケティングをさします。スマホは消費者一人ひとりが「常時携帯」していること、多くの消費者が「SNSを使用」していること等から、「ワントゥワン」「位置情報」「SNS広告」「クチコミ」といった手段を活用できます。

・近年スマホは誰もが保有し、利用範囲も拡大していることから重要な対象になっています。

④　バイラル・マーケティング

・バイラル・マーケティングとは、クチコミを活用したマーケティング手法です。売り手側ではなく消費者側の声こそが信用に値すると考える人も少なくありません。そこでクチコミを介して購買を仕向ける方法が重視され、「ステルスマーケティング（販促とはみせない販促）」「インフルエンサー（消費行動に大きな影響を与える人）」「バズる（話題となる）」といった言葉が一般化されるようになりました。

第14章

営業力

　中小企業にアンケート調査をすると、経営課題の上位に常にランキングされるテーマが「営業力の向上」「販路拡大」です。「より良い取引先」を「より多く」と考えることは、商売の常です。特に、国内市場が縮小し、デフレ経済のなかで価格コントロールが難しい現在、営業力の強弱は企業経営の大きな課題となっています。従来漠然と「あの会社は営業が強い」といった言い方をしている場合がありましたが、営業力を測定する明確な基準が示されていませんでした。本章では「営業力」の調査ポイントについて説明します。

調査ポイント

〜種々のデータを概観し、ヒアリングで裏付けをとる〜

① 基本データ（月別・販売先別・新既別・部門別・製品別・市場シェア・同業他社比較等）
② 営業に対する経営の考え方・基準（販売条件）
③ 営業体制、マネジメント手法、人材育成
④ 与信管理の手法

　営業力を調べるためには、「営業基盤の大きさと質」「売上のトレンドや特徴」「営業に対する考え方や推進体制・人材育成」そして「リスクに対する管理」を総合的に調査する必要があります。

1. 基本データで分析する

　金融機関によっては、取引先に対して「営業（売上）に関する資料」を定期的に求めていると思います。「月別売上高」（参考：税務申告書の別表には『月別の売上・仕入等』）とか、「店舗別売上高」といった資料が一般的です。
　営業力調査の基本は「**営業（売上）**」に関する**データを入手する**ことです。

大半の中小企業が各種「売上データ」を作成しています。必要に応じて、【資料2-8】について提出を受けるとよいでしょう。

　お客様にデータの依頼をする場合、「何のために」という提出目的を説明することが大事です。特に「従来提出を受けていない資料」「他行では依頼されていない資料」を開示することは、お客様にとって「少なからぬ抵抗感」があります。最終的には、事業性評価に対する正しい理解を得ることが王道ですが、**「なぜこの資料をいただくか」を説明するとともに、「お客様に対して行うフィードバックは何か」まで答えをもつことが大事です。**

【資料2-8】売上に関する資料

種類	内容	目的
部門別売上高	支店別や、複数の部門で売上高が立っている場合	部門別の売上構成とトレンドをみる
製品別売上高	複数の製品がある場合、主要製品を中心に	製品別の売上構成とトレンドをみる
販売先別売上高	主要販売先の売上高推移（扱い商品を加える場合もある）	販売先、シェア、トレンドをみる
月別売上高	月別の売上高	季節性や影響度、トレンドをみる
既往先新規先別売上高	既往先と新規先の先数や売上高	新規開拓力、既往先の伸びやトレンドをみる

　それでは幾つかの具体例に基づいて、営業資料の提出を受ける意味を考えてみます。

【資料2-9】部門別売上高の例

	26年期		27年期		28年期		29年期		30年期	
	売上高	シェア	売上高	シェア	売上高	シェア	売上高	シェア	売上高	シェア
東北事業部	200	9%	180	7%	190	7%	200	7%	195	6%
関東事業部	800	36%	950	38%	1,000	35%	1,100	36%	1,150	36%
中京事業部	600	27%	800	32%	900	32%	1,000	33%	1,200	37%
近畿事業部	400	18%	300	12%	350	12%	380	13%	400	12%
その他	250	11%	300	12%	380	13%	350	12%	290	9%
計	2,250	100%	2,530	100%	2,820	100%	3,030	100%	3,235	100%

部門別売上高の資料では「部門ごとの強弱」「基盤部門がどこか」「地域間格差があるか」等の情報を得ることができます。

本例【資料2-9】では、関東・中京事業部が全体の7割強を占める「中核基盤」であること、中京事業部の成長率が高いこと、東北・近畿事業部は低落傾向にあること、がわかります。これらの事実に基づき、ヒアリングを行い、**マーケットの問題なのか、事業部毎に手法差があるのか等、当社の「営業に関する課題」**について堀り下げることが必要になります。

【資料2-10】からは、A・B・Cの3社で売上の4分の3を占め、3社が重要販売先であることがわかります。逆に言うと、3社への依存度が高く、この基盤が揺らぐと当社の業績に大きな問題が生じることになります。また、金融機関のネットワークを活用して、3社の信用調査をすることで、**営業基盤のリスクを把握**することができます。

販売先別売上高の資料は、評価対象企業の営業基盤を知るうえで重要な意味を持ち、ぜひ入手したい資料です。この資料に「**受取条件（毎月の締日、入金日、振込・手形等の受取手段）**」を書き加えてもらえれば、「売掛金回転率」など財務分析の検証に用いることもできます。

【資料2-10】販売先別売上高の例

（単位：百万円　台）

販売先 （製品）	26年期 数量	26年期 構成比	27年期 数量	27年期 構成比	28年期 数量	28年期 構成比	29年期 数量	29年期 構成比	30年期 数量	30年期 構成比
A社 （NC旋盤）	800		960		1,100		1,250		1,700	
	10	32%	12	35%	13	35%	15	35%	20	39%
B社 （NC旋盤）	560		600		750		900		1,020	
	7	22%	8	22%	9	24%	10	25%	12	24%
C社 （NC旋盤）	300		240		330		450		560	
	5	12%	4	9%	6	11%	7	13%	7	13%
D社 （フライス盤）	200		220		220		250		290	
	20	8%	22	8%	22	7%	25	7%	29	7%
E社 （中ぐり盤）	150		140		125		110		100	
	30	6%	28	5%	25	4%	22	3%	20	2%
その他	500		550		580		600		650	
	―	20%	―	20%	―	19%	―	17%	―	15%
合計	2,510		2,710		3,105		3,560		4,320	
	―	100%	―	100%	―	100%	―	100%	―	100%

月別売上高【資料2-11】は単純な資料のように思えますが、過去何期か
を並べてトレンドを見ることで様々な情報を得ることができます。また、【資
料2-12】のようにグラフ化することで視覚的にもイメージがとらえやすく
なります。本件の例ですと、11〜1月の3ヶ月で全体の5割近い売上が上がっ
ており、季節性の要素が強いことがわかります。また、ここ数年売上の低下

【資料2-11】月別売上高の例

（単位：百万円）

月	26 年期	27 年期	28 年期	29 年期	30 年期	前期比較
1	50	55	35	40	45	5
2	10	5	10	5	5	0
3	15	10	15	10	5	▲ 5
4	20	15	15	15	10	▲ 5
5	40	40	35	25	35	10
6	60	50	50	55	45	▲ 10
7	35	20	30	20	35	15
8	30	20	30	20	20	0
9	20	30	30	20	20	0
10	30	20	30	20	15	▲ 5
11	70	65	70	60	50	▲ 10
12	80	85	70	80	80	0
計	460	415	420	370	365	▲ 5

【資料2-12】月別売上高のグラフ

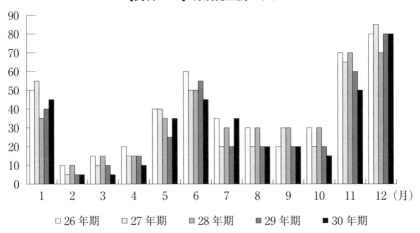

基調が続いており、主要3ヶ月だけでなく、各月とも低下傾向にあることもわかります。"抜本的なテコ入れが必要な状況"といえましょう。

あるいは、売上が低調な2〜4月の対応をどうするか検討の契機となります。季節性のある商品であるために、その3ヶ月が低調であるとすれば、それを補完する商品を投入するといった問題提起にもなるでしょう。このように、一見単純な「月別売上高」でも、いろいろ観点から見ることで問題点を発見できるのです。

また、「**新規開拓**」**に関するデータも重要**です。基本的に既往先だけで売上を伸ばすには限界があります。新規開拓をする力が、ある意味「真の営業力」といっても過言ではありません。新規開拓の手法や体制がどうなっているか、ヒアリング調査も加えて把握しましょう。

このほかにも、業界水準や競合他社のデータが入手できるのであれば、そうした比較の中で当社の特徴を明らかにすることができます。

2. 営業に対する考え方・基準（販売条件）

資料調査は重要ですが、限界もあります。資料調査で生まれた疑問を確認するためにも、**データを交えながら経営者と意見交換をすることが必要**です。疑問点の解消に限らず、資料に基づき「営業に対する考え方」や「販売条件の設定」についても質問しましょう。営業力を測るうえで、トップの考え方を知ることは有益です。

具体的には「**営業上の重視するポイントは何か**」「**営業体制（拠点展開を含む）と背景にある考え方は何か**」「**営業部門の人材の育成はどのように行っているか**」です。基本的には経営者の考え方が、営業の体制や手法に反映されている場合が多いので、経営者の考え方を訊くことで、営業上の問題点を把握することができますし、金融機関の支援ポイントについてもヒントを得ることができるでしょう。

また、「受取は現金、手形は基本的にNO」とか「決済は3ヶ月後」といった、**販売の基本的な基準・条件**についてもヒアリングしましょう。業界毎に特徴がある場合が多く、当社独自に設定していることもあります。特に、受取期間が長期に及ぶような「違和感」「特異性」がある場合には、理由を確認することで思わぬ発見につながります。

3. 営業体制・マネジメント・人材育成

　ここでの調査ポイントは、「営業推進に関する体制はどうか（例：営業本部、事業部制、販売子会社）」「販売推進の手法はどうか」「営業において重視する指標（売上・利益・新規開拓等）は何か」といったことになります。

キラークエスチョン

> 　社長が営業に関する指標で一番重視しているものは何ですか？その理由も教えてください。（例：新規売上比率、営業1人当たり利益率）

　想いをもって営業を行っている社長であれば、この質問をすれば少なくとも10分は語るのではないでしょうか。

　この質問のポイントは、1指標だけを答えてもらうことにあります。どうしても複数言いたいというのであれば、順序付けをしてもらうことです。この質問でわかることは「**社長の営業方針**」です。例えば「新規売上高」を最重要視しているとすれば、既存の基盤に低落傾向やマージン低下が見られ、その脆弱性を新規販売先で補完したいといった問題意識があるかもしれません。この「新規先重視」という方針に基づいて、営業部門の「推進体制」「マネジメント手法」が組み立てられていると推察できるのです。

　複数の指標をあげるのであれば、優先順序も含めて「**営業の全体像**」や「**優先順序**」を見ることができます。例えば「新規売上高」が1番優先で、「マージン率」が2番目にあげられたとすれば、社長の認識には「全体的なマージン低下に歯止めをかける」という問題意識があり、その第一の方法が、比較的利鞘をとれる「新規先の開拓」ということなのかもしれません。

　また、**営業部門の人材強化・育成方法についても確認します。**冒頭「営業力の向上」が社長の悩みのトップにあると説明しましたが、人材強化や営業手法の高度化をどう図るかを課題としている企業は多いのです。企業によっては「独自のOJTテキスト」「成功事例・失敗事例」などを知恵袋として集積するなどの方法、外部研修への派遣、コンサルティングの導入などによって、全体の底上げを図っています。これらは、課題解決型営業における本業支援のヒントを示すものでもあり、確実に押さえておきたいポイントです。

4. 与信管理

近時倒産件数が低下傾向とはいえ、中小企業にとって「貸し倒れリスク」は経営に直結する問題です。売上が順調に上がっても、信用リスクが同時に積み上がっているとしたら、後日痛い目に合うことになります。与信管理の巧拙は、営業力の一端を示すものです。

キラークエスチョン

> 当社の販売先に対する『与信基準・ルール』があれば教えてください。

与信管理は、「**販売額の上限金額を設定する**」「**売掛金の管理基準をもつ**」ということです。売掛金という科目も"曲者"です。"1年を超えた売掛金"が計上されている場合もあります。「相手が払う気があるので計上している」といった回答を耳にしますが、1年間も払わない相手の売掛金に健全性があるといって良いか、という問題もあるでしょう。

「**与信基準ないしルール**」がしっかり定まっている企業であれば、与信管理の基本はできているとみてよいでしょう。可能であれば、さらに下記の2点をヒアリングします。

> ● この基準（ルール）は、どんな考え方で設定されたのか
> ● この基準（ルール）の"実際の運用"はうまくいっているか

与信管理基準があることは営業のマネジメントとして重要ですが、問題は「考え方」や「実際の運用状況」です。

基準を設定した背景には、過去の事故や経験が反映されていることが多いものです。また、ルールは決まっているが、営業の意識が低く、実際には基準額を度々超過しているといった実態であれば、ルールを設定した意味はありません。こういった質問によって実態を掘り下げることで、与信管理に対する考え方や運用の実際がクリアになるはずです。

一方で、**与信管理やルールがない**、と言われた場合には「与信管理上の重要課題」と認識できますし、「設定していない理由」「過去の貸し倒れ実績」等を掘り下げることで、評価対象企業との問題の共有化が図れるでしょう。

さらに、与信管理のレベルを知るために、以下のような質問をすることも

有効です。

> ●販売先の信用調査を、定期的に行っているか
> ●与信管理は、どの部署で行っているか

　販売先の信用状況は常に変わる可能性があります。信用調査会社等のレポートを定期的に入手しているか、あるいは、営業に調査レポートを書かせているか、といったことで与信管理に対する姿勢がわかります。また、営業部門内で与信管理をしている場合、情が入り込んで「超過を許す」といったことが起こり得ます。与信管理部門が独立している企業であれば、相当意識が高いことがわかります。

　併せて『**主要販売先**』については、**当方でも信用調査をすることが必要**です。裏付けをとることが大事ですし、先方と認識差がある場合には「当社の信用調査」に問題がある可能性もあるからです（逆に、先方が細かく実態把握をしている場合もある）。**与信管理がしっかりしている会社は、概ね営業力も高いと考えて良いと思います。**

---

5. IT 活用（SFA）

　営業部門の生産性を高めることが、企業共通の課題になっています。一方で、営業部門の生産性をあげることは容易でなく、人材育成にはじまってマーケティングや営業手法の高度化を並行して進める必要があります。こうした観点から有効な武器になるのが「IT」、具体的には「営業支援システム（SFA）」と呼ばれるものです。また、その一環として「顧客管理システム（CRM）」といわれるシステムもあります。

　本項では、営業力を評価するひとつの領域として「営業支援システム（含む顧客管理）」について、「どのようなシステムを導入しているか」「導入目的は何か」「利用は定着しているか」「どの程度の効果があがっているか」といった観点から調査する方法を説明します。

① **システムの内容**

　　・営業支援に関するシステムは数えきれないほどあります。そういった意味で、システムの選択肢が多すぎて困るほどです。そういった多様な選

択肢のなかで、どのメーカーの何というシステムを利用しているかを確認することがスタートです。

・その理由は、システムが特定できていれば帰店してからインターネット等でシステムの詳細を確認することができ、一般的な評価を知ることもできるからです。

② 導入の目的

・当該システムを選択した理由に「導入の目的」があります。例えば「UX（顧客体験）」が優れたシステムで、導入時の研修負担が少なく、継続的な利用が期待できる簡便性があるとすれば、リテラシーの低い営業マンが多いなかで何とか使いこなせるようにしようという意図があると考えられます。あるいは、リアルタイムの情報収集や加工・共有化ができ、あらたなニーズにもノーコードで対応できるシステムを導入したとすれば、十分な利用実績があってさらに上のステップを目指しているといった状況が考えられます。

・いずれにしても、システムの選択と営業の課題は表裏一体の関係にあるので、システムの特性に着眼しつつ導入の目的を明確にすることが重要です。

③ 利用の定着度

・どんなに有名なシステムを導入したところで「宝の持ち腐れ」では意味がありません。システムが持つ機能をフルで活用することは難しい面もあり、どういった機能を中心に利用しているのか、営業部門全員が活用できているのか、といった利用状況を把握する必要があります。利用がうまくいっていない場合には、リテラシーの問題なのか、システムの画面設計や簡便性の問題なのか、いろいろ原因を探ることになります。

④ 導入の効果

・もっとも重要な調査ポイントが導入効果です。多くの中小企業がシステム利用を躊躇する理由に「効果がみえない」ことをあげています。そういった意味で、システムを導入したから直ぐに営業力や生産性があがるとは限りません。

・効果に関しては「売上が5％上がった」「サポート人員が2名減った」「時

間外労働が5時間減った」といった定量的に把握することが基本です。しかし、導入のステージによっては目に見える効果が確認しにくい場合も少なくありません。そこで「定性的な効果」についても着眼する必要があります。例えば「営業情報が共有化されることで連携が良くなった」「成功事例が共有され若手の動きが変わった」などです。継続は力なりで、少しずつでも効果が生まれることで、徐々に定量的な効果につながる可能性があるのです。

第15章

仕入・在庫管理

　仕入は企業の生命線です。どんな企業であっても何らかの形で仕入を行っており、その安定性と効率性を両立させるために、日々取り組んでいるのです。

　また、在庫も重要な経営問題です。近時「ABL」といった融資手法がクローズアップされ、営業担当者の在庫に対する関心も高まっていますが、実際にABLに取り組んだ経験があれば「帳簿と実際の在り高の確認をどうチェックするか」など、在庫管理に関する難しさも認識しているはずです。在庫管理は「コストや品質・数量管理」の面で大きな経営課題であり、機会確保と効率性を両立させることで、キャッシュや資産・収支にもプラスに働く武器となります。

　一方、その重要性が認識されているものの、粉飾懸念等の重大事案やABL導入といった機会でもなければ、在庫について詳細に調査することはまずないでしょう。営業担当者の在庫に関する知識も、「後入先出法」といった棚卸資産の評価方法程度に留まっているのではないかと思います。

　本章では、あらためて「仕入・在庫管理」の重要性を認識し、一歩踏み込んだ実態把握ができるような説明をしたいと思います。

1. 仕入に関する調査ポイント

　まずは「調査ポイント」から説明します。

調査ポイント
〜安定性と効率性のバランスがとれているか〜

① 基本データ（月別・仕入先別・部門別・仕入品別等）
② 仕入に対する経営の考え方・基準（仕入条件）
③ 仕入（購買）体制

④ 主要仕入先の調査（取引歴・関係性）

　仕入は「安定供給」の観点から、まずは「安定性」が重視されます。**安定性には「納入期限」「納入量」「納入価格」の３つがあります。欠品など起こさずに、決められた納入日に、安定した量を納め、品質も安定し、価格にバラツキがなく安定的な価格で行われているか**、という点です。

　同じく「効率性」も重要です。まずは、**発注から納入までの期間が適切か**、発注に対する**対応が柔軟であるか**、**納入価格に合理性**はあるか、といった点が求められます。

　以上の着眼点に沿って、調査をすすめます。

キラークエスチョン

　貴社の仕入は「安定性重視」ですか、「効率性重視」ですか？　重視するポイントを、実務にどう反映させていますか？

　このキラークエスチョンのポイントは「抽象性」と「実態」です。方針を語ってもらう質問方式ですので、"YES か NO"では答えられません。また、方針がどう実務に反映されているか、という質問が「更問」として被さっているので、考え方の背景にあるエビデンスと運用実態を知ることができます。

① **基本データの分析**
- ・月別、仕入先別、仕入品別といったデータがオーソドックスです。資料例は第14章の「売上げに関する資料」を参照してください。
- ・**月別仕入高では「年間の仕入パターン」を把握し、仕入先別データでは「仕入先の構成」**を理解します。また、**仕入品別仕入高では「仕入れる品の必要度・重要度」**がわかります。仕入品が特定できれば『クォータリー日経商品情報』等の専門データを活用して、**仕入価格の妥当性や価格傾向**を検証することができます。
- ・また、「仕入債務回転期間」「支払手形回転期間」等の財務データと月別仕入額を照合することで、財務分析の検証に用いることができます。

② 仕入に対する考え方・基準（仕入条件）

・仕入に関する基本的な考え方は、安定性・効率性どちらかに偏向しているケースは少なく、**どちらかに比重を置きつつ両者のバランスを取る**、といったパターンが多いと推察されます。詳しくヒアリングすることで**「業種ならではの仕入に対する考え方」**が浮かび上がることもあります。

・主要先については**「取引をしている理由」**を訊くと有益な情報が得られます。一般には「取引歴が長い」といった場合が多いのですが、「過去の経営危機時に支援してくれた」とか、「この商社でしか手に入らない」とか、「工場まで直送してくれる」といった他社に替え難い理由があることも多いのです。

・また、東日本大震災以降、**「仕入地の分散」「仕入先の分散」**といったリスク管理の考え方も強まっていますので、こうした BCP（事業継続計画）の観点から、仕入れ先の選定に関してヒアリングすることも必要でしょう。

・細かい話ですが、**「支払の締め日（毎月 15 日）」「掛けの期間（45 日後支払）」「支払手段（電子手形）」**といった条件を訊いておくと、「販売先」で説明したように、財務分析の検証や課題解決型営業のヒントになります。

③ 仕入の体制

・仕入体制は、**「どの部署」**が**「どんな方法」**で仕入を行っているかです。購買部が独立して設置されている場合もありますし、製造部のなかに購買課といった形で置かれている場合もあります。また、発注方法も様々です。年度間で一括契約し、デリバリーを毎月に分けるとか、毎週 1 回発注するとか、場合によっては前日発注・翌日納入といった、様々なやり方がありますので、注意が必要です。

・一般的に「買う立場が強い」と思われがちですが、企業同士の購買関係は簡単ではありません。仕入先が購入先を支援している、コントロールしているという場合もあります。**仕入先と当社の"力関係"**という観点で「仕入体制」をみることも大事です。

・また、仕入金額が大きく、扱い品目も多いスーパーマーケット業などでは、仕入業者との関係強化のために「○○会」といった**協力団体を組成**している場合があります。これは、**仕入業者との関係性を密にし、情報**

開示や親睦を行うことで当社の購買政策への協力を促進する狙いがあります。製造業でも完成品メーカーでは、同様の協力会を形成している場合があるので、「仕入基盤」の調査に役立つと思います。

④ **主要仕入先の調査**

・主要仕入先については、仕入先別のデータや、決算書科目明細（支払手形・買掛金）を使って特定できます。「**安定性**」**といった観点**から主要先について一定の信用調査を行うこともリスクを認識するうえで効果があります。

・調査ポイントとしては「**信用リスク**」「**取引量**」「**取引歴**」「**取扱商品の特徴**」「**当社との関係性**」といったところになります。

---

2. 在庫の基本知識

　従来「在庫」については「**資産の健全性**」という視点から見ることが多かったと思います。例えば、在庫月商倍率が業界水準の2倍あるので、半分は不良性の可能性があるのでは？といった見方です。また、在庫の実態や在庫の価値を正しく判定することが、極めて難しいとの認識を持っていると思います。「実態把握が困難」⇒「不透明である」⇒「不良性を疑う」という三段論法で考える傾向があるのです。

　しかし、企業サイドから「在庫」を見る場合には、見方が変わります。在庫はカネを生む源泉であり、販売機会を捉える武器です。コストと機会のバランスをとりながら、在庫調整を行っています。

　事業性評価においては「懐疑的視点」ではなく、「中立的な視点（＝実態を正しく把握する）」を持つことが大切です。在庫に含み損があるのではないか、計上されている在庫は満額で見てよいのだろうか、といった視点ではなく、「**何が真実か**」「**どういう意味があるのか**」といった**姿勢**で調査することが正しい姿勢です。

　本項では、従来十分に指導されてこなかった「在庫の基本・仕組み」について説明し、営業担当者の在庫に関する基礎作りをしたいと思います。

① **在庫とは何か**

　在庫は「倉にあるもの」です。企業では、製造のための「原材料・仕掛品」

が倉庫や資材置場に保管されています。また、販売を待つ形で「製品・商品」が大事に保管されています。このように、製造や出荷を待つ状態にある「原材料・仕掛品・製品・商品」を「在庫」と総称しているのです。

それでは、なぜ在庫は必要なのでしょうか。それは、**調達（仕入や生産）と販売の機会を調整する**ためです。製造した瞬間から売れるのであれば在庫を持つ必要はありません。しかし、製造と販売を時間的に合わせることは極めて困難です。そこに「調整手段」としての在庫が必要なのです。

また、「**安全性と効率性**」を満足させるための「**産物**」という見方もできます。例えば、在庫がまったくない状態で、生産を始めることを想定しましょう。生産の都度、原材料を発注し、その都度輸送してもらい、その都度現場に並べるという方法では、大変な手間がかかることになります。加えて、原材料のひとつでも欠品すれば、生産が止まってしまいます。トヨタ自動車で有名な"かんばん方式（ジャストインタイム）"といった、できるだけ在庫を持たない生産方式もありますが、一般的には在庫を持たないという方法は極めて難しいことです。トヨタ自動車でさえも、東日本大震災の際には部品等の供給を受けられず生産に支障を来したという話もあり、ある程度在庫を抱えることは安全性の点で必要な要素といえるでしょう。

製造コストの観点からも、ある程度まとめて購入することで買値を下げることもできますし、欠品のリスクもなくなります。生産までの間は、倉庫で待つことになりますが、それも「まとめ買いのコスト（効率性）と、欠品防止（安全性）を満たすトレードオフ」です。在庫は安全性と効率性を満足させるための"必要悪"ということがいえます。

② 在庫は多い方が良いのか、少ない方が良いのか

一般的には「在庫の削減」が経営課題になることが多いようです。その理由は後述しますが、在庫のままでは「金を生まない」、「保有するためのコスト」も必要になるので"悪役扱い"されることが多いのです。

在庫の多寡に関する、メリット・デメリットは下表の通りです。

在庫	メリット	デメリット
多い	●まとめて購入することで仕入コストが下がる ●次工程への投入が円滑に行える ●販売機会を失わない（欠品リスク）	●在庫の保管料（コスト）がかかる ●在庫の劣化・陳腐化のリスクがある ●金利コストがかかる

少ない	●保管料が少なくて済む ●劣化・陳腐化した場合にも低額で済む ●金利コストが少ない	●仕入コストが増加する ●欠品防止の仕入・在庫管理が煩雑となる ●欠品リスクがある

③ なぜ在庫の「最少化」を図るのか

　前述の通り、多くの企業では「在庫の削減」や「在庫の最少化」を経営課題にしています。

　それには幾つか理由があります。

●在庫は多くのコストを必要とする
●生産効率を究極まで高める過程で、「在庫・仕掛品」の削減が課題になる
●キャッシュフロー経営が「在庫の現金化（削減）」を要請している

　まず、在庫を持つためにはコストが必要です。在庫保管には、倉庫料・保険料・作業費などが必要ですし、在庫が陳腐化・劣化しないような保全コストも必要です。在庫を維持するための運転資金の借入金利の負担も生じます。

　生産上の問題もあります。在庫の存在は「生産を待っている状態」を指しますので、在庫が多いほど「待ちが多い」ことになります。仕掛品や在庫を減らすことが、生産コストの低減につながるのです。

　そして経営指標の観点からも「在庫の多さ」は気になります。「キャッシュフロー経営」はその典型です。在庫の存在は「未現金化」の状態ですから、在庫が増加することは、営業キャッシュフローの悪化要因になります。また、貸借対照表上でも、在庫の増加は「ROA（総資産経常利益率）」「在庫回転率」といった指標の悪化要因になります。こうした要因が、在庫の最少化を促しているのです。

④ 在庫の特性

　在庫の削減を目指す、もうひとつの理由があります。それは「**放っておくと在庫は増加する宿命にある**」ことです。「罪子」といわれる由縁でもあります。

　在庫が自然に増加する背景には、在庫に関わる関係者が大勢いて、それぞれの立場が在庫を必要としている、ということがあります。

関係者	在庫を持ちたい（増やしたい）理由
仕入担当	●まとめて仕入れた方が、安く仕入れられる ●在庫を切らすと、製造にガミガミ言われる
生産担当	●まとめて作った方が、効率があがる ●欠品を起こすと、取引先からペナルティを受ける
販売担当	●販売機会を失わないように、潤沢に在庫を持ちたい

　いかがでしょうか。在庫を減らしたい関係者はほとんどいません。在庫が増加して"怒る"担当者は、経理・財務担当者ぐらいではないでしょうか。このように、放置すれば在庫は増える宿命にあります。関係者の気持ちはわかりますが、在庫に要するコスト、生産管理、財務問題等々を考えれば「**適正な水準**」**に保つ必要性**があることも理解できるでしょう。

3. 在庫管理

　在庫に関する基礎知識が習得できれば、「在庫管理の要諦」についても見当がつくと思います。

調査ポイント

〜在庫の適正化に向けたマネジメントができているか〜

① 基本指標を押さえる
② 在庫に対する経営の考え方（適正在庫の水準）を確認する
③ 在庫適正化に向けた具体的な施策（＋ツケの先送り対策）を確認する

① 在庫に関する基本指標

　a）在庫回転期間
　　　平均在庫金額÷年間出荷金額×12
　b）在庫回転率
　　　出荷金額÷在庫金額
　c）キャッシュ化速度
　　　在庫回転日数＋売上債権回転日数−仕入債務回転日数
　d）在庫散布図
　　　出荷対応日数（月末在庫÷1日平均出荷量）と出荷日数の関係

在庫に関する基本指標は上記の通りです。在庫回転期間については、営業資産の効率性を判断する指標として金融機関でも馴染みのある指標です。在庫回転率以下の指標については、普段目にしない指標かもしれません。

　　a）在庫回転期間
　「出荷何月分の在庫を持っているか」という**"効率性"**をみる指標です。当然少なければ少ないほど効率性が高いことになります。ただ、一律に判断することは危険です。季節性がある場合もあります。また、業種やビジネスモデルによっては、ある程度の在庫を抱える必要があります。

　　b）在庫回転率
　「在庫が何回転したか」という**"効率性"**をみる指標です。当然、回転数が大きいほど効率性が高いことを示します。数式の通り、在庫回転期間と表裏の関係があります。

　　c）キャッシュ化速度
　「在庫を調達してから現金化されるまでにかかった日数」を表す指標で、小さいほどキャッシュ化される日数が短いことになります。キャッシュフロー経営では「現金化」を重視しますので、CCC（Cash Conversion Cycle）と称して、短縮目標を掲げている企業も少なくありません。
　この指標を改善するためには、在庫や売掛金の回転日数を減少させることが必要であり、他社との交渉を含めて、いろいろな取り組みが行われています。

　　d）在庫散布図
　これは専門性の高い資料ですので、参考程度に頭に入れていただければ結構です。ただし、在庫管理に熱心な中小企業では、こうした図を社内資料として作成している場合もありますので、機会があれば見せてもらうとよいでしょう。
　在庫散布図は**「単品毎の在庫状況をみる」**資料で、**在庫管理の巧拙を視覚的に捉える**ことができるメリットがあります。具体的には、出荷対応日数と出荷日数の2つのデータを用いて作成します。
　出荷対応日数は、「何日分の出荷に耐えられるだけの在庫を持っているか」

を表します。

　出荷日数は、「ある商品が1ヶ月に何回（何日）出荷されたか」を示します。散布図の例を示しましたので、その図を参考に見方を説明します。

　参考図の丸をつけた部分は、「出荷対応日数が50日」で、「出荷日数は月1回（1日）」ということを示しています。つまり、「その商品は月1回しか出荷されないにも関わらず、50日分の在庫を持っている」ということであり、「その商品の在庫を一掃するのに、50ヶ月を要する」と言い換えることができます。有態に言えば「在庫管理がとても下手な事例」ということができます。

　在庫散布図は、このように2つのデータのバラつきや相関関係をみるために役立つ図表です。この例で、在庫管理を改善するためには"バラつきを減らす"ことです。全体的に「出荷対応日数を下方に下げる」「出荷日数を中央に集約する」といった方法が考えられます。

【資料2-13】在庫散布図

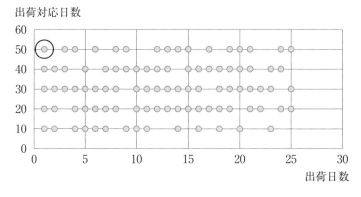

② **在庫に対する経営の考え方**

　基本指標の分析によって、評価対象企業の全体傾向を理解した後は、在庫に対する経営者の考え方をヒアリングします。ヒアリング・ポイントは概ね5つです。

- 在庫の「安全性」と「効率性」のどちらを重視しているか
- その理由は何か
- 現在の在庫水準は適正な水準といえるか
- その理由は何か
- 在庫のツケ送り対策は何かしているか

　ここまで説明した通り、在庫管理は「安全性」と「効率性」のバランスを取るべく、常に最適水準を目指すものです。しかし、実際には「業種・業態の特性」や「社長の重視する点」で、会社ごとに水準や方法が変わります。そこで、「安全性と効率性のどちらを重視しているか」「その理由は何か」という2点が基本的な確認事項になります。また、そうした考え方に照らした場合に「実際の在庫水準が適正だと判断して良いのか」「その理由は何か」という2点が、次なる確認事項となります。**現実の在庫水準と理想の差が「在庫に関する課題」**だからです。在庫は、方針やルールだけでなく、発注・生産・販売などの様々な制約要因を受けて「現在の水準」になっているので、理想と現実の差に「発注・生産・販売」に関する問題があるのです。

　したがって、「**在庫削減の方策**」は、「**発注・生産・販売**」の改善を行うことなのです。**在庫を決定づける大きな要因は「発注」ですので、「発注をいかにタイミングよく、適正量で行うか」で在庫量は決まるのです。**在庫に問題がある場合は「どういう発注方法を行っているか」を調査することが大事です。

　そして、最後の確認事項は、往々にしてありがちな「在庫のツケ送りの有無や対策」です。具体的には、**売れ残った在庫を手元に残し処分しないこと**をさします。売れない在庫を処分するためには値下げが必要であり、値下げをすれば「処分損」が発生し責任問題となります。しかし、こうした行為は健全性を損なうものであり、営業部門の活性を失わせることになるので、何らかの対策やルールを作って対応することが必要です。

キラークエスチョン

　貴社の理想の在庫水準は、月商の何ヶ月分ですか。理由も教えてください。

このキラークエスチョンのポイントは「理想」という言葉にあります。通常「在庫に関する質問」は、経営者にとって「嫌な質問」であることが多いものです。なぜなら在庫に問題を抱えていない企業など滅多にないからです。一旦現実から離れて「社長の理想」を語れば良いので、社長の口も滑らかになるはずです。しかし「理想」がわかれば「現実との乖離」も明らかになるので、この質問を起点として、様々な更問によって問題を深堀りすることができるのです。

③ 在庫適正化の施策

ヒアリングの最後は「在庫適正化」に向けた「課題」と「対策」を明確にすることです。在庫に関して、一般的に想定される課題は以下の通りです。

＊＊＊在庫に関する課題＊＊＊

- 過剰在庫（必要以上に在庫を抱えている）
- 欠品が多い（必要なものを持っていない）
- 滞貨が多い（死蔵・使えないものを持っている）
- 在庫管理が十分できていない（仕組み、正確性など）
- 在庫コストが高い

これら「**在庫の適正化を阻む要因**」は、**発注・生産・販売にある**ことを指摘しました。多くは、3つそれぞれに問題があるのですが、五月雨式に対応するわけにもいかないので、真因を明確にする必要があります。経営者が認識できていれば問題はありませんが、認識できていない場合には、金融機関のサポートの余地が生まれます。

真因が明らかになれば、**その課題に対してどういう対策を打っているかを確認**します。無策であれば、適正化は遠い先です。例えば「滞貨の処分」といった対策を立てていたとすれば、処分損に対する腹を括れば、すぐにでも実行可能です。

前述の「**ツケの先送り**」にどう対応しているかも、この対策に含まれます。筆者の経験では、あるディベロッパーの在庫水準が異常に高いので調べると、販売開始から2年以上経過している物件が数多く含まれていました。販売予定価格では処分できない状態です。実際には"売れなかった原因も価格設定に起因"している場合があるのです。営業マンも売りたいが、その値段

では売れないこともわかっている。損を覚悟で売りましょう、と営業の口からは言い出しにくいものです。このケースでは、数億の処分損を出ることを金融機関と相互了解のうえ、販売価格を３割程度下げることで在庫処分ができました。在庫の滞貨がなくなると、営業マンも気持ちが軽くなり、さらに販売促進につながりました。損失は一時期のもので、頑張れば取り戻すことができます。放置して何もしなければ問題が未来に先送りされるだけです。

第16章

製造／生産（工場実査の目的・方法）

金融機関では多くのメーカー（製造業）と取引をしています。しかし、メーカーとしての実力を測ることは簡単ではありません。製品の特性だけでなく、それを生み出す「製造／生産」プロセスに着眼する必要があります。なぜならば「工場」で製品は作られるからです。工場には、ヒト・モノ・ノウハウが詰まっています。つまり製造業のケイパビリティ（企業の能力）の多くが「工場にある」といっても過言ではないのです。

一方で、金融機関に工場を見る眼がどれほどあるでしょうか。営業担当者であれば工場実査の経験はあるはずです。しかし、工場実査の着眼点や方法について体系的に学んだことはほとんどないのではないでしょうか。工場「見学」をすれば企業の実力の一端を知ることはできます。しかし、より深い理解をするためには、見学ではなく「実査」というレベルに相応しい様々な知識が必要です。本章では、工場実査の方法を中心に「製造／生産」に関する見方や調査ポイントを説明します。

こうした知識を得たうえで、多くの実査経験を重ねることが「工場を見る眼」を育てることにつながります。知識だけでも実査力は向上しません。知識と経験を統合することで実査力が高まり、非財務分析の幅と深度を増すのです。現場実査は「非財務分析」のなかでも、ダイレクトな情報収集の手段であり、醍醐味でもあります。工場がわかる営業担当者になりましょう。

1. 工場とは何か

工場とは何か、と聞かれると「製品や部品を作っている場所」と答える人が多いと思います。間違いではありませんが、事業性評価を行う以上、もう少し詳細に理解したいところです。

工場を「モノ」という観点でみた場合には「**素材・原材料に加工を行って、役に立つような形に変える場所**」ということができます。小麦粉・塩・イー

スト・水などの材料を混ぜ、発酵させて焼く。パン工場では、こうした加工を行うことで、原料が形を大きく変え、香ばしいパンになって私たちの食卓に届くのです。

工場を「付加価値」という観点でみた場合には「素材・原材料を加工し、購入者が満足の行くような"形・品質・納期で提供する"ことで、新たな付加価値をつける場所」といえるでしょう。小麦粉のまま食べるより、パンとして食べた方が「美味しい」という満足を得ることができます。これが付加価値です。逆に「お客様の満足を得られない」製品・部品を作っている工場は「十分な付加価値がつけられない工場」といえるかもしれません。

このように、購入者の満足を得るだけの付加価値を創造するために、工場では「購買」「製造」「生産管理」「品質管理」といった機能を高める努力をしています。「付加価値が大きい」ことは「儲かる」ことを意味するので、収益の観点からも重要な意味があります。

2. 工場にはどんな種類があるか

工業統計の産業分類を見ると、実に多くの製造業があります。業種的に見ると大括りで「24の業種」があります。事業所数でいうと約18万（4人以上の事業所）にのぼります。百者百様という言葉があるように"工場の数だけ種類もある"といっていいでしょう。シェフ1人でケーキを作る町のケーキ屋さんから、数万人の大工場まで規模も様々です。

ここでは、事業性評価を行うための基礎知識として、【資料2-14】に生産に着眼した工場の分類をまとめましたので、参考にしてください。

【資料2-14】工場の分類

着眼点	形態	内容・参考事項
加工プロセス	プロセス生産	化学工場のように、材料から調合・混合・分離など化学的変化を用いて製品化する
	アッセンブリ生産	部品を組み立てて製品を作る
生産方式	個別生産	注文に応じて1回の生産を行う方式
	連続生産	同じ製品を連続して生産する方式
	バッチ生産	ある程度まとめて一括で生産する方式

種類・生産量	少品種多量生産	少ない品種を大量に生産する
	中品種中量生産	中程度の品種を中量生産する
	多品種少量生産	多くの品種を少ない生産量で行う
組立の仕方	ライン生産	作業者が工程順にライン化され、それぞれの組立作業を絞り込んで生産する
	セル生産	1人または少人数でセル（作業場）を構成し、製品化する
生産の指示	プッシュ生産	供給計画に沿って生産していく方式。前工程が加工した分を加工していく供給が押し込んで（プッシュ）いく形。
	プル生産	後工程が引き取った分（プル）を生産していく方式。トヨタのカンバン方式が有名。
	ハイブリッド生産	プッシュとプルを組み合わせた（ハイブリッド）した方式。
製品の流れ	フローショップ生産	加工順序に従って機械を設置し、ラインに沿って製品化する
	ジョブショップ生産	加工機能に応じて機械を集め、専門の加工屋（ジョブショップ）とする。複数のジョブショップを通じて製品化される
発注との関係	受注生産	注文に応じた数量・品質で生産する
	見込み生産	受注を待たずして先に生産する

3. 工場の「各部門」の役割

　工場には幾つかの部門があります。工場実査をするうえで、それぞれの部門がどういった役割を果たしているかを事前に理解しておく必要があります。各部門は、その基本的役割＝「QCD（品質・コスト・納期)」を果たすことで、付加価値の高い製品作りに取り組んでいます。

　部門の名称は、会社ごとに違う場合がありますし、小規模工場では1人2役的なケースもありますが、概ね【資料2-15】のように整理することができます。

【資料 2-15】 工場の部門と役割

部門名	基本機能	役割
購買	資材の調達・管理	●購買方針・購買計画の作成 ●材料・資材の発注と発注管理 ●材料資材の受入・検収・支払・在庫管理など
生産技術	生産技術・ コストや設備準備	●工程の設計（品質・効率） ●設備の導入、治具工具の設計、金型準備 ●工順表・作業標準書・部品表などの作成 ●原価・生産性管理
生産管理	生産量・納期管理	●生産計画の作成（販売計画・在庫計画などをベース） ●生産過程全体を総合的に管理する ● QCD（品質・コスト・納期）のバランスをとる
製造	製品の製造	●部品の加工、製品の組立と作業進捗管理 ●部品や製品の数量・品質の検査 ●部品・製品の発送
品質管理	品質管理・ クレーム対応	●品質基準の作成と管理 ●顧客に対する品質保証とクレーム対応 ● ISO など認証基準対応
開発・設計	製品の開発や設計	●製品の企画・開発 ●製品の設計と試作

4. 工場に関する豆知識（工作機械、5S/3S/6σ、工場用語）

　ここまで、工場とは何か、どんな種類に分けられるのか、工場の各部門の役割は何か、といった基礎知識を説明しました。本項では、それらに加えて、知っていると得をする"豆知識"を紹介します。

① 工作機械の種類

　代表的な工作機械の一覧表です【資料 2-16】。これ以外にも多数の機械がありますが、まずはこの程度を頭にいれておけば十分だと思います。

【資料 2-16】 代表的な工作機械

機械名	加工法	特　徴
旋盤		●加工対象物（工作物）を回転させ、刃物（バイト）等を当てて削る ●回転させて削るので、円筒・円柱などの回転対称となる部品が工作対象となる

		●回転は「横（普通旋盤）」「立て（立て旋盤）」が基本
フライス盤	切削	●旋盤と逆に、刃物を回転させ、加工対象物を固定し、直進送りして削る ●旋盤が丸状に対し、角物が工作対象となり、平面・側面・段差・ポケット加工を行う ●工具を取り付ける主軸の方向で「横フライス盤」「立てフライス盤」がある
中ぐり盤		●基本構造はフライス盤同様。ただ、刃物軸が前方に出るので、深い穴の内面を加工できる ●穴の側面を加工して拡げたり、穴底を平らに加工する
ボール盤		●加工対象物（工作物）を固定し、主軸にドリルをつけ、直進進入で穴をあける ●加工工程の8割は「穴あけ」と言われ、穴の大きさに応じてドリル（工具）を替える ●穴に応じ、「卓上」「直立」があり、大きなものは「ラジアル」ボール盤を用いる
円筒研削盤	研削	●砥石（工具）を使い、丸物部品の外周や内面を高精度に仕上げる ●外周を仕上げる「円筒研削盤」、工作物を自転させながら外周を仕上げる「心なし研削盤」、内面仕上げに特化した「内面研削盤」がある
平面研削盤		●円筒研削盤と機能は同じだが、「角物」「板物（薄板・円板）」の表面や端面を仕上げる ●工作物の取り付けには、電磁力、真空圧による」吸着のほか、接着剤を用いる ●「横軸（水平）」「立て軸（垂直）」式があるのは同様
ホーニング盤	研磨	●研磨による表面仕上げ。砥粒を工作物に押し付け、研磨仕上げを行う ●主として「穴」の仕上げ加工 ●ホーン（固定砥粒を何枚も張り付けた専用工具）を回転・往復させて内面を研磨する
ラップ盤		●工作物を対向する2枚の円盤に、粒状の砥粒とともに挟み、押し付け・回転して加工する
超仕上げ盤		●砥石を使う点は研削と同様だが、砥石に振動を与え、揺動させて加工する ●研削に比較して表面性状の滑らかさがより良い
金切りのこ盤	切削 研削	●鋼材などの素材から指定の寸法に切り出す「包丁」の役割を担う ●切断方法には、のこ刃を使う切削式と、歯が立たない材料は砥石による研削式、がある ●種類として「弓のこ盤」「帯のこ盤」「丸のこ盤」「高速切断機」などがある
放電加工機	熱的除去	●切削では困難な高硬度材や難削材を、アーク放電による溶融と気化で微細な除去を行う

		●「型彫り」と「ワイヤ」の２つの放電加工機があり、前者は型を彫る如く「予め成形された電極の形状を転写するように加工し、後者は複雑な形状部品の加工に用います
ブローチ盤	特定形状面切削	●寸法順に配列された切刃が多数ついているブローチという工具を直進・引き抜くなどして加工する ●キー溝や、スプライン（凸状の溝）を１回の切削で加工できる（歯車の歯のような形状）
ホブ盤		●円筒外周に螺旋状に多数の刃をつけたホブという工具を用いる ●工作物とホブとともに回転・同期させて、歯車をつくる
歯車形削り盤		●ホブ盤同様に、歯車加工専用機 ●除去する谷部の形状と一致させた切り刃を使う「成形加工」式と、歯車のような形状をした刃で切削する「創成加工」式がある
プレス成形機	鍛圧	●金型を介して、素材を形成する。機械式と油圧式があり、多くは機械式で、機械式でできない特殊分野を油圧式で行う場合が多い
シャーリング	切断	●はさみのように、上下の刃で素材を切断するせん断機械
プラズマ加工機		●レーザー光線を使って、素材を切断するせん断機械
プレスブレーキ	曲げ加工	●板材を直線的に折り曲げる機械
ベンディング機械		●プレスブレーキ以外の曲げを行う機械
マシニングセンター	切削研磨	●コンピュータ制御によって、決められた工程順に、多種多数の工具を自動交換しながら、切削・研削などの加工を１台で行う複合工作機械
５軸マシニングセンター	切削研磨	●直線３軸（XYZ）に、回転２軸（AB）を持ち、相当複雑な形状や精密金型の加工などに用いられる
複合加工機	切削	●旋盤ベース複合機は、丸物工作物の複合加工を行う。自動車用クランクシャフト、複雑な歯車などを丸棒から削り出すなどできる ● MCベース複合機は、角物工作物の複合加工
超音波加工機	超音波除去	●砥粒を超音波により工作物に衝突させ、高精度の微細加工を行う ●単結晶シリコン等の「硬脆材」など加工が困難な、光学ガラス、医療器、宇宙関連部品に用いる
レーザ加工機	熱的除去	●レーザ光により、加工部分を溶融・蒸発・昇華させ、切断・曲げ・溶接・焼入れを行う ●加工反力がないことから微細な精密加工にも用いられている
プラノミラー	切削	●大型工作機械でフライス盤の一種。大型工作物を段取り替えすることなく面加工を行う ●数百トンといった工作物をテーブルに載せて数十メートル級の部品加工も行える
マイクロ工作機	各種	●小さい工作物を加工するための持ち運びもできる小さな工作機械だが、マシニングセンター並みの機能を有し、φ10マイクロメートルの加工もできる ●フライス盤、旋盤、プレス成形機などがある

② 5S

「5S」は、多くの工場で基本的な行動規範として重視される、工場の基本用語です。その内容は、「整理・整頓・清潔・清掃・躾」の5つで、ローマ字の頭のSを取ったものです。

「5S」が重視される理由は、**5Sを追求することで「品質・コスト・納期」の水準を高めることにつながり、結果として顧客の信頼獲得や、社内の人材育成にも役立つ**からです。5Sは奥深いものであり、私たちの仕事の参考にもなる知識ですので、ぜひ関係書で勉強することをお勧めします。

ここでは簡潔に「5S」について説明します。

5S	意味・着眼点
整理	● 余分なものを捨て、必要なものが欠けることなく置いてある状態 ● 「いま使うもの」だけを置いて「すぐ使わないもの」は共有保管する ● 整理する日を決めて、全員で一斉整理を行う
整頓	● 必要なものがどこにあるか明確で、すぐに取り出せる状態（見える化） ● 「3定」＝「定位置」に、「置くもの（定品）」、「置く量（定量）」を決める
清掃	● ごみ・ほこり・汚れをきれいに取り除いてある状態 ● 汚さない、散らからない仕組みを作る ● 清掃は習慣化して、道具をすぐ取れる場所におく
清潔	● 清掃された、きれいな状態を維持する ● 身だしなみ、態度、言葉遣いがきれいである
躾	● 決められたこと・ルールが習慣として自然にできている状態 ● 挨拶、報連相はしっかり行う、指導体制が徹底されている

この程度の知識であっても、工場での「現場の状況」「作業者の状況」「朝礼夕礼・掲示物の状況」に関する見方が変わります。工場実査の初心者は、まずは「5S」の徹底がなされているかをテーマに観察するとよいでしょう。それだけでも立派な実査を行うことができます。

③ 3S

「3S」は、**合理化推進に向けた改善手法**です。具体的には、「**単純化・標準化・専門化**」の3つを指し、それぞれ英語の頭文字をとっています。前述の5Sのうち3つ（整理・整頓・清掃）をもって3Sという場合もありますが、ここでいう「3S」は、単純化（Simplification）、標準化（Standardization）、専門化（Specialization）です。

3S 運動の目的は、仕事のバラツキをなくして誰でも同じ成果が得られるようにすることです。工場では様々なトラブルやミスが起こり、その対策を行う過程で仕事が複雑になる傾向にあります。また、自分の仕事だけに集中する結果、視野が狭くなり他工程への関心が薄くなるといった問題もあります。また、業務知識に精通することで、より仕事の品質を高めることが求められています。こうした要請に応えるものが 3S 運動で、「無理・ムラ・無駄」を排除するための合理的手段を示しています。

3S	意味・着眼点
単純化	●種類を減らして単純化する 　例：製品の構造を簡単にする。工程の数を減らす。作業方法を簡単にする。 ●作業内容が、一覧でわかるようにする
標準化	●共通部分について整理統合し、標準を具体的に定める 　例：帳票・伝票の様式を統一する、作業方法・手順を定める ●共通点の多い作業をひとつにする
専門化	●その特長に特化する（ことで差別化優位を図る） 　例：専門部署に分ける、同じような仕事を 1 人に集約する

3S 運動を推進するカギは幾つかあります。ひとつは「業務の本質を考える」「業務知識を深める」「他工程への関心を高める」「仕事への関心や興味をもたせる」といったことです。

工場実査を行ううえでは、こうした「3S 運動」が行われているか、その成果はどうか、といった点がヒアリング・ポイントになります。また、3S 運動が行われていない場合でも、こうした観点で工場を見ること、質問することで「合理化への取り組み」の一端を理解することができます。

④ 6σ（シックス・シグマ）

1980 年代に米国モトローラ社が開発したといわれる「品質管理手法」で、GE のジャック・ウェルチが自ら先頭に立って推進したことで一気に有名になりました。

σはデータの散らばりを示す統計用語で "標準偏差" のことです。6σは、100 万回で 3 〜 4 件のエラー確率を指し、極めて問題発生が少ない状態を示しています。「6σ」は、品質のバラつきを無くして、安定した品質の製品・サービスを提供するための管理手法です。具体的には、品質にバラつきをも

たらす原因を特定して、それを改善することでロスを無くし顧客満足度を高めるものです。ちなみに、6σの活動段階は5つあり「DMAIC」と呼ばれています。

D（Define：定義）、M（Measure：測定）、A（Analyze：分析）、I（Improve：改善）、C（Control：管理）の5つのプロセスです。

具体的には、顧客の声を起点に「取り組むべき課題」を明確にします（定義）。そのうえで現状の把握を行い（測定）、なぜ問題が生じたかを分析します（分析）。問題の真因が特定できれば改善策の検討に入り（改善）、改善策実行後も効果測定などを行って、この活動のサイクルを継続させます（管理）。

中小企業においても、こうした管理手法を用いて品質管理に取り組んでいる企業がありますので、レベルが高いと感じた企業には「6σ活動に取り組んでいるのか」「効果はどうか」といった質問をしてみるとよいでしょう。

⑤ 工場用語

工場で使われている用語は技術用語も含めて様々ありますので、それらを全て網羅することは困難です。ただし、工場用語を多少理解していれば、説明を聞くうえでも役に立つことがありますし、工場側からは「きちんと勉強している」という認識を持ってもらうことで、積極的な説明を受けられる可能性も拡がると思います。

【資料2-17】 工場用語例

用語	意味
アッセンブリ	組み立て
おしゃか	不良品
5S	整理・整頓・清掃・清潔・躾の頭文字をとった工場の基本原則
ずぶ焼き	全体を焼入れすること
ダライ粉	旋盤から出る切り屑
チャック	工作物の取り付け具
テーパ削り	先細りの形状に削る
TQC	全社をあげて品質管理に取り組むこと。Total Quality Control の略
とも削り	部品を組み合わせた状態で削ること
取りしろ	削る幅。10センチを9センチにする場合に、1センチの取りシロがある
中ぐり	ドリル等であけられた穴を拡げる作業

バリ取り	材料を切削した際にできる微細な突起を、研磨などで取って滑らかにすること
パレット	荷台
バイト	刃物の工具
びびりマーク	工具と工作物の間に発生する振動でできた工作物上の痕跡
フランジ	軸や管をつなぐ継手。鍔状の形状をしている
負荷山積み	「仕事量」を期間別に積み上げていくこと（生産能力と比較するため）
溝削り	溝を削ること
面取り	角材の角を削り取ること
目のこ	目算、目分量
めじ切り	穴の内側をネジ状に加工する
山崩し	生産能力を超えた部分を再度調整すること
ようかん	平行台。鋳鉄製は「いもようかん」

5. 何を調査するのか

　ここまで学んだ基礎知識を持って、いよいよ現場へ足を運ぶことになります。まずは、工場実査における"キラークエスチョン"をヒントに、何を調査すべきかについて説明します。

キラークエスチョン

●この工場の一番の武器は何でしょうか、その源は何でしょうか？
●この工場で今すぐ直したいことがありますか？

　このキラークエスチョン2問は、工場を愛する経営者であれば「話が止まらない質問」です。
　前者は「一番の武器」と「その源（源泉）」がキーワードです。工場には「強み」が必ずあります。「人（技術）」「最新鋭の工作機械」「独自の治具工具」「徹底された5S」「高度にシステム化された生産管理」など数え切れないほどの種類やパターンがあります。付加価値を生み出す工場の「最大の強み」を「一番の武器」と表現して、さらに理由や背景を「その源（源泉）」という言葉で訊いています。ある意味で、工場実査において最も知りたい核心といっていいでしょう。

後者の質問は、「今すぐ直したい」がキーワードです。工場愛に燃えた経営者ほど"改善意欲に溢れ"ています。つまり「今すぐ直したい」ところだらけなのです。その気持ちを汲む形での質問ですので、多くの改善点を知ることができるでしょう。

調査ポイント

〜その工場は武器になっているか、強さの源泉は何か〜

① 工場の概要（設備・人員・生産品・特徴）の把握
② 製造工程全般の把握
③ IT 化・IoT 化への対応
④ 安全・環境への対応
⑤ 課題・問題の発見
⑥ 長所・武器の発見

① **工場の概要**
・まずは「工場の全体像」を把握することがスタートです。具体的には、下記の4つです。

設備：立地・環境、規制、土地建物面積、工場設備（レイアウト・機械類・装備）
人員：全体人数、部門別人数、技能（保有資格）、スキル
生産：生産している製品部品・総品数、月間生産量、生産体制、歩留まり率など
特徴：工場の特徴。工場の役割や位置づけ。生産の方針、生産管理・品質管理の具体的な方法など

・工場の概要は、**最低把握しなければいけない基本事項です。工場実査の目的のひとつは、「生産力」をみることです。**生産力を様々な角度からみて、全体像を押さえる必要があります。
・設備面では、工場の立地や環境など"その場所を選んだ背景"や、その地域の法規制を把握します。有害廃棄物などの関係で、「その場所」しか選択肢がない場合もあります。また、工場の土地建物の面積や形状から、どんなことを企図して設計したかを確認します。工場の建物は生産

工程を意識したレイアウトになっている場合が多いのですが、ちょっとした造作に経営者の想いが込められていることがあります。また、機械等の設備についてもどんな加工や処理ができるかを知るために確認する必要があります。

・工場のもうひとつの主役が「工員」です。全体人数、部門別の人数をはじめ、彼らが保有している技術やスキルを確認します。工員の作業態度、挨拶などの姿勢もチェックポイントです。

・工場で何を生産しているか、「製品・部品」は基本事項ですが、それだけでなく生産している品数や月間の生産量、歩留まり率といったことも確認したい事項です。工場には「課」が幾つもありますので、どういった構成になっているか組織面からも押さえます。また、1日3交代といった生産体制についても確認します。

・このように、工場の概要を押さえるだけでも一仕事です。**実査に行く事前準備として、会社のパンフレットやホームページで調べて、"わからないこと"をメモしておけば効率的に工場実査を行うことができます。**

② **製造工程全般**

・全体像が理解できれば、次は**「製造の入口から出口」までの"流れ"をおさえる**ことです。通常は、原材料・資材の搬入経路、貯蔵場所からスタートします。製造の工程順序に従って見学することが一般的ですが、企業側で工場の特徴を考えてルート設定している場合もあります。

・各工程におけるチェックポイントとしては、以下の点があります。実査時間にもよりますが、最低でも、最初の2つは確実に押さえましょう。後で工場実査のシートを紹介しますが、こうした実査シートを活用すると、把握が容易になります。

【資料 2-18】 加工工程例

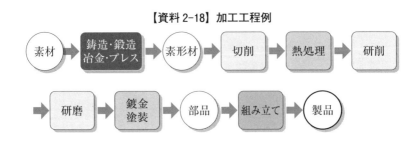

＊＊＊工程のチェックポイント＊＊＊

- どんな加工・作業が行われているか
- どんな機械・工具治具が使われているのか
- 5S は徹底されているか
- 工員の作業態度はどうか、挨拶をしてくれるか
- 機械の稼働状況はどうか、停止している機械が多くないか
- レイアウトはスムーズか

③ **IT 化・IoT 化への対応**

・最近は工場の効率化や品質向上を図るために、積極的に「IT 化」を推進する企業が増えています。一部の工場では「IoT 化」への取り組みも始まっていますので、**工場の先進性を把握**するためにも聞いておきたい項目です。

・IoT（アイオーティー）とは"モノのインターネット"と呼ばれ、工場内の機械や搬送器具にセンサーを取り付け、インターネット経由の通信を行うことで、機械の稼働状況や不具合など様々な情報を得て、それを生産管理や品質管理に活用するものです。まだ端緒についたばかりですが、経済産業省が"コネクテッド・インダストリー税制（IoT 税制）"といった後押しをしていた（現在は廃止）ことから、IoT を積極的に推進しようと考える中小企業も増えています。

・また、デジタルツインを活用して、シミュレーション統合生産を行う企業も存在します。中小企業でもデジタル利用の先進企業はいるので、実査のチェックポイントとしてもっておく必要があります。

・IT 化等の調査にあたっては、下記の 4 点に留意するとよいでしょう。

＊＊＊ IT の調査ポイント＊＊＊

導入状況：IT・IoT を導入しているか
導入領域：どの領域（購買・生産技術・製造・品質管理等）に導入しているか
導入内容：具体的なシステムの内容はどうか、他システムとの連携（全体最適化）はどうか
導入効果：具体的な効果があがっているか

- また、ITの導入が遅れている場合には、ITを活用していない理由を確認してください。IT人材の不足といった要素が大きいとは思いますが、こういった課題も金融機関にとって大きな支援材料となります。

④ **安全・環境への対応**
- 工場に行くと「連続100日無災害記録更新中」といった張り紙を目にします。金融機関で働いている皆さんには実感としてわかり難いかもしれませんが、工場は常に事故と向かい合わせです。ちょっとした油断で機械に巻き込まれたり、高温物や劇薬を取り扱う等、多くの危険があります。
- 労働安全衛生法では一定数以上の工場に対して、安全管理体制の確保を義務付けています。小規模工場であっても法趣を職場に反映するべきです。そういった意味で、**安全な職場環境、作業者自身の安全確保や教育体制ができているかを確認します。**
- 同じように、食品製造業などでは「**食の安全**」に対する社会的な要求が高まっています。HACCPといった衛生管理の認証もありますし、手洗い・ほこり取り・消毒などの作業者教育や安全衛生基準が作られ、それが遵守されているかも重要なチェックポイントです。
- 「**環境にやさしい工場**」も近時は重要な課題になっています。ISO14000シリーズなどの認証をはじめ、ゼロエミッション、省資源・省エネなどの取り組み、温室効果ガス対策など、中小企業であっても社会の一員として可能な限り対策をする必要があります。また、有害化学物質を取り扱う工場では、RoHS指令などの新たな規制も生まれているので、対応状況を確認する必要があります。
- これらは、一歩間違えば法違反・公害といった問題に直面し、あるいはコミュニティとの対立につながりかねないテーマなので、軽視することなく調査すべき事項といえます。

⑤ **課題・問題の発見**
- 工場実査の重要な目的の1つが、「**課題・問題の発見**」です。「素人にはわからない」といった姿勢ではなく、素人だからこそ「**プロとは違う眼**」**で見られるという意識**で工場を見てほしいと思います。それが「見学を受ける側」が期待することでもあります。

・また、冒頭で「工場は購入者の満足を得る付加価値を創造する場所」だと説明しましたが、工場実査において「その工場は“満足の行く付加価値”をあげているか」といった視点で見ると問題点に気づく場合があります。

・次に、「工場の各部門はその役割を果たしているか」「全体の連携・バランスはうまくとれているか」といった着眼点が大事です。どうも在庫の積み上がりが大きいようだ、在庫が増えてしまう原因はどこにあるのだろう、こんな具合に見ていきます。**問題は必ず現象として表れるので、ちょっとした違和感を大事にして現場の作業者に訊くことが重要です。**

・ちなみに、工場における問題点を幾つかあげてみます。

＊＊＊工場の問題事例＊＊＊

> 「納期遅れが頻発」「リードタイム（仕掛期間）が長い」
> 「段取りに時間がかかる」「段取り待ちが長い」「欠品がたびたび発生」
> 「資材の廃棄が多い」「不良品発生率が高い」
> 「部門間の情報連絡が悪い」「設計変更がたびたび起こる」
> 「行き戻りが何度も発生する」「機械がよく故障する」
> 「手空きがある一方で、残業も多い」「機械調整が多い」
> 「工具治具が見当たらない」「箱詰め・整理が多い」
> 「各工程間での時間待ちが多い」「使用されていない機械が多い」

・こうした事例をヒントに、工場実査をすれば「質問」も増えると思います。とにかく現場を徹底して観察することが大事です。見ようという気持ちがあれば、現場は様々な情報で溢れています。固定観念を持たず、子供のような素朴な眼でみてほしいと思います。

⑥ 長所・武器の発見

・何より把握したい点が「工場の長所・武器」です。キラークエスチョンで示したように、この工場の一番の武器・長所、そしてその源泉が何かを知りたいところです。

・工場は「付加価値を創造」する場であり、製造業にとって「利益の源泉」です。儲けは工場で作るといっても過言ではありません。したがって、「工場の強み」「その理由」をおさえることが、工場実査の大きな目的で

す。

・**工場実査を通じて「感じる」ことが大事です**。難しく考えなくても良いのです。良い点を感じてみましょう。作業者が一生懸命取り組んでいる姿でもいい、最新鋭の工作機械が所狭しと並んでいる姿でもいい。まずは、自分なりに長所・武器を探してみることです。そのうえで、**工場長など現場の責任者・役職者にヒアリングする**と良いと思います。その際は、**複数の人にヒアリングする**と、多面的な強みを把握することができるでしょう。

・ただし、長所をヒアリングする場合には、先方の「**表面的な言葉**」だけで良しとしないことです。例えば「うちは最新の工作機械が導入されています」という言葉をもって、「当社の強みは最新の工作機械が設置されていること」といった結論に終わらないことです。もちろん新しい機械は重要ですが、新しい機械だけでは付加価値は生まないのです。新しい機械によって「**何ができるか**」「**他工場では、できないことは何か**」**が大事**なのです。例えば「日本で5台しかない6軸マシニングセンターが設置され、従来の機械では3台・5工程を要していた作業が1台で可能となり、時間も5分の1に短縮したことで、コスト競争力が増した」といったことまで調べてほしいのです。

（コラム⑳） **あるプレーナー工場の昼下がり** ・・・・・・・・・・・・・・・

　若い頃、大阪で勤務したことがあります。支店から40分余りの場所に、金属関連の大きな工業団地があり、1日かけて20先余りの会社を廻ったものでした。その団地に小規模のプレーナー工場があり、訪問の流れから15時前後にお邪魔することが多かった記憶があります。薄暗い工場に入り、削り屑が靴底に刺さるのを感じながら奥の事務所に行くと事務員の女性が1人いて、私の顔を見ると「社長ね」と現場に呼びに行ってくれます。

　真っ黒な軍手を外しながら登場した社長は、事務所の片隅にある冷蔵庫から〝瓶の牛乳〟を取り出して「ご苦労さん、これ飲みや」といって手渡ししてくれます。社長と私は古いソファに座り、「景気どうですか？」「良い事あるかいな」「入口にあった機械が止まっていましたけど買い替え時ではありませんか？」「そんなカネあるかい」といった会話を重ねていくのです。

　営業担当者として、こういった時間が大好きでした。穏やかな昼下がりに、

経営者と現場をみながら色々な話をする。社長の顔を見ながら「この社長も頑張っているし、何とか赤字が消えないかなあ」などと思案をしながら過ごしたあの時間は、営業担当者の醍醐味のような気がするのです。

「借りてください、お願いします」を連呼する営業は、お互いに虚しいものです。相手を想い、日常の現場から企業の実情や経営者の想いを汲み取る仕事は、営業担当者で良かったと感じさせてくれるものです。事業性評価が本格化する時代に、経営者とこうした時間を過ごすことができたら、営業担当者として幸せではないでしょうか。

6. 工場実査の様式集

工場実査に活用できる「実査シート」を用意しましたので、ご紹介します。

【資料2-19】は、工程順序に従って作業内容を記入し、加工・運搬・貯蔵・滞留・検査という欄に○をつけることで、その作業が何にあたるかを瞬時で識別できます。また、作業に用いた機械・工具を書き留めることができ、工場説明者の話、実査者の気づいた点・感想なども記入できるようにしていますので、**「製造工程」「使用する設備」「作業内容」等を押さえておきたい場合に役立つシート**です。

【資料2-20】は、チェック式です。**工程等はある程度理解できており、工場の課題発見に重点を絞って実査をしたい場合に役立つシート**です。チェック項目は、大きく「レイアウト」「マテハン（マテリアル・ハンドリング）」「ラインバランス」「連合作業分析」「動作分析」「工程分析」と6項目に分けられており、**IE（生産工学）的な視点から5段階で評価できるように作っ**ています。加えて改善の視点を「改善のECRS（業務改善の視点・順番）」を活用して右側に欄を設けていますので、直感的なひらめきを○をつけて記録することができます。上級者向けのシートです。

【資料2-21】は「工程分析シート」です。これは工場実査に慣れた担当者が、**「JIS基本図記号」を使って、工程を表現するのに役立つシート**です。JIS基本図記号といっても、9つだけを覚えてしまえば意外と簡単に使うことができます。また、専門的な記号ですから、現場の説明者に質問する場合も、相手が理解がしやすい図となっています。

【資料2-22】は「**簡易工場実査シート**」で、初心者向けです。2～3回の

【資料 2-19】工場実査シート① (工程分析)

会社／工場名（住所）	製作物・製品	生産量 （月間平均）	工場の概要	場所の選定理由, 特徴など
㈱青木製作所/栃木工場 （栃木県宇都宮市○○）			土　地　　14,000㎡ 建　物　　 3,300㎡ 工員数　　　120 人	●宇都宮市より好条 件誘致あり、交通 利便 ●緑化

No	作業内容	行程					使用している 機械・冶具工具	工場説明者の話	気づいた点・ コメント
		加工	運搬	貯蔵	滞留	検査			
1									
2									
3									
4									
5									
6									
7									
8									
9									
10									
11									
12									
13									
14									
15									
16									
17									
18									
19									
20									
21									
22									
23									
24									
25									
26									
27									
28									
29									
30									

実査日時	工場側説明者	
	金融機関実査者	

【資料 2-20】 工場実査シート② （工程分析）

会社・工場名（住所）	生産量（月間平均）	工場の概要	場所の選定理由、特徴など
		土地　　㎡ 建物　　㎡ 工員数　　人	

項目	チェックポイント	製作物・製品					コメント欄	改善の着眼点（注3）〇をつける
		5 非常に良い	4 良い	3 問題なし	2 悪い	1 非常に悪い		
レイアウト	レイアウト全体のバランス（人・機械・材料・作業方法）はどうか							排除・結合・交換・簡素化
	生産工程の流れはどうか。逆行、交差、ジグザグなどないか							排除・結合・交換・簡素化
	空間を効率よく活用できているか							排除・結合・交換・簡素化
	安全を考慮したレイアウトになっているか							排除・結合・交換・簡素化
	設備更新や機械配置に対して融通の利くレイアウトか							排除・結合・交換・簡素化
	工員のストレスがかかっていないか。満足度は高いか							排除・結合・交換・簡素化
マテリアルハンドリング	在庫・仕掛品などは動かしやすい状態で置かれているか							排除・結合・交換・簡素化
	パレットに載っており、床積みされていないか（要再荷役作業）							排除・結合・交換・簡素化
	運搬について、機械化・自動化は図られているか							排除・結合・交換・簡素化
	運搬に「手待ち」「カラ運搬」はないか							排除・結合・交換・簡素化
	運搬の回数、運搬距離、運搬時間など効率性はあるか							排除・結合・交換・簡素化
	運搬経路は合理的なものになっているか							排除・結合・交換・簡素化
	原材料・製品の貯蔵方法に問題ないか。品質は維持されているか							排除・結合・交換・簡素化
ラインバランス	各工程に要する［正味時間］は計測されているか							排除・結合・交換・簡素化
	［ピッチ・ダイアグラム※1］等によるバランス分析はしているか							排除・結合・交換・簡素化
	［バランス効率※2］は85%を下回っていないか							排除・結合・交換・簡素化

		単－単	単－複	複－単	複－複	人－人		
連合作業分析	人と機械の組み合わせはどれに該当するか（作業者－機械）							排除・結合・交換・簡素化
	作業者の手待ち発生はあるか							排除・結合・交換・簡素化
	機械の停止時間はどうか							排除・結合・交換・簡素化
	作業者、機械ともに手待ち・停止はないか							排除・結合・交換・簡素化
	作業者1人に対する持ち機械台数に問題はないか							排除・結合・交換・簡素化
動作分析	作業者の動作はリズミカルであるか、急激な動きはないか							排除・結合・交換・簡素化
	作業範囲は広すぎないか、効率性はどうか							排除・結合・交換・簡素化
	機械や材料、冶具工具の配置はどうか							排除・結合・交換・簡素化
	冶具工具に工夫はあるか、作業を助けているか							排除・結合・交換・簡素化
	危険性のある作業はないか							排除・結合・交換・簡素化
工程分析 *工程分析シートを活用	作業①：必要のない工程、無駄な工程はないか							排除・結合・交換・簡素化
	作業②：工程順序を替えられないか							排除・結合・交換・簡素化
	検査①：必要のない検査、無駄な検査はないか（検査基準）							排除・結合・交換・簡素化
	検査②：検査をもっと簡単にすることはできないか							排除・結合・交換・簡素化
	手待ち①：手待ち・停滞をなくせないか							排除・結合・交換・簡素化
	手待ち②：手待ち中に別の作業をできないか							排除・結合・交換・簡素化
	運搬：その運搬をなくせないか、回数を減らせないか							排除・結合・交換・簡素化
	貯蔵①：その貯蔵は必要か、時間やロットを減らせないか							排除・結合・交換・簡素化
	貯蔵②：原材料や部品を共通化できないか							排除・結合・交換・簡素化

※1）ピッチダイアグラム＝ライン・バランスの実態を把握するため、各工程毎の所要時間を計測し、工程順に要した時間を棒グラフすると凹凸が出て、工程間のバランスが見えるようにできる

※2）バランス効率＝｛（各工程の正味時間の合計）÷（最大時間の工程の作業時間×工程数）×100｝

※3）改善の着眼点＝「改善のECRS」E（排除）＝なくせないかC（結合）＝一緒（同時）にできないかR（交換）＝順序などを替えられないかS（簡素化）＝簡単にできないか、単純化できないか

【資料2-21】工程分析シート③（工程名：半導体製造機械部品加工）

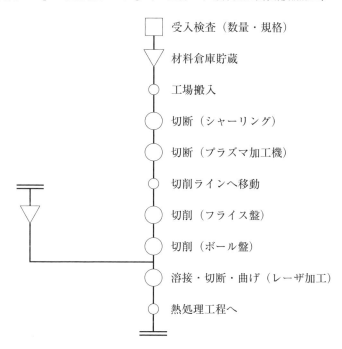

受入検査（数量・規格）

材料倉庫貯蔵

工場搬入

切断（シャーリング）

切断（プラズマ加工機）

切削ラインへ移動

切削（フライス盤）

切削（ボール盤）

溶接・切断・曲げ（レーザ加工）

熱処理工程へ

	工程	記号名称	記号
1	加工	加工	◯
2	運搬	運搬	◯
3	省略	貯蔵	▽
4		滞留	◻
5	検査	数量検査	□
6		品質検査	◇

	記号名称	記号	意味
7	流れ線	∣	工程の順序，流れ
8	区分	⋙	工程系列における管理上の区分
9	省略	＝	工程系列の一部の省略
コメント欄			

【資料 2-22】簡易工場実査シート④（表面）

会社/工場名（住所）		実査日時	工場側説明者	
			金融機関実査者	

概要	
立地・環境	
土地建物面積	土地　　　　　㎡　建物　　　　　　　　　㎡
工場の形状	長方形　　　正方形　　　不整形（　　　　　　）
主な工作機械（台数）	
主な工場装備	
工場人員（うち工員数）	
工員が保有する資格・スキル	
生産している部品・製品名	
月間生産量	トン/月　　　　　　個/月　　　　　　枚/月
生産体制	
当社における本工場の位置づけ	主力工場製品担当（　　　　）　　部品担当（　　　　）
工場立地の選定理由　工場の特徴・方針など	

製造工程	
工程図	工程図あり（添付）　　　主要工程図（裏面に記載）
5S は徹底されているか	
工員さんの作業態度はどうか	
機械の稼働状況はどうか	フル稼働　　8 割方稼働　　5 割方稼働　　停止が多い
レイアウトはどうか	

IT 化・IoT 化への対応	
IT・IoT を導入しているか	導入済み（IT・IOT）　　　　　導入未済
どの領域に導入しているか	
システムの内容は何か	
導入効果は何か	

安全・環境への対応	
職場環境はどうか	
作業者の安全は確保されているか	
環境対応は何をしているか	

工場の課題・問題	
全体の印象はどうか	
各部門で問題はないか	
部門間の連携やバランスはどうか	
手待ち時間が発生していないか	
停止している機械は多くないか	
在庫・仕掛品の置き方・量はどうか	
工場の動線に問題はないか	
現場へのヒアリング	

工場の武器・調査	
感じた点	
現場へのヒアリング	

【資料2-22】簡易工場実査シート④（裏面）

製造工程図

No	作業内容	工程種類					使用している機械・冶具工具
		加工	運搬	貯蔵	滞留	検査	
1							
2							
3							
4							
5							
6							
7							
8							
9							
10							
11							
12							
13							
14							
15							
16							
17							
18							
19							
20							

【工程図記載欄】

	工程	記号名称	記号		記号名称	記号	意味
1	加工	加工	◯	7	流れ線	｜	工程の順序，流れ
2	運搬	運搬	◯	8	区分	〰	工程系列における管理上の区分
3	省略	貯蔵	▽	9	省略	＝	工程系列の一部の省略
4		滞留	⬭	コメント欄			
5	検査	数量検査	□				
6		品質検査	◇				

実査経験では、工程や機械の把握も覚束ない場合があります。そういった点を踏まえて、チェック式やヒアリングで記入できるような形にしています。簡易版といっても、工場実査の要諦を外さないような構成にしています。

裏面には、製造工程を描くことができるようにしてあるので、主要工程を書くか、全体の加工工程を簡易に記載するなど活用できます。

7. 工場以外の現場実査について

ここまで「工場」の実査ポイントについて説明してきました。しかし、製造業以外にも現場を実査する必要のある業種はたくさんあります。具体的には「現場で稼いでいる業種」です。ホテル・小売店・飲食店・介護などサービス業など数え上げればきりがありません。

こうした現場を実査する場合に、どういう点に注意すれば良いのでしょうか。第2章「業界動向」で説明した『業種別審査事典』に「着眼点」が掲載されているので、それを参考にすると良いでしょう。

一方で、工場実査で学んできたことを応用する方法もあります。整理を兼ねて、実査をするうえで「基本」となる考え方と、「着眼点」をまとめました。

【実査の基本と着眼点】

基本	付加価値を創造する場である（言い方を換えれば、「儲けを生み出す場である」）
着眼点	●儲けを生み出すための「環境作り（立地・設備・装備）」はできているか ●儲けを生み出すための「人の所作・言動・スキル」はどうか ●儲けを生み出すための「製品・商品・サービス」の内容はどうか ●現場の労働環境や安全が確保されているか ●製品・商品・サービスを生み出す「工程」はどうなっているか ●現場の「QCD（品質・コスト・納期）」は顧客を満足させるものになっているか ●現場の「一番の武器・長所」は何か ●現場の「問題点」は何か

これらは工場実査でチェックすべきことと同じです。これらの点を押さえておけば、どの現場実査に行ってもポイントを外すことはないと思います。

第**17**章

研究開発力

審査書類に「当社は研究開発力の高い企業」といった記載をみることがあります。その企業の「研究開発力が高い」ことは事実かもしれませんが、問題はその根拠を押さえているかです。担当者間の引継ぎに「特許多数で、開発力が高い」とあり、事実を検証することなく伝承されているケースが多いのではないでしょうか。

研究開発は"企業の未来を拓く源"です。そして、"他社との大きな差別化要因"にもなります。「より良い未来に変える」という事業性評価の目的に照らした場合、研究開発力の高低は大いに注目すべき項目です。近年「無形資産」の重要性が指摘され、そのひとつとして研究開発力の重要性が指摘されています。

一方、金融機関の研究開発力に対する見方は、特許件数や商標登録といった形式面が中心で、本質的な評価には至っていないようにみえます。その原因は、研究開発力を軽視していたということではなく、体系的な評価方法が現場に伝わっていなかったからではないでしょうか。本章では、研究開発の調査ポイントをできるだけわかりやすく説明します。

1. 製品開発の流れ

まずは、新製品を開発するための「流れ」を確認します。

商品企画	顧客ニーズや市場を検討、ニーズや利益を満たす製品イメージを固める

開発	商品企画を具体的な仕様書（性能・品質）に落とし込む。関連の研究を行う

設計	設計図、部品表、組立図を作成する

生産	設計図などに従って、「試作品」を生産する

開発・設計	試作品に問題があれば再検討し、問題がなければ具体的な生産に入る

　この流れをみると、「商品企画」「開発」「設計」それぞれの役割が明確になります。一言で「研究開発力が高い」といっても、商品企画が優れているのか、開発・研究の独自性が高いのか、あるいは難易度の高い要求や技術を設計図に落とし込む設計力が高いのか、いろいろな見方があるのです。

　極端な話をすれば、商品企画が飛びぬけて高いとすれば、開発・設計は外部に委託する「企画型製造業」に特化する方法もあるのです。企画は今一歩だが、生産効率や品質管理が行いやすい設計が得意だというのであれば、「設計」に特化する方法もあります。したがって、「特許件数が多く、開発力が高い」という表現では、本質的な評価とは言えず、もう少しブレークダウンして理解する必要があるのです。

2. 調査のポイント

調査ポイント

〜事業化できてこその研究、実現してこその商品開発〜

① 主な研究テーマ・領域は適切なものであるか
② 研究開発に関する計画が立てられているか
③ 研究開発の体制は十分なものになっているか
④ 市場ニーズを充足し、かつ利益の確保できる製品（商品）化ができているか

　それでは、調査ポイントについて解説する前に、キラークエスチョンを例にイメージをつかんでもらうことにしましょう。

キラークエスチョン

　貴社で、一番自信のある研究開発テーマは何でしょうか？

この質問のポイントは、「一番自信のある」です。一番ということは、二番三番もあるかもしれないので「展開性」がある質問です。また、自信があるということは「話をしやすい」ということです。

　「研究開発テーマ」は今後の事業化の方向性と合致するはずなので、商品構想にもつながります。商品構想があれば、市場ニーズと当社の技術活用も想定されているはずです。そして、どんな付加価値をもって市場に乗り込んでいくか、そこまで展開することができるのです。そういった意味で、短い質問ですが"キラー"であることは間違いありません。

　この質問の回答に「ありません」という想定もできます。その場合は「研究開発そのものをしていない」「外部に話せる段階にない」「自信がない」のかを見極めればよいのです。そして、新規性や技術性をどうやって磨き上げているかを確認する必要があります。

① 研究テーマ・領域（範囲）
　・**研究は「挑戦」**です。当然ながら「リスク」もあります。そして、**最終目標は「製品化」**にあります。製品化しなければ、お客様にも届きませんし、利益も得られません。
　・したがって最初の調査項目は「**研究開発のテーマ**」です。研究の最終目標が製品化にある以上、研究開発テーマやその領域は、**下記の要素を満足させる必要**があります。

- -
ａ）市場ニーズ、顧客ニーズを満足させる内容か
ｂ）当社の開発技術・生産技術を基盤にしてできる内容か
ｃ）生産・サービス・管理という観点から効率化が図れる内容か
- -

　・製品化をするためには、実現性や事業性を検討しなければなりません。いくら良いテーマであっても、当社の能力では実現できないとか、コストの点で事業化が難しいということであれば、研究開発する意味が薄れるからです。

② 研究開発に関する計画
　・次に調査すべきは「研究開発」に関する計画が作成されているか、です。研究開発を行うためには、多くの時間、多くの資源、多くの関係者の関

与が必要になります。かつ、**事業化・製品化の「旬（適切な時機）」**も
あるので、無制限に時間をかけても良いという話ではありません。
- したがって、**研究開発の「目標」「実施内容」「スケジュール」「体制」
を盛り込んだ計画を作成することが不可欠です**。中小企業といえども、
研究開発を行っている企業であればこうした計画を作成しているはずな
ので、可能な範囲でチェックさせてもらうと理解が深まります。
- チェックポイントは、「**製品化の目標は適切か**」「**目標を実現するにふさ
わしい内容か**」「**製品化までのスケジュールは適切か**」「**研究開発の体制
（ヒト・モノ・カネ）は十分か**」です。

③ 研究開発体制

- 研究開発計画の中に「研究開発体制」が含まれていることを説明しまし
たが、ここでもう少し詳しく研究開発体制の調査ポイントについて説明
します。
- 研究開発には多くの知見とリソースが投入されます。また、開発スケ
ジュールを守りながら製品化するためには、社内独力では難しい場合も
あります。外部を含めた協力体制があるか、具体的には、**研究機関や支
援機関との協力体制が構築できているか**、という点です。できていなけ
れば、金融機関のマッチング・サービスの機会にもなります。同時に他
社とのパートナーシップの可能性もあります。
- **社内体制では、関連する「生産」「営業」などとの協業ができているか**
がポイントになります。研究開発が終わってから、生産・サービス部門
にリレー方式で展開するとなると、どうしても時間がかかります。また、
それらの部門からの要請で再開発ということになれば、開発の遅れも想
定されます。可能であれば「ラグビー方式」と言われる同時並行で進め、
無駄を排したいところです。
- そのためには、研究開発段階から生産・営業等と協業して、顧客満足・
市場満足からみてどうか、生産効率や加工組立上の問題はないか、等の
アドバイスをもらいながら、スピード感のある研究開発体制を構築する
ことが必要です。
- **研究開発の体制には「環境整備」も含まれます**。例えば、近時「知財管
理」が重要な問題となっており、研究テーマや関連技術が他社の特許に
抵触しないか等を確認する必要があります。弁理士事務所との提携や調

査システムの導入など、システム面のバックアップも必要です。また、開発にあたっては、三次元 CAD、実験に必要な顕微鏡・検査機といった機器の装備も必要です。

④ **市場ニーズの充足と利益確保**
- 研究開発力を検証するうえで「市場ニーズの充足」「当社の利益確保」の2点に着眼する必要があります。前者に関しては「**売れる製品**」か、ということです。研究開発の最終目的は事業化・製品化であり、結果としての利益確保です。「売れない製品開発」では話になりません。マーケティング的検証ですが、金融機関のノウハウやネットワークを活かして、マーケットニーズとの適合性を確認する必要があります。
- 利益確保については、投入する「**研究開発費**」の適切性や、「**販売計画**」**からみた妥当性**を検証する必要があります。研究開発費は、貸借対照表上に計上（繰延資産）される場合もありますが、研究開発計画書があれば「計画」「実績」を踏まえて検証可能です。莫大な研究開発費を投じても、大した売上にならなければ「赤字事業」になってしまいます。長期間に亘る研究は「Go！」「Stop！」の見極めが大切です。そうした意味でも、研究開発の一環として、コスト管理・利益確保といった事業性の目線が必要なのです。

　なお、研究開発について**一番難しい調査ポイント**に「**技術面**」の検証があります。これは、研究開発力の根幹部分でもあります。この点については、営業の現場で解決することは難しく、**外部機関や専門家と提携して「技術評価」を行うことのできる体制を作る**以外に方法はないと思います。当然コストを要する問題ですので、一定の基準の下で技術評価を行うといった形にならざるを得ないと思います。仮に、現場で技術的評価に取り組むとすれば、**研究開発のステークホルダー（外部研究機関・支援機関・資本提携会社等）へのヒアリングを行う**という方法が精一杯だと思います。

第18章

財務戦略（資金調達・取引銀行）

　財務戦略は、「企業のカネ」に関する戦略です。**企業活動に必要な資金の調達、資金の使い道に対する意思決定、そして利益から生まれたカネの配分**について、より適切に行うための決定・行動を指します。

　中小企業の財務戦略は「資金調達」がメインになりますが、「投資に対する評価（意思決定）」についても再認識をする必要があります。近年融資競争が激化する中で、「モノ言う銀行は避けられる」といった風潮が少なからずあります。結果、設備投資に対する十分な評価や検証がないままに、多額の融資が実行されている場合もあるのではないでしょうか。不健全な投資は中小企業のためになりません。未来を共有する観点からも、モノ言う金融機関でなければなりません。

　また、配当など「利益分配」についても考える時期が来ています。ひと昔前であれば、配当などせずに、役員報酬でオーナー兼社長への分配を行ったところですが、業務提携など外部資本の参加や、事業承継などの問題もあって、利益分配についても無視できない問題になっています。

1. データ分析を起点に

　まずは資金調達に関するデータを起点にして、評価対象企業の資金調達に関する考え方を分析をします。下表にあるデータがオーソドックスなものです。それぞれの要素をひとつの表にまとめても良いと思います。

資料	目的
①銀行別貸出預金残高推移	融資残高、与信シェア、預金シェア、預貸率の推移
②貸出対担保提供状況	担保物件の差し入れ状況、担保時価、時価によるカバー率
③銀行別適用金利状況	長短別の適用金利
④銀行別保証状況	保証差し入れの有無（保証人が誰か）、公的保証の利用
⑤トピックス情報	新商品等の利用、情報開示、取引トラブル等

① **貸出預金残高推移**

- 貸出預金残高推移表の例は、下記の通りです。10期分程度のトレンド分析を行うと、実態や方向性が明確になります。期中に銀行の出入りがあっても、10期あれば資金調達の核やトレンドをつかむことができます。
- 【資料2-23】の例からは「借入規模が大きい割に、A・Bの2行に借入が集中している」「私募債まで含めると、A行のシェアが圧倒的に高い」「10年間で借入が倍増したが、基本的な構成は変わっていない」といったことが読み取れます。この表では、2行以外の銀行取引は捨象していますので詳細はわかりませんが、A行を絶対的なメインとして、安定した金融取引を行っていることが推察されます。一方、A行に調達が集中しているため、A行とトラブルがあると調達に齟齬を来すリスクも考えられます。

【資料2-23】貸出預金残高推移

銀行名/支店	項目		20年3月期			29年3月期	
			残高	シェア		残高	シェア
A銀行/甲支店	貸出合計		700	70%	::	1,250	66%
		長期	400	80%		900	75%
		短期					
		当貸	200	50%		200	50%
		電手・割引	100	100%		150	50%
		（私募債等）	(500)	100%		(800)	100%
	預金合計		150	60%		400	67%
		定期性	80	80%		200	67%
		流動性	70	47%		200	67%
	預貸率		21%			32%	
B銀行/乙支店	貸出合計		200	20%	::	400	20%
		長期	100	20%		200	17%
		短期					
		当貸	100	25%		100	25%
		電手・割引				100	33%
		（私募債等）					
	預金合計		80	32%		100	17%
		定期性	10	10%		10	3%
		流動性	70	47%		90	30%
	預貸率		40%			25%	

合計	貸出合計	1,000	100%	: :	1,900	100%
	長期	500	100%		1,200	100%
	短期					
	当貸	400	100%		400	100%
	電手・割引	100	100%		300	100%
	（私募債等）	(500)	100%		(800)	100%
	預金合計	250	100%		600	100%
	定期性	100	100%		300	100%
	流動性	150	100%		300	100%
	預貸率	25%			30%	

② 貸出対担保提供状況

・下記２表が、「担保の提供状況」と「貸出に対する担保のカバー率」を表した資料です。担保の差し入れに関する考え方は、「メイン中心」「設備投資時の借入に応じて提供」といった具合に、企業それぞれのものがあります。こういった表にして「見える化」することで、客観的に状況を把握することができます。

利用状況	物件	所在地	面積（㎡）	時価（百万円）	担保設定状況	
本社	土地	東京都港区○○	330	500	A行（極）800	B行（極）300
	建物（築５年）		800	350		
社宅	土地	東京都港区○○	―	―	A行（極）200	C行（極）50
	建物（築10年）		90	150		

銀行名	担保設定額	時価余力	長期貸出	差額	カバー率
A	1,000	950	900	50	100%
B	300	50	200	▲ 150	17%
C	50	0	50	▲ 50	0%

・担保設定状況については、評価対象企業に開示してもらいます。また、主要物件については、自行で確認することもできるでしょう。いずれにしても、こうした形で、担保提供状況と各銀行のカバー率を整理しておけば、「当社の担保が効率的に活用されているか」「全体のバランスはどうか」「融資が限界に近い銀行はあるか」といった分析を行うことがで

きるので、資金調達構造を考えるうえで役に立ちます。

③ **適用金利**

・【資料2-24】に2種類の資料例を載せています。左表は、各行の1本1本の貸出金について当初の貸出期間と適用金利を記載しています。右表は、1行毎に"まとめ書き"しています。また、「貸出預金残高推移表」に、金利や貸出期間を併記しているタイプもあるでしょう。いずれの表でも、長期貸出金については「年間返済額」を記載しておくと「資金運用表」や「貸出残高の推移予想」を作成するときに役立ちます。

・この表は、資金調達に関する「条件」を検証するために活用します。また、この表から評価対象企業の「借入平均利率」を算出することで、損益計算書の利子金額と整合性を検証することもできます。

【資料2-24】適用金利資料例

（単位：百万円）

行名	種類	当初期間	適用金利	月間返済額
A行	長期①	5年	1.50%	1百万円
	長期②	5年	1.20%	0.5百万円
	長期③	3年	1.10%	1百万円
	短期	—	—	—
	当座貸越	—	1.00%	—
B行	長期①	10年	1.80%	1百万円
	長期②	5年	1.30%	1百万円
	長期③	—	—	—
	短期	—	—	—
	当座貸越	—	1.00%	—

行名	長期金利	短期金利	当座貸越	長期年間返済
A行	1.8%-1.5%	1.30%	1.30%	50
B行	1.9%-1.5%	1.30%	1.30%	30
C行	2.3%-1.3%	1.30%	1.20%	25
D行	2.1%-1.4%	1.30%	1.20%	10
E行	1.6%-1.1%	1.30%	1.20%	10

④ **保証差し入れ状況**

・保証差し入れについては、1本1本の個別貸出に保証を差し入れている場合もあれば、根保証という形で入れている場合もあります。近時は、経営者保証に関するガイドラインもあり、差し入れをしていない場合もあります。

・加えて、「保証協会の保証」「保証会社の保証」「その他保証機関による保証」「一般企業の保証」など、様々な保証形態があります。

・保証は徐々に減る傾向にありますが、保証協会などの保証は免責されなければ強力な信用補完となりますので、資金調達構造をみるうえで必要な情報になります。

⑤ トピックス

・トピックスは、**銀行取引に関して“留意すべき事項”**です。例えば、「大きな肩代わりがあって一気にメイン行が入れ替わった」「X 行から融資拒絶された」「情報開示に関して揉めた」など、資金調達に影響を与える事項を調べます。調査にあたっては、今回紹介した各資料の“変化”に基づき、ヒアリングする方法が一般的です。お客様から積極的には報告してもらえない場合も多いので、変化に敏感である必要があります。

・このほかにも「**デリバティブ利用状況**」「**新商品利用状況**」「**事業性評価の実施状況**」などの動きについても確認するとよいでしょう。

⑥ まとめ

・以上のように資料調査を通じて、評価対象企業の「資金調達構造」を明らかにします。

調査ポイント

～安定かつ効率的な資金調達体制があるか～

a ）調達行の構成はどうか、メイン・準メインは明確か、選定理由はなにか
b ）調達構成は安定しているか、変化がある場合に理由は何か
c ）担保・保証の差し入れ状況はバランスがとれているか
d ）新商品・デリバティブ等の利用はあるか
e ）当社の調達に対する考え方は何か

・これらは、銀行取引の基本となることですから、最終的にはお客様と事実確認も含めて共有化することが必要です。

---

2. 資金調達に関する補足

　前項で説明した調査ポイントに従って分析を行えば、概ね評価対象企業の資金調達に対する考え方や、調達構造について理解できます。それに加えて、

資金調達に関する「課題発見」を、よりスマートに行うため下記の調査ポイントを意識して「対話」をするようにしましょう。

調査ポイント

① 資金調達において、最重視することは「安定」か、「効率」か
② 既往取引金融機関に対する不満はないか
③ 調達「手段」に対する「こだわり」はあるか
④ 今後3年程度で、貸出残高をどの程度に持っていく意向か
⑤ 担保・保証を将来的にどう活用したいか
⑥ 新商品や新スキームに対する抵抗感があるか

キラークエスチョン

3年後、社長は今の借入を「何億円」くらいにしたいとお思いですか？

このキラークエスチョンは調査ポイントの④関連ですが、財務戦略だけでなく「経営計画・投資計画」にまで話を展開することができる点がポイントです。「何億円」という数字のなかに、様々な計画や構想が詰まっていますので、具体的に計画構想を引き出せる質問です。加えて、「借入の増える分、減る分」を銀行間でどう調整するか、という更問いを入れることで、将来の銀行取引まで見通すことができるのです。

前記の6つの調査ポイントは、事業性評価に限らず、今後の取引メニューや対応を検討するうえで必要な内容です。

① 資金調達で重視する点

・基本的に「安定重視」であれば、取引歴や現在のシェアを大きく崩して、"冒険をしたい"とは考えていないので、自行のポジションに合わせたメニュー提案が妥当です。「効率重視」であれば"下剋上"もありえますが、「業績悪化時の支援体制」「常に銀行の顔ぶれが変わる不安定さ」等への懸念が残ります。

② 既往金融機関に対する不満

・不満は何としても押さえておきたいポイントです。他行への不満だけで

なく、「自行」に対する不満を把握することが一番重要です。余程のことがない限り、お客様は不満を口にしません。資金調達は不安材料のひとつであり、金融機関との関係は基本的に良好でありたいと思っているからです。

- しかし、必ず不満はあります。大小は別として「必ずある」ので、「言い難いでしょうが、ご不満が溜まるような取引はしたくないので、ぜひおっしゃってください」といった言い方で確認すると良いと思います。
- 不満点については、それをネタにして商売するという考え方ではなく、評価対象企業の「資金調達全体」にとってベストな方法は何か、という考え方で臨むことを勧めます。

③ 調達手段に対するこだわり

- 調達手段に対する「こだわり」も大事です。その「こだわり」が合理的なものであれば問題ないのですが、「非効率や不安定」につながる"妙なこだわり"であれば、当社の為になりません。こだわりには、必ず「背景や理由がある」ので、その点を確認することで「問題点」や「新たな解決の方向性」が明らかになります。

④ 将来的な借り入れ構想

- キラークエスチョンで説明した通りです。財務戦略上は重要な論点ですので、キラークエスチョンを活用して、大きな構想を聞き取りたいものです。

⑤ 担保・保証の在り方

- 近年「事業承継」絡みで、「担保や保証を外したい」と考えている経営者が少なくありません。一方で、金融機関とトラブルになることも望んではいないはずです。そういった意味でジレンマに陥りやすいテーマであり、実際に話が持ち上がった時には「時既に遅し」といった場合が多いのです。
- したがって、「申し出を待つ」のではなく、未来をいっしょに考える姿勢で対話を重ね、問題の共有を図ることが必要です。時間に余裕をもてれば十分な環境整備もできて、最終的には双方が納得できる結論になると思います。

⑥ **新商品等への抵抗感**

・新商品等に対する"抵抗感"を確認する理由は、「こだわり」と同様です。思い込みが強い経営者もいるので、一旦こうだと決めると理屈が飛んでしまい、もっと良い方法があるのに受け入れない場合があるのです。無理やり選択させることは適切ではありませんが、より良い未来を作るという観点からは「聞く耳」をもってもらう努力も必要です。

3. 投資に対する意思決定

中小企業の設備投資に関する融資審査では、「投資の妥当性」を必ず検証しています。一般的な検証内容としては、以下のものが考えられます。

調査ポイント

～その投資に問題はないか、実現可能か、返済はできるか～

① 投資内容・金額に対する妥当性
② 返済期間の妥当性（期限内に返済可能か）
③ その他融資条件に関する妥当性

① **投資内容・金額の妥当性**

・投資プロジェクト「全般の検証」になります。

・「投資額に対するリターンは妥当か」「投資内容に関して過剰投資的な部分はないか」「収支計画の実現性は高いか」「法的規制をクリアできるか」等、様々な観点からプロジェクトを検証します。

・検証の中でも核になるのが「収支計画の実現性」です。「期待通りの売上はあげられるのか」「費用は計画通りに収まるのか」「計画通り売上があがらない場合の抵抗力はあるか」「変動リスクに対する受容性はあるか」、そして「総合的に実現可能性はあるか」といったことです。

② **返済期間の妥当性**

・投資内容が妥当なものであっても、投資に対する調達条件が妥当でなければ、全体としては実現に齟齬を来すことになります。

・投資額に対するリターンから経費等を差し引いた「フリーキャッシュフロー」に見合った返済期間であるかを検証します。近時「適用金利を引

き下げる目的」で、貸出期間を短く設定して最終返済にシワ寄せする「テールヘビー」が散見されます。しかし、管理が不十分な場合に借り換えの際に問題を生じる可能性があり、運転資金と混在するなど「プロジェクト性」が損なわれることがありますので留意が必要です。

③ 融資条件の妥当性
- 返済期間は重要な融資条件ですが、他にも検証すべきことはたくさんあります。
- 例えば、「自己資金と借入金の割合は妥当か」「自己資金の追加が必要ではないか」「借入期間や据置期間の設定は妥当か」「投資に対する担保条件、保証条件、金利条件は妥当か」「他行との協調割合は妥当か」などです。

　一方、近時M&Aが活発化する中で、企業においても正味現在価値（NPV）、内部収益率（IRR）、回収期間（PP）といった手法で投資判断を行う中堅企業も増加しています。金融のプロとして、**バリュエーション的投資判断を活用する**ことも一考に値すると思います。

＊＊＊バリュエーション的投資評価＊＊＊

① NPV（正味現在価値）	＝投資に対する現在価値から差し引いた価値
② IRR（内部収益率）	＝NPVが「0」となる割引率と必要収益率を比較
③ PP（回収期間）	＝投資回収期間と回収目標期間を比較

① 正味現在価値（NPV = Net Present Value）
- キャッシュフローに着眼した「企業価値評価」を「投資案件評価」に活用することも可能です。【資料2-25】を見ると、その概要を理解することができます。
- ある投資を行うと、毎年一定のキャッシュフローが生まれます。その N 年分の合計を「キャッシュフロー合計額」として表示しています。**この合計額を「現在価値に引き直した額」が、「現在価値PV」になります。** 割引計算をして、現在価値に引き直しますが、この場合に用いる割引率は、「投資に対する期待収益率」をベースとする「1＋期待収益率」になります。

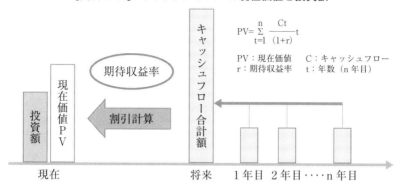

【資料2-25】キャッシュフローの現在価値と投資額

$$PV = \sum_{t=1}^{n} \frac{C_t}{(1+r)^t}$$

PV：現在価値　　C：キャッシュフロー
r：期待収益率　　t：年数（n年目）

期待収益率

割引計算

投資額　現在価値PV　キャッシュフロー合計額

現在　　　　　将来　1年目 2年目‥‥n年目

・最終的には、「現在価値（PV）」から「投資額」を差し引いた金額を「正味現在価値（NPV）」と称し、これがプラスであれば「一定の投資価値がある」という判断になります。

・冒頭に記載した通り、この方法を投資案件評価に応用することができます。投資物件が毎年生み出すキャッシュフローをベースに、同様の計算をして「正味現在価値」の大きさをもって検証に役立てるのです。

② **内部収益率（IRR ＝ Internal rate of return）**

・内部収益率による投資判断は、「NPV」の計算式を応用しています。内部収益率とは、**正味現在価値（NPV）が「0」となる割引率**をさします。つまり、**現在価値と投資額が見合っている均衡点の割引率**です。

・仮に、内部収益率が「2％」と算出された場合に、評価対象企業がこのプロジェクトを採り上げたいとしても、金融機関サイドが「最低でも5％が必要」と考えれば、この投資は期待収益率を下回っており、「採り上げ不可」という判断になります。

・一般的に、投資案件が採択されるための「最低ラインの収益率」を「ハンドルレート」といいます。

③ **回収期間（PP ＝ Payback period）**

・回収期間は文字通り「**投資金額が何年で回収できるか**」です。下記の例では、B案件は2年で回収可能だが、A案件は3年かかるということに

なります。

	投資額	1年目	2年目	3年目
A 案件	1,000	200	500	800
B 案件	1,000	500	500	500

・A 案件と B 案件の優劣を、この方法だけで決定するのは危険な面があります。NPV の方法では、別の結果になる場合がありますので、総合的な検証が必要になります。

・留意すべき点は、「飲食店の改装資金（設備資金）」を"期間 10 年で融資する"ケースです。設備融資において、期間 10 年は特に問題ないので"OK"する場合が多いと思いますが、業態によっては「3 年経ったら再改装が常識」ということもあるので、**「回収期間」の妥当性を「CF」だけでなく、「内容や業態との比較」において検証することも必要です。**

---

4. 利益分配・資本政策

　本項では、企業活動から生み出した利益の「分配政策」と「資本政策」について説明します。資本政策については、株主からの「資金調達」として資金調達に分類する考え方もありますが、株主に関連する事項として利益分配とともに説明したいと思います。

調査ポイント

〜「世代をつなぐ」考え方だけでなく、株主を重視する意識も〜

① 利益処分に対する基本的な考えは何か
② 資本政策の動きはあるか、資本政策に対する考え方は何か

　多くの中小企業では「一族で事業を継承する」ことを重視してきました。その基本思想が利益分配や資本政策に反映されており、公開企業の考え方とは異なります。一方で、同族での事業承継が年々難しくなっている状況もあり、株主に対する考え方も変わりつつあります。

① **利益処分に対する基本的な考え方**
　・利益処分の方法は「配当するか」「内部留保するか」のいずれかです。

中小企業の場合、「主要株主＝経営者」という一体経営がほとんどであるため、「配当重視」ではなく「役員報酬重視」で処遇することが多いと思います。

・規模によっては配当次第で株価が高くなる場合があるので、無配とするケースが多いのです。また、会社によっては「利益の蓄積は役員個人で行う」との考え方から、役員報酬を高くして会社の利益はトントンで良いとするところもあるようです。会社の内部留保を高めるためには納税が必要ですから、小規模企業等では「会社ではなく個人へ」といった考え方が強くなるのかもしれません。

・一方で、「株主数の多い会社」「外部企業と資本提携をしている会社」「将来上場等を目指している会社」では、配当政策は「株主の満足度を高める」「上場基準をクリアするため」に重要な要素ですので、一定水準の配当を行います。最近は、配当のほかに「自社株買い」といった対応をとる場合もあるので、背景に留意することが必要です。

・**「配当重視」**か**「内部留保重視」**かは、経営者の考え方が強く反映される部分ですので、その理由は何かを確認すべきだと思います。

② 資本政策への動き・考え方

・中小企業の場合、「資本の部」は利益準備金、すなわち内部留保で高めるという考え方が大半です。したがって、**資金調達を増資で行う企業はほとんどいないといっていいでしょう。**

・**資本金が動くケースは「事業承継対策」「外部提携・買収」「上場準備」といった背景がある場合が大半ですので、十分留意する必要があります。**かつ、**これらは「トップシークレット」に属する事項ですので、メインバンクだからといって事前に相談があるとは限りません。「資本金の増減」「株主の異動」といった変化には十分留意し、**背景・理由を必ず確認することが必要です。

第**19**章

無形資産（知的資産）

　経済産業省では、中小企業の知的資産経営について検討を行うために、中小企業基盤整備機構に「中小企業知的資産経営研究会」を設置し、取組み方・関係者との情報共有・普及支援策について検討を行ってきました。経営環境が厳しくなる中で、「差別化」による競争優位の源泉を「知的資産」の活用におくことが、中小企業の生き残りの道だと考えているからでしょう。

　財務諸表上には表れてこない「**無形＝目に見えない**」資産を明確に把握し、**その活用方法を評価対象企業と考えることは、「事業性評価」の重要な役割**といっていいでしょう。中小企業には、**少なからぬ技術やノウハウがあるにも関わらず、当社自身が意識していない場合も多くあります。**逆に、**特許や商標、技術マニュアルといった形で、自社の無形資産を「形」にして、活用しようとする中小企業もあります。**

　中小企業基盤整備機構では「知的資産経営報告」の作成を推奨し、そのメリットを「企業価値の向上」「社員の士気向上」「取引先等からの信用度向上」等と説明しています。そして、「事業価値を高める経営レポート」といったサマリー的な様式を作成して、「価値創造のストーリー」として知的資産の明確化に対する仕組み作りを行っています（【資料2-26】参照）。同様に、「中小企業のための知的資産経営マニュアル」を作成・公表していますので、一読することをお奨めします。

1.　無形資産（知的資産）とは何か

　無形資産の定義や分類には様々なものがありますが、「**物理的な実体を伴わないが、経営に対して便益を生むもの**」と考えればよいと思います。具体的には、「**技術・ノウハウ**」「**ブランド**」「**営業基盤**」「**経営戦略（経営力）**」「**社員の能力・士気**」「**特許・実用新案・意匠・商標・著作などの財産権**」などが想定されます。

【資料2-26】 事業価値を高める経営リポート

事業価値を高める経営レポート	商号：	作成日： 年 月 日

キャッチフレーズ

Ⅰ．経営理念（企業ビジョン）

Ⅱ-1．企業概要

Ⅱ-2．沿 革
・
・
・

Ⅱ-3．受賞歴・認証・資格等
・
・
・

Ⅲ-1．内部環境（業務の流れ）

①	②	③	④	⑤	顧客提供価値

業務の流れ	他社との差別化に繋がっている取組
①	
②	
③	
④	
⑤	
顧客提供価値	

Ⅲ-2 内部環境（強み・弱み）

【 自社の強み 】

【 自社の弱み 】（経営課題）

【 その理由・背景 】

【 その理由・背景 】

出典：中小企業基盤整備機構「事業価値を高める経営リポート 作成マニュアル」

Ⅳ．外部環境（機会と脅威）

機　会	取組の優先順位

脅　威	取組の優先順位

Ⅴ．今後のビジョン（方針・戦略）

外部環境と知的資産を踏まえた今後のビジョン	①	
	②	
	③	
今後のビジョンを実現するための取組		

Ⅵ．価値創造のストーリー

知的資産・KPI	【 過去〜現在のストーリー 】 （　年〜　年） 知的資産の活用状況		【 現在〜将来のストーリー 】 （　年〜　年） 知的資産の活用目標	
	人的資産 ※従業員が退職時に一緒に持ち出す資産（ノウハウ、技能、経験、モチベーション、経営者の能力など）		人的資産	
	構造資産 ※従業員の退職時に企業内に残留する資産（システム、ブランド力、もうかる仕組みなど）		構造資産	
	関係資産 ※企業の対外的関係に付随した全ての資産（販路、顧客・金融機関などとの関係など）		関係資産	
	その他 ※上記3分類に属さないもの（資金、設備など）		その他	

KGI	【現在】	【将来】

無形資産を具体的に説明することが難しい背景には「無形（実体を伴わない）だが、経営に対する便益の源泉となっているもの全てを指す」ことがあります。極端なことを言えば、"規律正しくキビキビと動く社風"が、会社に多大な利益をもたらす源泉になっている場合があるのです。

　前述の中小企業基盤整備機構の『知的資産経営マニュアル』では、「無形資産・知的資産・知的財産・知的財産権」と4種類に分類【資料2-27】したうえで、「知的資産」について「従来のバランスシート上に記載されている資産以外の無形の資産であり、企業における競争力の源泉である、人材、技術、技能、知的財産（特許・ブランド等）、組織力、経営理念、顧客とのネットワーク等、財務諸表には表れてこない目に見えにくい経営資源の総称」と定義しています。

【資料2-27】知的資産等の分類イメージ図

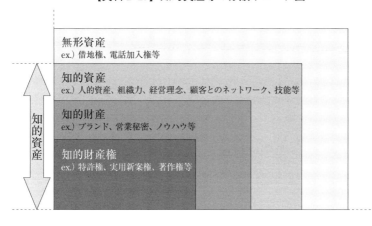

　近年、企業価値評価において、企業価値の決定に「無形資産」の重要性が強く認識されており、M&Aにおいて重要な資産として「再調達原価法」「市場取引ベース」「現在価値（利益）ベース」など様々な評価アプローチが行われています。

2.　どうアプローチするか

　無形資産の分類には、"MERITUM プロジェクト"による「人的資産」「構造資産」「関係資産」の3種類があります。「人的資産」は、社員が身に着け

た経験・技能・士気の類で、その社員が退職すれば会社に残らないものです。「構造資産」は、会社に保持される社風・マニュアル（仕事のやり方）、独自のシステムをさします。「関係資産」は、会社と社外の関係から生まれる営業基盤、認知度、イメージといったものです。

　こうした無形資産を「どのように発見」して、事業性評価に盛り込むかを下記の“キラークエスチョン”を題材に考えてみましょう。

キラークエスチョン

> 主問：「決算書」に表れない、貴社の一番の強みはなんでしょうか？
> 更問：強みには、「会社が伝統的に作りあげてきたもの」「社員が辞めたら無くなるもの」「お客様など世間から認められているもの」の３つが考えられますが、それぞれ１つ、貴社の強みをあげるとすると何でしょうか？

　このキラークエスチョンは、「決算書に表れない」「一番の強み」が“ミソ”です。１回の質問で、無形資産の内容を引き出すというのは難易度の高い注文です。そこで、「決算書に表れない」という表現で、数字とは異なる、無形資産という方向に導くのです。無形資産という概念を全ての経営者が理解しているとは限りません。一方で、決算書以外の部分も見て欲しいという経営者の気持ちもあります。これらを踏まえて「決算書に現れない」「一番の強み」で、無形資産の核心を突くのです。

　主問を起点にして、さらに「無形資産の３つの分野」それぞれの強みを考えてもらう方法をとっています。ただし、難点もあります。それは、経営者自身が「強みを意識していない」場合が多いことです。素っ気なく「当社は無いよ」といった回答を受けることもあるでしょう。しかし、そこで諦めることなく、ひとつずつ思い出してもらうことが大事です。

調査ポイント

〜「調査シート」を使えば、対話が深まる〜

① 社員に備わった資産
② 会社に備わった資産
③ 対外的な関係でできた資産
④ 知的財産権として明確な資産

⑤ 上記に当てはまらない資産

⑥ コアとなる資産

　調査ポイントは、「無形資産（知的資産）調査シート」（【資料2-28】）に集約していますので、このシートを活用して経営者と対話することが調査の早道です。

　具体的には、金融サイドと中小企業サイドの両方が、事前にシートを作成して対話する方法が有効だと思います。中小企業に記載を依頼するうえで「人的資産」「構造資産」「関係資産」という言葉は堅苦しいので、調査シートではある程度割り切ってわかりやすい言葉で無形資産を表現しています。

① **社員に備わった資産**

　・**会社への影響度が高いものに絞り込むようにしてください**。個人が持つスキルを言い出すと大小切りがないので、明確に「会社の武器」になっているものをあげてもらうようにします。

　・この記載では「固有名詞」が出てくる場合もあります。「匠」として国や県から指定を受けている職人さんもいるでしょう。また、企業によっては「社内マイスター」などの呼称で技術認定をしている場合もあります。

② **会社に備わった資産**

　・これは「働き方の仕組み」「生産方式」「品質管理手法」「技術伝承のためのマニュアル」「営業の成功事例集」といった「会社がもつ武器」です。

　・企業自身が意識していない、**当たり前になっていることが「収益の源泉」「他社との差別化」につながっている場合もあるので、その点をどう掘り起こすか、いろいろな角度から光を当てて調べます。**

③ **対外的な関係で創った資産**

　・典型的な例が、「全国に網羅した優良先の営業基盤」といったものです。あるいは、スーパーマーケットなどの「仕入協力会といった協力団体」も大きな資産でしょう。「**社内ではなく外部との関係で作り上げた資産**」という観点で整理をするとよいでしょう。

④ 知的財産権として明確な資産

・「法律に基づいて認められた権利」です。具体的には次表のようなものがあります。ただし、これらの権利は「有れば良い」というものではなく、**実際に武器となっているのか、将来武器となる可能性があるのか、といった観点で見る必要があります。**

知的財産権の種類（例）

種類	内容	保護期間（原則）
特許権	"発明"と呼ばれる比較的程度の高い、新しい技術的アイディア。「物」「方法」「物の生産方法」	出願から20年
実用新案権	発明ほど程度の高い技術的アイディアではなく、小発明といわれる考案。無審査で登録される	出願から10年
意匠権	物の形状、模様など斬新なデザイン（意匠）	登録から25年[※]
商標権	自分が取り扱う商品・サービスと他人が取り扱う商品・サービスを区別するためのマーク	登録から10年
著作権	思想、感情を創作的に表現したもの。文芸、学術、美術、音楽に属するもの。コンピュータープログラム	創作時から、著作者の死後70年
回路配置利用権	独自に開発された半導体チップの回路配置	登録から10年
商号	事業者（法人を含む）が自己を表示するために使用する名称	―
不正競争の防止	周知な商品等表示や営業秘密など	―
育成者権	植物の新品種	登録から25年（樹木30年）
地理的表示法	伝統的な製法や気候など生産地の特性と結び付きのある確立した品質等の特性を持った産品の名称	更新手続なし

出典：日本弁理士会HPを参考に作成
※ 2020年3月31日以前の出願は登録から20年

⑤ 上記に当てはまらない資産

・①〜④以外に「武器となっている無形資産」です。例えば、「当社独自で開発・製作した工作機械」です。これは「帳簿上に記載」されているので「無形」ではありません。しかし、一般の市場では販売されていない唯一無二の機械だとすれば、**当社独自のノウハウが搭載された機械であり、その唯一無二性を評価する**ということです。

・製造技術の高い企業では、独自の「治具・工具」を自社製作して、それ

が生産効率や品質を高める強力な武器になっている場合があります。こうした「形にされたノウハウ」も評価してよいのではないでしょうか。

⑥ **コアとなる資産**

・①〜⑤の項目を調査したうえで、最終的に、**当社の強力な武器となっている「コアの無形資産」を見極める作業が必要です。できるだけ数多く抽出し、そのなかで特に価値が高い無形資産を考えます。**

・これらは、M&Aの際に「のれん代評価」として価格アップにつながるものです。こうした無形資産を特定ないし発掘（明示化）できれば、当社の将来を考えるうえでも大きな武器とすることができます。

【資料 2-28】 無形資産（知的資産）調査シート

お客様名	

■本調査は、決算書等の資産では表現されない無形のもので、「会社の収益の源泉」であり、「競合他社と差別化できる強み」となっているものを調べるシートです。

無形資産の種類	内　　容
社員に備わったもの ＊対象となる社員が退職した場合には社内から無くなる可能性がある	記載例）技能、スキル、資格、経験、創造力、士気
会社に備わったもの ＊社員が退職しても継続して会社に残っている	記載例）社風・独自マニュアル・技能のマニュアル
お客様など対外的な関係で創ったもの	記載例）営業基盤、下請け協力会、企業イメージ
知的財産権として認定されたもの	特　許　権： 実用新案権： 意　匠　権： 著　作　権： 商　標　権： そ　の　他：
上記4つにあてはまらない「財産的価値」や「強み」	記載例）借地権評価、自社開発したほかにない工作機械、独自の工具治具

第20章

企業倫理・社会との共存（SDGs／ESG）

　昨今「新しい資本主義」という言葉を耳にします。その議論や政策については今後さらに進んでいくでしょう。それではなぜこうした言葉が世に出るようになったのでしょうか。

　ひとつはCOP（締約国会議）に代表される温暖化の問題、つまりサスティナビリティの問題です。地球環境の破壊や資源の枯渇が進むなかで、企業が「外部不経済」問題に眼を瞑り、自社の利潤だけを追求すればいいのか、という問題意識です。あるいは、誰もが尊厳をもって平等な機会が得られる社会があってこそ健全な企業活動ができるのではないか、という認識です。こうした問題意識が、国際的な政治合意である「SDGs（持続可能な開発目標）」に結実し、企業に向けては「ESG（環境・社会・企業統治）」という企業評価基準に体現されたともいえるのです。

　こうした考え方やイニシアティブは、企業に対して「善良なる市民」「責任ある市民」であることを求めます。利潤追求だけではなく、地球環境や社会に対して正のインパクト（良い影響）を与える貢献を行うことが、企業の責務であり、自社の持続性向上にもつながるという考え方です。

　このように、企業は「善良かつ責任ある市民」として、環境や社会問題に対しても適切に対処し貢献することが求められます。そのために、適切な判断を行うための基礎となる「企業倫理」や「ガバナンス（企業統治）」を確立する必要があります。この点は、中小企業も大企業も変わりません。中小企業であっても企業倫理やガバナンスの確立に努め、身の丈にあった形で環境・社会問題の解決に貢献する必要があります。

　こうした取り組みは企業の持続可能性を高めます。言い換えれば、事業性評価における大きな評価ポイントになるということです。こうした取り組みが不十分な中小企業は持続可能性が低下し、多くのステークホルダーの支持を得ることができなくなります。一方で、こうした取り組みを強化し、いわゆるサスティナブル経営への移行を図る中小企業は、大きな評価を得て成長

の可能性を高めることになるのです。そういった意味で、企業倫理や社会との共存の在り方は、これからの事業性評価において中心的な調査項目になりうるものです。

1.「四方よし」等にみる企業倫理

仙台市では「仙台『四方よし』企業大賞」という、中小企業の活性化を表彰する取り組みを行っています。表彰制度の趣旨は「仙台市は、中小企業活性化条例に基づく中小企業活性化会議における議論などを踏まえ、地域経済の中枢を担う中小企業の活性化に向けて戦略的な取り組みを推進しています。日本でも古くから唱えられてきた【売り手よし】【買い手よし】【世間よし】の『三方よし』に、社員にとってより良い職場環境づくりに取り組む【働き手よし】を加えたものを『四方よし』な取り組みとして、市内での普及啓発に取り組んでいます」です。

近年、ワークライフバランス、ディーセントワーク（働き甲斐）、ES（社員満足）、ウェルビーイング（安寧）、心理的安全性、働き方改革、D＆I（ダイバーシティアンドインクルージョン）、といった言葉が巷間を賑わせています。これらが表すことは、社員を一人の人間として尊重し、平等に扱い、豊かでバランスのとれた人生を歩んでもらうことの重要さです。また、活き活きと働くことができる職場環境を整備し、創造性や生産性の高い仕事をしてもらうことで、会社へのエンゲージメントを高める狙いもあります。これらは「社内問題」にとどまらず、社会的な課題への対応にもつながる取り組みです。

また、近時多くの自治体で「SDGs登録企業」制度を設けています。また、自治体自身が「SDGs未来都市」の指定を受け、環境や社会的課題の解決を推進し、地域の創生と持続性を高めようとする動きがあります。こうしたなかで、温暖化対策や循環型経済への移行を企業に求める動きも生まれています。こうした流れは年々強化され、企業も積極的な対応を迫られることになるでしょう。一例をあげれば、GHG（温室効果ガス）の排出の削減のために「エネルギー源転換」などコストアップにつながる対応を要請される場合があるということです。こうした動きに反する企業は、社会的信用の失墜やブランド低下につながります。前述のように「善良かつ責任ある市民」として企業が行動するためには、基本となる企業倫理を高め、健全なガバナンス

を確立する必要があるのです。

　事業性評価において、こうしたサスティナビリティを高める取り組みについて評価する必要性が従来以上に高まっています。わたしたちは企業を経済活動のみで評価するのではなく、社会的活動・環境負荷削減活動など、3つの観点（トリプルボトム）から評価することを求められているのです。

コラム㉑　「社会部」をもつ会社 ・・・・・・・・・・・・・・・・・・・・・・・・・・・・・・・・・・・

　デジタル・ジャイアントと呼ばれるGAFAは、最先端のテクノロジーを使って新たなビジネスモデルを構築し、世界を席巻しています。経営の最先端を走っていて、ガバナンスや組織設計なども洗練されている印象があるでしょう。その一方で、「租税回避」「情報漏洩」などの問題点も指摘されています。

　こうしたGAFAの行動から、私たちは経営を考える機会を得ることができます。素晴らしいビジネスモデルを構築し、多額の利益をあげ、株式時価総額も世界のトップ10、という華々しい実績。一方で、企業としての義務、モラル、社会との軋轢など問題も抱え、必ずしもすべてのステークホルダーを満足させていない実態があります。

　GAFAとは対照的に、「社会部」という部署を置いている会社があると聞きました。歴史あるお菓子の製造販売会社です。「社会部」は、社会との共存、地域社会への貢献等を考え実現していく役割を担っています。「自分の会社だけが良ければ」を否定し、お客様の満足、従業員の満足、そして地域社会の満足や発展に寄与することを考える。中小企業であっても、こんな心意気で社会との共存を目指している企業もあるのですね。

　企業と社会の関係は極めて重要な意味をもっています。地域から愛され、お客様から愛され、社員から愛される。そんな企業は「決算書という尺度」だけでは測ることのできない強さをもっています。財務分析重視の金融機関は、これをどう評価するのでしょうか。

　事業性評価では、財務諸表以外の様々な角度から、企業の本当の姿を浮かび上がらせます。それが、企業の実力、成長、持続性を明らかにするために必要な作業だからです。営業担当者は従来にも増して、非財務分析に力を入れることが求められています。

---

2. 何をみれば良いか

　企業倫理や社会との共存について中小企業がどう取り組んでいるかについては、以下のポイントを参考にしてください。また、「ESG 診断」を独自に制定している金融機関においては、その内容を事業性評価に反映することができます。この点、詳細に関心がある方は、拙著「中小企業のためのサスティナブルファイナンス」（商工総合研究所）を参考にしてください。

調査ポイント

〜環境や社会的課題、SDGs や ESG に取り組んでいるか、インパクトを与えているか〜

> ① 企業倫理は健全なものとして定められ、機能しているか
> ② SDGs や ESG などサスティナブル経営への移行を進めているか
> ③ 環境・社会問題に対して負のインパクトを与えていないか

① 企業倫理の確立と機能

- ・中小企業においては、経営者の意識や倫理に対する考え方が大きく影響します。したがって、明文化された倫理要綱の存在以上に、経営者が環境問題や社会的課題に対してどんな認識をもっているか、SDGs や ESG に関する認知・理解があるか、といった観点でヒアリングすることが重要です。
- ・一定規模の中小企業であれば、パーパス・経営理念・環境方針といった形式で価値観や姿勢について明文化し、企業のホームページに掲載しています。それに関連して、「ISO14001（環境）」「ISO26000（人権）」などの取得を行い、名刺や HP に記載する例も増えています。要すれば、企業倫理を重視し、しっかりとした考えをもって具体的に経営に反映しているかが調査ポイントです。
- ・また「機能している」状態をみる指標は「従業員への浸透度」です。経営者の認識や行動は立派なものだが、従業員の活動にそれが反映されていなければ全体として機能しているとはいえないからです。

② サスティナブル経営（SDGs ／ ESG)

- ・サスティナブル経営とは、企業の持続性を高めるために、環境問題や社

会的課題についても長期的な視点にたって「経営課題」として捉え、身の丈にあった企業活動を進めるものです。前述の ESG 診断などのツールを持った金融機関であれば、それを活用して実態を把握することができきます。

・環境問題に関しては、温暖化対策や脱資源対策を行っているかです。再エネへの転換、リサイクルやリユースの強化など具体的な活動の有無や内容についてチェックします。また、何らかの新しい取り組みが行われ、SDGs ウォッシュ（みせかけの行動）との誹りを受けるようなものでないこともチェックポイントです。

・社会的課題に関しては、まずは社内の働き方改革やジェンダー平等を反映した人事運用や制度設計の有無をチェックします。中小企業の場合、清掃活動などに代表されるボランティア活動を行っている企業は多いものの、社内の働き方や人権に関する取り組みには多くの改善余地がある場合が少なくないので、この点についてもチェックする必要があります。

・また、地域社会との共存という観点で、どのような貢献活動を行っているかについて調査します。地域との信頼関係構築は、地元密着型が多い中小企業にとっては不可欠な要素です。住民からの反対運動や悪評が立てば円滑な経営ができるわけがありません。そういった意味で地元との関係性も「社会との共存」という観点で重要な調査ポイントになります。

③ 負のインパクト

・負のインパクトとは、環境・社会に対して悪い影響を与えることをいいます。典型的な事例が騒音・悪臭・汚染などの公害です。また、GHG（温室効果ガス）を大量に排出している企業がある場合、それが法律違反ではないとしても「温暖化を促進する」という外部不経済を生じていることになります。国連グローバル・コンパクトのなかに「企業は…環境に関するより大きな責任を率先して引き受け」（原則8）という原則があります。この背景には経済活動を通じて企業は様々な外部不経済（企業のビジネスとは関係のない国や人々に迷惑・損害を与えている）の問題を「結果として」発生させているという事実があるのです。

・環境問題だけでなく、人権や平等など社会的な課題に関しても企業は多くのリスクを負っています。社内のパワーハラスメントは重大な人権侵害です。また、女性社員・LGBT 社員・非正規社員に対して合理性を欠

く取扱いがあるとすれば、人権侵害の恐れがあります。このように、人権問題は極めて重要な課題であり、欧州などでは環境対応と人権対応がセットでチェック（例：人権原則を充足していない企業は温暖化防止の貢献を認めない）される状況にあります。人権問題は軽視できないことを理解すべきです。

・この他にも顧客の安全や健康を損なうような製品を作ることも社会的な悪影響に該当します。産地偽装や品質偽装、不実記載など消費者を欺くような行為も負のインパクトにあたります。このように、幅広い観点から企業の取り組みをチェックする必要があるのです。

第21章

プロファイリング（まとめ）

　事業性評価も、いよいよ「まとめ」の段階に入ります。ここまで20余り
の各章で、事業性評価の内容や調査ポイントについて説明しました。これら
の作業は、いわば「**事業性評価のための良い材料を集める**」ものでした。そ
して、各評価項目に関して、できるだけ「**ありのままの姿を見るための調査・
分析のプロセス**」でもあります。

　こうした各項目の調査分析だけでも、十分美味しく食べられる素材といえ
るかもしれません。しかし、「**素材を料理して、さらに美味しく食べられる
状態にする**」ことが事業性評価の付加価値です。その料理にあたる部分が、
本章で説明する「プロファイリング」です。

　プロファイリングは、米国の犯罪捜査の手法です。様々な経験、犯罪デー
タ、犯罪心理から事細かい犯人像を割り出していく方法です。事業性評価は
財務・非財務の両面から企業の実像を描き出すという意味で、プロファイリ
ングの手法と似ています。本書では、**事業性評価において「各分析を統合し
て"企業の実像"を描き出す**」ことを「プロファイリング」と呼ぶことにし
ます。プロファイリングは、事業性評価のエッセンスを抽出する核心の作業
です。

　また、プロファイリングにおいて「ケイパビリティ（企業の組織的能力）」
を抽出することも重要な意味を持ちます。ケイパビリティとは「組織が有す
る固有の強みや能力」をいいます。企業はケイパビリティを活かして競争優
位を築く必要があり、これを特定することは事業戦略を創造するうえで必要
不可欠です。また、中小企業は景気循環や天災によって業績が悪化する場合
がありますが、金融機関がケイパビリティを把握することで一時的な環境変
化に左右されない信用供与や本業支援を行うことができます。

　このようにプロファイリングにおいてケイパビリティを抽出し、それらの
なかでも「中核となる能力（コア・コンピタンス）」を特定することは、事
業性評価の醍醐味です。また、事後に事業性評価を起点とした課題解決型営

業や本業支援を行ううえでも、大きな材料となるものです。こうした点に留意してプロファイリングに臨むことにしましょう。

1. 一般的なプロファイリング

　次頁は、「ローカルベンチマーク」（経済産業省）の一部です。経営者、事業、企業を取り巻く環境・関係者、内部管理体制の4項目を、『対話内容の総括』というフローに基づいて「現状認識」「将来目標」という形にまとめ、両社のギャップから「課題」「対応策」を導くスタイルをとっています。

　非財務分析の材料を揃え、金融機関側で一度整理した内容を経営者と共有して、対話を通じて「良い点・悪い点」を踏まえた「現状認識」を作ります。そして、経営理念・経営目標を踏まえた「将来目標」を定め、この2つを「まとめ」としています。事業性評価を実施している金融機関でも、ロカベンと同じような「まとめ方」になっているのではないでしょうか。

　こうしたプロファイリングも1つの方法です。特に、ロカベンの趣旨は「入口」「たたき台」として、金融機関・中小企業の対話が深化し、具体的な行動につながることを期待するものなので、この紙で一定の答えが出れば十分です。まとめ方としても「現状認識」「将来目標」を明らかにする、そこから「課題」「対応策」を導く、という論理的なフローであり、実際に両者の行動の起点となれば申し分のない効果といえるでしょう。

2. プロファイリング①　〜過去・現在・未来〜

　ここからは筆者が考えるプロファイリングの手法について、幾つかのパターンを紹介します。

　最初は、事業性評価で行った「経営環境分析」と「事業者特性分析」をしっかり組み合わせて、「過去〜現在〜未来」を評価する方法です。「過去」を見る理由は、「事業の足跡」「今日を形成したストーリー」を知る必要があるからです。「現在」の実像を把握する理由は、「今が基礎となって未来につながる」からです。「未来」を予想する理由は、「事業性評価が未来を指向する」「未来を変えるためのもの」だからです。ただし、未来を正確に予測することは困難ですから、未来に関しては、予想される環境変化、財務・非財務両面の「課題」や「成長ポイント」を表記します。

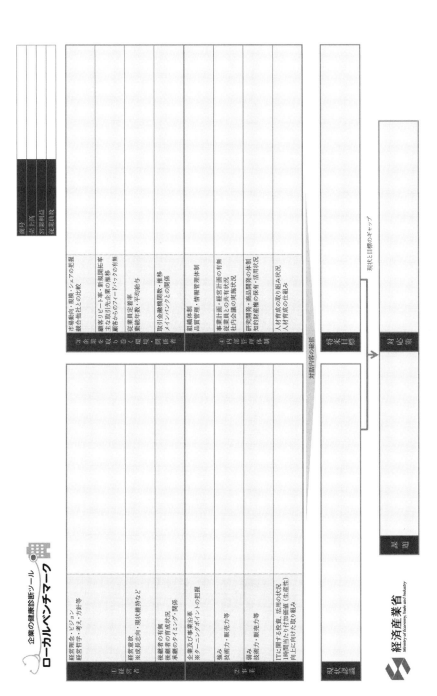

この手法は、「過去～現在～未来の展望」というストーリー展開のなかで横顔を描く方法です。ここまで行って来た「経営環境分析」「事業者特性分析」を余すことなく活用して、エッセンスを抽出します。言い換えれば、個々の分析を統合して極限まで言葉を絞り込む手法です。

　参考までに、本手法によるプロファイリングの事例を載せます。

		タイトル	時代に適合した製品作りと大胆な設備投資で基礎を創成
過去 (沿革)	経営環境		●創業期から昭和50年代までは右肩上がりの経済成長で、当社の領域である「精密機械」「自動車」についても大幅な成長がみられた時期
			●昭和の終わり頃からバブル崩壊、リーマンショックなどの大きな経済危機が起こり円高の進展と相俟って、輸出環境が悪化。機械・自動車とも停滞期に入った
	事業者特性		●主力商品の螺子を起点に、精密機械部品・自動車部品にも進出。そのため工場増設が必要となり、昭和50年に大型工場を新設。これにより、収支は大幅に改善し、売上利益とも増加基調になった。また、最新工作機械等、相次ぐ設備投資で借入も増加したため、財務的には借入・償却負担が重い状況が続いた。技術的には精密加工とコスト対抗力を現場の繰り返しの技術改善で定着させたことが強み
			●総じてみると、精密部品・自動車部品等の時代に適合した商品移行に成功、大型設備投資・最新鋭の機械投資で競争力の基盤を作った時代であった
現在		タイトル	組織改編と事業承継により未来への発射台が完成
	経営環境		●世界的な経済の好循環を受け、海外市場・国内市場とも環境は良好。為替も110円前後で推移。当社領域の機械部品は、省力化や高度化投資が盛んで好況。自動車は国内台数は逓減、海外依存度が高まる状況
			●米国の貿易戦争、地政学的リスク、天災などが懸念材料となっている
	事業者特性		●カンパニー制に組織変更し、持ち株会社が司令塔となって機械事業部、自動車事業部を牽引する体制とした。併せて、実力会長が引退し、長男に社長を承継。また、経営陣も若返りを図り、長男社長が全体をコントロールできる体制を構築
			●機械部品は利幅も確保、売上利益とも当社グループの核となっている。自動車部品は仕様・コスト要求が厳しく、売上高は50億円を超えるもの利益改善が課題。こうした取り組みが奏功し、グループ全体で、売上80億円、経常利益8億円の収支構造を実現。財務的には、自己資本比率、ROAの改善が課題

	タイトル	自動車部品に代わる新たなスター作り
未来に向けた課題と成長ポイント	経営環境	●人口減少による国内市場の縮小、労働者層の減少が確実視されており、マーケット対応や人材確保が必要な状況
		●当社主力の機械部品について、中国企業の工作機械レベルも上がっており納入先である親会社の競争が更に激化する見通し。自動車部品についても、2025年には電気自動車（EV）比率が高まることから、業界構造やバリューチェーンも変わりかねない状況
	事業者特性	●社内の経営体制は固まったことから、製品戦略、人材戦略、生産性向上が今後の課題となる
		●精密加工技術、最新鋭の設備に加えてIT化推進を図ってきたことから、生産技術の高度化が、将来の成長ポイントとなる

プロファイリング
時代に適合した商品作りと大胆な設備投資により会社の基盤を形成し、現在はカンパニー制への組織移行、そして事業承継を終えて新たな体制でのスタートを切った。将来的には、主力の自動車部品に代わるスター商品の開発が成長のカギとなる

　この事例では、過去・現在・未来に、それぞれ「**タイトル**」が設定されています。その意図は「**その時代を一言で集約する**」です。言い換えれば、「**評価対象企業にとっての時代の総括**」ともいえます。非常に難しい作業ですが、それが「**まとめる**」ということです。こうした「まとめ」を行うことで、評価対象企業との"時代認識"が容易になります。

　タイトルの下部には、経営環境と事業者特性を記載する欄が設けてあります。この欄には、様々行ってきた事実把握、分析結果を書くことになります。この欄を簡潔にまとめるポイントは、「**これなしには、当社を語ることができない**」要素を抽出することです。

　書き方としては、できる限り**箇条書きではなく、ストーリーとして書くことが理想です。箇条書きでは"ブツ切り感"が残るので、料理した感じがしないからです。ストーリーとして書くことが「統合できた証拠」なのです。**これも上級テクニックですので、まずは「これなしには当社を語ることができない」要素を、漏らすことなく箇条書きで書くことから始めればよいと思います。

　最終的には「プロファイリング」の欄に、タイトルをつなぐ形で「当社の横顔」を統合的に描きます。簡潔に表現することは、**当社の実像、エッセンスを究極まで絞り込む**目的があります。

　このプロファイリング方法の利点は、

① 過去〜現在〜未来という流れの中で、当社の経営環境や事業特性を捉えることができる

② タイトルを通じて、全体像を簡潔に捉えることができる

といった点にあります。

3. プロファイリング②　〜整理図の活用〜

2つ目に紹介するのが、SWOT分析的に整理した様式を活用するものです。【資料2-29】は、K.アンドルーズの「SWOTマトリックス」を活用した整理図で、「経営環境分析」「事業者特性分析」（外部・内部要因）を縦軸として、横軸に「強み・弱み」をおいて整理しています。このSWOTマトリックスの良い点は、1つのマスの中に「良い点・悪い点」が混在することなく、調査分析の内容を整理できることです。

ただし、あくまで「整理図」なので、最終的に「統合する」作業が必要であることは1番目の方法と変わりません。整理図は、個々の課題発見に役立つものです。そして「プロファイリング」欄で、整理したエッセンスを統合して、評価対象企業の実像を簡潔に描き出します。

なお、この整理図は「経営力」「営業力」「製品力」…「無形資産」など組織に備わる能力を数多く記載していることから「ケイパビリティ」「コア・コンピタンス」の抽出に役立つものです。一覧となった表を眺めることで、評価対象企業のケイパビリティが自然に浮かび上がってきます。したがって、統合作業であるプロファイリングの欄には、併せて「ケイパビリティ」について記載することを心掛けてほしいと思います。

【資料2-29】SWOT型の整理図

項目		強み（機会）	弱み（脅威）
経営環境	地域動向	●Uターン、Iターンの人材確保政策を推進	●人口減少基調、人材確保に難
	業界動向	●省力化投資、高品質化投資から需要が強い	●電気自動車への移行が速ければ、バリューチェーンの変革、不要部品の増大が見込まれる
	競合動向	●当社シェアは2割と業界2位。業界トップとは肉薄し、3位以下は大きく差がある	●業界5位のF社が新しい生産技術開発により大幅なコストダウンを実現、今後シェアを伸ばす可能性

事業者特性	非財務面	事業沿革	●事業承継完了、設備投資も概ね完了 ●難しい機械部品への対応を通じて精密加工技術と品質水準を体得	●度重なる投資により借入金・償却が高負担に
		経営理念・戦略	●「モノ作りを面白く」「挑戦、また挑戦」を社是とし、闊達で創造性の高いモノ作りを目指す	●特になし
		経営力	●会長は時代に応じた商品移行、大型の設備投資による生産基盤を築いた中興の祖。業界団体のトップを務め、一目置かれる人物	●承継した新社長は、会長と比べると経験不足。また、生産を中心にキャリア形成したため、財務面に疎い
		営業力	●全国に5支店、中国・タイに2支店で営業網を構築。全国に30の特約店網でネットワーク構築	●競争優位の商品開発で来たため、営業力は弱い面があり、現在提案営業のコンサルを受けている
		製品力	●機械部品、自動車部品とも業界トップに納品できる品質で、○○は当社だけが製作可能な部品	●自動車業界の将来を考えた場合に、自動車部門に代わる主力新製品の開発が急務
		開発力・生産力	●開発部隊は、院卒2名を軸に5名体制。最新機器を導入し、提案型製品を企画開発 ●生産拠点は、全国3か所。ISO9001、同14001を取得するなど品質管理等に優れる	●昭和50年に建設したF工場が全体に老朽化。増設増設できたため、レイアウト面にも課題あり ●新型機械の投資を続けたため、やや機械リッチで稼働率に問題あり
		組織力・人材力	●カンパニー体制で、製造・販社機能で7社。中核会社が全般統轄し、月2回の合同会議で連携確保 ●人材育成に熱心で、工場部門は定年後の嘱託社員を匠と称し、指導員として5名配置するなど技能承継を確実に実施。技能資格も100名が保有	●組織改編をして1年であるため、まだ機能の重複や人材交流がうまく行っていない ●新卒3年以下の退職率が5割となっており、育成体制やフォロー体制の強化が必要
		コンプラ・規制対応	●過去不祥事なし ●現在コンサルを入れ、コンプラ体制構築中	●特になし
		IT化・IoT化	●生産管理システムを独自に開発、営業管理システムとの連携を目指したプロジェクトを展開中	●独自システムを導入しているため、システムコストが相当膨らんでいる
		無形資産	●特許25件保有、商品化も10件あり ●全員「さん」付けの呼称で、役職では呼ばないフラットな組織風土を構築	●海外での特許取得が未了のため、海外向けの知財管理が課題
事業者特性	財務面	成長性	●新製品売上比率が年々上昇、3割強	●売上高はここ数年80億円内外で横這い推移
		収益性	●工場の原価管理強化により、粗利益率が20%台に回復	●ROAが1%台で改善が必要
		安全性	●固定長期適合率が105%と安定	●自己資本比率は逓増しているものの、なお15%程度に留まる
		効率性	●売上債権回転日数を毎年逓減、業界並みに改善	●総資本回転率が業界水準を2割程度下回る ●労働生産性が業界をやや下回る

プロファイリング（ケイパビリティ）
優れた開発力・生産力を武器に国内外に広く営業基盤をもつ金属部品メーカー。フラットかつ挑戦心に溢れた社風が浸透しており、創造力の高い加工技術を有する。近年横這いとなった業績を成長軌道に戻すため、組織改編や財務改革を断行、新社長のもとで新製品開発に臨む。 （ケイパビリティ） ●挑戦を重視する企業風土を基礎に、顧客からの難易度の高いオーダーを繰り返し対応することで生まれた独自の問題解決力と技術・手法を創造し実現する能力。 ●技術重視の価値観を有し、現場の技能承継や独自の製品開発力、生産管理のシステム開発力などに結実している。

4. プロファイリング③　〜ここまで来た源、これからの種〜

　3つ目のプロファイリング方法は、現在を起点に「ここまで会社を築き上げた経営資源」と「未来を作る種（シーズ）」という分け方で、プロファイリングする方法です。事業性評価の目的は、「会社のいまを正確に捉え、長所を伸ばし、短所を改善し、より良い未来を創造する基礎とする」ことにあります。その目的を直接的に表現してみるという発想に立った手法です。

　具体的には、過去〜現在で作り上げた「会社の経営資源」と、未来に向かってより良い会社を作るために「やるべきこと（未来を作る種）」という2つの形でまとめます。

経営資源 （ケイパビリティ）	●モノ作りを面白く、挑戦また挑戦を社是とする社風とグループ総合力 ●新製品の開発体制（人・機器）を含む開発力 ●大手メーカーに鍛えあげられた精密加工、品質管理などの生産力 ●独自に築いたITシステム、特許に代表される知財管理 ●手堅い損益構造。財務改善点を理解し、改善に進む財務戦略
未来に向けて やるべきこと	●市場ニーズに適合する新商品、とりわけスター商品の開発 ● ROAに代表される収益性と効率性のバランス改善

　このプロファイリング手法の利点は、

① 過去から現在を振り返ることで「経営資源」を明確にできる

② 未来指向の事業性評価の発想を「未来に向けてやるべきこと」として具現化できる

という2点です。箇条書きで「ブツ切り」感は残りますが、経営資源をひとつひとつ明確にする過程で、各項目で行ってきた調査分析結果を統合することができます。

5. プロファイリング④ 〜財務分析をベースに〜

4つ目の手法は「財務分析」をベースにした手法で、従来「財務分析」中心の"金融機関の文化"と親和性がある方法です。

財務諸表は「過去の結果」です。貸借対照表には、会社が創業してからの活動の結果が、資産という形で表されています。損益計算書は1年間の期間損益ではありますが、損益構造そのものは長年の企業活動のなかで形成されてきたものです。こうした点に着眼して、**財務分析を表舞台にして経営環境分析や非財務分析を「評価に連動」させて行うプロファイリング手法**です。

（単位、％・百万円・月・倍）

項目	財務指標	実績			評価
		前々期	前期	今期	
収益性	総資産経常利益率（ROA）	1.1%	1.1%	1.0%	最新鋭工場や開発整備は業界でもトップクラスだが、財務的には資産効率を落としており、投資回収についても重い状況となっている。利幅の確保できる新製品比率を高めてきた結果、本業の収益性は高まっている状況
	使用総資本利益率（ROI）	1.7%	1.7%	1.5%	
	売上高営業利益率	7.2%	7.5%	7.7%	
効率性	労働生産性	5.2	5.3	5.4	労働生産性は徐々に改善しているものの水準は並み。資産規模が大きく、売上が横ばい基調であるため、資産の効率性は悪い。営業面では財務を意識した動きが見られないことから、売上債権回転率も横ばい推移
	総資本回転率	1.0	1.1	1.0	
	売上債権回転率	3.2	3.1	3.3	
安全性	自己資本比率	14.8%	14.9%	15.1%	自己資本比率は業界水準を下回る。一方、借入の期間バランスを確保しているため固定長期適合率は安定的。ICRは合格ラインすれすれであり、借入圧縮などの方策も検討したいところ
	固定長期適合率	111.0%	114.0%	118.0%	
	ICR（インタレストカバレッジレシオ）	9.8	10.1	11.0	
成長性	売上高成長率	99.8%	100.2%	100.3%	売上は横這い推移。構成的には新製品比率が高まっているものの、既往製品の低下もあり全体では横ばい。収益性もやや低く推移
	経常利益増加率	1.1%	0.9%	1.2%	

　この手法の欠点としては「財務サイド」を起点とするため、財務の内容を説明する形になることです。「財務主体の評価」と見られる可能性があります。ただし、**経営環境分析・非財務分析の要素を意識的に入れることで欠点を補うことができれば、「数字による見えやすさ」「説得性」がある**ことが利点です。

---

6. プロファイリング⑤　〜バリュエーション〜

　手法の5つ目は「バリュエーション」の考え方を応用して、プロファイリングする手法です。

　近年中小企業においても M&A が活発化しており、企業価値評価の考え方も少しずつ浸透しています。こうした環境変化のなかで、**「将来収益」「市場取引」「資産価値」といったアプローチから企業を評価する**ことによって、**新たな「気づき」を生む契機となる**ことを企図しています。

　この手法に関しては、株価の算出などシステム化した方が効率的な要素があるので、本部でシステム対応を行い、**プロファイリングの「参考事項」として取扱う方法**もあるでしょう。ここまで説明した4つの方法とは異なり、ややドライな感じを受けるかもしれませんが、ドライな分だけ逆に一種の説得力があるかもしれません。

相続税評価株価	35,500 円	発行済株式数	50,000 株	株式時価総額	1,775 百万円

エンタープライズバリュー（時価総額＋有利子負債）	2,600 百万円
割引キャッシュフローモデルによる企業価値	950 百万円
資産取得コストによる企業価値	2,100 百万円
マーケットベース（マルチプル法）の企業価値	1,100 百万円

経営戦略	● ROA 5%、自己資本比率20%を5年以内に達成する経営計画の下、グループのシナジーを利かせて、新製品開発への強化、有利子負債の圧縮、資産効率性の強化を施策としている。
業界構造 （ポジショニング）	● 独自の精密加工と品質管理を武器に、部品業者として大手の位置を確保。一方、完成品メーカーからのコスト要求も厳しく、製品自体の海外メーカー追い上げも厳しく市場は流動的。
事業構造 （ポートフォリオ）	● 精密工作機械向け部品、自動車向けエンジン部品が2大主力商品。シェア安定しているものの、成熟商品であり、新製品開発や売上における新製品構成を高めている。 ● 工作機械中心に最新鋭機器に投資を行ってきたが、近年は開発部門への投資を強化。
業務構造 （サプライチェーン）	● 品質管理部門を中心に、徹底したTQC運動を実施。生産技術部門では、TCRによるコスト管理強化を図り、効率性とコストの両面を強化している。
財務構造 （ファンダメンタル）	● ROA 1%に象徴される、収益性と効率性の向上が課題。また、借入負担が重く、自己資本比率が低いため、有利子負債圧縮に向けた施策を検討中。
無形資産	● モノ作りを面白く、挑戦また挑戦、といった挑戦的気風。フラットな組織で活性度高い。 ● 特許件数も多く、開発資源も注力している開発力。 ● 独自のシステムによる生産管理体制、精密加工技術やスキル保有人材の多さ。
プロファイリング	● 株価時価総額は、950～2,600百万円。 ● 業界構造が流動的であることから、今後のポジショニングをどう設定するかが課題。 ● ポートフォリオ改善に向けた動きは始まっており、製品開発に係る後方支援が必要。 ● 業務改善は継続的に行っており、それが当社の強みとなっていることから、特に問題はないが、外部の眼を通した着眼点も必要な時期に来ている。

7. プロファイリングのコツ

最後に、プロファイリングのコツを伝授します。

事業性評価の「壁」は、何段階かに分かれています。**第一の関門は「お客様との関係構築」、第二の関門は「事業性評価の個別調査と分析」＝良い材料を集めて分析すること、そして第三の関門が「各項目の分析結果から含意（インプリケーション）を得る」**ことです。

どの段階も、それぞれ難しい壁ですが、特に「第三関門の壁」が高いように見えます。優秀な営業担当者でも、良い材料を集めてくるまではできるのですが、そこから論理的な帰結、何が言えるかを簡潔にまとめることが意外

とできないのです。事業性評価でいえば、各項目の調査・分析をまとめ、個々の設欄に記載することはできていても、最後の「まとめ（プロファイリング）」が不十分である印象をもっています。

　それでは、最後のまとめ（プロファイリング）をどうすればよいのでしょうか。以下の４つを意識して行うことで、ワンランク上の描写や含意の抽出を行うことができます。

＊＊＊プロファイリングのコツ＊＊＊

① 事業性評価を「何のためにやっているか」、「読者は誰なのか」を忘れない
② 究極まで「簡潔性」を求めていったときに、どうしても「削れない言葉」を意識する
③ 「これなしには当社を語れない」という、歴史や経営資源を意識する
④ より良い未来を作るために「変えてはいけない要素」「変えなければいけない要素」を意識する

① 事業性評価の「目的」「読者」

- 事業性評価は、より良き未来を作るために、中小企業と金融機関が「企業のありのままの姿」を共有し、課題の発見や改善の方向性を見出すことに目的があります。かつ、主役は「中小企業」であり、評価に対する「金融機関内部」の合意を必要とすることから、読者は中小企業と金融機関内部の２者になります。
- 読者を特定して評価書を作成することで、表現方法に工夫が生まれます。特に、中小企業の経営者に読んでもらうには、専門用語を極力排して、簡潔な表現を心掛ける必要があります。こうした姿勢が、わかりやすいエッセンスを表現する力になります。

② 簡潔性追求のなかで削れない言葉

- 「まとめる」ためには「簡潔さ」が不可欠です。どんなに素晴らしい内容であっても、中小企業の理解や共感を得られない論文であっては意味がないでしょう。読者が中小企業者である以上、「**わかりやすさ**」と「**簡潔さ**」が必要条件になります。
- 簡潔にする方法は、言葉を削ることです。その作業の中で、「**これを削っ**

ては、当社を表現できないキーワード」が必ずあるはずです。多方面か
ら収集した情報、論理を尽くした分析のなかで、削れない言葉、キーワー
ドを抽出することで「まとめ」のヒントがみえるはずです。

③ これなしには語れない歴史・資源
　・「企業が歩んできた歴史」や「作り上げた経営資源」にフォーカスし、「企
　　業にとって必要不可欠な歴史・経営資源」を探す方法もあります。「こ
　　れなしには、この企業は語れない」という言葉・フレーズを探す方法で
　　す。「企業の歩んできた道、成し遂げた基盤」という観点でストーリー
　　を追っていきます。
　・利点は、プロファイリングをストーリーとして語ることで流れが見える
　　化できることです。横顔を描くとき、その人の歴史や人生の影が顔に現
　　れるものです。企業の横顔を描く場合も同じです。

④ 変えてはいけないこと、変えなければいけないこと
　・事業性評価が「未来指向」であることは繰り返し説明しました。未来指
　　向である以上は、興味の対象は「未来」にあります。より良い未来を作
　　るために、何をすれば良いかを示す「羅針盤の役割」が事業性評価には
　　あります。
　・そこで、羅針盤という役割を意識して、未来に向かって「変えてはいけ
　　ない」「変えなければいけない」という視点からキーワードを探す手法
　　です。この2つを強く意識することで、単に「強み・弱みを見つける」
　　という発想に留まることなく、「経営的視野で見る」ことができるので
　　す。変えてはいけないことは「企業にとっての良き資源」であり、変え
　　なければいけないことは「成長への転換となる隘路の破壊」です。こう
　　した視点で企業をみる習慣がつけば、評価者である営業担当者の成長も
　　約束されるはずです。

第**22**章

簡易版事業性評価と様式

ここまで、非財務分析の手法を中心に、事業性評価に関する調査ポイントや分析方法について説明しました。これらを習得できれば「本格的な事業性評価」が作成できるはずです。

一方で、本格的な事業性評価を作成するためには、多くの労力と時間を必要とします。年間に作成できる本数も5～6本程度が限界かもしれません。しかし、融資先である中小企業は数多く存在します。また、本格的な事業性評価に馴染まない小規模企業もあるでしょう。

事業性評価に取り組む者に共通する課題は「事業性評価の対象先を増やす」ことです。それは、中小企業者にとっても大きな利益です。そこで、できる限り多くの中小企業者に事業性評価を適用する方法を考えなければなりません。

結論から言えば、**事業性評価の精神やスキルは維持しつつ、作業の効率性に重きを置いた「簡易版事業性評価」**を活用することです。具体的には、本格的事業性評価を実施する取引先と、簡易版事業性評価を実施する取引先を、一定の基準で分類します。簡易版の適用先は「本格的事業性評価を適用する取引先以外のすべての取引先」として、計画的に実施すればよいでしょう。

簡易版事業性評価も立派な評価です。大事なことは「事業性評価」の精神や目的を忘れることなく、中小企業に寄り添うことです。どんなに素晴らしい事業性評価でも、適用される取引先の割合が低ければ、宝の持ち腐れです。

「簡易版事業性評価」の様式を2つ掲載しますので参考にしてください。

【資料 2-30】 簡易版事業性評価①

取引先名			業種	
売上高		資本金		従業員数

1. 経営環境分析

①市場（エリア・規模・人口動向・地域の活力）	
②業界動向（トレンド・規模・商品・技術・リーダー）	
③業界特色（規制・差別化要因・課題）	

2. ビジネスモデル・商流

ビジネスモデル	
基本的な商流	

3. 非財務分析

項目	コメント欄
①事業の沿革	
②経営理念・経営計画	
③経営者（経営力）	
④営業基盤・営業力	
⑤商品力・製品力	
⑥開発力・生産力	
⑦組織構造・人材の質	
⑧内部管理（人事・会計）	
⑨コンプライアンス体制	
⑩IT化・IoTへの対応	
⑪無形資産（知的資産）	
⑫現場実査	

4. 財務分析

（単位、％・百万円・月・倍）

項目	財務指標	実績			財務分析コメント欄
		前々期	前期	今期	
収益性	総資産経常利益率	1.1%	1.1%	1.0%	
	売上高営業利益率	7.2%	7.5%	7.7%	
効率性	労働生産性	5.2	5.3	5.4	
	総資本回転率	1.0	1.1	1.0	
	売上債権回転率	3.2	3.1	3.3	
安全性	自己資本比率	14.8%	14.9%	15.1%	
	固定長期適合率	111.0%	114.0%	118.0%	
成長性	売上高成長率	99.8%	100.2%	100.3%	
	経常利益増加率	1.1%	0.9%	1.2%	
総合評価点					

5. 総評

築きあげた経営資源	
未来に向けてやるべきこと	
対話結果	

【資料2-31】 簡易版事業性評価②

1. 財務分析

(単位、%・百万円・月・倍)

項目	財務指標	実績			財務分析コメント欄
		前々期	前期	今期	
収益性	総資産経常利益率	1.1%	1.1%	1.0%	
	売上高営業利益率	7.2%	7.5%	7.7%	
効率性	労働生産性	5.2	5.3	5.4	
	総資本回転率	1.0	1.1	1.0	
	売上債権回転率	3.2	3.1	3.3	
安全性	自己資本比率	14.8%	14.9%	15.1%	
	固定長期適合率	111.0%	114.0%	118.0%	
成長性	売上高成長率	99.8%	100.2%	100.3%	
	経常利益増加率	1.1%	0.9%	1.2%	

2. 経営環境分析

①市場（エリア・規模・人口動向・地域の活力）	
②業界動向（トレンド・規模・商品・技術・リーダー）	
③業界特色（規制・差別化要因・課題）	

3. ビジネスモデル・商流

ビジネスモデル	
基本的な商流	

4. 非財務分析

項目	コメント欄
①事業の沿革	
②経営理念・経営計画	
③経営者（経営力）	
④営業基盤・営業力	
⑤商品力・製品力	
⑥開発力・生産力	
⑦組織構造・人材の質	
⑧内部管理（人事・会計）	
⑨コンプライアンス体制	
⑩IT化・IoTへの対応	
⑪無形資産（知的資産）	
⑫現場実査	

5. 総評（プロファイリング）

経営資源	
未来に向けてやるべきこと	

第23章

事業性評価と融資

　事業性評価が始まってから10年近くの時が流れました。その年月のなかで「融資の在り方」は変わったのでしょうか。あるいは、事業性評価は金融機関を「財務データや担保・保証に必要以上に依存することのない」融資姿勢に変えたのでしょうか。

　それに関しては、緩やかな変化が生まれていると感じます。経営者保証ガイドラインの影響も大きいとはいえ、経営者保証を徴求しない融資も増加しています。また、一部の金融機関においては積極的に事業性評価を推進し、景気循環に左右されない軸をもった融資姿勢を体現しています。

　しかし、その変化はあくまで「緩やか」なもので、依然として担保や保証に依拠した融資の在り方が主流になっているのではないでしょうか。本章では、第2部の締めとして事業性評価が融資姿勢を変えたのか、また、事業性評価を活かす融資を行うためにはどうすればよいのかについて考察します。

1. 事業性評価は融資を変えるか

　「事業性評価」と「担保・保証依存の融資姿勢」の間には、明確な因果関係はありません。極端なことを言えば「事業性評価を実施したからといって、担保・保証依存の姿勢が変わらない可能性もある」のです。なぜなら「金融機関が過度に担保や保証に依存する融資姿勢」に陥った背景には、厳しい経営環境の中で何としても業績を確保しなければならない経営の苦悩にあったと考えるからです。本来、時代の趨勢や経営環境の変化をみたときに、「課題解決型営業」へのビジネスモデルの転換が急務でした。しかし、金融機関には一定の蓄積や貸出という大きな収益源があり、かつ、横並び意識の中で「先頭を切って冒険する者」が登場する機運は生まれなかったということでしょう。

　一方で、何が何でも「担保や保証に依存しない」という考え方も偏ってい

ます。中小企業は、大企業に比較すれば、経営基盤が脆弱で業績のボラティリティが高いことは否定できません。したがって、中小企業にとって優先すべきは「調達の安定性」です。業績が良いときでも悪いときでも、資金を安定的に供給してもらうためには、経営資源を有効に活用する必要があります。営業債権や棚卸資産など商流に着眼した"ABL"も、ある意味「資産を有効活用した融資」です。したがって、保有する土地・建物や有価証券を担保提供して「安定調達」に役立てることは、財務戦略として何ら問題ないはずです。

**　問題は、「中小企業と軋轢を生じるような担保・保証のとり方」や、「担保や保証以外の企業の評価ポイントに着眼しない姿勢」です。こうした点を反省し、改善すれば良いのです。**

　それでは「事業性評価」は、全ての問題を解決する万能薬になるのでしょうか。結論からいえば、「事業性評価の活かし方次第」です。「金融庁が指導しているから」「ディスクロージャー誌で開示しているから」といった体裁を取り繕うような考え方では、事業性評価を導入したからといって、すぐに「担保・保証に過度に依存」するスタイルは変わらないでしょう。しかし、明るい未来も見えています。ビジネスモデルの転換を決意し、真剣に事業性評価に取り組みはじめた金融機関もあります。横並び意識が強い業界ですから、事業性評価の成功事例が増えることで、加速度的に「事業性評価に基づく課題解決型営業」が浸透する可能性もあります。

　営業担当者にとって必要な姿勢は、**「中小企業にとって最適な調達のあり方」を助言し、自らもその実現に協力する**ことです。仮に、取引行のいずれかが過度に担保・保証に依存することで、資金調達の有効性・効率性が阻害されていたとすれば、担保・保証の活用方法を吟味し、必要に応じて「てこの原理」が働くような活用方法を提案することです。

　そして、事業性評価を起点に「担保・保証に過度に依拠しない貸出」の可能性を探ることです。**事業性評価のキーワードに「共有」と「対話」**があります。話し合いを通じて、納得づくで「理想の姿」を求めていくのです。無担保融資がベストではない。業績悪化時に耐えられないような無担保融資であれば、企業には重荷になるでしょう。大事なことは、企業にとって「安定性と効率性を両立できるような資金調達の在り方」を様々な角度から検討し、お互いが納得して実行することです。その契機となるツールが事業性評価です。

事業性評価が融資を変えるのではありません。事業性評価を活かし、より良い未来を創ろうとする金融機関の姿勢と、企業との対話が従来の融資の在り方を変えるのです。

コラム㉒　リスクを楽しむ ••••••••••••••••••••••••••••••••••••

　アマデオ・ジアニーニという人をご存知でしょうか。

　イタリア系移民の子として生まれ、労働者階級の銀行を作るために奔走し、米国有数のバンクオブアメリカの基礎を作った人物です（正確にはバンクオブイタリーを創業し、業容が拡大する中でバンカメを合併したようです）。

　彼の最大の転機は、1906 年のサンフランシスコ大地震だったと言われています。この惨劇の 6 日後に、彼は「以前以上に貸します」という看板を掲げて、まだ銀行がどこも再開できていない中、融資を始めます。こうしたリスクテイクに対して、顧客の信頼が飛躍的に高まり、他行から多くの預金が流入したとのことです。「大雨の日に傘を貸した」事例です。

　筆者も東日本大震災の発生直後に仙台支店長として赴任し、津波で大きな被害を受けた被災地の復興に汗を流した経験があります。危機的な状況で金融機関がリスクをとることの難しさ、一方でお客様の期待に応えたとき "信頼が倍増する" ことを身に染みて経験しています。

　ジアニーニのリスクテイクはこれに留まりませんでした。彼は「社会的意義がある」と自ら判断した事業に対しては、リスクを厭うことなく多くのプロジェクトに資金提供しました。ディズニーなどの映画事業、大恐慌時のゴールデンブリッジ建設、企業の新製品開発資金など多くのリスクテイクを行ったのです。

　いまの金融界は、ジアニーニの眼にどう映っているのでしょうか。リスクテイクを嫌い、担保・保証を好み、企業の欠点を探すような仕事になってはいないでしょうか。昔の金融の現場には多くの「武勇伝」がありました。そして、武勇伝で救われた企業が圧倒的なファンとなって、その銀行の基盤を形成しています。規制ばかりの現代に「武勇伝」は難しいかもしれません。しかし、お客様の欠点や足らざるを見るだけでなく、良い点や成長可能性を見ることでリスクを取ることができないでしょうか。

　誤解を恐れずに言えば、金融の現場が面白くなくなったのは、「リスクを取らなくなってから」だと考えています。もちろん金融は、投機でも賭けでもあ

りません。融資先からきちんと返済を受けることを前提とした融資です。

　だからこそ「この企業と歩みを共にしたい、この社長を信頼してみたい」という気持ちが自然に湧き出るような深い事業性評価に取り組んでほしいのです。そして、自らの評価を信じ、「健全なリスクテイク」を楽しんでもらいたいのです。営業の現場に健全なリスクテイクの土壌が育ったとき、どれだけやりがいのある、楽しい職場になることでしょう。リスクテイクの基礎となるべく、事業性評価が浸透することを願ってやみません。

2.　事業性評価を活かす融資とは

　事業性評価を活かす融資の在り方については、以下のパターンで検討することが期待されます。

----

① 融資を増額・維持・減額
② 信用補完（担保・保証）の増額・維持・減額
③ 適用金利の変更

　第一が融資額の「増減」です。言い換えれば「信用供与を見直す」材料とすることです。

　プラス面でいえば、従来以上に「経営環境分析」「非財務分析」に力を入れることで、「新たなプラス情報」を得ることができて、それを「融資増額」という形で反映することです。あるいは、事業性評価の結果、「明るい将来像」が期待されることから「減額すべきところ、融資額を維持した」ということもあるかもしれません。

　逆に「評価が低下」する場合も想定されます。その場合は「即減額」とするか、別の方法を考えるかは金融機関次第です。事業性評価の趣旨に鑑みれば、経営改善に寄り添うことになります。当社が経営改善できるだけの経営資源を持つのであれば、自らが経営改善のサポートをしつつ「融資額は維持・増額」するという方法もあるでしょう。もし単純に減額する方向に動くのであれば、事業性評価の意味は薄れ、中小企業からも「従来と変わらない」との評価になる可能性があります。融資ができない場合でも丁寧に理由を説明し、経営者の立場に立った「これから」を話し合うべきだと思います。ま

さに「対話」起点の「本業支援」です。

　担保や保証などの「信用補完」も融資と同様の考え方になるでしょう。ただし、「評価が上昇したから担保不要」といった単純なものではなく、当社の財務戦略にとってベストな方法を話し合えば良いと思います。大事なことは「結果」だけでなく、「問題を話し合う」「意見を表明し合う」ことです。中小企業にとっては、事業性評価に基づいて「金融機関から説明を受け、対話をもつ」こと自体に意味があり、信用補完に関しても「取った、取られた」といった勝ち負け議論ではなく、財務戦略のなかで話し合うことが大切です。

　最後が「金利」です。金利については「市場原理」が働くことは当然ですが、事業性評価に基づく当社の財務戦略に対して、より適切な方法を提案することで「Win-Winの関係」を作ることが大事だと思います。安売り競争から一歩脱して、財務戦略との整合性、当社の将来像へのサポートなどを総合的に評価してもらえるような金利体系を作りたいものです。加えて、ミドルリスクゾーンに対して「リスク負担を正当に評価してもらう」ことで、適切なリターンを確保する一助とすることも事業性評価を活かすことになるでしょう。

（コラム㉓）**審査が厳しいことは受け入れる、しかし疑問があれば論戦する** ・・・

　営業担当者であれば「審査部」は何となく煙たい存在でしょう。調査不足を厳しく指摘され、融資を行うための条件をあれこれ付けられるといった経験は誰しもが持つことです。「審査部は何でわかってくれないのかな」「厳しいだけなら誰でもできるよ」、こんな不平が居酒屋のツマミになることも少なくないでしょう。

　しかし、審査部は厳しいくらいが良いのかもしれません。審査部は「信用リスクの最後の砦」です。われわれ営業の担当も、満点の稟議を上げている訳でもないでしょう。オフサイトとはいえ、客観的に企業や案件を検証することは、組織として欠かせない機能だと思います。

　ただ、往々にして「承認権限」という権力が、人や組織を誤らせることがあります。承認は通常"上位者"に与えられた力です。力を持つ者は、自らを厳しく律しないと、いつの間にか権力を履き違え、「現場を下に見た運用」を行う場合があるのです。

　それでは「営業の現場」は、審査部とどう向き合えばよいのでしょうか。

ひとつは「審査が厳格に行われる」ことを受け入れることです。信用リスクの最後の砦として、様々な角度からモノを見ている、現場の足らずを埋めている、という理解をすることです。

　一方、審査部は絶対の存在ではありません。前述の通り、履き違えた運用をすることもないとはいえません。あくまで「金融機関のルールに則って、審査機能を担っている」のであって、支店の上司ではありません。加えて、あくまでペーパーベースの検証が中心です。現場を見ているわけでもないし、社長に会っている訳でもありません。

　したがって、審査部の運用や考え方に疑問があれば堂々と議論をすることです。現場の強みは現場を知っていることです。企業と向き合っていることです。その特性を活かして、自分たちの考え方、現場の実情を説明します。審査部に文句を言うと心証を悪くして案件に響くから止めた方が良いという人もいますが、一方的に自部の意見を押し通し、議論を拒む現実があるのであれば、「店の意見や対話を尊重しない、誤った姿勢」に他なりません。それでは、健全な本支店の審査体制を構築することはできないのです。

　新しいステージに入った今、審査部も変わらなくてはなりません。現場も変わらなくてはなりません。お互いが正々堂々と意見を交わし、企業の真実の姿を明らかにすることで、より付加価値の高い支援ができるような審査体制を構築することが大切です。

第3部

課題解決型営業と本業支援

　事業性評価を一定のクオリティで作成できれば、課題解決型営業の基礎は8割方完成といっていいでしょう。課題解決型営業の起点は「事業性評価」にあるからです。

　課題解決型営業で大事なことは、「課題の発見」と「解決策の提示」です。一見当たり前のことですが、**他行と差別化できるレベルで課題解決型営業を行うことは簡単ではありません。**しかし、課題解決型営業の成功のカギは「他行と差別化できるレベルで行う」ことにあります。

　もうひとつ忘れてはいけないことがあります。それは、**課題解決型営業は「チーム戦」**ということです。他行と差別化できるだけの品質を実現するためには、営業担当者個人の資質だけでなく、営業のライン全員、本支店の総力を結集する必要があります。事業性評価に基づく課題解決型営業を成功させるために、営業ラインが「課題の発見」や「解決策の作成と提案」をどう行えばよいか、現場の運用をどう行えばよいかについて説明します。

第1章

課題解決型営業は、
いままでの営業と何が違うのか

いままで営業の主役は「融資」でした。「金融仲介機能」という名のもとに、預金者と中小企業を仲介する融資業務が、長く主役の座にあったのです。当然、営業の仕事は、より多くの良質な「融資」を積み重ねることにありました。

融資が主役になった背景には、**中小企業経営にとって「資金調達」が最優先課題だった**ことがあります。金融市場が整っていなかった時代は、大企業のように直接金融で資金調達することもできず、中小企業は金融機関を介した「融資」を資金調達のメインツールとして利用してきた歴史があります。高度成長期には、資金さえ調達できれば売上や利益をあげることができましたが、信用や担保が十分でない中小企業は簡単に資金調達ができなかったのです。

しかし、中小企業を取り巻く環境は大きく変わりました。国内の人口減少や生産体制の国際化を背景に、中小企業の数は毎年逓減しており、特にローカル経済圏では新陳代謝も不十分で、減少の一途を辿っています。また、財務体質の改善が進み、情報化社会の到来とも相俟って、金融機関から手取り足取り指導してもらう必要がある企業も減りました。資金調達環境の好転と、財務改善に伴う借入金の減少は、激しい融資競争を生むことになります。このようななかで適用金利も低下し、金融機関は「質・量」ともに融資だけで収益を確保することが難しくなっています。

こうした変化が金融機関の行動変革を促しています。**生き残りのためには「融資」だけに拘泥するのではなく、広く中小企業の経営課題の解決に取り組む必要があるのです。**それこそが「本業支援」がクローズアップされた理由です。

それでは、「従来の営業」と「課題解決型営業」はどこが違うのでしょうか。

＊＊＊従来の営業との違い＊＊＊

- ●「まずは融資」という考え方、フレームワークからの脱却
- ●割当達成を最優先する、「自行ありき」の姿勢からの脱却
- ●中小企業の課題を「幅広い角度」から見る着眼点を持つ
- ●金融機関の「経営資源やネットワークを活用した幅広い解決策の提供」

　具体的には、上記4点が「違い」です。一見簡単な内容ですが、実際のシフトチェンジには相応の時間を要すると考えています。その理由は、前半の2つにあります。

　金融機関の営業担当者は、「まずは融資」「割当の達成」という思考回路に染められており、お客様第一主義といいながら「案件のネタ探し」に没頭する毎日を送っています。この思考回路を「お客様をより良い会社にしたい」という意識に変える必要があるのです。この意識が「きれいごと」だと受け止められているうちは、本質的な課題解決型営業は実現できないと思います。

　また、残り2つの「幅広い着眼点」と「資源やネットワークの活用」も簡単ではありません。**中小企業の経営全般に関する知識や経験を持ってこそ、気づきも生まれ、着眼点も拡がります。**解決策の作成・提案についても、本部への「つなぎ」「丸投げ」感覚では、お客様の信頼を得られるレベルになりません。

　こうした意味で、「コペルニクス的発想の転換」を図ることが、課題解決型営業転換への道です。「融資業務からの転換は容易ではない」「モデル移行までの収支が維持できるか心配だ」、そう考える金融機関の経営者の懸念は理解できます。しかし、勇気をもってモデルチェンジに取り組む以外には、苦難を乗り越える道はないと思います。経営者が半信半疑では、現場の行動原理が変わるはずもありません。同様に、営業担当者も幅広い経営知識を習得し、顧客第一のコンサルタント的なマインドで営業に取り組む必要があります。

第2章

課題を発見する手順

　第1部「基本となる7つのスキル」で、事業性評価や課題解決型営業に必要なスキルの習得方法について説明しましたが、あらためて課題解決型営業に必要な「課題発見」のスキルや手順について説明します。

1. 課題を発見するための第一歩

　課題とは「やるべきこと」です。実現したいことがあって、現状との乖離がある場合に、その乖離を埋めることが「やるべきこと」です。したがって、「やるべきこと」は、「やりたいこと」「実現したいこと」なしには、特定することができません。かつ、やりたいことや実現したいことは人によって違います。**「課題を発見」するためには、行動主体の「やりたいこと」「実現したいこと」を明確にする必要があります。**事業性評価の主役は「中小企業」ですので、**まずは「経営者のやりたいこと」を明確にすることが、課題発見のスタートになります。**この「やりたいこと」を、経営戦略と呼び、現実とそのギャップを埋める方策を「戦術」といいます。

　それでは「経営者のやりたいこと」を明確にするためには、どうすればよいのでしょうか。

　事業性評価の第6章「経営理念（戦略・計画）」で、**非財務分析の最重要分野として「経営理念」「経営戦略」「経営計画」を紹介しました。**この調査が確実にできた人は、経営者の「やりたいこと・実現したいこと」を明確に把握できているはずです。明確になっていない場合は、上記を参考にして、経営者と対話することが必要です。

　それでは、明確になった経営目標と現在の状況を比較して、その乖離を「目標達成のためにやるべきこと（＝課題）」と捉えてよいのでしょうか。結論からいえば"OK"です。経営計画や経営目標こそが経営者の実現したい未来の姿であり、現状との乖離が「課題」ですので、両者を特定することで課

題発見ができるのです。

　ただし、より高いレベルを目指す営業担当者には、まだやるべきことがあります。それは「金融機関の眼」「未来を共有する眼」をもって、「当社の未来像」を考えることです。経営戦略や経営計画は経営者が考えるべきことですが、「当事者では気づかないこと」「経営者の限界から見えないこと」があるのです。極端な例では、自社の実力に比して過大な未来像を考えている場合もあります。経営者の願う未来を盲目的に良しとするのではなく、より広い視野から経営目標を評価・検証することがあって良いと思います。

　営業担当者であれば、業績不振で経営改善が必要な中小企業を担当した経験があるでしょう。経営改善計画を検討するなかで、意外と経営者が気づかないこと、気づいていながら前に進もうとしない姿を目にしたことがあるはずです。経営者も人間であり、経営能力も区々です。経営者が気づかない点、足りない点を補完することが、課題解決型営業における金融機関の役割でもあります。

　したがって、経営者の「やりたいこと・実現したいこと」を明確にするだけでなく、金融機関の経験豊富な眼を通じて、「気づかないこと」「将来を見据えてやるべきこと」を提言することが、課題解決型営業の醍醐味なのです。まさに「経営戦略の共創」が課題解決型営業に求められる窮極の姿です。

　以上を踏まえて、「課題を発見するための第一歩」をまとめると、

---

① 経営資料や経営者との対話を通じて、未来に向かって実現したいことを明確化する（経営戦略）
② 金融機関の眼から「この会社の成長・改善のため必要なこと」を検証する（共創）

の２つです。②については、営業担当者１人の知見に頼らず、営業の担当ラインや本部の知見を活かすことが大事です。

2. 課題発見の手順

　それでは、前項の「金融機関の眼」を通じて「気づかない課題」を発見するためには、どういった着眼点をもてばよいでしょうか。

　一言でいえば「対象企業を成長・改善させるための“根本的な問題点”を

考える」ことです。「臭い匂いは元から絶たなければダメ」という CM がありました。臭い原因に対して対処療法でやっても、根本的な改善にはつながりません。対処療法の効果が薄まると、また匂い出します。対処療法ではなく根本原因を解決することで、大きな成長や業績改善を行うことができるのです。

こうした根本原因を発見する適任者は、内部事情に通じた中小企業自身です。しかし、先程説明した通り、経営者が気づかなかったり、痛みを回避するために目を瞑ったり、ということが往々にして行われるのです。そこで、金融機関の登場です。ある意味「医者と患者の関係」に似ています。事業性評価は「健康診断書」でもあると説明しましたが、**患者である中小企業が気づかない根本原因を、医者である金融機関が診察することで「大きな課題発見」につながる場合が多いのです。**

それでは、具体的な課題発見の手順を説明します。

＊＊＊課題発見の手順＊＊＊

① 事業性評価の各分析を通じて、10 個程度の「問題点」「成長ポイント」を抽出する
② 抽出の視点は「これが改善されれば大きく前進」「この長所を伸ばすとさらに前進」の 2 点
③ 抽出した問題点等を、関係整理・優先順序付けをしながら「問題構造」を解き明かす
④ 問題構造の中核となる部分が「根本的な問題点」になる

この手順のなかで、**重要なことは「より多くの問題点や成長ポイント」を抽出する**ことです。特に、「欠点探し」には慣れていても「成長ポイント探し」には慣れていないので、両方の観点でバランスよく抽出することが大事です。そのなかで、**特に「これを改善または成長させると、テコの原理が働くように大きく変化する」項目を探すことを意識しましょう。**それが、関係整理・優先順序付けで、問題の構造を明確にできる方法です。

そして、もうひとつ重要なことが「広い視野」で見ることです。これは事業者特性分析を超えて、経営環境分析の領域まで検討することをさします。中小企業の場合は、特に経営環境の推移、見通しに対する認識に弱い面があります。**評価対象企業を取り巻く経営環境の将来変化を見通したときに、製**

品戦略やポジショニング戦略をどう描くか、広い視野で見ることによって、企業側では気づけなかった課題を発見することができるかもしれません。

　経営環境分析にあたっては、担当者１人では身に余る場合もあります。本部の産業調査セクションや審査セクションの協力を得るとか、業界団体の提言書、政府・研究機関の白書や協議会などの見方を参考にするといった、ネットワークの活用が「質」の差となってあらわれることに留意しましょう。

（コラム㉔）短期的な業績にこだわると浅薄な提案になる ・・・・・・・・・・・・・・・

　営業担当者ほど「成果が欲しい人」はいないでしょう。

　毎日のように、"営業成果の確認"や"今後の見通し"について問い詰められるような環境にいては、やむを得ないことです。しかし、少し立ち止まって考えてみませんか。それは「お客様の眼」についてです。お客様のニーズを横に置いて、「自分の成果」ばかりを意識した行動を取れば、お客様の失望は膨らむばかりでしょう。

　序章でお話ししたように、**金融機関の生き残りは「融資に拘らない、様々な付加価値を提供する」ことができるか否か**にかかっています。様々な付加価値を提供するためには、お客さんを広く深く知ることが必要です。そして、お客様の立場に立って、お客様の未来をより良いものに変える意思を持たなくてはなりません。

　こうした姿勢を貫くには長期的な視点が必要です。今月の割当達成のために営業ネタが欲しくても、より大きなお客様の利益のために、それを後回しにすることも出てくると思います。自分の短期的な業績を満足するために、お客様の大きな利益を無視することは一時凌ぎの浅薄な提案をすることに他ならないのです。

　こうしたパフォーマンスに慣れるには時間が必要かもしれません。しかし、短期的な業績に拘ることなく、じっくりとお客様と向き合うことで骨太な提案が可能となり、２ヶ月後３ヶ月後には大きな果実となって帰ってくるはずです。課題解決型営業においては、こうした「営業担当者の我慢、懐の広さ」が試されていることを忘れてはなりません。

第3章

情報から課題を発見する

本章では「日常情報から課題を得る」方法について説明します。

1. 聞き逃す人、聞き留める人

　事業性評価と対話に基づいて課題を発見することが基本ですが、営業活動は日々行われており、その接触のなかで様々な情報を入手することがあります。事業性評価を作成するタイミング以外にも情報を入手することは多いはずです。そこで、金融機関の**"アンテナ"である営業担当者の「情報収集能力」**がポイントになるのです。

　ところが、残念なことに**「情報感度には差がある」**のです。同じ研修やOJTを受けていても、営業担当者の情報感度に差を生じるのはなぜでしょうか。それは**「企業に対する関心度」**と**「経営に対する知識・理解度」**の2点に加えて、**「会話量の多寡」**の差だと思います。この3つの差が、情報感度の差となって**「情報収集量」**にまで差を生じてしまうのです。それでは、情報感度を高めるためにはどうすればよいでしょうか。

＊＊＊情報感度を高める方法＊＊＊

① **取引先企業をより深く、より広く、知りたいという気持ちで日々の渉外に臨む**
② **経営に関する基本的な知識、時節的なテーマを勉強する**
③ **量は質を作る。十分な「対話時間」を確保する**

① 取引先への関心を高める

　・取引先に関心が持てない、という人は営業に向いていません。本来「営業」の役割は、**お客様と金融機関の接点**となってお客様のニーズを汲み取り、最適の形で実現し、その満足を付加価値として対価を得ることに

あります。

- したがって、**常に顧客企業と対話を重ねながら、直接の要望を受け、提案によってニーズを掘り起すことが必要です。**そして、その手段はお客様との「対話」です。
- **豊かな対話を行うためには、「相手に関する関心」「相手に対する理解」が不可欠です。**顧客企業に常に関心を払い、より広く情報を収集し、**既に得た情報についてはさらに掘り下げる姿勢**が必要です。こうした努力なくして、情報感度を高めることはできません。冒頭「取引先に関心を持てない人は営業に向いていない」という厳しい表現を使った背景には、こういった理由があるのです。

② **経営に対する基本知識や時節的テーマを学ぶ**

- 例えば、サッカーのワールドカップを見る場合に、ルールがわからなければ心から楽しむことはできないと思います。逆に、ルールはもちろん、世界各国のリーグやチーム、さらには選手名や特徴まで知っていれば、楽しみ方は幾重にも増えるはずです。
- 経営の見方も同様です。**経営について、まったく知識がなければ理解のしようもなく、興味を持つことも対話を楽しむこともできないでしょう。**逆に、豊富な経営知識を持っていれば、多くの観点から話をすることができて、興味が興味を呼ぶ好循環を作ることができます。**勉強不足が情報感度を下げている面があるのです。**少なくとも１冊、経営に関する入門書を熟読して経営に対する理解を深めることを心がけましょう。
- 加えて、**経営には必ず時節に合ったテーマがあります。**最近では「労働生産性」や「働き方改革」「サスティナブル経営」「DX」といったテーマに多くの関心が寄せられています。不況になれば「売上向上策」「リストラ」といったテーマがクローズアップされます。経営者が、時々に関心を持つテーマについても、新聞・雑誌・単行本を活用して、しっかりと頭に入れる必要があります。

③ **対話の量を確保する**

- 多忙な営業は「要領よく、多くの取引先を訪問する」ことが課題です。しかし、立ち止まって考えるべきことは「１回の訪問・渉外で何を得るか」です。

・「量が質を作る」という言葉があります。意味するところは「質を上げるためには量を積み上げる必要がある」「たくさん作る中で良質のものができる」とする考え方です。対話についても、「短時間で良質な対話」を行う限界があるのではないでしょうか。効率重視を否定するわけではありませんが、やはり対話時間と質が比例する部分もあると思います。

・もちろん無駄話だけの長時間は意味がありません。**しっかりと準備をして、仮説をもって対話することで深みのある内容となり、価値のある情報を収集することができる**ので、徒に時間だけ取れば良いわけではありません。しっかりと事前準備をしたうえで、目的を持って対話をすれば多くの情報に触れることができると思います。

・**特に、社長などのキーマンとは十分な時間を確保しましょう。キーマンと言われる人は多忙ですので、時間を確保するためには「対話目的」をしっかり説明し、対話のための「事前準備」を怠らないことです。**

2. 記録とラインへの報告

　情報感度を高めた次のステップは、「対話記録」と「ラインへの報告」です。一見当たり前の話ですが、**大きな差がつくポイント**でもあります。前項のタイトルを借りるならば「記録する人、しない人」「ラインへの報告が上手い人、下手な人」といったところです。

　営業担当者は多忙であり、重要な情報を得ても記録しないまま忘れてしまうことがあります。次の取引先の約束時間が迫っていて、記録する間もなく、次の訪問先で新たな情報が入り、前の取引先の詳細部分が曖昧になるというパターンです。

　当然のことですが、「対話内容」は必ず記録することをお奨めします。その際、留意してほしいことは、**「簡潔なメモ」**と**「背景・ニュアンスを出す詳細なメモ」**と2種類を意識することです。「簡潔なメモ」は、帰店して日誌等に記載する場合に、そのメモを見れば要点を報告できる程度の記載で構いません。前述の通り、営業は「お客様」と「自行」の接点としての役割をもっていますので、**帰店した際にラインに「正確に報告」**することが必要です。せっかく情報を入手しても、曖昧で情報の復元ができないようなメモでは困ります。要点を簡潔に報告すればよいのです。

　一方、話の内容に関して自信が持てない場合や、経営者の発言の背景や

ニュアンスをしっかりと押さえる必要がある場合には、「会話記録的なメモ」をとることが大事です。日本語は解釈が難しいので「いいよ」といっても、肯定・否定の両面があります。あるいは、社長が唐突に何でこんなテーマで話を始めたのかしら？という場合もあります。そういった場合に、**趣旨やニュアンスを記録しておくことで、帰店後のラインへの報告が容易となり、再訪問して確認するといった手間を減らすことができる**のです。

　また、**帰店後のラインへの報告にも工夫が必要です**。報告には、口頭・ペーパー・電子閲覧といった様々な手段がありますが、その選択についても考える必要があります。「優秀な営業担当者」は上手に使い分けをしています。通常の場合は、訪問日誌といったペーパーで回覧することが多いと思います。しかし、この形式では「上司の読み漏れ」が起こる場合があります。**営業担当者が重要であると認識した場合には、まずは「口頭で概要を報告する」「記録を持って行って相談をする」といった主体的な行動を選択する必要が**あります。

　課題解決型営業においては、情報感度を高めるとともに、「正確な記録作り」と「適切な報告」がポイントになることが多いので、しっかりと対応してほしいものです。

第**4**章

営業ライン、それぞれの役割

次に、課題解決型営業における「営業店のライン（担当者〜支店長）」、それぞれの役割について説明します。

1. 課題発見はそれぞれの立場で行う

課題解決型営業は「チーム戦」だ、総力を結集することが大事だといいました。課題解決型営業で重要な「課題発見」についても、営業ライン各人の役割を発揮する必要があります。

従来の営業では、何をするにも「ボトムアップが基本」でした。ライン型の組織構造では、こうした流れが自然ではあります。しかし、課題発見について考える場合に「**アンテナの数が多く、多面的である方がベター**」です。担当者がメインのアンテナだとしても、営業ライン全員がアンテナの役割を果たせば情報量も拡大し、しかも多様な情報が入手できます。

事業性評価を起点とする課題解決型営業では、**より多面的なアプローチを行うことが課題発見に役立つ**のです。「支店長という立場だからこそ得られた情報」「支店長という経験や着眼点があるから発見できた課題」が必ずあるはずです。係長・課長といった現場の前線に立つ上司は、支店長や次長に較べてお客様と面談する機会や時間も多いはずです。「担当者の堀り起こし不足」「着眼点の狭さ」を補完するような対話や情報収集が、係長・課長にはできるはずです。このように、**ライン各人がそれぞれの立場を活かす形で情報収集や課題発見に努めることで、アプローチに深みが出ます**。

課題解決型営業で大事なことは「メニューの中からお選びください」ではありません。**誰よりもお客様に関心を持ち、誰よりも正確にお客様の長所短所を知って、目指したい方向性を共有するなかで課題を発見し、解決策を提案する**ことです。答えは企業の数だけあり、メニューから選ぶといった定型類型的な仕事ではありません。「担当者が力量不足だから機能しない」といっ

た愚痴を言う前に、**多面的なアプローチと総合力で"課題発見"ができるライン作り**をする必要があります。課題発見は、営業ラインの総力を結集して行うという意識を徹底しましょう。

コラム㉕ 志望理由はコンサルタントになりたい ･････････････････

　採用面接で志望動機を聞かれると、「融資を通じて中小企業のコンサルティングや助言をしたい」という回答が多く出るそうです。この話を現役の営業担当者に話すと、「実際に営業担当になってみると、なかなかコンサルティングの域には行けないですね」と恥ずかしそうに身を縮めます。経営コンサルタントとは言わないまでも、なんとか世のためになりたい、中小企業の支援をしたいと考えて金融機関に入った人は多いのではないでしょうか。

　ところが入社してみると多忙な業務に追われ、自分の割当をこなすのに精一杯だという営業担当者は多いと思います。そして、「口で言うほど簡単にコンサルティングなんてできない」と痛感するのではないでしょうか。

　その通りだと思います。人生経験豊富で、命懸けで事業に取り組んでいる経営者に「モノを教える」ということが、簡単なはずはありません。コンサルティング会社で頑張っている若手コンサルタントも多いと思いますが、会社が作り上げたコンサルノウハウや手法を活用し、ベテランのリーダーの下で役割の一部を担っているだけの場合も少なくありません。中小企業経営者の声を聞いても「自分たちの土俵で解決策を示されることが多く、土俵を下りてくるケースは少ない」といった話もあります。心から経営者を納得させるだけの解決策を提示するコンサルティングは簡単ではないという話です。

　しかし、**課題解決型営業において「営業担当者はコンサルタント」である**必要があります。そういう意味では、志望動機がようやく実現できる時代が来たということでしょうか。

　コンサルタントの仕事で大事なことは、現状を正確に把握し、問題点を探すことです。そして問題の真因を突き止め、適切な解決策を立てることが第二の仕事です。さらに、解決策の実施状況を定期的にモニタリングし、問題があれば修正し、最終的に問題点を解決していく、こうしたサイクルを廻していくことが第三の仕事になります。

　まさに課題解決型営業とは「経営コンサルタント」の仕事に他ならないのです。一般のコンサルティング企業と異なる点は、金融機関は様々な資源やネッ

トワークを持ち、「融資」「計画策定支援」「ビジネスマッチング」といった直接的な支援ができることで、そこが強みにもなるのです。

　したがって、課題解決型営業を志す営業担当者は、「経営コンサルタント」になれるだけの勉強や自己研鑽をつむことが不可欠です。勉強が嫌いな人は営業担当者になれません。逆に、多くの経営知識を学び、経験を積み重ねることで、クライアント企業にベストな解決策を提示することができるでしょう。それは創造性に溢れる楽しい仕事であり、現場のやりがいは一層高まると思います。入社当時の志望動機を実現するためにも、弛まぬ研鑽を積んでほしいと思います。

2. 上司の役割は「掘り起こし」と「掘り下げ」

　課題発見には、上司の役割が大きいことを認識する必要があります。従来は主に「融資案件」という「単種目」で営業活動をしていました。課題発見も「資金需要の発掘」に焦点を絞ることができました。既往の取引先であれば、資金繰りパターンもある程度頭に入っていたので、特別な設備需要だけをウォッチしておけば、ある程度の形を作ることができました。

　しかし、課題解決型営業では「複数種目」への対応が必要であり、ニーズは百社百様です。単種目であれば担当者にある程度任せることができましたが、**幅広い業務知識や経験を必要とする課題解決型営業にあっては、チームの総合力が不可欠です。**したがって、営業ラインの上司は、次の３点を強く意識してほしいと思います。

＊＊＊上司の役割＊＊＊

① 営業担当者の情報収集や課題発見を起点に、さらなる掘り起こしを行う
② 自らも取引先企業との接点を通じて、情報収集や課題発見に努める
③ 営業担当者の評価分析を、さらに掘り下げることで問題の真因や課題発見につなげる

　そして、上司が役割発揮をし、課題の掘り起こしや掘り下げを行うための着眼点は５つです。

> ① 「より広い視野」で、情報や問題点をみる
> ② 「問題の真因」や「成長のポイント」を追究的な視点でみる
> ③ 過去の経験に基づき、課題等の「漏れ」がないかを確認する
> ④ 「より長い時間軸」で、解決策や方向性を考える
> ⑤ 対処療法的な方法ではなく、「抜本的な問題解決」を指向する

① 広い視野でみる

- 広い視野とは、「1つの問題を多面的に見る」ことです。例えば「人手不足」という問題を「採用上の課題」としてのみ捉えるのではなく、「生産ラインの効率化」「省力化投資」の課題として捉えるとか、「少人数でのビジネスラインの再構築」といった課題として捉えるという多面性の問題です。

- 人手不足に関していうと、優秀な大卒外国人労働者の雇用が実際にはできたはずなのに、人事制度やキャリアパスの設計が不十分だったために、外国人労働者が安心できず採用に至らなかったという事例もあります。人手不足＝採用問題、といった一面的な見方ではなく、**多面的な視野から問題を捉えることが必要であり、上司の経験を活かす機会でもあ**ります。

② 問題の真因や成長ポイントを追究する

- 分析力で説明したように「Why? Why? 方式」を繰り返すことが大切です。例えば、「不良品比率が高い」という生産領域の問題を発見した場合に、「工員の技量が低い」「品質管理が甘い」といった1次的な答えで止まらないことです。例えば、「設計の仕様が悪く、製造が難しいので不良品が出てしまう」という別の見方があるのです。コンピュータのソフト開発でも、そもそもの業務設計が悪いとか、プログラムが簡潔でない、といった理由でバグが多発することもあります。

- 担当者が1次的な答えで満足してしまう場合があるので、上司が「何で不良品比率が高いのか」という問題について「Why?」を繰り返すことで、問題を掘り下げる必要があるのです。

- 問題の真因に近づければ、お客様からの信頼は厚くなります。事後の解

決策の提案も的確になり、お客様にとって受け入れやすい、合意を得やすい内容になるはずです。

③ 漏れがないかを確認

・事業性評価がひと通り終わって最終段階に入ったときに、何かピンと来ない場合があります。こうしたケースでありがちなことが、「重要な要因」を漏らしていたというものです。

・担当者の評価や案を鵜呑みにすると、**経験不足や知識不足により、本来抽出する必要のあった重要事項を漏らす**ということが起こりえます。上司の役割として、過去の経験や保有する業務知識をもとに、課題の漏れがないかを確認することが必要です。

④ 長い時間軸で検討する

・今月の営業成績が気になれば、短期的な成果を欲しくなります。しかし、課題解決型営業で短期的な視点に立ってしまうと、深みのある答えを作ることができなくなります。

・**「お客様ありき」の姿勢に立つことが必要です**。お客様である中小企業は、基本的に「安定したバトンの受け渡し」、すなわち、親から子への事業承継を願っています。営業ラインは数年で異動するので、成果を求めれば「近視眼的・短期業績的」な姿勢になりがちです。お客様の願いと金融機関の時間軸が合いにくいのです。

・**「ある程度時間をかけて根本的な解決を目指す」といった姿勢がないと、課題発見も表層的で解決策も一時的なものになって、お客様の満足度は低下します**。こうした弊害を防ぐためにも、上司は長い時間軸に立って根本的課題の発見に努めることが必要です。

⑤ 抜本的な問題解決を指向

・事業性評価は未来を指向するものであり、**解決策も「より良い未来を作る」**ものでなければなりません。

・例えば、赤字構造から脱却するために「人員カット」というアイディアがある場合に、「翌期は人員カットにより黒字回復をしたが、翌々期は赤字に再度転落した」という、一時的な解決策では困る、ということです。数々のヒットを生み出した筆記具メーカーが、どんなに苦しい時期

でも開発部門の人員だけは削らなかったという話があります。対処療法としての人員削減によりコストカットはできても、結果的に商品開発力を弱めることになったかもしれません。

・したがって、問題を掘り下げて検討する場合には、**対処療法になっていないか、根本的な解決につながっているか、という視点**をもって行う必要があります。

(コラム㉖) 役席らしい役席がいなくなった ‥‥‥‥‥‥‥‥‥‥‥‥‥‥

　最近「役席らしい役席が少なくなったなあ」という、支店長たちの嘆き節が聞こえてきます。「今の若い者は‥‥」という年配者特有の懐古趣味かもしれませんね。

　一方で「役席とは何か」「役席らしい役席とはどんな人か」を考えてみるのも良いことだと思います。筆者の経験では「課長」「課長補佐」といった"役席層の強い組織"が、業績はもちろん人材育成、取引先との関係強化などで大きな成果をあげる傾向にあります。役席は、組織におけるメインエンジンの役割を果たしています。トップが強い組織は、一時的には良いかもしれませんが、そのトップが変わるとダメになる場合があります。担当者層が元気な組織は活気があって良いですが、経験不足は否めません。ちょっとしたことで崩れる場合があります。働き盛りで経験を積んだ役席層が強い組織は基盤が安定し、上にも下にも良い影響を与えることが多いのです。

　そういった意味で、**金融機関の大きな課題は「いかに強い役席層を作り上げるか」**にあると思います。事業性評価・課題解決型営業の時代になって、この傾向はさらに強まり、最終的には強い役席層を構築した金融機関が時代の寵児となるでしょう。

　強い役席に必要な要素としては、**①確実な業務知識をもつ、②仕事に対する強い責任感をもつ、③担当者より一歩高い視野で店を眺められる、④後輩を教えることを楽しむ、**等があります。

　金融界では分業化が進み、多くの金融機関で「担保評価」「債権回収」「事業再建」といった仕事を専門部署に任せることが増えました。そんな中で"ゆりかごから墓場"まで、**入口から出口まで銀行業務の全体像を抑え、実務的にも対応できる人材**は貴重です。分業化された業務のなかで真のゼネラリストとなることが、業務全体を俯瞰して仕事ができることを意味し、役席のひとつの理

想像といえましょう。

　また、強い責任感は上の立つ者に必要不可欠な要素です。これがあるかないかで、言動が一変します。**責任感のある人間は、やり抜く人間であり、組織の核となれる人間**です。

　そして高い視野です。課長であれば管理職の目線で、課長補佐であれば課長の目線で、一歩高いところから物事を判断できることが必要です。言いたいことは山々ある、しかし支店全体の状況を見たときに、あるいは課全体を見渡したときに、自分に何ができるか、どういう立ち振る舞いをしたらよいかを理解できれば、良いリーダーになれるでしょう。こうした人は、**組織を安定させ、組織の弱さを補完する存在**です。

　そして、教えることのできる人間です。自分が先輩・上司に教わって育ってきたことに感謝し、その恩恵を素直に後輩につないでいくことは「現場の重要な原理」です。やはり営業担当者は現場で育つものです。いろいろな場面に出合い、いろいろな成功・失敗を重ねながら成長します。そのなかで「先輩の役割」は限りなく大きいもので、会社を辞めた後でも「あの先輩には世話になったな」という想いが誰しも残るものです。だからこそ**自分の時間を後輩のために使える人間、自分のノウハウを惜しみなく分け与えられる人間は、組織の宝**です。

　あなたが役席であれば、この4点を是非意識してください。必ずや「役席らしい役席」と呼ばれる日が来るはずです。

第5章

ライン・ディスカッション（検討会）

　ここまで、課題解決型営業とは何か、課題発見の基本的な手順や上司の役割について説明しました。本章では、課題解決型営業に必要な総合力の発揮のうち、「ライン・ディスカッション（検討会）」について説明します。ライン・ディスカッションは、ある意味で「課題解決型営業の品質を決める」役割を担っているので、現場での運用について理解を深める必要があります。

1. ライン・ディスカッションとは何か

　前章で説明した通り、課題解決型営業では幅広い知識や経験を必要とし、金融機関が持つ資源を最大限に活用する必要があります。特に、**お客様と接している現場の対応力の差が、大きく影響**します。具体的には、**課題把握の差、スピード感の差、お客様の納得感の差、という形で表れてくるでしょう。**

　したがって、課題解決型営業の最大の課題は「現場の強化」に他なりません。よく「本支店一体となって問題を解決する」を旗印として、営業店は「つなぐ役割」を担っているケースを見ます。しかし、この役割分担が長い目でみると現場を弱くする可能性があるのです。確かに「高度に専門的な領域」に関して、営業店で対応することが難しい場合があります。しかし、中小企業は「顔の見える人」を信頼する傾向があり、「専門家」と称する人に距離感を感じることが多いのです。お客様の声を借りれば「当社の実情を細かく捉えないまま、見栄えの良い提案書ばかり持ってくる」のです。かつ、本部においても、高度に専門的な領域は業法等の関係があり、外部提携機関に委ねる場合が多いことを考えると、「銀行内でできることは、極力現場が対応する」ことがお客様のニーズにも適い、現場を強くすることにもつながると思います。

　そこで、**課題解決型営業の「現場の切り札」となるのが「ライン・ディスカッション（検討会）」です。ライン・ディスカッションは、「評価対象企業**

の担当ライン全員が、事業性評価・課題・解決策について検討する場」です。言い換えると、「現場の知恵を出し合う検討会」です。課題解決型営業は、チーム戦であり総合力が必要です。それを具現化する場が、ライン・ディスカッションなのです。

それでは、その機能をみてみましょう。

＊＊＊ライン・ディスカッションの機能＊＊＊

① 事業性評価作成に際しての情報補完
② 事業性評価の掘り下げ、妥当性の検証
③ 事業性評価を通じた経営目標や経営課題の明確化
④ 経営課題に対する対応策の検討
⑤ 課題の共有化、解決策の提示についての"スケジュール"検討
⑥ 解決策実行後のフォローや修正

① 情報補完の場

・ライン全員が、それぞれの立場で情報を持ち寄ります。担当者が作成した評価書を1次案とすれば、1次案で見逃されている情報を補完します。

② 評価の掘り下げ

・1次案について、参加者の知見や経験を活かして分析を深め、問題の妥当性を検証します。ここで、どれだけ問題を掘り下げられるかで評価書や課題の「品質」が決定します。そういった意味で、問題の掘り下げや妥当性検証は、中核的機能ということができます。

③ 経営目標の明確化

・課題を明確化するためには「経営者の実現したいこと」を知る必要があることは説明しました。これが「経営目標」や「経営計画」という形で描かれる場合が多いので、ラインでしっかりと共有します。同時に、妥当性や過不足を検証する場でもあります。

④ 対応策の検討

・課題が明確になれば、あとは対応策の検討です。対応策は、効果の大きさと、コスト等を踏まえた実情に合った内容が決め手となります。そう

いった意味で総合的な判断が求められ、付加価値がつく部分なので、全員で知恵を出し合うことが必要です。

⑤ フォローや修正
・解決策を実施したら終わりではありません。お客様のより良い未来を実現することが目的ですので、長期戦になる場合もあります。そういった意味で、実施した解決策について、執行状況や効果をフォローし、効果があがっていない場合には修正策を実施するなど「定期的なチェック体制」を担う役割もあるのです。

＊＊＊ライン・ディスカッション（検討会）の運用例＊＊＊

① 参加メンバーは「営業担当者」から「支店長（営業部長）」までライン全員
② 開催は「定時」と「随時」を使い分ける
③ 開催時間は 30 分以内を目安とし、「成果目標」を明確にして行う
④ 司会は、担当課長が行う
⑤ ディスカッションの結果を簡単に記録する

それでは、ライン・ディスカッションの運用例（運用ルール）について説明します。

① **参加メンバー**
・ライン・ディスカッションは検討の場なので、**ライン全員が持つ情報や知識・経験を総動員して積極的に発言することが重要です。発言がない者は、ディスカッションに付加価値を提供していないことになるので、**付加価値をつける意識や雰囲気作りを行う必要があります。

② **開催時期**
・開催は、定時・随時を使い分けます。開催を定期化すると、忙しい支店長等の時間調整を行う必要がなくなり、開催日時を目指して作業できるメリットがあります。
・一方、スピード感を重視する観点からは「随時開催」も必要です。ただし、その都度の時間調整の負担が増えることが難点です。

③ 開催時間

・開催時間は長くても 30 分を目安にします。ダラダラとやっても効果が
あがりません。
・加えて、ディスカッションの成果目標（例えば、事業性評価の掘り下げ
と最終検証）を明確に定めて、話が四方八方に拡散しないよう留意しま
す。

④ 司会進行

・司会は、運用上重要な位置ですので、担当課長を指名します。課長自身
の教育効果も高まる（定時で結論を出す仕切り）でしょう。
・支店長や次長が司会をすると遠慮から自由闊達さが失われ、部下の意見
が出にくい場合があるので、取引先をよく理解している担当課長が適役
だと思います。

⑤ 開催記録

・開催後は簡単でいいので「検討会メモ」を作ることを推奨します。これ
は、後日の参考になるとともに、本部や関係会社の支援を得るような
ケースで「現場の議論内容」について伝達する手段にもなります。

コラム㉗　球運を掴む高校野球チーム ・・・・・・・・・・・・・・・・・・・・・・・

　かつて九州の高校野球の監督さんが「野球を好きで見に行っている人は、一
生懸命やっているチームを応援したくなる。甲子園の雰囲気が変わるのは、観
客がこのチームを勝たせたいと思ったときだ。全力でプレーすることはもちろ
ん、ベンチも立ち上がって全員で声援を送る。全員ができることをやり切る。
思わず知らずに応援されるチームになれ！」と檄を飛ばしたそうです。

　全員が全力でやり切れば、自然に応援団ができて、勝てる球運を引き寄せる
ことができるというのは本当だと思います。私たちは、甲子園でこうした光景
を何度も目にしました。

　MLB の大谷翔平選手が花巻東高校時代に作った「目標設定シート」には
「運」という部分があり、「運」を高めるために「あいさつ」「ゴミ拾い」「部屋
掃除」「審判への態度」「道具を大事に使う」「プラス思考」といった指針のほ
かに、「応援される人間になる」という目標が書かれているそうです。MLB

に行っても彼は審判に必ず一礼しますし、誰に対しても明るい挨拶をします。心から「応援される選手」になり、それが彼の運気を上げているのかもしれませんね。

仕事でも同じことが言えます。金融機関の営業担当者も「個人プレーではない」ということです。邪心なく一生懸命仕事に取り組んでいれば、必ず見てくれる人がいます。それは先輩上司であり、お客様でもあります。そして、あんなに頑張っているのだから応援しよう、という気持ちになるはずです。私たちも"球運"を引き寄せられる人間になりたいものです。

2. 創造的なディスカッションを行うために

ライン・ディスカッションに必要なことは「議論の質を上げる」ことです。せっかくライン全員が集まったにも関わらず、「原案通り」で何ら付加価値が付かなかったということでは、上司の存在意義も疑われます。もちろん、原案通りとできるだけの素晴らしい営業担当者がいれば、喜ばしいことなのかもしれませんが。

それでは、ライン・ディスカッションの質を高めるポイントは何でしょうか。一言で言えば、**第4章第2項で説明した「掘り起こし・掘り下げのポイント」を遵守する**ことです。「広い視野」「真因追究の姿勢」「漏れ防止」「長い時間軸」「抜本的な解決策」の5つを徹底すれば、議論の質は間違いなく高まるはずです。

しかし、毎日の忙しい業務活動のなかで、ライン・ディスカッションは開催されますので、**時間に追われて「原案通り」が繰り返され、手続き上「体裁を取るような形」**になりかねないリスクがあります。これは、ライン・ディスカッションを行ううえで、最も懸念すべきことです。低調で低質な議論の場となれば、担当者にとっては負担でしかありません。上司への失望にもつながるでしょう。

したがって、こうした悪習に陥ることなく、創造的なディスカッションを実現する必要があります。そのためには、**支店トップが課題解決型営業への意識を高め、下記のような運用を心がける**ことで、議論のクオリティを高めることが大事です。

＊＊＊創造的なディスカッションのポイント＊＊＊

① 従来の「審査を通す」「本部を通す」といった、「本部をお客様とした議論」をしない

② 誰が言ったかではなく「何を言ったか」を徹底する（例：支店長が言ったから‥‥）

③ 現場感覚を大事にする（現場の最大の優位性はお客様と向き合っていること）

④ 「掘り起こし・掘り下げのポイント」（第4章第2項）を徹底する

① 従来の論理とは違う視点

・営業店では案件相談と称して、審査セクションに承認をもらうための作戦会議をすることがあります。確かに「本部の承認」を受けられなければ、先に進むことができません。しかし、本部はお客様ではありません。過度に忖度を働かせることで「これは無理だ」といったネガティブな議論になりかねません。

・大事なことは、何が実態か、何が課題か、真の解決策は何か、です。そこにフォーカスしなければ、「内輪の論理」だけが働く議論となるでしょう。

② 何を言ったかを重視

・議論の王道は、誰が言ったかではなく、何を言ったかです。本来、議論に役職は関係ないはずです。良い意見であれば誰が言っても採上、悪い意見であれば誰が言っても採択不可とすることが「議論の活発化」の秘訣です。

・これを「誰が言ったか」を重視すれば、誰も「耳に痛い正しい意見」を言うことはないでしょう。部下が「王様の耳はロバの耳」ということのないような運用が必要です。

③ 現場感覚を活かす

・現場の一番の強みは「現場感覚」です。現場感覚とは「お客様と向き合っている」「現場を知っている」ことから生まれる感覚です。それは「答えは現場にある」「真実は細部に宿る」という考え方を基本として、ペー

パーや机上の議論とは異なる、臨場感をもった議論をすることです。

・逆に言えば、**現場の人間が「お客様や現場を無視した議論」をするようでは、現場にいる意味がない**ということです。

④ 掘り起し原則の遵守

・これは既に説明済みです。この原則に従って議論をすれば、クオリティが低くなる要因が見当たらないということです。

上記の４つのポイントを遵守する形で、ライン・ディスカッションを運用すれば、必ず事業性評価の水準も上がり、課題認識・解決策の内容も洗練されるはずです。繰り返しになりますが、**課題解決型営業は「チームの総合力」が試されています。ライン・ディスカッションの出来次第で課題や解決策の品質が決まる**、ということをライン全員が認識してほしいと思います。

> **コラム㉘ 明日の100円を失うな** ・・・・・・・・・・・・・・・・・・・・・・・・
>
> 　この話は、営業担当者に限らず、営業ライン全員が心するべきことです。
> 　貧すれば鈍するという言葉があるように、営業成績が芳しくないとき、営業部門はどうしても今月の数字を欲しがります。本部の推進部門から発破が掛かって、ついついプレッシャーで1円を取りにいってしまいます。
> 　しかし、今日の1円を得るために、明日の100円を失ってはなりません。今日の1円を得ることは、安易な道を選択する場合が多いのです。1円を得るために、ニーズのないお客様に無理を言って「貸しだよ」などと言われる。今日の1円を得ることは、営業にとって悲しいことも多いはずです。
> 　これに対して、課題解決型営業は明日の100円を追う仕事です。営業の王道を歩むことを決意することです。小手先の仕事ではなく、お客様に本当に役立つことを提供して、喜びを共にする営業です。この気持ちが揺らいでしまえば、あっという間に「今日の1円を得る営業」に逆戻りしてしまうでしょう。
> 　課題解決型営業に転換するうえで、一番困難なことは「明日の100円を得るために本質と向き合う」ことができるか、そしてその姿勢を継続できるかです。これは営業店だけの努力ではできないことです。本支店が一体となって、課題解決型営業を貫徹するという姿勢を持つこと、最低5年は続けることだと思います。

3. ライン・ディスカッションの教育への活用

　ライン・ディスカッションには高い教育効果があります。その理由は、"生きた事例"に基づいて「情報の掘り起こし」や「課題の掘り下げ」を議論し、事業性評価のプロセスを辿ることができるからです。かつ、課題の抽出や解決策の提示は「相当広範囲な知識習得」や「事例経験」を必要とするので、営業担当者にとって又とない勉強機会になります。

　ライン・ディスカッションを支店内の教育ツールと捉えて、新人やライン外の担当者を参加させる方法は有効な OJT です。あるいは、ライン・ディスカッションで使用した資料を用いて、営業担当者のグループ討議を行うという勉強方法もあるでしょう。特に、重要取引先など、本格的事業性評価を行った際には、その機会を無駄にすることなく、支店全体の教育研修に利用することをお奨めします。

　また、課長や次長の研修にも活用することも可能です。ライン・ディスカッションにおいて、「決められた時間内で、目標となる成果をどうあげるか」が司会の重要な役割であることを説明しました。こうした仕切りの訓練は、常に議論のポイントや流れを頭に入れる必要があるので、毎日の部下への指導に際しても非常に役に立ちます。仕切りの上手な課長がいれば、実際のライン・ディスカッションを他の課長にも見てもらって、勉強させる方法もあります。議論終了後、課長と管理職だけが残って、仕切りの良かった点、修正すべき点を議論することで、より効率的でポイントを得たディスカッションを行う力が身につくでしょう。その結果として、課長の事業性評価や課題解決型営業のレベルも必ず向上します。

　ライン・ディスカッションを教育の場として活用することで、事業性評価や課題解決型営業に関するスキルを高めることにつながり、現場力強化の大きな力となるでしょう。

第6章

ライフステージに着眼した課題発見

　本章以降では、「課題発見の着眼点」について具体的に説明します。本来は経験を積み重ねることで課題発見力を高める必要がありますが、ある程度「パターンに応じた課題の発見方法」を知ることで、経験不足を補い、発見力を助ける効果があります。

　企業 30 年説をご存知でしょう。企業が 30 年を超えて生き残ることは容易ではない、だから寿命は 30 年程度だという話です。もちろん"社歴 100 年を超える企業"もありますが、経営環境の変化にビジネスモデルを適合させることの難しさや、世代間で事業を承継するなかで経営力を維持する難しさを考えると、企業も人間同様、一定のライフステージを辿るといっていいでしょう。

　企業のライフステージを「新興」⇒「成長」⇒「成熟」⇒「成長鈍化」⇒「衰退」と 5 期に分ける考え方もありますが、"100 年企業"といった"長寿企業"も数多く存在することや、人間とは異なり"成長期が 10 年間"と決まっているわけでもないので、明確な分類は難しいと思います。そこで、筆者なりの経験を踏まえて【資料 3-1】の 4 つの分類で、それぞれのステージにおいて想定される課題を説明します。

【資料 3-1】ライフステージに応じた課題例

ステージ	イメージ	課題
創業・成長期	創業から「ある程度の会社の規模・形」ができる時期	●組織整備（内部管理体制の整備） ●中核人材等の不足（採用対応） ●資金調達不安定（主力銀行などの組成、担保問題） ●製品戦略の見極め・事業化 ●営業基盤の組成・拡充、マーケティング

安定期	会社としての組織や営業基盤も整い、穏やかな成長を遂げる時期	●新規事業への挑戦・M&Aの実施（買収） ●事業基盤の強化（営業網・生産拠点の拡充） ●内部管理や体制充実（人事制度・会計制度） ●システム化・IT化推進 ●資金調達手段の多様化 ●海外への進出 ●新製品や技術開発・新業態店舗開発
停滞・困難期	業績・規模も停滞傾向。または、下降トレンド。事業の失敗等で経営に難を来している時期	●経営改善への取り組み（事業の再構築） ●財務改善、資金調達（支援団組成） ●事業譲渡
全期共通項	時期を問わず経営の共通課題としてあげられるもの	●SDGs／ESG、サスティナビリティ ●事業承継 ●販路開拓 ●生産性向上 ●人材確保 ●災害発生時の危機対応、BCP

① 創業・成長期

・通常「創業期」と「成長期」を分ける例が多いようです。しかし、現場感覚では共通する事項が多く、あえて分ける必要はないと考えています。

・この時期は「組織が若い」ことが特徴です。経営者の意欲は高く、若い従業員も多く、前向きな活動が目立つ反面、組織が十分に形成されていないため外部との折衝で混乱したり、社内ルールも未整備で管理が甘いといった面が見られます。特に「急成長型企業」では、規模の拡大に内部整備が追い付かない事例が散見されます。

・また、知名度が低いため「人手不足」が慢性化しています。特に、安心して任せられる幹部社員の確保に苦労している企業が多いようです。

・資金調達面では実績や担保が伴わない場合が多いので、保証付きや制度融資の活用が中心になります。枠が一杯になるとプロパーの信用貸しで対応することになるので資金調達も安定しません。財務的課題に対する認識が甘い場合が多く、管理資料の整備も遅れています。

・ベンチャー企業では、出資は集るものの期間の定めがある借入（デット）での調達が難しく、「ダイリューション（希薄化）」や「資金効率（レバレッジ）」の問題を抱える場合があります。

・新しい製品、技術やサービスを武器に事業化したばかりで、あるいは成長段階にあるため、営業基盤を作ることに熱心です。社長が営業に飛び回っていることが多い時期です。せっかく開発した商品・サービスのマーケティングに苦労する企業がみられます。

② 安定期

・一廉の企業になり、会社の基盤や組織もできあがって、地域や業界でも一定の認知を受ける時期です。多くの企業が、このステージにいます。
・このステージにいる企業は、経営計画・目標など一定のガバナンスもできて、組織的に安定感があります。「新たな何かにチャレンジしたい」あるいは「さらなる安定成長」を求める時期で、営業拠点や工場の増設などの基盤強化を進め、海外展開やM&A（買収）なども行われます。
・新製品や技術開発にも熱心で、「次の主力製品」を産み出すための地道な活動を続けています。小売・サービス業では、主力店舗とは異なる業態での店舗開発や、新しいサービスの展開に挑戦する動きが見られます。
・銀行取引も主力行も決まって、ポートフォリオが安定しますので、シ・ローンやABLなど新たな資金調達により、低コスト化や効率化などを検討する時期でもあります。

③ 停滞・困難期

・経営の隘路に入り込んだ時期です。ビジネスモデルの転換が上手くできなかった、主力商品・主力店舗が環境に合わず低迷を始めた、といった事象が見られます。「早期治療」ができないまま、2～3年浪費してしまう事例を多く目にします。売上・利益は微減ないし低下傾向を辿ります。
・この傾向が顕著になると、「連続赤字」「債務超過」という水域に達します。停滞から経営困難期に突入するイメージです。こうなると「荒療治」が必要になり、経営的な痛みが大きくなります。
・経営改善計画や財務改善に加えて、資金調達に難を来す場合が増えるので、経営全般にわたる抜本的な見直しが必要となります。

④ 全期に共通する事項

・事業承継は経営者の年齢と符合することが多いので、ステージを問わな

い「課題」です。創業期にこの話が出ないのは、仮に高齢であっても経営魂が燃えており、自らがやり抜くという気持ちで経営していることが多いためです。

・事業承継に加え、「人材確保」「販路開拓」「生産性向上」といったテーマは、すべての企業の課題となっています。また、近時は災害発生も増え、「危機対応」「BCP 作成」といった課題の位置づけも大きくなっています。

・さらに、SDGs ／ ESG といったサスティナビリティに関する取り組みが求められる時代になっています。

第7章

金融機関が見逃しやすい課題

本章では「金融機関が見逃しやすい課題」の発見方法を説明します。

1. 従来関心の薄かった項目

金融機関の多くは「業績目標」を設定しているため、営業の現場はどうしても、その業績目標に引っ張られる傾向にありました。本業である融資を中心に、様々な目標があります。その結果、そうした業績目標に関するニーズには敏感ですが、業績目標と関係ない事項には関心が薄くなるのが実情だと思います。

こうしたことが「課題発見」にも影響します。従来金融機関が取り扱って来なかった項目や興味・関心の薄い項目については、どうしても見逃されやすいのです。興味・関心が薄い項目については「勉強不足」である場合が多いので、課題の発見にも難を来します。また、中小企業側も「その問題は金融機関に相談する問題ではない」と考えているので、相談を持ち込まれることも少なく、ますます遠い存在になっているのです。

課題解決型営業において、「関係のない課題」はありません。中小企業のより良い未来を作るための経営課題には、すべて対応する必要があります。当然、業法の兼ね合いもあり、全てを自行で対応することはできませんが、金融機関が持つネットワークを活用して中小企業の期待に応えることが求められます。

【資料 3-2】見逃しやすい課題

テーマ	課題例
人事	●成果型の給与賞与体系の再構築 ●業績管理型の人事評価制度、コンピテンシーベースの人事評価制度 ●社内のキャリアパス、研修体系の構築

人事	●退職金、年金の再構築または新設、401K への移行など ●部長級・役員級の人材確保 ●海外拠点を任せられる人材の確保
会計	●管理会計の導入 ●J-SOX 準拠の会計改善 ●新しい顧問税理士 ●事業承継に伴う資産税に強い税理士
営業	●提案型営業への移行 ●営業力の向上 ●特約店、工事協力店などの確保
経営	●経営計画の策定支援 ●経営戦略の再構築 ●社内組織の再構築、グループ戦略 ●資本構成の見直し ●業務提携（パートナーシップ）
マーケティング	● 4P 戦略関連の見直し ●物流戦略の見直し ●デジタルマーケティングへの対応
IT 化・DX	●社内システムの統合（人事・営業・生産など）や、新たなシステム開発、RPA やノーコード開発 ●e- コマースへの対応 ●IoT 等への対応
生産	●生産効率の向上 ●不良品比率の低下など品質管理 ●在庫管理の効率化
購買	●新しい生産協力企業探し ●新しい商材の開拓・確保 ●低コスト部品・部材購入

① **人事関連**

・人事関連の課題は「相当多い」はずです。金融機関が認知しないままに、人事制度や給与体系を変えている中小企業が数多くあります。損益計算書で業務委託費に多額の計上がある場合は、人事系コンサルタントを導入して制度改正を行っている場合が想定されます。

・給与や人事評価制度は「主役級」ですが、中堅企業では退職金制度に関して、退職給付会計の重さから確定拠出型へ移行したいといったニーズがあります。また、新人の早期戦力化や、採用力強化に関連して「研修

体制を含めたキャリアパスの構築」といったニーズも増えています。

- 人材確保のニーズも強く、特に「海外展開したいけれど人材がいない」「システム強化したいが、IT 人材がいない」「有力な営業担当役員の後釜がほしい」など多くのパターンがあります。金融機関は「経理部長」の派遣には熱心ですが、あくまで自行の「出向」を念頭に置いたもので、多様な人材ニーズに十分応えているとはいえないでしょう。一方、近時は派遣会社を設立して対応している金融機関もみられます。

② 会計関連

- 社長から「管理会計」導入を指示されて悩んでいる経理部長さんも多いのではないでしょうか。経営の高度化が要請されるなかで、財務指標を管理ツールとして用い、経営の主力指標を定める企業が増えており、管理会計のニーズは高いと考えられます。また、秘かに上場を視野に入れている企業などでは、J-SOX 基準の会計マニュアル作りなどのプロジェクトを検討している企業もあります。

- 意外に多いのが「顧問税理士を代えたい」です。特に、事業承継が済んだ若い社長さんなどが今までの会計を一新したいと考えている事例は少なくありません。また、事業承継を独自にやっている経営者が、資産税に強い税理士等を探している場合もあります。

③ 営業関連

- コンサルティングニーズの高い分野です。営業環境が厳しく、競争激化による売上悪化や低採算化の中で「営業強化」を謳う中小企業が増えています。提案型営業への移行や、営業人材の育成強化もニーズが強い分野と考えてよいでしょう。

- 営業基盤の拡充を図るため、完成品メーカーや住宅関連メーカーなどでは「特約店」や、地方の工事に対応してもらえる「協力業者」を確保したいとのニーズも多く見られます。

④ 経営関連

- 経営関連と言うと「経営改善計画」のコンサルティング導入が頭に浮かびますが、経営悪化だけがニーズとは限りません。むしろ優良企業であっても「さらなる経営の高度化」を指向している場合は多いのです。

・例えば、経営戦略や経営計画の再構築です。社内で作成している場合でも、専門家の知見を入れて高度化したいとか、社長自身の考え方を再確認するためにコンサルを導入する場合もあります。また、カンパニー制、事業部制を含めた組織改編のニーズもあります。合併など含めて公認会計士系のコンサル会社を入れる場合も散見されます。

・その他にも「業務提携」「資本提携」といったニーズ、提携に伴う「資本構成の再検討」といったニーズ、そのなかで金融機関への持ち株依頼といったニーズもあるでしょう。

⑤ マーケティング関連

・マーケティングの領域には4P（製品・価格・プロモーション・チャネル）があり、営業強化の観点から見直しニーズは潜在的に強いと考えて良いでしょう。

・総じて、創業期や成熟期の企業で「マーケティング」に悩む企業が多いようです。

・近時はデジタル化の進展により、デジタルマーケティングのニーズも急増しています。

⑥ IT化関連・DX（デジタルトランスフォーメーション）

・もはや「IT・DX」に関しては「見逃しやすい課題」であってはならないテーマです。先進的な地域金融機関では、DX支援会社を子会社に加えるなど本業支援のメインと捉えています。一方で金融機関の多くは、その重要性に気づきながら十分な対応ができていない状況です。

・非財務分析でも説明した通り、まずは「システムの導入・活用」の実態を把握することがスタートであり、経営者の啓蒙を並行して進める必要があります。導入意欲はあるが、どうしていいか分からないといった企業には、中小機構のIT支援施策を活用して専門家に診断を受けるとともに、具体的な方策のアウトラインを描いてもらうといいでしょう。

・また、意欲やリテラシーの低い企業に関しては、支店単位で専門家を招聘したITセミナーの開催や、有効事例の紹介など徹底した啓蒙を行うことが必要です。

⑦ **生産関連**

・製造業の多くは、製造系のコンサルタントとの付き合いがある場合が多いものです。また、大手の下請け企業では、親企業から指導を受けているケースもあります。

・製造系コンサルタントには得意不得意がありますので、ニーズに応じて新たなコンサルタントを探している場合も見受けます。また、在庫管理については物流コンサルタントの出番になりますので、在庫水準が高い企業などはニーズを探ってみると面白いと思います。

⑧ **購買関連**

・購買もニーズが多い分野です。ビジネスマッチングの要請も、社内的にはこの部門からのニーズであることが多いと思います。まずは「安く買いたい」「商材を開拓したい」「購買ネットを拡げたい」といった基本的なニーズを探ることです。製造業では「新商品対応」のための加工に関する協力企業を求めるケースもあります。

（コラム㉙）**悪い先だから行かなくても良い** ・・・・・・・・・・・・・・

　みなさんは「業績不振先」に対して、どんな考え方を持っているでしょうか。

　この話は、知り合いのA支店長に聞いた話です。A支店長が営業日誌を読んでいたところ、ある業績不振先を訪問した記述があり、内容が気になったので担当のB君を呼んで「この会社を訪問してみようと思うが、どうか」と訊いたそうです。B君は「あんな悪い先に、支店長が行く必要はありません。行かなくて結構です」と回答したそうです。

　この回答に、支店長は少なからぬ衝撃を受け、自分の教育がまだ十分でないことを痛感したそうです。もちろんB君に悪気はなく、支店長を慮っての発言であることはわかりましたが、悪気がないことがさらに問題だと感じたそうです。「B君、この会社を『悪い先』というのは何故かな」と訊くと、「2期連続赤字で債務超過です。経営改善計画も7割の進捗で今一歩です」と説明します。「なるほど、"業績が悪い"という意味で、"悪い先"という言葉を使ったのだね」「経営改善の進捗が7割ということだが、経営者の取り組み姿勢はどうだろう」と訊くと「社長は一生懸命やっていますが、業界の競争も厳しく、不動産市況も低迷していて資産売却も進んでいません」とB君。

Ａ支店長は質問を換えて「あの会社との取引歴は何年になるかな」と訊くと「かれこれ半世紀になります。昔は羽振りも良く、業界の役員を長く務めたようですね」とのこと。返す刀で「50年の取引があれば、当行も随分お世話になったのではないかな。確かに、時流に遅れて商品戦略を誤ったことは事実だが、再建計画も作って一生懸命取り組んでいる取引先に、支店長が訪問して『頑張ってくださいね』とエールを送ることも悪くないのではないかな。Ｂ君の説明では、計画そのものの見直しが必要かもしれないので、現場を見ておくのも悪くないと思っている」と言うと、Ｂ君は「そうですね。いまは業績が悪くても、長い付き合いの間にお世話になったこともあるかもしれませんね。先方が悪い時は恩返しするということなのですかね」と理解してくれたそうです。

　営業担当者が心しておかなければいけないことは、中小企業を業績や財務だけで判断しないということです。経営は誤ることもあります。しかし、誤りに気づいて真摯に改善に取り組む先は「悪い先」ではないのです。逆に、困った時にこそ金融機関の出番であり、再生支援により企業が息を吹き返せば、「再生に腕のある金融機関」という看板をもらえるのです。事業性評価が本格化するなかで、営業担当者は「今の姿だけに囚われず、より良い未来を目指して共に歩む」という姿勢を忘れないでほしいですね。

2. 金融機関の総合力が問われている

　これらの「見逃しやすい課題」については、前項のような事例を頭に入れただけでは「推進できない」可能性が高いと考えています。その理由は、現場担当者の「インセンティブ」です。仮に「課題として認識」しても、①対応策が自行内では対応できない、②お客様のためになるが担当者のメリットが少ない、③店だけでは課題対応に限界がある、といった問題です。つまり、課題発見のインセンティブが少なくないのです。

　この点については、各金融機関の力量が問われています。営業担当者の「インセンティブ」をどう構築するか、課題解決のために必要なネットワークをどう構築するか、といったことです。従来「関心の薄かった課題」については、「金融機関の利益と直結しない」ことが「関心の薄さ」につながりました。お客様満足を第一に、金融機関に相応のリターンがある仕組みを構築することが本部の課題です。課題解決型営業は、現場の努力だけでは絶対にできま

せん。「インセンティブの設定」や「収益化の仕組み作り」など、本部を含めた総合力が問われています。

第8章

財務分析から見つける課題

　財務分析は金融機関が最も注力してきた分野ですから、多くを語る必要はないでしょう。そのなかでも、筆者なりの課題発見の着眼点について説明します。

1. 財務優良企業でも課題はある

　金融機関の悪い癖といっていいと思いますが、要注意先・破綻懸念先といった財務不振企業に対して「財務上の問題点」の発見や改善対応には熱心な一方、「無借金企業」といった財務上の課題が少ないケースでは、沈黙してしまうことがあります。

　課題解決型営業では、こうした「先入観」は必要ないどころか、むしろ「邪魔」になります。例えば、「無借金企業」は、財務上問題がないと言っていいのでしょうか。融資残高が"ゼロ"で、返済財源の有無を心配する必要もない「安全企業」なので、営業担当者はその時点で関心を失ってしまうのかもしれません。融資のセールスをしても「必要ない」との回答になるからです。

　しかし、これも「融資視点」でしか見ることのできない弊害です。無借金で数億の預金を保有する中小企業の経営者と話してみると、驚くほど財務上の課題について問題意識をもっています。有利子負債がないことは、「安全性」の観点からは「○」かもしれませんが、成長性や資産の効率性という観点からは「×」になる場合もあります。日本の優良上場企業が、外国企業の敵対的 M&A に怯えた時期がありましたが、あれも「投資ができず預金に資金が滞留している状態」を狙われたからです。

　融資という視点に囚われていると財務優良企業は「ネタにならない企業」になってしまいますが、事業性評価に基づく課題解決型営業の観点からは、「より高い視点」「より戦略的な視点」から、数多くの財務改善余地があり、

経営者も助言を待っていることを忘れないでほしいと思います。

2. 分解分析・関連指標分析

　ここでは、課題発見のツールとして「分解分析」「関連指標分析」の2つについてコメントします。

① 分解分析

　財務分析については、自行で定められた財務指標をみて判断することが多いと思います。このフレームに慣れると、その指標から先に行けない「思考停止」状態になることがあります。

　一例を上げれば「ROA（総資産利益率）」です。言うまでもなく、この指標は「収益性を資産規模との関係でみる指標」です。会社の利益は、会社の資産を全部使って産み出したもの、という発想の指標です。このROAについて「総資産利益率が低いので改善が必要」という課題があった場合に、表面的な課題で止まって良いかという話です。

　分解分析では、

　ROA（総資産利益率）＝売上高利益利率×総資本回転率

といった具合に指標を分解して、原因の掘り下げを行います。例えば、売上高利益率には問題がなく「総資本回転率が同業他社を大きく下回っていることに問題がある」といった掘り下げを行うことができます。さらに、総資本回転率を幾つかの項目に分解すると、

$$総資本回転率 = \frac{流動資産}{総資産} + \frac{固定資産}{総資産}$$

となります。このうち、固定資産の回転率に問題があれば、固定資産をさらに「工場」「機械」といった項目に分解することで、問題を掘り下げることができるのです。財務分析から課題発見を行う場合に「分解分析」を活用することで問題の掘り下げを行い、課題解明の一助としてほしいと思います。

② 関連指標分析

　関連指標分析は、「ある指標に対して関連がありそうな指標を拾い上げて、両者を比較することで意味付けを行う」手法です。

　一例をあげれば、「労働生産性」と「労働装備率」です。

$$労働生産性 = \frac{付加価値額}{期中平均社員数}$$

$$労働装備率 = \frac{有形固定資産 - 建設仮勘定}{期中平均社員数}$$

この2つの指標について「関係性」を考えます。

「労働生産性が低い」といった場合に、付加価値額が低いことを想定して付加価値額を分解分析する方法もありますが、付加価値を上げるための「武器（設備）を社員にどの程度与えているか」という観点に立てば、「労働装備率」を参考指標として用いることができます。労働装備率が業界に比較すると「非常に低い」という結果を得られるかもしれません。もちろん「労働装備率が低い」ことと「付加価値額が低い」ことの因果関係を特定するためには、さらに分析が必要となりますが、**関連指標を分析することで「新たな着眼点」が生まれ、新たな課題発見につながる可能性があるのです。**

---

3. バリュエーション的発想

金融機関の現場では、デット（debt）の発想が強く、エクイティ（equity）に対する関心はまだまだ薄いように思います。一方、事業承継が大きな経営課題となるなかで、「株価算定」に取り組んだ経験を持つ営業担当者が増え、エクイティに興味をもつ人も増えているのではないでしょうか。中小企業でもエクイティに関心をもつ経営者は少なくないので、財務分析に「バリュエーション」的な発想を取り入れることで、レベルの高い経営者へのニーズに応える必要があります。

企業価値評価（バリュエーション）でよく出る指標が、「ROE（自己資本利益率）」「PER（株価収益率）」「EPS（1株当たり純利益）」「BPS（1株当たり純資産）」の4指標です。

それぞれの算式は、

$$ROE（自己資本利益率）= \frac{当期純利益}{自己資本} \times 100$$

$$PER（株価収益率）= \frac{株価}{1株当たり純利益}$$

$$EPS（1株当たり純利益）= \frac{当期純利益}{期中平均株式数}$$

$$\text{BPS（1株当たり純資産）} = \frac{\text{自己資本}}{\text{期中平均株式数}}$$

になります。

　計算要素をみると、当期純利益・自己資本・期中平均株式数といった項目が並んでおり、指標間の関係性がありそうです。例えば、

$$\text{EPS（1株当たり純利益）} = \text{BPS（1株当たり純資産）} \times \text{ROE（自己資本利益率）}$$

株　　価 ＝ PER（株価収益率）× EPS（1株当たり純利益）

といった具合です。

　これらの指標は、上場企業の財務部門であれば、当たり前のように意識しているものです。中小企業の場合は、株主＝経営者というパターンが圧倒的に多いので「株主配慮」という視点が弱いのは事実ですが、「他人株主が多い」「株主数が多い」「上場を見据えている」といった企業では、これらの指標を一通り算出（当然トレンド分析が必要）して、**「対株主」という観点から課題を探す方法**もあるのです。

第9章

非財務分析から見つける課題

　従来以上に「非財務分析の深度」を増して、企業の実態を把握する試みが事業性評価です。非財務分析を行う過程、また、最後のプロファイリングを行う作業のなかで、多くの課題を発見できます。

　非財務分析を活用して課題を発見するには、「**人・モノ・カネ・情報**」の**4領域に着眼する**ことです。これらは、経営にとって重要な4要素といわれている領域です。特に「**経営者**」は重視すべきです。大企業と異なり、小さな船を操船しての航海は「船長の力量」が大きな影響を与えます。第2部の事業性評価においても、経営者に関する調査ポイントを厚めにしている背景にはこうした考えがあるのです。会長・社長はもちろんのこと、経営陣にまで着眼することが必要です。

　2つ目の着眼点としては、「**ライフステージ**」「**見逃されやすい課題**」を念頭にいて、**非財務分析の各項目を検証する**ことです。企業経営において「**共通する課題**」なので、参考になるはずです。

　3つ目は、「**業界特有の課題**」に着眼することです。言い換えれば「**業界共通の悩み**」です。これも事業性評価における「**経営環境分析**」をしっかり行うことで対応できるはずです。

　4つ目は、「**経営者の想い**」「**経営の未来像**」と現状の乖離具合をしっかりと認識することです。これらは、数字だけでは表現できない、まさに非財務分析の領域が大きな位置を占めると思います。経営者の想いには、理想と現実のギャップが込められているので当事者からみた課題ということができるのです。

第**10**章

お客様さえ気づかない課題を発見する

課題発見に関する「最高レベルのもの」です。お客様に対して大きな感動を与えられるレベルであり、営業担当者であれば、ぜひとも体得したいスキルです。

1. お客様の不得意分野に着眼する

経営者には「得意」と「不得意」があります。得意な分野については理解度が高い反面、不得意分野については担当役員に任せ放しというケースも少なくありません。銀行出身の経理部長がいる会社で、営業系の社長さんと親しく話をする機会があったときに、ある問題点を指摘したところ意外な顔をされました。「経理部長に全面的に任せているので、特に問題はないと考えていた」とのこと。「銀行出身だからといって万能ではありませんし、社長には指摘しにくいこともあるのでは」と話すと納得して「やはり、いろいろな方に助言してもらうことは大事ですね」とおっしゃいました。

このように、**不得意分野については「部下に任せっきり」という場合が多いので、「このくらいはわかっているだろう」と決めつけるのではなく、重要な課題であればしっかり指摘する**ことが大事です。**意外に「基本的な課題が共有されていない」場合が多い**のです。

付言すると、得意分野だからといって万全ではない場合もあります。弘法も筆の誤りという言葉があるように、「あの社長は営業が得意だから営業の課題はすべて把握できているだろう」と決めつけることも誤りです。**第三者だからこそ違った目線で気づくことも多い**のです。不得意分野には穴も多く、得意分野でも重要課題が見逃されているケースがあると考えて、課題発見に取り組むことが必要です。

2. 経営計画を熟読する

通常「中期経営計画」とか、「○○年度経営計画」といった計画書には「回顧」や「当社の課題」といった題目で、当社自身が認識する経営課題を記載している場合が多いものです。もちろん全ての課題を記載している訳ではありませんが、重要と認識されている課題は基本的に載せていると考えてよいでしょう。

あるいは、「今後3年で実行する施策」や「今年度施策」といった題目は、課題認識に基づく施策なので、そこから当社の問題意識を読み取ることができます。

このように、**経営計画書には「当社の課題」が満載**なので、経営計画書を熟読したうえで事業性評価と比較することをお奨めします。比較をすることで、「当社の認識から漏れている課題」を発見することができます。

3. 自行の情報源をフル稼働させる

中小企業にとって把握が難しい、情報の非対称性が高い分野があります。それは、**法改正の動向、行政の動き、経営環境に関するテーマ**です。情報化社会とはいうものの、中小企業は小さな所帯で業務を行っているので、なかなか先回りをすることができないのです。

そこで、**金融機関のネットワークを活用して、中小企業に影響のある情報を収集する**のです。経営に影響を与えるような情報に基づいて、評価対象企業の準備状況を確認すれば、対応ができていない部分が「重要な課題」になることは間違いありません。

中小企業が金融機関に期待することには、こうした情報の非対称性を補完する「情報提供」であり、こうした観点から課題を発見することも"お客様の気づかぬ発見"といえるでしょう。

4. 専門性の高い分野に着眼する

金融機関は、「資金調達」「財務」に関しては「専門家」です。**中小企業の財務知識が向上しているとはいえ、プロの眼からみれば「課題」は多数あ**ります。例えば、「明らかに担保効率が悪い」「運用と調達の期間のミスマッチ

がある」「返済額と償還財源がミスマッチしている」等々です。こうした課題については、遠慮することなくプロらしい指摘をするべきです。

　問題は「自行の利益」とバッティングする場合です。「このように変更することが理想だが、実行すると当行に大きな不利益となる」パターンでは、「口を噤む」場合が多いかもしれません。難しい事情があることは十分理解できます。

　一方で、こうした姿勢が「課題共有」や「より良い未来を作る」といった事業性評価や課題解決型営業の本旨に沿うものとは言えません。自行に不利なことは口を噤んで、相手にだけ情報開示を迫るという姿勢では、本当の意味での信頼関係は成り立たないと思います。

　現実的な解決策としては、「課題の明示」と「解決の方向性の明示」です。平たくいえば、自行に不利な課題であっても、重要な課題であれば率直に話す。そして、一定の時間をかけて解決する方向性を示すことです。その解決策が完璧でないにしても、誠意をもって対話することが必要です。こうした姿勢が「本当の信頼構築」に役立つはずです。

第11章

課題解決策の検討と本業支援

ここからは「課題解決策」の作成方法について説明します。

ディスクロージャー誌を見ると、多くの金融機関では「企業のライフサイクル」に応じた「支援メニューの提供」という形で、課題解決策をパッケージ化しているようです。課題に応じて、ある程度自動的に支援メニュー（解決策）と直結する流れが作られているので、営業担当者も解決策の作成に頭を悩ませる必要はないのかもしれません。お客様も、ライフサイクルに応じた悩みには共通するものが多いので、事前にメニューを確認できるメリットがあります。

一方で、自らがお客様の実情に合わせて解決策を創造するという仕事も楽しいもので、課題解決型営業の醍醐味といえます。本章では、まずは「ライフステージ」や「経営テーマ」に応じて想定される一般的な解決策を紹介するとともに、取引先の実情に応じて解決策を作るためにどんなことに留意したらよいかを説明します。

また、いま金融機関が注力している「本業支援」は、課題解決策の検討及び実行支援をさします。事業性評価を起点に企業の課題を洗い出し、その抜本的な解決策を描く。そして、描いた解決策をお客様と共有し、金融機関が有するネットワークを活用して、それを実現するためにサポートを行う一連のフローが本業支援です。本業支援において重要なことは、金融機関が問題解決に役立つ支援ネットワークや支援手段を数多く持つこと、そして実際に活用することです。これは担当者や営業店だけで解決できる問題ではないので、本部を含めた全体で体制整備を図る必要があります。

1. ライフステージに応じた課題と一般的な解決策

ライフステージについては、筆者の整理による「3期 + a」で分類しています。そのうえで、ステージに共通する課題は何か、一般的に想定される解

決策は何かについて、一覧表にまとめています。各行のパッケージメニューと類似する点が当然あると思いますが、頭の整理をするうえで参考にしてください。

ステージ	課題	解決策
創業・成長期	①組織整備（内部管理体制の整備）	①専門コンサルティング、関連セミナーの紹介 人的支援（出向者の派遣）
	②中核人材などの不足	②自行OB等の紹介、人材確保支援事業の紹介
	③資金調達不安定	③金融指導、支援ファンド・創業支援融資制度
	④営業基盤の組成拡充	④ビジネスマッチング
	⑤マーケティング（製品戦略等）	⑤専門コンサルティング紹介
安定期	①新規事業への挑戦やM&A（買収）	①成長支援プログラムなどの自行制度の適用 支援機関の紹介、制度融資の紹介 ビジネスマッチング、情報提供、M&A支援
	②事業基盤の強化（営業網等の拡充）	②ビジネスマッチング、提携先の斡旋 工場・支店等の投資対象不動産の紹介
	③内部管理や体制充実（人事・会計）	③専門コンサルティングの紹介
	④システム化・IT化推進	④専門コンサルティング紹介 ITベンダー等のビジネスマッチング
	⑤資金調達手段の多様化	⑤各種融資の提案、エクイティ関連の提案
	⑥海外への進出	⑥自行ネットワークの活用、情報提供 支援機関の紹介、制度融資・劣後ローン適用
	⑦新製品や技術開発・新業態店舗開発	⑦支援機関の紹介、ビジネスマッチング
停滞・困難期	①経営改善への取り組み	①改善計画策定支援、専門コンサルティング紹介 中小企業活性化協議会への紹介
	②財務改善、資金調達（支援団組成）	②リファイナンス、メザニンファイナンスDDS、DESの適用 バンクミーティング参加・支援
	③事業譲渡、M&A	③マッチング支援　M&A支援

全期共通	①事業承継	①株価算定支援、事業承継スキーム助言 専門コンサルティング、信託銀行紹介
	②販路開拓	②ビジネスマッチング 商談会の開催、情報提供。
	③生産性向上	③専門コンサルティング紹介 設備投資資金（制度融資）、補助金紹介
	④人材確保	④ビジネスマッチング 人事制度等の整備支援（専門コンサル紹介）
	⑤災害発生時の危機対応、BCP	⑤BCP策定支援、関連セミナー等紹介 販路確保のビジネスマッチング BCP関連融資支援
	⑥サスティナブル経営への移行	⑥SDGs／ESGの啓蒙 同取組みへの支援（診断・対話・戦略）

2. 経営のテーマに応じた一般的な解決策

　事業性評価では、非財務分析において各経営領域に関する調査を行います。この調査を通じて、経営テーマに応じた課題を発見することができます。ここでは、経営の各領域でみられる代表的な課題例に対する解決策を一覧表にまとめています。

テーマ	課題例	解決策
人事	①成果型の給与賞与体系の再構築 ②業績管理型の人事評価制度等 ③社内のキャリアパス、研修体系の構築 ④退職金、年金制度の再構築、新設 ⑤部長級・役員級の人材確保 ⑥海外拠点を任せられる人材の確保 ⑦社員満足度の向上	①〜④専門コンサルティングの紹介 ⑤〜⑥自行OB、支援機関紹介、支援制度融資 ⑦社員サーベイや支援策の提供
会計	①管理会計の導入 ②J-SOX準拠の会計改善 ③新しい顧問税理士 ④新たな資金調達、財務改善	①〜②専門コンサルティングの紹介 ③ビジネスマッチング ④債権流動化、ABL等の提案 経営改善計画策定支援

営業	①提案型営業への移行 ②営業力の向上 ③特約店、工事協力店などの確保	①〜②専門コンサルティングの紹介 ③ビジネスマッチング
経営	①経営計画の策定支援 ②経営戦略の再構築 ③社内組織の再構築、グループ戦略 ④資本構成の見直し ⑤業務提携 ⑥遊休物件の有効活用 ⑦サスティナビリティ問題への対応	①〜②支店での支援、本部セクションの紹介 　専門コンサルティングの紹介 ③〜④専門コンサルティングの紹介 ④投資育成会社の紹介 ⑤〜⑦ビジネスマッチング 　設備資金の提案
マーケティング	①4P戦略関連の見直し ②物流戦略の見直し ③デジタル・マーケティング	①〜③専門コンサルティングの紹介 　関連セミナー、ビジネスマッチング
IT化	①社内のシステム統合 ②e-コマースへの対応 ③IoT等への対応	①〜③ビジネスマッチング 　専門コンサルティングの紹介
生産	①生産効率の向上 ②不良品比率の低下など品質管理 ③在庫管理の効率化 ④新たな製品開発や事業化 ⑤工場の環境および温暖化対策	①〜③専門コンサルティングの紹介 　関連セミナー等の案内 　設備投資に対する融資支援 ④ものづくり補助金の支援 　支援機関の紹介 　地域資源・農商工連携の紹介 ⑤支援機関の紹介、制度融資の案内、温暖化コンサルティングの紹介
購買	①新しい生産協力企業探し ②新しい商材の開拓・確保 ③低コスト部品・部材購入 ④購入時の為替リスクヘッジ	①〜③ビジネスマッチング ④為替デリバティブ、為替予約提案

3. 取引先に応じた解決策策定のアウトライン（本業支援の要締）

　ここまで説明した通り、ライフステージや経営テーマに共通する課題があり、その課題に対する一般的な解決策も定型的には記載した通りのものが考

えられます。しかし、現実には百社百様の事情があり、1＋1＝2というように理屈で割り切れるものではありません。**現場の営業担当者は、企業の実情に応じた解決策を提案することが求められます**。これは医療と同様で、外科治療を施したから終わりではなく、薬剤投与・リハビリテーション・自己管理など「総合医療計画」に基づいて怪我や病気と闘うものなのです。

　それでは、取引先の実情に応じた個別解決策をどのように策定すればよいのでしょうか。それは、**徹底した「事業性評価」の活用**にあります。事業性評価において、経営環境分析や事業者特性分析を通じて、評価対象企業の「問題点」や「成長点」が明らかになります。同時に、「対話」を通じて「経営者の実現したいこと」「経営者が具体的に実現したい未来」を理解します。両者を重ね合わせることで、「乖離する点（課題）」を発見し、解決策を作成するフローとなります。

　根本的な問題解決やダイナミックな成長支援を行う場合、「解決策」や「実施策」が単発で行われることはまずありません。**最終的な目標を達成するためには、「幾つかの要素」を改善・支援する必要がある**からです。治療に例えれば、お医者様が最初に痛みを抑え、炎症が治まってから外科的処方をする、そしてリハビリに持っていくといった流れで、何段階かに分けて施術することと同じです。

　このように、「**目標の達成に向けて、どのような改善策を、どのような順番で実施するか、その効果測定や改善策修正をどういったサイクルで行うか**」という全体計画を作ることが、本当の意味での解決策の策定といえるでしょう。ここでいう解決策の提示は「ビジネスマッチングで、販売先を2先紹介しますね」という**単発的サービスではない**ということです。

　もちろん単発的サービスがいけないとはいいません。それ自体価値を持つことです。しかし、皆さんが目指す課題解決型営業は、より付加価値の高い総合的な解決や支援を目指しているはずです。「**解決メニュー」の提案に留まらず、「実施計画を含めたPDCA」を作り上げることが、カスタマイズされた課題解決策の策定**なのです。

　一方、様々な課題に対して、金融機関が自行内で対応できることには限度があります。支援機関、コンサルタント、税理士など様々な専門家の力を借りることが必要です。その場合、金融機関の役割は何かという話になります。営業担当者のモチベーションにも関係する話です。結論から言えば、下記の2つが金融機関の役割になります。

＊＊＊解決支援策の策定における金融機関の役割＊＊＊

① 経営改善や大きな成長につながる根本的課題を明確にする
② 総合的な解決策を策定し、コーディネイトする（本業支援の実施）

　改めて考えると、上記2つは「金融機関の新しいビジネスモデル」ということができるでしょう。中小企業に対して、根本的な課題と総合的な解決策を策定して提示する、そして解決のための支援グループを組成して計画的に取り組む。こうした一連の取り組みによって企業の未来がより良い未来に変わるという、高い付加価値があるビジネスモデルです。

　①の「経営改善や大きな成長につながる根本的な課題の明確化」については、事業性評価のクオリティを高めることで、自ずと付加価値の高い課題の抽出ができるはずです。

　②の「総合的な解決策のコーディネイト（本業支援）」については、**自行のネットワークをフル活用して、評価対象企業にとっての最適な解決策をアレンジし、実施計画としてまとめ、解決策を支援してくれる専門家までセット**する仕事です。これが「課題解決型営業」の大きな付加価値であり、利益の源泉となるものです。

　それでは、総合的な解決策のコーディネイトを行うために必要な資源やツールは何でしょう。

＊＊＊コーディネイト（本業支援の実施）に必要な要素＊＊＊

【営業店】
① 解決案や実施計画の原案作成
② ライン・ディスカッションで、解決案や実施計画のブラッシュアップ
③ 解決案を実施するための支援機関・専門家の組成
【本　部】
④ 営業店の相談やサポートを行う体制作り
⑤ 解決策をサポートする支援機関・専門家のネットワーク組成
⑥ コーディネイトを収益化するビジネスモデルの構築

　営業店においては、「解決案や実施計画」の原案を作成し、ライン・ディスカッションを通じて実施計画をブラッシュアップすることが第一の仕事で

す。そのうえで、計画実行をサポートしてくれる専門家や支援機関をセットすることで、コーディネイトは完了です。

　本部の仕事は「営業店のサポート」です。ライン・ディスカッションでも「悩み」が解消されない場合に、その悩みを解消し、原案をより良いものに高める相談部門が必要です。そして、営業店が容易に選択できる「専門家や支援機関のメニュー」と「より広範なネットワークを組成」し、優秀な専門家を派遣できる体制を作ることです。そして、最終的には新しいビジネスモデルを事業化することです。具体的には、解決策の策定とコーディネイト機能を手数料等のビジネスとして完成させることです。以上が、総合的な解決策のコーディネイトを行うために必要な要素です。

　ここまで、金融機関のネットワークを活用したソリューション（解決策）の提供について説明しましたが、段階を踏んで「金融機関自身が提供できるメニュー」を増やす必要があります。言い換えれば、金融機関自身が汗を流す「本業支援」です。現時点では、ビジネスマッチング（販路開拓）や経営改善計画の策定支援やサポート、補助金申請のサポートなどが主なものです。しかし、一部の金融機関では事業承継やM&AのFA業務、海外進出、ヘッジ業務などに支援範囲を拡げています。とても良い傾向であり、こうした取り組みがお客様の満足を高め、金融機関自身の本業支援能力を高め、マネタイズのチャンスを拡大することにつながります。

　ネットワークを活用したコーディネイトの充実は「専門家をどう組成するか」であり、自らが行う本業支援のレベルアップは、「ソリューションの高度化とマネタイズの機会創造」に役立つものです。こうした点を意識して、一歩一歩階段を上っていく必要があります。

4. 取引先に応じた解決策策定の手順／本業支援の進め方

　次に、営業担当者が「解決策のメニューや実施計画」をどのように策定すればよいか、作成手順および本業支援の進め方を説明します。簡単な事例に基づいて説明します。

【事例】機械商社

（経営目標）提案型の営業スタイルを定着させることで、粗利益率を25％まで高める

（企業実態）

- ・営業はエリア担当制になっており、既往先のルートセールスが主体である
- ・売上高に占める新規先の比率は5％。なお、当社粗利益率は現在20％
- ・営業部長は斯業30年の大ベテランだが、新しい方法には消極的
- ・現状のセールスツールは、メーカーのパンフレット中心
- ・販売推進は担当者毎に割当を行い、毎月会議等で実績を確認

この事例では「提案型営業により粗利益率が25％に上がるという因果関係がある」前提で話を進めます。営業担当者が実際に取り組む場合には、こうした「目標の立て方」に対する検証を忘れないでください。なぜなら、提案型営業が実現できたとしても粗利益率が「25％」になる保証がないのであれば、目標の立て方自体が間違っていることになるからです。こうした「段階飛ばし」の夢や目標を掲げる場合が少なくないので、目標の検証を行うことも金融機関の役割です。

それでは、具体的な課題解決策の策定に入りましょう。

まずは、「社長の目標の検証」です。第一が「目標の立て方」に問題がないかです。具体的には「問題の真因と目標の間に、因果関係があるか」です。これは検証するうえで、最も大事な点です。上記例の目標の最大の狙いは「粗利益率25％」の達成にあります。つまり、現状粗利益率が低いという根本原因は「付加価値の低い営業を行っている」ことにあるということです。当社は機械商社ですから、そもそも取扱商品の付加価値が低いので粗利益も低水準となっている可能性がある、ということです。それが正解であれば「提案型営業」ではなくて「取扱商品を変える」という目標が適切になります。このように、根本原因を解決する目標でなければ本業支援の効果が半減するので、これを入口で防止するために検証を行うのです。

次の検証ポイントは「目標の論理性の検証」です。上記の通り、提案型営業への移行と粗利益率25％に因果関係がなければ、無駄な努力になります。同様に、社長の目標内容を分解して、1つの目標として取り組むのか、複数の目標として段階を踏んで実現するべきかを検証します。

上記の例では、「営業担当者が提案型営業をできる」状態にすることだけでは、粗利益率25％は実現できないはずです。例えば「既存営業による粗利益率20％」「提案型営業による粗利益率30％」という確定的事実があれば、

「売上構成の5割は、提案型営業由来のものとする」という目標が必要になります。つまり、「提案型営業ができる状態」と「売上構成の5割を提案型とする」という2つの目標を実現することで、最終的に「粗利益率25％」が実現できるのです。

さらに「**各目標の実現性を検討**」することも必要です。例えば「売上構成の5割を提案型営業由来とする」という目標の実現性です。当然「**時間軸の検証**」も不可欠です。仮に、売上構成の5割を「1年間」で変えると言われた時に、その時間で実現できるかという話です。この場合であれば、実現までの「**現実的な段階設定**」を行い、1歩1歩進めていくべきという話になります。

さらに検証が必要なことがあります。それは「営業担当者が提案型営業をできる」という目標についての検証です。「提案型営業ができる」という目標は抽象的です。**抽象性の高い目標について「満足できる具体的な状況」を共有**することが必要です。具体的には、「提案型営業をできる」とはどのような状態を指し、どのような状態であれば社長は満足するのか、ということです。**コンサルティングで揉めることが多いのは、こうした抽象的な目標に対する「見解の相違」**なのです。

例えば「①お客様の課題を把握、②解決策を当社製品で構成し、設置レイアウトまで含めた内容で作成、③パワーポイントで提案内容をプレゼンテーションする、④プレゼンに関する質疑応答に回答する」といった4つの要素を達成できれば社長は満足できる、といった「**計測可能な目標**」を共有することです。コンサルタント側が「提案型営業ができる＝パワーポイントでプレゼンさえできれば良い」と考えていたら、数ヶ月後に大きなトラブルになって、総合案を策定した金融機関の責任も問われることになります。

複数の目標設定が必要な場合には、「**目標の優先度を検証**」します。本事例では「営業担当者が提案型営業をできる」が優先です。営業担当者が提案型営業をできるようになって初めて、提案型営業由来の売上につながるからです。こうして、社長の目標は、「営業担当者が提案型営業をできる」を第一に、「売上構成の5割を提案型営業由来とする」の2つに定まりました。

少し長くなりましたので、課題解決策の策定の「第1ステップ」にあたる「目標の検証」についての着眼点を整理します。

＊＊＊目標検証の着眼点＊＊＊

①	目標の立て方	：問題の真因を解決する目標になっているか
②	目標の論理性	：1つの目標と捉えて良いか。複数の目標が内在していないか。
③	目標の実現性	：実現の可否、実現に要する時間の検証
④	到達点の見える化	：抽象的な目標で見解の相違が生じやすい場合の「計測可能化」
⑤	目標の優先度	：複数の目標がある場合の実施優先度

　目標が定まれば、「**目標と現実のギャップを埋める解決策**」を検討することが次のステップになります。この段階は、経営に関するノウハウや知見が必要になります。

　上記を例に説明すると「営業担当者が提案型営業を行う」目標を実現するために具体的に何をすればよいか、ということが「解決策」に該当します。**この解決策を検討する際に重要になることは、常に「当社の実情」や「社長の想い」を斟酌することです。そうでなければカスタマイズされた提案とはいえませんし、その付加価値も低下します。**コンサルティング会社で失敗することがあるとすれば、当社の実情や社長の想いを斟酌することなく、自社の得意パターンを押し付ける提案を行った場合です。実際に、こうした"苦情"を経営者から何度耳にしたことでしょう。

　さて、この例で「当社が提案型営業を実現する」ための解決策を考えるとすれば、以下の4つが想定されるでしょう。

・・

① 提案型営業を行うための「スキル習得」
　・課題発見、解決策策定、プレゼンを営業担当者が行うための「知識や技術」を与える
② 提案に必要な「業務知識・機械メニュー・成功事例」を整備する
　・実務が開始されたときに「提案内容のクオリティを高める」ための支援ツールを与える
③ 提案に必要な機材や様式などの「営業設備」を整備する
　・プレゼンに迫力を与えるための「見栄えのする様式」「支援機材」を与える

④ 提案型営業を意欲的に行うためのインセンティブを整備する
　　・提案者の「意欲を高める」ための道具を与える

　　同様に、「売上構成の5割を提案型営業由来にする」目標を実現するための解決策としては、以下の3つが想定されます。

①提案型営業に関するマーケティングを実施する
　　・市場調査・販売計画・セールスプロモーション等を検討し、最適の方法を考える
② 社内に対して計画内容の周知を行い、PDCAの仕組みを作る
　　・大きな方向転換であり、社員の正しい理解と共感が必要。実績管理や修正の仕組み作り
③ 提案型営業における粗利益率が30%以上確保できる仕組み・管理を行う
　　・提案型営業の付加価値の検証、試行錯誤による提案内容の見直し、実績管理の仕組み等

　　この解決案策定のポイントは「乖離を生んでいる要因は何か」を徹底して考えることにあります。
　　前者の"提案型営業"に関する目標では、「現在は提案型営業を行っていない」という現実と、「提案型営業を行う」という目標にギャップが存在します。数字的に表現すれば、「0のものを100にする」であり、大変大きなギャップがあることがわかります。
　　そこで「現在は、なぜ"0"なのか」＝「なぜ提案型営業を行っていないのか、行えないのか」に関する原因を探る作業に入るのです。例えば、提案型営業という言葉も知らない、内容もわからないから提案型営業をやっていないのではないか、という仮説が成り立ちます。同時に、提案型営業の内容が理解できても、実行するためのスキルが足りないのではないか、という仮説もできるでしょう。このように「なぜ"0"なのか」を「Why? Why? 方式」を駆使して、**できるだけ多くの要因をあげて仮説を立てるのです。**
　　仮説を立てた後は、検証に入ります。ここが「実情に適した解決策」を策定するポイントです。この仮説を検証しないままに、解決策を提案すれば「押し付けの解決策」になります。押し付けでは「付加価値が生まれない」のです。検証の方法はいろいろありますが、営業社員・営業幹部等へのヒアリン

グなどが一般的な方法です。

　仮説が検証されれば、"合格となった案"が「解決策の第1次案」になります。しかし、これはあくまでも第1次案です。第1次案をそのまま実行することが最適とはならないのです。そこで、「第1次案の検証」を行います。その方法は、**複数提示された解決案の全体バランスや実現性を検証すること**です。例えば、上記例では4つの解決案が示されていますが、4つの案について「**過不足はないか**」「**何かに偏った案ではないか**」「**当社の実情から判断して無理はないか**」という検証を行うのです。「過不足がないか」という視点をわかりやすく言うと、「やり過ぎ（キャパシティオーバー）」または「足りない」構成になっていないかを検証するのです。

　「何かに偏った」という視点は、「**特定の領域に解決策が集中し過ぎることで逆効果にならないか**」という検証です。例えば「教育・研修」に解決案が集中している、といったことです。「無理はないか」は、「**解決策の実現性**」の検証です。例えば、仮説に基づき「スーパー営業マンを3人作る」といった解決策を策定した場合に、確かにスーパー営業マンが3人いれば特定のエリアに配置して問題は解決するけれど、3人のスーパー営業マンを作ることが本当にできるのか、という検証です。笑い話のように聞こえるかもしれませんが、実際にこれに近い例は多いのです。

　こうした方法で、ひとつひとつ「**ギャップを生んでいる要因**」**を抽出し、仮説を立て、それを検証して「解決策」を策定するのです。ここに課題解決型営業における最大の付加価値があることを忘れてはいけません。**

　それでは「解決策策定のポイント」を整理します。

＊＊＊解決策策定（本業支援の内容）のポイント＊＊＊

> ●現実と目標の乖離を生じている要因を追求する
> ① 分析手法「Why? Why?」を繰り返し、できるだけ多くの要因を抽出する
> ② 抽出した要因に基づき、乖離の解消するための仮説を立てる
> ③ 仮説を、当社の実情に応じて検証して「第1次案」を作る
> ④ 第1次案について3つの検証を行う（過不足・バランス・実現性）

　解決策（＝支援メニュー）が固まれば、「誰が何をいつ行うか」といった**役割分担や実施スケジュールの設計に入ります。**上記例の「提案型営業」に

関する解決案は４つあります。まずは**役割分担の決定**です。

① 「スキル習得」　　専門コンサルタント、外部セミナー
② 「成功事例等の整備」
　・専門コンサルタントの指導の下で「社内：営業部」
③ 「営業設備の整備」
　・専門コンサルタントの指導の下で「社内：総務部」
④ 「インセンティブ設定」
　・専門コンサルタントの指導の下で「社内：人事部」

そして、支援機関や専門家が複数となる場合に、実施プロジェクトの**統括者を決めたうえで、実施計画を作成**します。実施計画については、**仮置きのスケジュールを設定し、最終的には関係者との調整、評価対象企業との調整が必要**になります。これが本業支援の第一歩になります。

【資料 3-3】 実施計画例

提案型営業導入プロジェクト「実施計画」

実施計画を策定するうえでの留意点は以下の通りです。

＊＊＊実施計画策定の留意点＊＊＊

①計画の「スタート、エンドの時期」の検討
②個別実施案の「実施する優先度、順番」の検討
③個別実施案に「必要な期間（時間）」の調査
④個別実施案の「実施者」「責任者」、全体計画の「統括者」の検討
⑤各参加者のスケジュール調整（予備期間の設定）

　実施計画では「開始時期」「終了時期」を想定することが必要です。次に、個別実施案について「どれから始めるか」という順番や、「実施期間」「実施者」「責任者」などを決めます。そのうえで、参加者のスケジュール調整を行います。

　最初は、ある程度大まかな設定として関係者との調整を行い、徐々に精度をあげます。計画は遅れる場合もあるので、予備的期間も織り込んでおく必要があります。このようにして、実施計画を策定し、本業支援を進めます。

　冒頭で、解決支援策の策定における金融機関の役割を2つ示しました。

　　① 経営改善や大きな成長につながる根本的課題を明確にする
　　② 総合的な解決策を策定し、コーディネイトする（本業支援の実施）

　ここまで説明した通り、「根本的な課題を明確にして、解決策を策定して、全体をコーディネイトして実施計画としてまとめる」までが「解決策の策定」ということになります。

（コラム㉚） 東日本大震災の復興現場を生きて ・・・・・・・・・・・・・・・・・・・・

　平成23年7月、筆者は仙台支店に赴任しました。3月に発生した東日本大震災で被災した多くの中小企業の復興を助けるためです。到着した日に石巻・女川、翌日に南三陸・気仙沼を訪れた記憶があります。瓦礫の撤去作業が進む中、多くの経営者と話をしました。

　経営者と話しをする中で、**金融機関の使命は「中小企業者に寄り添う」ことだと確信**しました。震災が発生したからといって、金融機関の機能が変わるわけではありません。決済、融資、情報提供など従来から有する機能をフルに稼働させて、状況に応じたサービス提供に努めるだけです。

　しかし、そうした機能発揮以上に大事なことは「お客様に寄り添う気持ち」

です。その気持ちがなければ良いサービスはできませんし、独り善がりの支援になってしまいます。復興支援といえば、緊急融資が思い浮かびます。寄り添う気持ちがあるのなら、被災者全員に融資すべきではないかと思われる方もいるかもしれません。しかし、寄り添う＝融資を断らない、ではありません。震災融資であろうと、融資である以上は「完済」を前提としています。返済できない融資をすることは、いろいろな意味で間違いです。

　寄り添うという姿勢は、まずもって丁寧な審査をすることから始まります。特に、既往のビジネスモデルが壊れている中で、経営者の経営力や熱意・行動力といったことをしっかりと見極め、融資の意味を問うことが必要です。そして仮に融資ができない場合でも、なぜ融資できないかという理由を具体的に説明し、どういう点を改善すれば再検討が可能なのか、別の手段はあるのか、等を一緒に考えてあげることが「寄り添う」ことなのです。

　復興の過程で意外な反応があったのは、震災初期に私たちが行った「声掛け」です。甚大な被害を受けた取引先企業１社１社について、生存確認・状況確認を行うためお声掛けを始めたのです。声掛けを簡単な仕事と思ってほしくはありません。従来登録されていた電話が津波で流され使えない、事務所を訪ねても建物がない、といったことがザラです。２ヶ月余りをかけて全部の声掛けが終わったのですが、多くの経営者から「お宅から声を掛けてもらい、俺たちは見捨てられていないと心から嬉しくなった」と言われたのです。「声掛け」は相手を想う心です。これが寄り添う心です。

　融資をお断りした企業からも「これだけ話を聞いてくれた銀行はない。ありがとう」「いろいろ改善点がわかった。何とか努力して再起してみる」といった声をいただきました。東日本大震災の復興現場を生きて感じたことは、**金融機関は「お客様に寄り添う」ことが基本である**、ということです。

　今回私たちが取り組む事業性評価は「お客様とより良い未来を共有するためのツール」であり、スキルだけでなく、「寄り添う心」を基本におくことが、成功のカギであるといえます。復興の現場で感じた真理は、平時にも通じることだと思います。

第12章

「本部・専門家・支援機関」との連携

課題解決策の策定や本業支援の実行に際しては、営業店以外の関係者の力を借りる場面が増えます。解決策が、より根本的なものであれば「実施メニュー」も増え、「関係者の数」や「時間」も要することになります。こうした意味で、関係者と円滑な連携を図ることは「課題解決型営業による本業支援」を支える、大切なバックボーンとなります。

本章では、ステークホルダーとの連携について説明します。

1. 本部との連携

どの金融機関でも"本支店一体となった本業支援"が合言葉になっています。しかしながら、現場では「本支店一体が感じられない」という声が少なからずあることも事実です。

こうした声があがる理由は幾つかあると思いますが、一番大きい理由が**「コミュニケーション不足」**です。「本部に助けてもらっている」という職員に共通することは「本部によく電話をしている」「本部や研修に行った際は、関係部の担当者に挨拶・顔見せをする」といったことです。つまり、**日頃から質問・照会など積極的なコミュニケーションを行って、良い関係作りをしている**のです。

本部といえども聖人君子ではありません。人間である以上「知った人」「よく話す人」に対する対応振りは、多少なりとも変わります。別にゴマをするといった斜めからの見方をするのではなく、気軽に話ができる関係作りをすることは、絶対に必要なことだと思います。

そのうえで、留意してほしい点が次のものです。

① 相手も忙しいので、話をする際は「いま話すことの可否」を必ず確認する
② お互いの融通が利きやすいように「早い段階での相談や事情説明」を心がける
③ 相談や照会の「ポイントを明確」にして臨む（話の内容を整理）
④ 可能な限り、お客様とのやりとりの「要点、ニュアンスがわかる」ように伝える
⑤ 「過不足なく正直に」話す（相手の判断が間違う可能性がある）
⑥ 「時期、スケジュール感」を伝える

　こうした点に留意しながら、積極的にコミュニケーションを取ることで、「あなた」という営業担当者を本部から「認知してもらう」ことが大事です。何でそこまでやらなきゃいけないの？と言わずに、**自分の仕事がしやすい環境作り**を心がけてほしいと思います。

(コラム㉛) **本部につなぐことは大事だが、それだけで担当者の魅力は出ない** ・・・

　課題解決型営業や本業支援を進めるうえで、本部の知見・ノウハウを借りることは必要不可欠です。各金融機関では、ソリューション機能を強化するべく本部の増強をしていると聞きます。

　こうした体制のなかで、**「現場がつなぎ屋になる」**ことを心配しています。"ネタ"を発見したらすぐに本部に連絡し、あとは専門家にお任せといった流れです。専門的なことを現場でやれといってもできないよ！という声が聞こえてきそうですが、**あえて「現場は現場の矜持を持て」と言いたい**と思います。これは理屈ではありません。長く現場に身を置いた人間の"経験を踏まえた直感"です。相手が大企業や中堅企業であれば、こうした体制でも何の問題もないでしょう。しかし、中小企業においては少し違います。

　その違いは何か。それは、小さな組織のトップとして、**経営者が命を張って経営していることと関係がある**と思います。筆者も課題解決型の提案案件をいくつも経験しました。それらの案件で感じたことは、重みがある判断を必要とする案件ほど、本部職員が帰った後に社長から「それで支店長はどう思う？」

と訊かれたことです。

　同じ金融機関であっても「本部は他所の人」という感覚があるのです。そして、**自分の会社を心から思ってくれている人は「現場の人」であると考えている**のです。本部職員は要件が終われば帰ります。プロジェクトが終われば会うこともないでしょう。それは仕組みですから当然のことです。しかし、経営者は逃げられません。だからこそ「逃げられない相手」と話をしたいのです。こうした経営者の想いを考えたときに**現場は「つなぎ屋」ではなく、自らが「解決者」として動く姿勢が大事**だと思うのです。

　これからの課題解決型営業の大競争時代の勝利者は、"現場を鍛え上げた金融機関"になると思います。本部に精鋭を集めてプロジェクト毎に颯爽と出向くスタイルを否定するものではありませんが、解決策のスマートさだけで人の心は動かせません。最後は信頼関係がモノを言います。経営から逃げることができない経営者が求める理想は、**現場の「強さと温かさ」**です。

　現場の営業担当者は自らを鍛え上げて欲しい。少なくとも「本部のつなぎ役」といった意識は捨てて、**担当企業の面倒がみられる担当者になってほしい**と思います。本部は活用するもので、主役は現場であることを忘れないでほしいと思います。

2. 専門家・支援機関との連携

　専門家・支援機関の参考例を下表にまとめました。なお、利用範囲や変更等がある場合もあるので、活用する際には必ず内容を確認してください。また、本部との連携で説明したことと同じ心構えをもって、**支援機関とも円滑な関係を構築する**ことを心がけましょう。支援機関から「認知される担当者」は「支援機関にとっても有難い担当者」であり、大いに活用したい人であることを覚えておいてください。

支援機関名	業務内容
中小企業振興公社（各県）	**中小企業の総合支援事業を実施** **相談内容**（東京都中小企業振興公社の例） 「創業」「新製品・新技術開発」「販路開拓」「マーケティング支援」 「助成金・設備投資」「事業承継・経営の改善継続」

中小企業 振興公社 （各県）	「研修・人材育成等」「海外展開」「福利厚生」「知的財産」 「伝統工芸品産業」 **支援事業**（東京都中小企業振興公社の例） 「生産性向上のための IoT、AI の導入支援」 「ロボット導入・活用支援」 「専門家派遣」「事業化チャレンジ道場」 「ニューマーケット開拓支援」「プロモーション支援」 「ISO 取得支援」「事業可能性評価」等々
中小企業 団体中央会 （各県）	**中小企業の連携組織（組合等）を通じた経営支援を実施** **支援事業** 「組合等の連携組織の形成支援」「指導者の育成」 「講習会・研修会」「情報の提供」 「ものづくり支援」「活路開拓」「会計相談」等
商工会議所 （全国 515）	**商工業の経営支援や地域振興支援を実施** **支援事業**（東京商工会議所の例） 「創業」「産学公連携」「海外ビジネス」「補助金・助成金」 「販路開拓（商談会）」「PR」「採用」「人材育成」「共済」 「福利厚生」「貿易証明」等
商工会 （全国 1643）	**小規模事業者に重点を置く経営改善事業等を実施** **支援事業** 「経営相談（経営・税務・金融・労務・連鎖倒産防止）」 「取引・販路開拓支援」「分野別専門家派遣」
経済産業局 （全国 9）	**管轄地区の経済産業政策の実施** **中小企業支援施策** 「創業・ベンチャー」「下請取引適正化」「新連携」 「農商工連携」「地域資源」「事業承継」 「製造産業/ものづくり」「サポイン」「金融/保証」「再生支援」 「官公需」「海外展開」「経営革新」 「クリエイティブ・コンテンツ」「中小企業組合制度」等
中小企業庁 「ミラサポ」	**中小企業庁の中小企業支援委託事業（サポート・サイト）** **施策情報** 「重点テーマ（TPP 協定、マイナンバー制度、働き方改革、予算税制改正、認定支援機関、表彰企業）」 「施策別メニュー（補助金・助成金、金融・税制、専門家の活用、官公需）」 「テーマ別メニュー（創業・起業、人材・採用、海外展開、事業承継、下請取引、知的財産、商店街・まちづくり、地域資源）」
中小企業 基盤整備機構	**中小企業の総合的政策を実施** **支援事業** 「インキュベーション」「販路開拓」「海外展開」「事業承継」 「事業再生」「中心市街地活性化」「高度化」「共済」

中小企業 基盤整備機構	「震災復興支援」「経営相談」「専門家派遣」「人材育成」 「情報提供」等
日本貿易 振興機構	**貿易促進、対日直接投資促進、海外調査研究を実施** **支援事業** 「輸出支援」「海外進出」
中小企業 活性化 協議会 （全国）	**地域全体での収益力改善、経営改善、事業再生、再チャレンジの最大化** **を実施** **支援事業** 「早期経営改善計画策定支援」「収益力改善支援」「経営改善計画策定支援」「プレ再生支援」「再生支援」「再チャレンジ支援」
産業技術 総合研究所 （全国 9）	**産業技術に関する研究を実施** **実施事業** 「技術相談窓口」
よろず 支援拠点 （各県）	**中小企業の総合的な経営相談をワンストップで実施** **相談テーマ** 「創業」「資金繰り」「技術」「販路」「専門家派遣」「経営革新」 「事業承継」「IT 化」「補助金」「マーケティング」 「生産性向上」等
事業承継・ 引継ぎ支援 センター	**国が設置する事業承継・引継ぎの相談窓口** 「第三者承継（M&A）」「親族内承継」「後継者人材バンク」 「経営者保証に関する支援」

第13章

プレゼンテーション

　課題解決型営業において、**プレゼンテーションの役割は相当大きいもの**があります。その理由は、**中小企業の「納得感」「共感」なしに課題解決型営業は成り立たない**からです。第1部第5章「説得力」でプレゼンテーションに係る基本的なスキルについては説明しているので、あらためて読み直すことをお奨めします。

　本章では、プレゼンテーションの「ツール」「方法」「留意点」について説明します。

1. プレゼンテーション・ツール

　「プレゼンテーション・ツール」に関しては、「パワーポイント」（マイクロソフト社）等を活用している金融機関が多いと思います。「パワーポイント」の活用方法については、数多くの参考書が出版されていますので、そちらを参考にリテラシーを高めるとよいでしょう。一方で、画面切り替え、アニメーションといったテクニックを磨けば良いというものでもありません。大事なことは内容であり、ストーリー展開ですので、次の留意点を頭に入れてください。

＊＊＊効果的なプレゼンツール＊＊＊

① 事業性評価の内容をわかりやすく表現する
② 企業の課題（問題構造）が容易に把握できる
③ ストーリー性のある展開である
④ 課題に対する解決策が具体的に示されている（本業支援のプラン）
⑤ 共感性の高い言葉遣いである
⑥ 見やすいレイアウトである

① **事業性評価をわかりやすく表現**

・事業性評価の内容をわかりやすく示すことが基本です。プレゼンテーションにあたっての第一関門は、「当社の実態を正しく理解しているか」というお客様の疑念を晴らすことです。当社のありのままの姿をできるだけ的確に表現するようにしましょう。

・第2部第21章「プロファイリング」の諸様式も参考にしてください。

② **問題構造が容易に把握できる**

・第二の関門が「課題認識」です。第三者から「改善点」を示されることは、愉快なことではありません。ましてや表現が複雑で、理解するまでに時間がかかるような表現では、イライラして逆効果になります。

・当社の問題構造を容易に把握できるような「簡潔な表現」を心がけるとともに、図などを活用して問題構造の関連性を示すと理解が早まると思います。

③ **ストーリー性のある展開**

・納得感を高めるためには、ストーリー性のある展開にすることが大切です。第2部第21章で、「過去〜現在〜未来」といった形のプロファイリングを示しましたが、企業の歴史を辿りながら、現在と未来を語るというフローは、ストーリー性が高くなります。

・こうしたフローに限らず、現状認識〜経営未来図〜ギャップ抽出〜対応策といった流れがスムーズに展開できれば、それもストーリー性の高い方法といえるでしょう。

④ **具体的な解決策（本業支援のプラン）**

・絶対にあってはならないのは「評論家的な解決策」「表層的な解決策」です。経営者の身になれば、そんな解決策は出てこないというレベルでは困ります。例えば、財務内容に大きな課題を有する企業に対して「解決策：財務全般の改善を進める」といった表現では、納得感は得られないということです。

・実行に移す場合に、具体的な方法やイメージが湧くような、できるだけ具体的な解決策を表現することが大事です。具体的でなければ本業支援のプランを作ることもできません。

⑤ 共感性の高い言葉遣い

- ・金融機関は、どうしても言葉遣いが堅くなりがちです。誤解を生じさせないためということは理解できますが、「中小企業が主役」「健康診断書」「共有」「未来を指向」といった事業性評価の趣旨を思い出していただければ、できるだけ平易でわかりやすい言葉遣いを選択することをお奨めします。
- ・特に「洋語」を嫌う経営者も多いと思います。教条的な表現（上から目線）では感情的な壁ができてしまいます。できるだけ相手に「共感してもらえる平易な表現」を心がけるべきです。

⑥ 見やすいレイアウト

- ・パワーポイントは「細かい字」を羅列するようなレイアウトは避ける方が無難です。
- ・グラフなども1ページに1つといった大胆な配置の方が印象を残すことができます。
- ・パワーポイントを使わないのであれば、通常の「評価書」という形態で文書として交付した方が、却ってわかりやすいかもしれません。
- ・次頁以降にプレゼンテーションの事例を示しますので参考にしてください。

---

2. 効果的な方法

　効果的なプレゼンテーション・ツールを準備した次のステップでは、実際にお客様の前でプレゼンテーションを行うことになります。せっかくプレゼンテーションをする以上は「**効果的な舞台演出**」を心がけましょう。

＊＊＊効果的な舞台演出＊＊＊

① 十分な時間を確保する
② キーマンに必ず参加してもらう
③ プレゼンテーターは相手を見て決める
④ プレゼンテーションする場所の設備を整える
⑤ プレゼンテーション後の対話を充実させる

株式会社青木製作所　御中

事業性評価報告とご提案

平成30年12月12日
株式会社○○銀行□□支店

目　次

1. 業界構造　～自動車業界の長期需要や構造変化～
2. 競争環境　～自動車部品業界と当社地位～
3. 当社の事業沿革　～創業期から現在まで～
4. 当社のビジネスモデルと商流
5. 非財務的評価
6. 財務的評価
7. 当社の問題構造と解決の方向性
8. 総合的なご提案

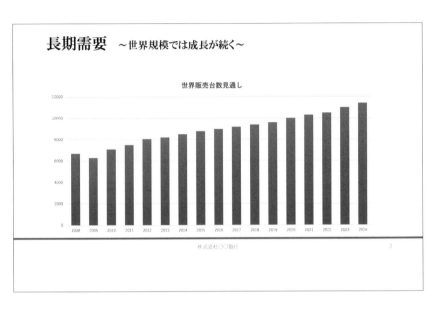

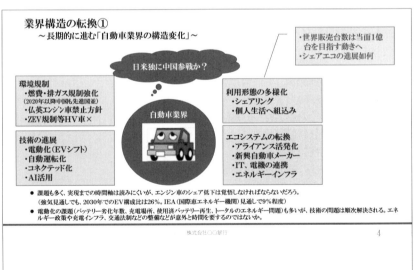

業界の構造転換②　～EV戦線、日米独に脅威となる中国～

- ■ 中国の巨大市場が世界を動かす
  - ・EV販売台数50万台は世界トップ・・・倍々ゲームであっという間に1000万台か
- ■ 中国メーカーの大同団結あるか？
  - ・EVライセンス20社。中国は鉄道大手2社も統合させた。大同団結がないといえるか
- ■ 着々と進展する充電インフラの驚異
  - ・政府推進の充電インフラ整備計画・・・2020年　急速12千基、通常4800千基
  - ・中国独自のGB／T規格で、アジア各地に充電インフラを拡充の動きがあると・・・
- ■ 法規改正でも中国が主導権を握る？
  - ・中国NEV規制が引き金となり、欧州・米国での規制がさらに強化され、EV加速へ
- ■ EV本格化で、メーカーは下剋上、部品メーカーも新たな展開へ！
  - ・グーグル、滴滴出行、電機、ITなど様々なEV支配層が登場
  - ・系列の破壊（モジュール化）、不要部品や必要部品の入れ替え、メーカーの入れ替え

競争環境①
～サプライチェーンを支える自動車部品メーカー～

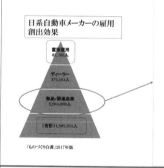

日系自動車メーカーの雇用創出効果

「ものづくり白書」2017年版

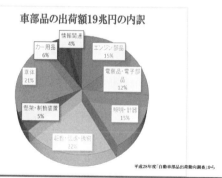

車部品の出荷額19兆円の内訳

平成28年度「自動車部品出荷動向調査」から

競争環境②　〜当社の業界ポジション〜

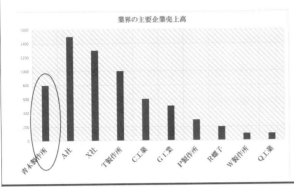

業界の主要企業売上高

- ●売上規模
  業界4位。
- ●当社ポジション
  ・当社の取扱部品は競合
  　が3社しかないため、事
  　　実上はトップポジション

事業沿革（創業〜平成20年代）
〜時代に適合した製品作りと大胆な設備投資で基礎作り〜

- ■経営環境
  - ★創業から昭和50年代までは高度経済成長を背景に、精密部品・自動車とも高成長
  - ★バブル崩壊、リーマンショック、東日本大震災など「大きな経済危機」が発生
  - ★貿易問題、円高進行による輸出環境の悪化
  - ★世界的プレイヤーとなった自動車、精密機械ともに停滞期に突入
- ■事業者特性
  - ★主力製品「螺子」をもって、自動車・精密機械の各業界に進出。精密螺子メーカーとして地位確立。
  - ★昭和50年に主力工場完成、以降最新鋭の工作機械を相次いで導入
  - ★大手メーカーの品質要請に応える形で、精密加工とコストに対する強みを形成

事業沿革(現在)

~組織改編と事業承継を済ませ、未来への発射台が完成~

■経営環境
- ★世界的な経済の好循環期に入り、海外市場・国内市場とも好調
- ★省力化投資、高度化投資の流れから精密工作機械分野は絶好調で推移
- ★自動車は国内市場は逓減、海外市場は米国・中国とも好調に推移
- ★米中など貿易戦争、地政学リスク、天災リスクなどの不透明感は高まっている

■事業者特性
- ★カンパニー制へ移行。グループ全20社(うち海外7社)を持ち株会社が牽引する体制。
- ★グループ全体で売上高80億円、経常利益8億円の収支構造実現。
- ★実力会長が引退し、長男社長に権限移譲。経営権(株式)も移行し、新社長体制が開始。
- ★螺子を起点に「各種精密部品」へ展開。精密部品7割、自動車部品3割の構成

ビジネスモデル

~自動車メーカー9割を顧客とし、制動関連部品を中心に提供、付加価値は安定して高い~

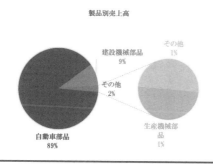

製品別売上高

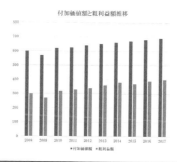

付加価値額と粗利益額推移

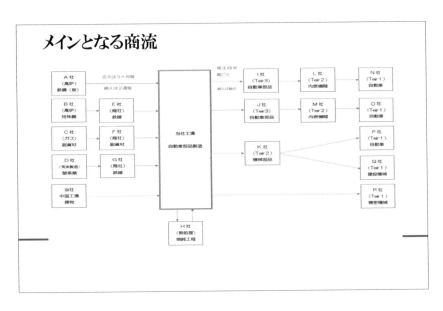

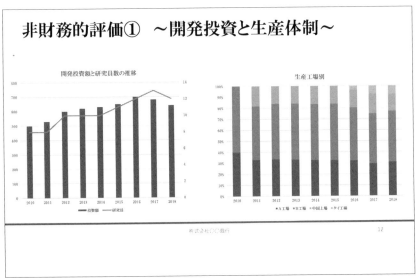

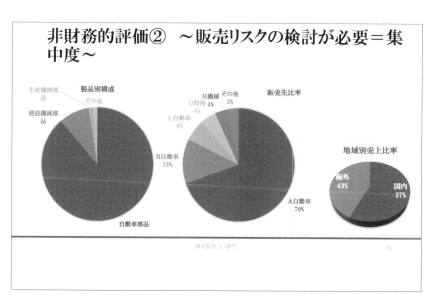

非財務的評価②　～販売リスクの検討が必要＝集中度～

製品別構成

生産機械部品
その他
建設機械部品

B自動車
13%

C自動車
6%

D特機
4%

H機械
4%

その他
3%

販売先比率

A自動車
70%

自動車部品

地域別売上比率

海外
43%

国内
57%

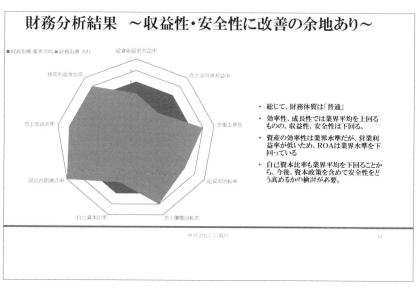

財務分析結果　～収益性・安全性に改善の余地あり～

■財務指標 業界平均　■財務指標 当社

総資産経常利益率

経常利益増加率

売上高経常利益率

売上高成長率

労働生産性

固定長期適合率

総資本回転率

自己資本比率

売上債権回転率

- 総じて、財務体質は「普通」
- 効率性、成長性では業界平均を上回るものの、収益性、安全性は下回る。
- 資産の効率性は業界水準だが、営業利益率が低いため、ROAは業界水準を下回っている
- 自己資本比率も業界平均を下回ることから、今後、資本政策を含めて安全性をどう高めるかの検討が必要。

財務分析　～　収益性と効率性のバランス確保が課題～

（単位、%・百万円・月・回）

項目	財務指標	実績			評価
		前々期	前期	今期	
収益性	総資産経常利益率（ROA）	1.1%	1.1%	1.0%	最新鋭工場や開発整備は業界でトップクラスだが、財務的には資産効率を悪
	使用総資本利益率（ROI）	1.7%	1.7%	1.5%	としており、投資回収についても重い状況となっている。利幅の確保できる新
	売上高営業利益率	7.2%	7.5%	7.7%	製品比率を高めてきた結果、本業の収益性は高まっている状況。
効率性	労働生産性	5.2	5.3	5.4	労働生産性は徐々に改善しているものの水準は並み。資産規模が大きく、売上
	総資本回転率	1.0	1.1	1.0	が横ばい基調であるため、資産の効率は悪い。営業面では財務を意識した動
	売上債権回転率	3.2	3.1	3.3	きが見られないことから、売上債権回転率も横ばい推移。
安全性	自己資本比率	14.8%	14.9%	15.1%	自己資本比率は業界水準を下回る。一方、借入期間バランスを確保している
	固定長期適合率	111.0%	114.0%	118.0%	ため固定長期適合率は安定的。ICRは合格ラインすれすれであり、借入圧縮
	ICR（インタレストカバレッジレシオ）	9.8	10.1	11.0	などの方策も検討したいところ。
成長性	売上高成長率	99.8%	100.2%	100.3%	売上は横ばい推移、構成的には新製品比率が高まっているものの、既存製品の
	経常利益増加率	1.1%	0.9%	1.2%	低下もあり全体では横ばい。収益性もやや低く推移。
プロファイリング					●当社の武器である、高い開発力・生産力を支える設備投資を積極的に行った結果、一定の競争力は確保できているが、財務的には資産規模増大、借入金増加という課題を抱えている。 ●新製品への比重強化という戦略は妥当で、今後は収益性向上と投資の見直しを行い、収益性と効率性のバランスを確保することが課題。

当社の問題構造と解決の方向性

【内部環境】
★社内の経営体制は固まったことから、長期的な「経営戦略」の策定が必要な状況
★売上構成が偏向・集中度が高いため、集中リスクの緩和が必要な状況
★最新鋭機器の設備投資は計画通り進展。今後はIoTなどシステム高度化が課題。
★従業員平均年齢37歳と若い。中期的な技術承継がポイント。
★海外拠点7カ所の今後の展開についての総括が必要。

【外部環境の変化】

★人口減少が今後とも進行し、国内市場の減少、労働者の減少が確実
★精密工作機械について、中国を中心とする新興国のレベルが向上し、新たな競争激化
★自動車は、EV比率が高まるとともに、業界構造やサプライチェーンの大変動が予想される
★3Dプリンターなど部品製造に関する新技術も勃興

【解決の方向性】
●売上集中度リスクの緩和
●自動車部品制動以外のスター商品開発
●今後の長期的経営戦略の策定
●知財戦略の策定と強化

ご提案　～成長メニューと当行のサポート～

- ■長期経営戦略の策定支援
- ■製品開発に関する技術マッチング支援
- ■製品開発に関する提携先の紹介
- ■知財戦略のサポート
- ■組織戦略評価のサポートと資本参加
- ■財務改善の5年計画の策定

株式会社○○銀行　　　　　　　　　　　　　　17

① **十分な時間確保**

　・本格的なプレゼンテーションを行うのであれば、プレゼンテーションから「対話」まで含めて2時間は確保したいところです。忙しい経営者を相手に難しい面もありますが、それだけ「付加価値の高い」仕事であり、数年に1回の機会ということを考えれば、時間が足りず駆け足になったということのないような時間設定にしたいところです。

② **キーマンの参加**

　・キーマンというのは経営の決定権をもっている社長・会長です。なぜ参加する必要があるかといえば、金融機関の声を直接「決定権者」に伝えたいからです。キーマン不在では、間接伝聞になり、ニュアンスや熱意が伝わらず、最悪誤解をされる可能性もあります。

　・また「サラリーマン部長に伝わらなくても経営者には伝わる」場合が多々あります。経営者は会社を自分のこととして捉えます。会社が成長できる話、改善できる話であれば「痛い話」を含めて、「聞く耳」を持っ

てくれるのです。サラリーマン部長であれば「そんな痛い話を社長には言えない」という場合もあるでしょう。

③ プレゼンテーターの選定

・基本的には「営業担当者」がプレゼンテーターを務めます。「一番会社を理解している人」だからです。ただし、相手や状況に応じて「より効果が高い人」を選定してもよいでしょう。

・例えば、支店の最重要先の会長さんが相手という場合に、「支店長自ら」という選択肢があって良いのです。要は「最大の効果」をあげるために「誰が行うか」を選択するのです。もちろん、教育的効果も考えて「担当者一本で対応する」という金融機関があってもよいと思います。また、金融機関側の参加者は最低でも、ライン2名以上としたいところです。プレゼンの補助やプレゼンテーション後の「対話」の相手や「記録」などを考えれば、複数名が望ましいと思います。

④ プレゼンテーションの場所

・プレゼンテーションの実施場所については、パワーポイントの投影機などの環境が整備された場所を選択することをお奨めします。基本は「支店会議室」がよいでしょう。

・もっとも近時は、中小企業でも立派な会議室や設備を有する会社が増えましたので、その場合には、設営環境についてよく打合せをして対応すればよいと思います。

⑤ プレゼンテーション後の対話時間の充実

・プレゼンテーションにおいて最も重要な時間が「プレゼン後の対話」です。プレゼンテーションに関する感想を聞くことからスタートして、事業性評価の妥当性、現状認識の相違、経営目標の再確認、課題認識について、ひとつひとつ確認します。

・1回のプレゼンテーションで、「解決策を応諾する」といった段階まで進むことは稀であり、プレゼンテーションを通じて課題解決の方向性までを共有できれば十分といえるでしょう。

3. 心を打つプレゼンテーションとは

プレゼンテーションで最も大事なことは「お客様の心を動かす」ことです。詳細は第1部「説得力」を参考にしてください。多くのプレゼンテーションを経験して「心を打つ」ためのヒントをあげるとすれば、「情熱」「想い」「内容」の3点です。

① 情熱をもったプレゼンテーション
- 人を動かすことができるのは人です。「何としても良い会社になってもらいたい」という熱い情熱があれば、方法の巧拙はあっても人の心には伝わります。
- 逆に、どんなに内容が良くても、氷のように冷たいプレゼンでは相手の心も冷えるでしょう。

② プレゼンテーターの想い
- 想いのないプレゼンほど味気ないものはありません。ペーパーを提出するだけの方がマシです。
- 想いがある人は、必ず「強調したい点」があるはずです。例えば「どうしても改善してほしい問題点」「成長のために勇気をもって一歩踏み出してほしい点」などです。経営者は想いをもって経営をしています。だからこそ「想い」は通じるのです。

③ 圧倒的なプレゼンテーションの内容
- 迫力のある内容であれば、これもお客様の心を動かします。「よくここまで調べたものだ」「当社の問題点がハッキリと掴めた」「これから何をすれば良いか明確になった」、こういった言葉をプレゼンテーション後にもらえるような内容を作ることが必要です。

（コラム㉜）**若者の教条的な姿勢ほど受け入れられないものはない** ‥‥‥

　事業性評価では、企業の長所だけでなく、問題点についても指摘します。特に、問題点を指摘する場合に、留意してほしいことが「謙虚な姿勢」です。

　コンサルティングの利用経験を持つ経営者と話をすると、コンサルタントへ

の不満・苦情を聞くことがあります。その代表例が「経営経験もなく、実務経験もない20代30代のコンサルタントが、物知り顔で説教する」というものです。もちろん、ビジネスに年齢は関係ありません。正しいことは正しい。だから年長者であっても、正しい指摘は謙虚に受け止めなければいけません。しかし、人間には感情があります。

　コンサルティングの目的は、**「クライアントに心から課題を認識してもらい、自ら変えたいと思う気持ちを起点に、様々な方策を実行し、経営の改善を図る」**ことです。この「心から」が実現できなければ、次への展開など不可能です。話の内容が教条的であればある程、**謙虚な姿勢で経営者の想いに共感しながら話すことが大事**です。

　不遜な姿勢は、本人が自覚することなく表れる場合が多いので、同行してくれた上司や先輩に、自分の説明姿勢や相手の受け止め方について良く観察してもらって、その場でフィードバックをしてもらうと良いでしょう。対話、プレゼンテーションで必要なことは"内容"ばかりでなく、"話し手の姿勢"も大きいことを認識する必要があります。

4. プレゼンテーションに関する留意点

　プレゼンテーションの留意点は、2点です。1つ目は「**十分な事前準備**」、2つ目は「**事後フォローの徹底**」です。

　十分な事前準備の重要性は理解していると思いますが、忙しさのあまり、十分な事前準備がされないまま、プレゼンテーションの場を迎えることがあるのではないでしょうか。「資料準備」は否が応でもしなければなりませんが、「説明準備」まで行っているケースは意外と少ないようです。せっかく良い資料を作っても、たどたどしい説明で、流れも悪ければ「説得」も「共感」も得られません。

　説明については、**営業店で「プレゼンテーション研修」をすることをお奨めします。全体での研修と、一人ずつ実際にプレゼンさせる研修と組み合わせると効果的**です。

　実際には「場数」が大事にはなりますが、プレゼンテーション研修の場でフィードバックすることによって、本人が気づかない「言葉癖」や「リズム感」を修正することができます。

2つ目の「**事後フォロー**」はさらに**重要**です。「プレゼンテーションのやり放し」では意味がありません。**営業の基本は**「**フォロー**」です。成果をあげる者とあげられない者の差は、フォローの差といっても良いくらいです。

プレゼンテーション後に、あらためて**フォロー**（**プレゼン時に持ち越した点の確認、解決策の実行可否の確認等**）をしっかり行うことです。上位者も担当者任せにすることなく、フォロー状況を確認するなり、自らが確認を行う姿勢が必要です。

第14章

課題解決型営業と本業支援を
どう進めるか

　事業性評価を起点とする課題解決型営業および本業支援は、「中小企業のより良い未来」を創造します。第2部で事業性評価の課題は「金融機関としての資源配分」にあることを説明しました。

　言い換えれば、どれほどの深度・幅で調査や評価を行うか、どれだけの数の中小企業を評価対象とするかです。これと同じ問題が、課題解決型営業や本業支援の取り組みについても起こります。課題の大きさ、本業支援の在り方次第では、金融機関の多くの経営資源を配分しなければなりません。

　これに関しては、金融機関の経営が「課題解決型営業」「本業支援」の位置づけを明確にして、現場が悩まないような方針を示すことが重要です。同時に、方針を浸透させるために事後フォローを強力に行うことです。「課題解決型営業」「本業支援」の実践を経営から指示されてはいるものの、現場の業務負担は何ら変わらず、また支店長の指導も旧来通りのもので、経営の想いとは別に「形ばかり」の執行になっているのが現場の実態です。

　そういった意味で、金融機関の経営者は「自行の身の丈に合った経営資源の配分」の在り方を本気で考え、それを実行すべきです。自行では「本格的な本業支援は難しい」と考えれば、ニーズの拾い上げに注力し、直接の支援はビジネスマッチング等に限定して、後の課題は外部機関や専門家につなぐという方法もあります。また、「先頭を行く」と考えるのであれば、非貸出収入（本業支援の手数料やコーディネイト料等）の割合を、例えば4割まで高めるといった目標を掲げ、そのためにコンサルティング部の設置、子会社を含めた本業支援エコ体系の整備、職員のコンサルティング能力の向上といった諸々の投資を行うべきです。新しいビジネスモデルをどう構築するかは経営次第です。

　もうひとつの課題は、出来るだけ多くの中小企業に「事業性評価」「本業支援」の恩恵を施すことです。地域を活性化するためには、コアとなる中小企業を中心に同心となる中小企業群を元気にする必要があります。つまり、

どれだけ多くの中小企業に「事業性評価起点の本業支援を実施するか」がカギになります。これを実現するためには「メリハリをつける」ことが必要です。第2部第22章で「簡易版事業性評価」についてご紹介しました。こうした様式を活用して、まずは一定の事業性評価を実施する母集団を作ることです。そして、そのなかで「本格的な本業支援」を行うべきである取引先に関しては、手間やコストをかけて深度を深めればよいのです。

　簡易版事業性評価の取り組み先であっても、本業支援は可能です。【資料3-4】は、簡易版事業性評価とセットにして、シンプルに評価先企業の課題の明確化と解決策の方向性を導く様式です。例えば、簡易版事業性評価①【資料2-30】においては、過去から現在に至るまでに「築き上げた経営資源」を記載する欄があります。さらに、簡易事業性評価を通じて明らかになった「現実」を踏まえて、今後「未来に向けてやるべきこと」、それに関する経営者との「対話」を記載する欄があります。簡易なものではありますが、将来の方向性と現実のギャップ、それに関する経営者の想いを明らかにできるので、それを踏まえて【資料3-4】「解決策の様式」に記載してある「当社のステージ」や「(課題の) 経営領域」から「課題解決策」を導く流れを作ることができます。

　できるだけ手間をかけることなく、しかし、事業性評価を起点とする本業支援という基本フローから外れることなく、取引先の課題や解決策を導き出すのです。こうした簡易な方法を拡げることで、職員の事業性評価力や本業支援に関する意識も必ず変化します。言い換えれば「事業性評価」や「本業支援」が日常の業務となるのです。これらが日常のものとなれば、金融機関の「課題解決型営業」という新たなビジネスモデルは確実に浸透することでしょう。まずは、こうした簡易様式を活用しながら一歩を踏み出し、課題解決型営業を定着させるのです。

【資料3-4】 解決策の様式

当社のステージ (該当欄に○)	課題の類型 (該当欄に○)	課題解決策 (該当欄に○)
創業・成長期	組織・内部管理体制	コンサルティング紹介
	中核人材など人材確保	人材確保支援事業・自行OB紹介
	資金調達面	金融指導、支援ファンド等の紹介
	営業基盤の組成	ビジネスマッチング
	マーケティング	
	その他（　　　　　　　　　）	
安定期	新規事業への挑戦	支援機関の紹介
	事業基盤の強化	成長支援プログラムへの適用
	内部管理体制（人事・会計・　　　）	ビジネスマッチング
	システム化・IT化	不動産物件紹介
	資金調達の多様化	コンサルティング紹介
	海外展開	各種融資提案
	新商品・新技術・新店舗開発	情報提供
	その他（　　　　　　　　　）	
停滞・困難期	経営改善	改善計画策定支援
	資金調達改善	支援機関、コンサルティング紹介
	事業譲渡	ビジネスマッチング
	その他（　　　　　　　　　）	
全期共通	事業承継	株価算定支援、事業承継スキーム助言
	販路開拓	コンサルティング紹介
	生産性向上	効率化投資融資、補助金紹介
	人材確保	BCP策定支援
	災害発生時・BCP	制度融資、政府系機関紹介
	その他（　　　　　　　　　）	

経営領域	課題例	課題解決策
人事	給与体系の改定	コンサルティングの紹介
	人事評価制度の改定	自行OB紹介
	研修体系、キャリアパス設計	支援機関紹介
	退職金・年金	
	人材確保	
	海外拠点人事関連	
	その他（　　　　　　　　　）	
会計	管理会計導入	公認会計事務所紹介
	J=SOX準拠	コンサルティング紹介
	新しい顧問税理士	ビジネスマッチング
	資金調達関連	債権流動化、ABL、他（　　　　）
	その他（　　　　　　　　　）	
営業	提案型営業	コンサルティング紹介
	営業力の向上	ビジネスマッチング
	特約店等の紹介	
	その他（　　　　　　　　　）	
経営	経営計画・改善計画の策定支援	本部セクション紹介
	グループ戦略・組織戦略	コンサルティング紹介
	資本戦略	不動産ビジネスマッチング
	遊休物件活用	
マーケティング	4P戦略の見直し	コンサルティング紹介
	その他（　　　　　　　　　）	
IT化・システム化	社内システムの統合	ITコンサルティング紹介
	e-コマースへの対応	ビジネスマッチング
	IoT等生産システム関連	設備投資に対する融資支援
	その他（　　　　　　　　　）	
生産	生産効率	生産系コンサルティング紹介
	生産品質	関連セミナー等紹介
	在庫管理	設備投資に対する融資支援
	製品開発	ものづくり補助金支援
	工場の環境対策	支援機関紹介（農商工連携他）
	その他（　　　　　　　　　）	
購買	新しい協力企業	ビジネスマッチング
	新しい商材	デリバティブ提案
	低コスト	
	為替リスク	
	その他（　　　　　　　　　）	

目標の奴隷となるな ・・・・・・・・・・・・・・・・・・・・・・・・・・・

　営業の現場では、"目標""割当"という言葉が毎日のように飛び交い、調子が悪い時には担当者の悩みの種になります。何となくでは力がでない、具体的な目標を持つことが大切だと言いましたが、**目標に縛られて、目標の奴隷となってしまっては毎日が苦痛そのもの**です。奴隷は自分の意思をもつことが許されません。目標という「ご主人様」の言うことを聞くだけです。そして、言うことができなければ鞭で打たれるだけです。

　目標と上手に付き合うためには、**「目標の奴隷」になってはいけません。「目標を自分の成長や成果をあげるための道具」に使う**ことが大事です。奴隷と道具では大きな違いがあります。前者はあなたが使われる対象であり、後者はあなたが仕事に役立てるために使います。

　この2つを分けるものは**「あなた自身の心の持ち様」**です。奴隷は意思がなく、上から与えられるだけです。ただ上から目標を与えられるだけでは、奴隷のような気持ちになります。**自らの意思をもって目標を立てれば、主体はあなた**です。「奴隷」からの解放の瞬間です。具体的には、上司と割当について徹底的に話し合い、自らも目線を上げて目標設定をすることです。

　そして目標を「道具」として使いこなすためには、**目標があるから仕事が容易になったというような仕事の仕方をする**ことです。具体的には、目標をジグソーパズルのように使ったらどうでしょうか。目標達成のためのピースを見つける、そして1個1個はめ込んでいく。はめ込み方がわからなければ、上司や先輩に尋ねてもいいでしょう。またできた！また嵌った！という具合に楽しみながら、プラス思考で臨んでいけば、いつの間にか完成していたということになります。

　目標の奴隷となるな。目標を道具として使いこなす営業担当者になるのです。

おわりに

事業性評価と本業支援で
中小企業の未来を変える

アフターコロナの世界は、まさに「プロトピアの時代」です。つまり「私たちが生きる時代は、テクノロジーだけでなく、あらゆる面で進化が止まらない時代です。正も負も含めて様々な変化が起こります。その変化の振幅は大きく、洞察が難しい時代」（拙著「経営者の条件」から抜粋）なのです。不確実性が増し、変化の振幅が大きく、意味付けが困難で曖昧さに満ちた時代です。

こうした時代に、中小企業が生き残るためには、徹底して「経営資源」を磨き上げて、どんな環境変化に対しても適合できる「強み」をもつことが必要です。しかし、中小企業には助けが必要です。大企業のように人材や資金や設備を抱えているわけではありません。金融機関の力が要るのです。そのために金融機関は「事業性評価」を軸において、中小企業が良い未来を築くための戦略の共創や現実とのギャップを埋めるための「本業支援」を行う必要があります。これらを統合した「課題解決型営業」へビジネスモデルを転換する必要があります。

本書のむすびに、中小企業の未来が輝かしいものになること、それによって地域や日本が元気になること、そしてそれらをイネーブル（強力に推し進める）することで金融機関が再びプレゼンスを回復できること、この3つを願って「提言の真似事」をさせていただきます。

---

1. 中小企業の意識を変える

誤解を恐れずに言えば、旧態依然のビジネス観や意識をもった経営者が少なくありません。デジタルを武器に創造性を発揮するスタートアップ企業が生まれるなかで、既存事業の経営者の多くが従来の延長線上で考え、行動しているようにみえます。オールドビジネスの変革が必要です。そのために自社のビジネスモデルを徹底して検証する必要があります。自社のビジネスモデルは、向後10年健全であり続けるのか。ビジネスモデルを構成する要素に変化の兆しはみえないか。

中小企業は内需型産業が大半であり、多くは地元密着型の営業基盤を構築しています。しかし、人口減少や少子高齢化の進展による既存市場の縮小、海外新興国の着実な成長による競争力の低下、消費者の実質購買力の低下による消費低迷やデフレ経済の定着といった環境変化が、彼らのビジネスモデルに脅威を与えています。有態にいえば、いまのビジネスモデルで10年後

も安寧な経営を享受できる中小企業はそれほど多くないということです。

　そういった意味で、金融機関だけでなく、中小企業経営者の意識を変えることが喫緊の課題です。健全な危機感をもって、自社のビジネスモデルを検証し、必要に応じて事業再構築を図っていく勇気をもつことです。この後押しができるのは金融機関です。事業性評価という共通語の下で、中小企業と議論し真実に気づいてもらうことができる存在、それが金融機関です。金融機関は、中小企業と対等なパートナーシップのもとで、事業性評価に基づく「事業再構築」を進めていく必要があります。そうでなければ、中小企業の活性化も地域の再生も実現することはできません。中小企業は地域そのものです。地域を守るためにも中小企業の意識を変える必要があるのです。

　金融機関は過度に顧客迎合的であってはなりません。お客様は神様です、すべてのニーズに応えます。そう言う以前に、お客様の描く未来やニーズが企業をより良いものにするかを検証し、時に意見が食い違うことがあっても議論を尽くさねばなりません。課題解決型営業というビジネスモデルは、苦い良薬を処方する医者でなければならないのです。

2.　金融機関のビジネスモデルを変える

　金融行政をはじめとして、多くのステークホルダーが金融機関に対してビジネスモデルの変革を促しています。そして、環境変化を認識して自らビジネスモデルを変革しようとする金融機関も生まれています。しかし、その歩みは遅く、追随する金融機関も少ない状況です。大多数の金融機関は「サスティナビリティ」「ESG」と声高に叫んではいますが、旧来のビジネスモデルから脱却しているようにはみえません。

　確かに現状の収支構造や職員の意識やスキルをみれば、容易にビジネスモデルを変えますなどとはいえないでしょう。その気持ちは理解します。一方で、それが経営の甘えにつながっています。

　現状を変えられない人が経営の座にいることが本当に良いことなのでしょうか。経営者の役割とは何なのでしょうか。あらためて言うまでもなく、経営とは「環境変化に自社を適合させる」「どんな環境変化にあっても自社の強みを失うことなく成長戦略を描く」ことが使命です。現状に甘んじて弱音を吐くような経営者が金融の経営を担ってはいけないのです。

　金融機関は、事業性評価を起点とする金融支援・本業支援を柱とする「課

題解決型営業」に舵を切る必要があります。これは、顧客である中小企業の
ニーズであり、金融機関の付加価値や存在感を高めるものでもあります。金
融機関は本気でビジネスモデルの転換を図る必要があります。そのためにも
挑戦心と創造性をもった経営者の出現が待たれます。

3. DXによって事業性評価・本業支援を高度化・効率化する

　多くの金融機関がDXに取り組んでいます。取り組みの幅や深度は区々で
はあるものの、DXが金融機関の生き残りに不可欠であることは共通認識に
なっています。そういった点を踏まえて、「事業性評価を起点とする本業支
援」の領域において、ぜひ積極的なシステム投資をお願いしたいと思います。
　具体的には、事業性評価システムを含めた営業支援系システムの高度化で
す。事業性評価の課題には、「手間と時間を要する」「過去に蓄積したデータ
や非財務情報が活用できない」「高度な知見を評価に活かす方法がない」と
いったことがあります。より多くの中小企業に事業性評価を享受してもら
う。あるいは、事業性評価を高度化することで、課題の明確化、事業戦略や
戦術（本業支援）のブラッシュアップにつなげてもらう。これらを実現する
ためには、システムの力を借りる必要があります、言い換えれば、デジタル
に走ってもらうことで、人間は真に人間が行う必要のある仕事に注力しても
らう体制を作る必要があるのです。
　一例をあげましょう。例えば、非財務分析を9割方自動化できないでしょ
うか。既存の情報を取り出せるシステム環境を作り、また、新たな非財務情
報を各所から収集し加工できる環境を作る。
　人工知能を活用して非財務分析の9割方を作る、言い換えれば「プロファ
イリング」まで人工知能で分析・加工ができれば、最後のチェックや補完を
人間が行うことで、現場の生産性は相当程度あがります。また、新人営業で
あっても、従来は営業に携わってこなかった職員であっても、課題解決型営
業を一定水準で行うことができるように、事業性評価に基づいて人工知能が
一定の課題解決策を自動組成できれば、多くの中小企業に課題解決型営業の
恩恵を施すことができるのです。
　事業性評価や本業支援を担う営業マンのスキルアップは不可欠ですが、ヒ
トに頼り切った体制にするのではなく、デジタルや人工知能を活用すること
で、生産性と品質を高める努力が必要だと思います。これもDXのメニュー

として検討していただきたいと願っています。

4. サスティナブル経営への移行を促す

　地球上に存在するすべての企業が「サスティナブル経営」への移行を求められています。新しいビジネスルールに適応し、自社の成長性や持続性を高める必要があります。詳細は拙著「中小企業のサスティナブルファイナンス」に譲りますが、金融機関には中小企業をサスティナブル経営に移行するための後押しをすることが期待されています。

　課題解決型営業というビジネスモデルは、この流れと適合するものです。サスティナブル経営に中小企業を導くためには、啓蒙が必要です。その啓蒙の基礎となるツールが事業性評価です。経営環境分析は、未来の世界観を共有するうえで打ってつけの材料です。また、SWOT 分析のなかで温暖化や資源枯渇などの脅威に対して当社がどうリスクマネジメントするかを考える機会を作ることができます。そして、財務分析と非財務分析を通じたケイパビリティの明確化によって、当社が将来に生き残るために、サスティナブル経営をどのように構築するかについて「軸」を示すことができます。

　このように、事業性評価はサスティナブル経営移行に関しても「基礎」となるものであり、「本業支援」を通じて後押しを行うものでもあります。金融機関は、中小企業のサスティナブル経営を後押しするためにも、まずは自身の「事業性評価力」「本業支援力」を高める必要があります。そしてこれらを日常の業務とするビジネスモデルが「課題解決型営業」という考え方なのです。

【著者紹介】

青木　剛 （あおき　つよし）

2023 年 4 月現在
一般財団法人　商工総合研究所　専務理事
株式会社商工組合中央金庫　顧問
全国中小企業団体中央会　評議員
公益財団法人日本生産性本部　認定経営コンサルタント
中小企業基盤整備機構　中小企業応援士

■経歴
1985 年　商工組合中央金庫　入庫
以降、下関支店・さいたま支店・仙台支店・神戸支店・東京支店の 5 つの支店長を歴任
2019 年　常務執行役員　営業店のサポートとソリューション推進部門を統括
2021 年　商工中金顧問、商工総合研究所顧問に就任。6 月から現職。

■著書
『経営者の条件』（同友館）
『事業性評価と課題解決型営業のスキル』（商工総合研究所）
『事業性評価を起点とする企業価値向上マニュアル』（同友館）
『中小企業のためのサスティナブルファイナンス』（商工総合研究所）

■論文・寄稿・連載
「中小企業の災害復興に果たす金融機関の役割」（論文「商工金融」）
「2021 年、中小企業の経営支援者が取り組むべき課題」（寄稿「企業診断」）
「アフターコロナを見据えた商工中金イネーブラー事業」（寄稿「週刊金融財政事情」）
「資本性劣後ローンを活用した中小企業の財務強化支援」（寄稿「週刊金融財政事情」）
「本業支援・事業性評価の指南書」（連載「近代セールス」）
「事業性評価と課題解決型営業のポイント」（連載「Monthly 信用金庫」）
「事業性評価を起点とする中小企業の価値向上のポイント」（現在連載中「Monthly 信用金庫」）

■講演・講義
「金融機関も捨てたものではない」「事業性評価を起点とする企業価値向上」（一橋大学講義）
「金融機関の王道を行く」（九州財務局主催）
「中小企業の成長に役立つ事業承継・M&A の在り方」（金融財政事情研究会主催）
「経営者の条件」（がんばれ！ものづくり日本シンポジウム in 関西）
「本業支援の質を高めるために」（しずおか中小企業支援ネットワーク）
「中小企業のための事業承継のポイント」（各中小企業異業種交流会）
「経営者に問う！アフターコロナにおける勝ち残り戦略」（各異業種交流会）　　ほか多数

2018 年 12 月 13 日　第 1 刷発行
2020 年　9 月 16 日　第 2 刷発行
2023 年　8 月　4 日　改訂版　第 1 刷発行

入門　事業性評価と課題解決型営業のスキル
事業性評価と本業支援で中小企業の未来を変える

執筆者　　青　木　　剛

発　行　　一般財団法人　商工総合研究所

〒103-0025　東京都中央区日本橋茅場町 2-8-4
全国中小企業会館
TEL. 03 (6810) 9361
FAX. 03 (5644) 1867
https://www.shokosoken.or.jp/

発　売　　株式会社 同　友　館

〒113-0033　東京都文京区本郷 3-38-1
本郷信徳ビル 3 階
TEL. 03 (3813) 3966
FAX. 03 (3818) 2774
https://www.doyukan.co.jp/

装丁　水戸夢童(909 design studio)／本文デザイン・組版・印刷　三美印刷／製本　松村製本所
落丁・乱丁本はお取り替えいたします。

ISBN 978-4-496-05655-0　　　　　　　　　　　　　　　Printed in Japan